地租改正と明治維新

佐々木寛司 著

有志舎

地租改正と明治維新《目次》

第六章　栃木県の地租改正　257

第四編　地租改正の研究史

本書の意図と構成

歴史の研究を志して以来、筆者の最大の関心事は本源的蓄積（資本主義形成）、明治維新、地租改正の三テーマにあり、今に至るまでそれは変わっていない。この三つのテーマは筆者の問題関心のなかで分かちがたく結びついており、その総体としての認識を提示することを課題とするとともに、今日における歴史認識の在り方をも問うという姿勢で議論を進めてきた。

いずれのテーマも長い研究史的蓄積があり、それぞれの時代状況のなかでさまざまな議論が展開されてきたが、近年の動向からみると必ずしも活発な研究が進められているような気配は感じられない。このような事情もあり、あらためて現段階における研究水準の確認をしておくべきとの念をもつに至った。

右の問題関心に基づいて、昨年、本源的蓄積と明治維新に関する史学史的、歴史理論的な書（『明治維新史論へのアプローチ——史学史・歴史理論の視点から——』有志舎刊）を上梓したこともあって、このたびもう一つのテーマである地租改正の研究をとりまとめたのが、本書である。

前著は歴史を大きな枠組みで再認識することを課題としたものであり、副題にも示されているように、理論面からの接近が中心的内容を構成している。本書では個別テーマを取り扱っていることもあって、実証的分析に多くの紙幅を割いている。と同時に、その実証分析の成果を理論化し前著へと連携させることで、筆者の課題の一半を果たしたいと考えている。

以下、本書の構成について、簡単に述べておきたい。

第一編　地租改正理念の形成と展開

本編では地租改正という理念と政策がいかなる状況の下で浮上し、それが次第に強固な政策体系として整備されてゆく過程を、政府―中央の動向を中心に検討したものである。序章では草創期の政府財政の困窮化とそこからの脱却のプロセス、ならびに地租改正への財政史的にみた方向性を概述する。第一、二章では地租改正という税制改革がいかなる政策理念に基づいて実施されたかを、その理念の形成、成立、展開のうちに探ることをテーマとしている。具体的には、明治初年の改租プランが一八七三（明治六）年の地租改正関係法令の公布へと結実し、さらに現実の改租事業の進行のなかで、当初の関係法令が改変、体系化されてゆく過程を、地租改正の政策理念に焦点を宛てて解明する。ここでは、㈠旧貢租額の維持、㈡土地所有権の体制的公認、㈢地租金納制、㈣地租負担の公平という四つの理念を抽出し、その具体的検討を進めた。

第二編　地租改正事業の具体相

本編で関東地区の三県を具体的に取り上げているのは、以下の事情による。これまでの研究史によると、関東改租は改租事業の後期に一斉に着手され、同一の調査方式に基づいて中央の強力な指導の下に実施されたことから、その特質を一括して論じられることが多々あった。しかし、本書において関東に位置する埼玉、茨城、栃木三県の改租過程を子細に検討した結果、共通する事象とともに各県レベルであるいは地域レベルでそれぞれに異なる対応と結果を示したことが明らかとなった。その背景には個々の地域の独自な歴史社会の存在、各県長官や県庁の民政への姿勢とそこから生じる個別的な対応の有様、あるいはそれぞれの地域の農業生産構造――水田地帯、畑勝農村等々――の違いがある。

第三～六章において、地方史料を利用しつつ各県単位での地租改正の実施過程を具体的に検討することで、それぞれに共通する部分とともに個々にみられる特徴をも析出する。県単位での分析ということもあって、共通する調査方式等の記述には多少の重複も散見するが、文脈上の理由でもあり読者諸氏は諒とされたい。

第三編　地租改正の歴史的位置

本編では第一、二編の実証的な分析結果を前提として、地租改正が歴史のなかで有する意味について、研究史的、問題史的な観点から、幾つか検討しておいた。その一つは、地租改正の結果を検討するにあたって使用するデータの問題である。これまでの研究史を概観すると、必ずしも適切な改租結果の数値が用いられているとは云えないようである。そこで、あらためてこのデータ利用の問題を取り上げつつ、そこで新たに得られた地租改正の結果、すなわち新地租額と旧貢租額とを対比しつつ全国的レベルで検証することで、改租結果の実態に迫りたい。同様に地租改正の結果の現実と旧貢租額とを対比することを通して、地租改正を実施するにあたって新政府が掲げたその理念――とくに「旧貢租額の維持」と「地租負担の公平」――が、果たして達成されたのか否かについても論究しておいた。さらに、地租改正の結果が土地所有農民の負担体系にいかなる変化を与えたのかという重要課題についても、地租改正が「地主制の創出」や「農民層の分解」に直接的な影響を与えたといったこれまでの研究史的枠組みに沿いつつ、通説の再検討を試みた。以上が第七章の内容である。

二つめは、第八章で取り上げる地租改正が持つ財政史的、租税史的な位置の検討である。地租改正のもたらしたさまざまな変革的要素によって、その後の国家財政の構造が規定され、地租改正に先立つ近世領主制社会における領主―領民関係が国家―国民関係へと改装された意味について考えたい。さらに、マルクスの「歴史理論」に批判的検討を加えたかつての方法（別著『明治維新史論へのアプローチ』前掲に収載）に倣いつつ、地租の性格規定に言及した。旧来の議論において、領主制下の地代範疇として「労働地代」「生産物地代」「貨幣地代」が云々されていたが、ここでは、領主を土地所有者に類推して貢租を「地代概念」で説明すると云った誤った論法が長く学界を支配していた経緯を指摘するとともに、その根拠がマルクス『資本論』にあることを指摘しつつ、地租をも地代概念で論じる研究傾向を批判的に検討した。近年の地租改正研究がその政策体系の近代的性格、改租後の土地所有を近代的土地所有として認定していることに対応して、筆者の結論として地租の性格を近代的な租税であるとした。

最後に第九章において、この地租改正が明治維新という時代のなかで、どのような位置と役割を果たしたのかを改租理念の側面から検討し、地租改正から観た明治維新の意味、さらには明治維新の歴史上における位置について論究することで、地租改正の歴史的位置を確認した、

第四編　地租改正の研究史

地租改正についての関心は明治維新解釈と分かちがたく結びついており、その研究蓄積も明治維新史と同様に戦前以来からの豊富な研究蓄積がある。本編では戦前から今日までの地租改正研究史を対象として、史学史的、歴史理論的に考察したものである。ここでは、研究者のスタンスとそこから導き出される歴史的位置づけ等を中心に検討を加えた。論点は多岐にわたっており、かつて地租改正研究が明治維新史研究の中心的課題であったことがうかがえる。第一〇章では戦前から戦後、一九八〇年代までのおよそ六〇年間におよぶ地租改正の研究史を総括した。第一一章は一九九〇年代以降の地租改正研究に言及したものであるが、前章とは異なり筆者が時々の求めに応じて記した書評を年代順にならべることで、研究史の動向を提示したものである。

終章では、最近の研究動向を概観するとともに、地租改正研究の今日的課題について覚え書的にまとめておいた。

第一編

地租改正理念の形成と展開

序章

明治初期の財政と政府紙幣

はじめに

幕末・維新期の幣制は極度に混乱していた。一八六九（明治二）年当時流通していた貨幣の多様さが、それを端的に示している。金貨類では、古弐朱金、安政弐分判金、安政小判金・一分判金、万延・慶応小判金・一分判金、安政・文久大判金、万延・明治新二分判金・二朱金、明治劣位弐分判金が、銀貨類では、古一分銀、政字銀（丁銀・豆板銀）、一朱銀、安政大形二朱銀、一分銀、明治新一分銀、明治吹継一朱銀が、その他銅、真鍮、鉄銭の類では、寛永通宝銅一文銭、同鉄一文銭、同真鍮四文銭、天保通宝当百銭、文久通宝、寛永通宝鉄四文銭、の、総額一億四六三〇万両が流通していた。加えて、各藩札類二〇〇数種、二四四四万両強、日本最初の政府紙幣たる金札四八〇〇万両も併存している。[*1]

右のように極度に混乱した幣制に対して、維新政府はその発足当初より、「画一純正ノ貨幣ヲ新鋳スヘキ」[*2]との方針をもっていたが、うち続く内乱と新体制の創出のために、直ちに新貨幣制度を実施するまでには至らなかった。ましてやわずかな財源しかもたず、その日暮らし同然の新政権にとって、それは到底不可能であった。当該政権にとって当面必要なのは、旧幕軍討滅のための軍事費であり、政府組織を創りあげるための資金であった。豪商からの資金の借入、公債・政府紙幣の発行は、かかる資金調達の方策であった。[*3]ここではこれらの諸方策のうち、政府紙幣の発行について特に金札を中心として検討することで、地租改正前の困窮した財政状況の一端を明らかにし、統一国家形成に向けての税制改革―地租改正実施の必然性を、側面から明らかにしてゆきたい。

(1) 草創期の政府財政

一八六七(慶応三)年一二月九日、討幕派の主導による王政復古クーデターが成功し、徳川幕府体制は崩壊した。だが、藩体制は依然として存続しており、かつ、旧幕軍の新政府への反撃も始まり、新体制の前途はまったく予断を許さない状況にあった。新旧両軍の衝突は、戊辰の内乱となって一年有余にわたって繰り広げられた。この内乱を勝利することによって維新政権の基礎は確立するが、その過程は新政権にとって文字通り産みの苦しみの時期であった。

幕末以来の、西欧列強に対する異常なまでもの危機意識は、攘夷―開港いずれの立場を採るにせよ、当時の日本の識者にみられた共通の反応であったと云ってよい。新政権も同様である。かかる過剰な危機意識に支えられて提出された国是が「万国対峙」であり、そのための早急な国家統一であった。この課題解決に果たした戊辰戦争の意義は大きい。戦争の勝利によって旧幕勢力は衰退し、また、その遂行過程で、藩体制も事実上の解体状況に追い込まれて[*4]いった。それは新政権の中央集権化の進展であり、その後に続く版籍奉還、廃藩置県という形式的な濾過装置を経ることで、その名実を完成させるに至る。

維新政権の確立過程において、戊辰戦争のもつ意味はかように甚大であった。そうであったればこそ、新政権にとってその遂行に多大な労苦が加わることになる。その最たるものは戦費の調達である。

討幕派に担がれた朝廷の御料地はわずかに三万石程度にとどまり、戦費の捻出どころか「先帝の御一周年祭も既に近づきたれども、それすら行はれ難き有様[*5]」であった。したがって、「明日の事は言ふて居られぬ、今御所にさつぱり金が無いのやで、何事をすることも出来ぬ」[*6]のも、当然である。新政権のこうしたエピソードには事欠かない。旧著[*7]で示したかかる事例のいくつかを、参考までに紹介しよう。

戊辰戦争の勃発とともに、政府は幕府征討軍の人事を取り決め、その組織をつくったが、軍資金欠乏のため思うにまかせず、いたずらに時を過ごし、いざ進発しても江戸へ向かう途中で軍資金が枯渇し、立往生してしまう有様であった。[*8]征討軍は困りはて、政府宛に頻繁に軍資金の督促をする。ところが、政府も送りたいが、その金がない。一八六八年四月に、会計局判事が征討軍の参謀に宛てた手紙には、次のように書かれている。

御軍用ノ儀ハ方今ノ御一大事ニ御座候得共、兼々奉申上候通当局ノ会計ハ名ハカリニテ空局同様……[*9]

また、旧幕軍の一部が榎本武揚の指揮の下に箱館に立てこもっていた当時（六九年前半）について、次のような逸話もある。政府軍の中心人物たる大村益次郎と、政府財政の担当者由利公正との会話である。

由利　箱館も、いつまでも愚図愚図していてはいけないいじゃないか。なんとか片をつけるべきではないか

大村　いつでも片はつけられる。夜でも夜中でも片はつけられるけれども、金がない。金さえでるなら、おれが一昼夜の間に箱館を叩きつぶしてやる

由利　金はいくら必要なのか

大村　一〇万両程だ。しかし、貴様にそれが調達できまい。だから行けないのだ[*10]

以上が旧著で紹介したエピソードだが、この外にも王政復古による人材登用が実施され、多くの人材が朝廷に出仕することになったため、彼らの蒲団を一三〇畳ほど用意したが、その借賃が支払えなかったというような、極端な事例さえもある。[*11]

右に示した二、三の逸話に限っても、新政権の困窮状態がわかろうというものである。では、実際の財政事情はいかなる状況に置かれていたのか。新政権発足当初の財源は、およそ八〇〇万石ほどの旧幕領からの年貢収入である。

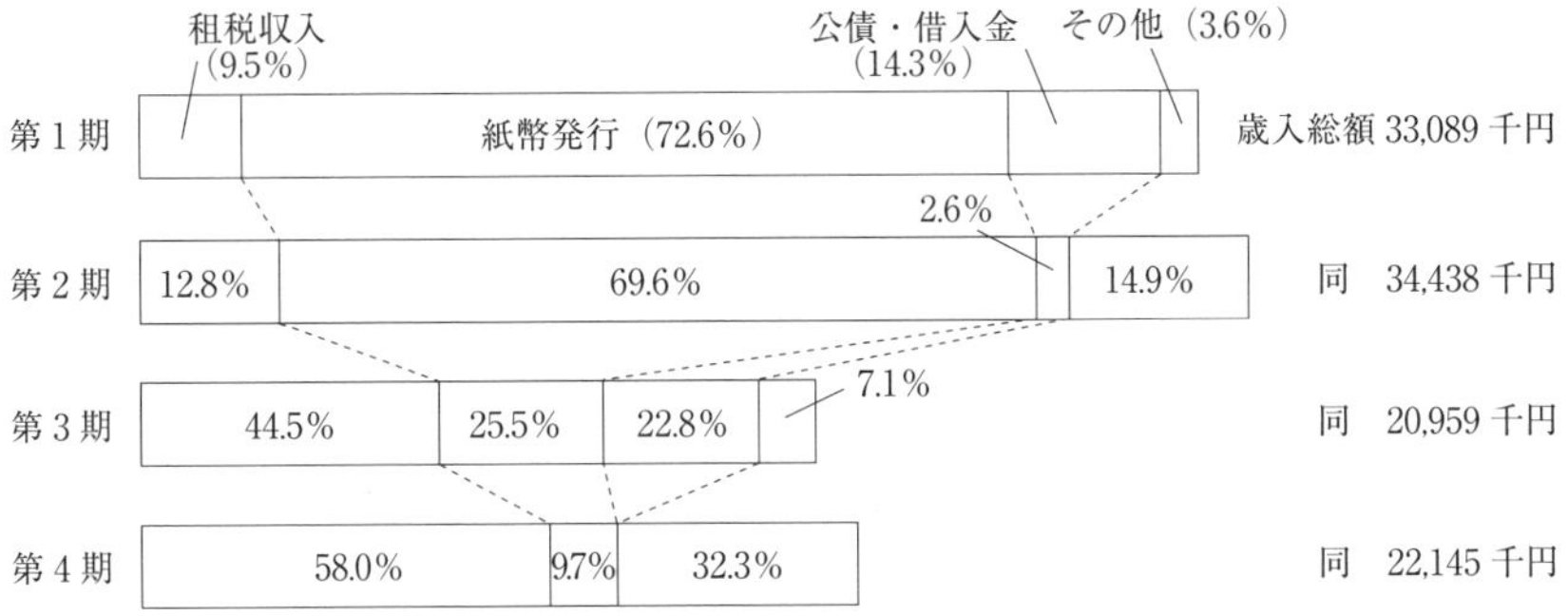

註）拙著『日本資本主義と明治維新』（文献出版，1988 年）55 頁より作成.

図序−1　明治初期の歳入構成

もっとも、ここから直ちに収入を得られたわけでもなく、また、年貢率は石高の四〇パーセント程度であるから、その総収入は三〇〇万石強にすぎない。加えて、内乱による大量延滞納の続出等々の事態をも勘案すれば、新政権の困窮は相当に深刻だったことがわかる。「当時政府ノ歳入ハ僅ニ七拾万両ニ過ギザル……」[*12]と嘆かれていたのが実情であった。

「政府財政ノ困難ナル殆ト名状スヘカラサル」[*13]状況に陥っていた新政権が、その打開策として打ち出したのが、借入金、紙幣発行、公債発行等による資金調達であった。図序―1をみれば明らかなように、第一、二期の歳入の大半は紙幣、公債の発行と借入金で占められており、租税収入は一割にも満たない。借金財政もここまでくれば、評価以前の問題である。ことに紙幣発行の歳入に占める比重は、極端に大きい。ここで発行されたのが金札である。この発行経緯について、以下、項をあらためて検討しよう。

(2)　金札の発行

金札（太政官札）は、日本で最初に発行された政府紙幣である。その発行に尽力したのが、越前藩士で新政府の参与に取り立てられた三岡八郎（由利公正）であった。由利は岩倉具視の諮問に答えるべく、六八年一月、紙幣発行の建白書を提出する。この建白書が機となって政府紙幣の発行が準備され、由利も政府財政の担当を任されることになる。

由利の建白内容は、しかし、前項でみたような困窮財政の補填のために紙幣発行を提言したわけではなかった。あくまでも結果としてそうなったのであって、由利の当初の思惑は、殖産興業資金として紙幣を発行することにあった。それは、幕末期に彼の出身藩で横井小楠指導下に行われた藩政改革の一環として、藩札の大量発行による重商主義政策の実施経験を踏まえたものであった。つまり、個別的―局地的な殖産興業政策を、全国的な場面において統一的に実施しようと企図したものであった。由利の作成した建白書[*14]によりつつ、以下、その具体的内容を検討しよう。

由利によると、「日本国中の高に応じ万石万両の割合」で紙幣を発行し、これを「諸侯……市在一統」、つまり、諸藩ならびに農商工業者に貸し付けるものであった。これによって、「民命の係る……金穀の多寡並に融通弁利」を改善し、殖産興業の実をあげようと図ったのである。その発行予定額は、当時の全国石高およそ三〇〇〇万石に対して、「万石万両の割合」を考えていたわけであるから、三〇〇〇万両ということになる。したがって、諸藩に対する貸付額は、「夫々高割を以て」ということになり、また農商工業者に対しては適宜その額を決定すると云うことであった。その返済については、年に一二～一三パーセント、一〇年間で完了させることとした。

この建白書が朝議に附されたが、反対論が続出し、「可否ノ論議紛紛朝ニ満チ議決セサル者数日[*15]」という有様となった。その反対論の内容を、藤村通の整理[*16]にしたがってまとめると、以下の八点となる。

(1) 政府資金の極端な不足と討幕を断行しようとするときにあたって、直接国費に使用しない紙幣を発行するということは了解できない

(2) 金札発行の目的の一つに人民の困窮を救済することがあるが、徳川期の御用金すなわち献金の立場をとれば、御用金徴収の跡始末は余計なことであり、跡始末をする余裕があるなら御用金の徴収は不用であるという立場から反対されたこと

(3) 産業の振興については事変解決後でもよいこと

(4) 不換紙幣は信用の不完全なる社会においては、通貨として異端分子であり、すでに藩札発行は幾多の弊害を生じていたこと

(5) 明治維新政府の信用不十分なときは不換紙幣を発行しても到底行なわるべきものではなく、天皇親政を傷つけること

(6) 不換紙幣の発行は金貨と紙幣の開きを生ずること

(7) 日本は古来金の国であり、古来中央政府から紙幣の発行された事実がないこと

(8) 政府出仕者は藩士でもあったから、自藩発行の藩札の下落を恐れて、金札の発行に反対であったこと

右にみた反対論のなかには、紙幣発行にともなう危険を指摘したすぐれた議論もあるが、その多くは由利の意図を正当に理解してからの批判とは云えず、多くの誤解と無理解から生じたものであった。しかし、反対論者の意見はなかなかに強硬であり可否が決するまでには至らなかった。その解決は、由利への諮問者であった岩倉の強い決断によるものであった。この間の事情を、『岩倉公実記』は次のように伝えている。「議定参与皆あえて採否を言わす、具視独り此方案を採用するに非らされは会計の基本立つること能はすと論し力めて八郎か議を助く、二十三日朝議遂に決し八郎をして之を董督せしむ」[*17]。もっとも、その岩倉すら、由利の施策には強い不安を抱いていたようであるが[*18]、ともあれ、紙幣発行の方策が決定されるに至った。

同年閏四月、朝議に基づいた紙幣発行に関する太政官布告[*19]がだされる。その目的は由利の建白書にみられる通り、「富国之基礎被為建」、つまり、殖産興業資金としての供給である。そのために「金札」と呼ぶ政府紙幣を発行するとし、その通用年限は、当年より一三年間とされた。この具体的内容を布告文より抽出すれば、以下のようである。

(1) 各藩に対しては、その石高に応じて一万石に付き一万両の割合で金札を貸与するとして、希望者を募った

(2) 金札の返済方法は、毎年末に貸与額の一割を返却し、一三年間で完納すること

表序-1　金札月別製造額

年　月		製造額	製造累計額
		両. 分. 朱	両. 分. 朱
1868 年	閏 4 月	1,225,000	1,225,000
	5 月	2,018,750	3,243,750
	6 月	2,390,500	5,634,250
	7 月	1,863,750	7,498,000
	8 月	3,517,062．2	11,015,062．2
	9 月	5,603,750	16,618,812
	10 月	4,856,687．2	21,475,500
	11 月	4,283,125	25,758,625
	12 月	2,731,082．1．2	28,489,707．1．2
1869 年	1 月	970,000	29,459,707．1．2
	2 月	2,708,121．1．2	32,167,828．3
	3 月	4,767,500	36,935,328．3
	4 月	5,878,675	42,814,003．3
	5 月	6,159,969．2．3	48,973,973．1．3
総　計		48,973,973．1．3	48,973,973．1．3

註）『明治財政史』第 12 巻（吉川弘文館，1972 年）12～13 頁より作成.

表序-2　金札額面種類別発行額

額面種類	発行額
	両. 分. 朱
10 両札	20,332,890
5 両札	5,969,685
1 両札	15,485,798
1 分札	5,161,296．1
1 朱札	1,050,330．3
総　計	48,000,000．0

註）『明治財政史』第 12 巻（前掲）13 頁.

(3)　諸藩に貸与する金札は、殖産興業の資金として用いること。政務一般の経費に流用してはならない

(4)　京都、大坂ならびにその周辺の商工業者で借入を希望する者があれば、当該役所（まもなく商法司―商法会所が設置された）に願い出ること。[*20] 貸与額はその経営規模に応じて決定する

(5)　右以外の地域の農商業者で借入を希望する者があれば、その試算に応じて貸与額を決定する

(6)　政府への返済金は、すべて廃棄処分とする

(7)　金札と金貨との兌換は実施しない

以上のことからも明らかなように、金札（太政官札）は政府発行の不換紙幣であり、諸藩、農工商業者に貸し付ける殖産興業資金であった。

先の布告と相前後して政府は直ちに金札の製造に取りかかった。その製造額の推移は、表序―1のごとく、閏四月から翌年五月までの間に、およそ四九〇〇万両が製造された。その券面価額の種類は、表序―2に表記したように、一〇両札、五両札、一両札、一分札、一朱札の五種類であった（なお、両表の総計額が異なるのは、製造額

（表序―1）と実際の発行額（表序―2）との相違である。つまり、製造総額四八九七万三九七三両一分三朱のうち、九七万三九七三両一分三朱は発行されることなく廃棄処分となったわけである）。

では、実際の発行推移はどうだったのか。沢田章の研究によれば、表序―3のような動向を示す。最初の発行は、布告の翌月からはじまった。当初の総発行額は、三二五〇万両と予定していたが、実際にはその制限額を大幅に超過して、翌年七月までに総額四八〇〇万両が発行されるに至る。その貸与先は、府県、藩、商法会所が主要なものである。だが、ここで注目すべきは、会計官出納司の分が二九八七万両、発行総額の六二パーセントを占めている事実である。この数値は、予定発行額の三二五〇万両に対する実際の発行額四八〇〇万両との差額分二六一〇万両にほぼ符合する。つまるところ、追加発行分はすべて政府財政に繰り入れられているわけである。前項でみたような困窮財政に対する補填のためであった。

こうして、諸藩、農工商への殖産興業資金としての貸付という当初の発行理念は、赤字財政の前にもろくも崩れ去った。同様に、府県、藩、藩預所、旗本等への貸付も、本来の殖産興業資金として利用された例はきわめて少なく、その多くは「各藩の経費の方へ遣ひ込んでしまふ」[*21]有様であった。かかる事態は、旧体制下における商品経済の飛躍的発展――領有権の後退過程のなかで、藩域経済―藩財政の解体現象が進行しつつあったこと――に加えて、戊辰戦争による巨額な軍事費負担が、藩財政を事実上の解体に追い込んだ結果である。

右にみたように、その発行理念から逸脱し、さらに発行予定額をも大幅に超過して発行された金札は、新政権の信用もいまだ薄く、その発行紙幣が不換紙幣であることと相俟って、その価値は下落し流通困難に陥ることになる。発行後まもなく、正貨に対して打歩が生じ、金札一〇〇両に対して正貨四〇両ほどの相場となる事態を招いた。かかる状況打開を図るべく、新政府は左記のごとくに金札流通促進の方策を講じることになる。

六八年六月二〇日　金札と正貨の打歩取引の厳禁

表序-3　金札発行状況

（単位：両）

年　月	府　県	藩	藩預所	旗　本	商法会所	会計官出納司	富山県銅買入	越前藩生糸買入	合　計	累　計
1868年5月		150,000			1,920,000	12,088			2,082,088	2,082,088
6月		1,035,500		1,500	860,000	3,000	5,000		1,905,000	3,987,088
7月		543,500				208,200			751,700	4,738,788
8月		636,500			850,000	1,048,000			2,534,500	7,273,288
9月	95,000	427,000			460,000	3,940,000		130,000	5,052,000	12,325,288
10月	380,000	1,896,200			1,390,000	349,800		100,000	4,116,000	16,441,288
11月	100,000	1,513,500	75,000		350,000	688,500			2,727,000	19,168,288
12月	400,000	1,738,000	10,000		730,000	1,987,102			4,865,102	24,033,390
1869年1月	150,000	1,023,500	42,000			304,500			1,520,000	25,553,390
2月	119,000	550,000				4,306,400			4,975,400	30,528,790
3月	130,000	62,000	12,000			1,609,114			1,813,114	32,341,904
4月	160,000	30,000				3,773,000			3,963,000	36,304,904
5月						3,540,000			3,540,000	39,844,904
6月	50,000	(不明ノ分)				1,700,000			1,750,000	41,594,904
7月		4,000				6,401,096			6,405,096	48,000,000
総　計	1,584,000	9,609,700	139,000	1,500	6,560,000	29,870,800	5,000	230,000	48,000,000	48,000,000

註）沢田章『明治財政の基礎的研究』（柏書房，1966年）120～121頁.

同年　九月二三日　租税、諸上納はすべて金札を用うべきこと
同年一〇月　七日　金札流通妨害者に対する詮議、逮捕。金札不通用諸藩への戒諭とその通用強制
同年一二月　四日　金札の時価通用を公許
六九年四月二九日　金札相場を廃止し、正金同様の通用強制
同年　五月　二日　金札と正金との引換禁止。金札を太政官札と称することを厳禁
同年　五月　四日　金納租税は、すべて金札にて上納
同年　五月二八日　金札総発行高を三二五〇万両に減額し、その製造機械を焼棄する旨の布告。六九～七二年の期間に新貨を鋳造し、それと金札との兌換を宣言。つまり、不換紙幣たる金札の兌換紙幣化の予告である
同年　六月　六日　金札流通促進のため、各府藩県に対し石高一万石に付き金札二五〇〇両を配布し、同額の正貨を納付せしめる

かかる新政府の対応策が、直ちに所期の効果を挙げたわけではないことは、図序―2からも明らかである。しかし、当時の混乱した社会情勢の下で贋造金銀貨が大量に流通していたことが、金札相場を上昇させ、その流通を促進させることとなった。こうした状況が生じたことと相俟って、先の政府の諸方策も徐々に実を結ぶこととなり、七〇年に入ると金紙の開きはほとんどなくなり、場合によっては正金に打歩が生じるまでに至った。ともあれ、七〇年中頃までには金札の平価流通が、ほぼ実現するまでに至った。

もっとも、金札はその発行事情からも推察しうるように、製造が速成であったため贋造も容易であり、贋造紙幣が出廻るようになった。このため、年の明けた七一年の一月あたりから、再び金札価値は下落することになる。しかし、その本来の理念には反しながらも、金札の発行過程において止むおえず財政補填に流用され、政府財政の危機を

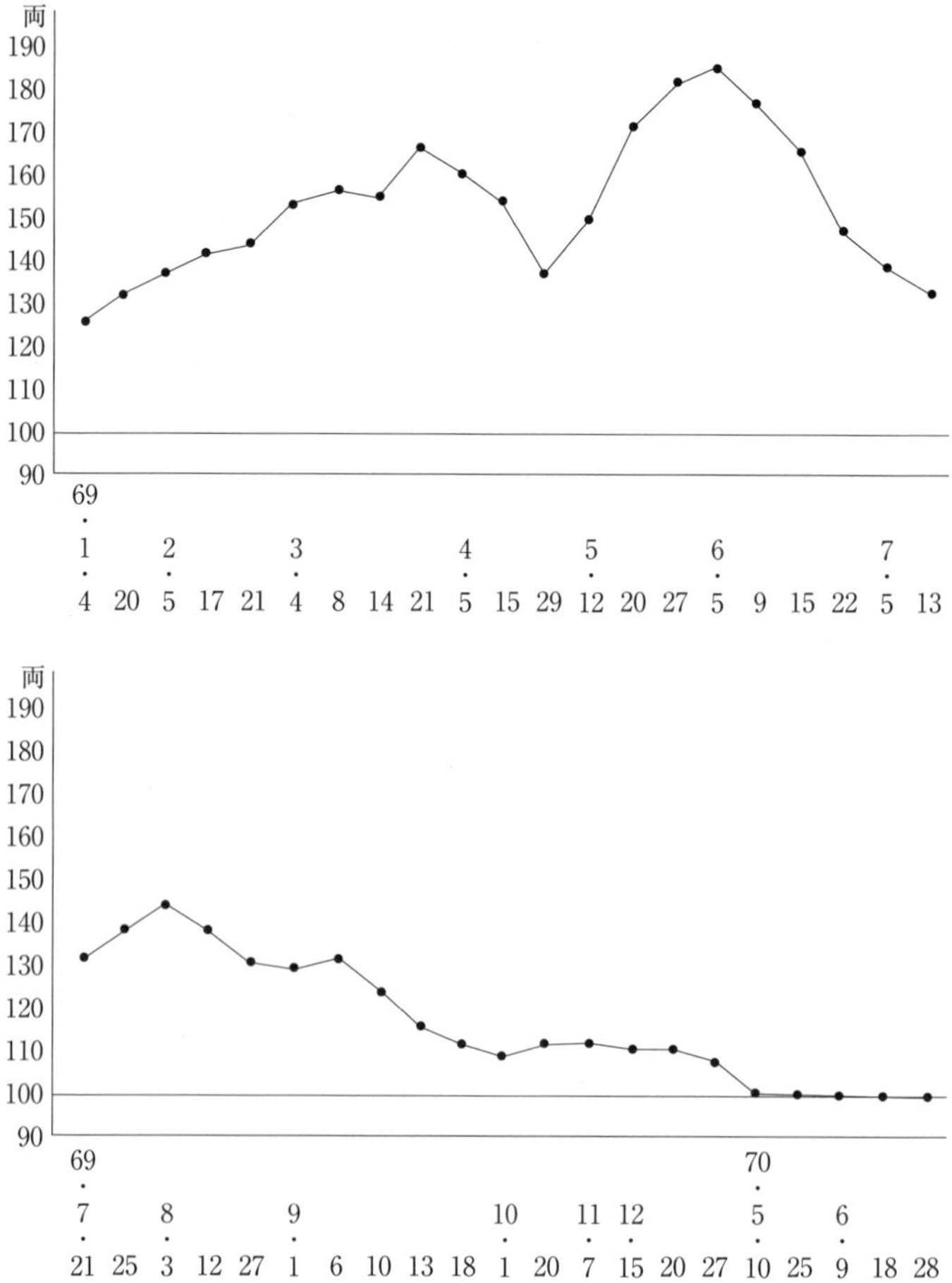

註）沢田章『明治財政の基礎的研究』（前掲）255〜258 頁より作成.
正貨（2 分判 100 両）に対する金札相場.

図序-2　金札相場の推移

切り抜けることで新政権の存続を支えたのが金札の歴史的意義[*22]だとすれば、その役割は、七〇年末頃にはほぼその使命を終えたと云ってよいであろう。その後は、金札によって先鞭のつけられた政府紙幣発行が相次ぎ、金札も次項でみるように、新紙幣と交換回収され、流通界からその姿を消すことになる。また財政問題は、七一年以降、税権の統一(廃藩置県→地租改正)、公債発行によって、新たな解決が図られるようになり、政府紙幣の発行はその比重を大きく低下させることになる。

(3) 政府紙幣の発行

金札(太政官札)の発行を契機として、さらに数種の政府紙幣が発行された。民部省札、大蔵省兌換証券、開拓使兌換証券、新紙幣、改造紙幣等々が、それである(表序―4参照)。

表序-4 政府紙幣発行額

種　類	発行額	発行年
	千円	
太政官札	48,000	1868～69
民部省札	7,500	1869～70
大蔵省兌換証券	6,800	1871～72
開拓使兌換証券	2,500	1872
新紙幣	146,790	1872～77
改造紙幣	64,400	1881～85
総　計	275,990	1868～85

註)『明治財政史』第12巻(前掲)4頁より作成.

民部省札は、金札の額面が先の表序―2にみられるように主として高額であったため、小額紙幣を市場に供給する目的で発行されたものである。二分、一分、二朱、一朱の四種が製造され、総額七五〇万両の発行をみた(表序―5参照)。当初、この民部省札は金札と交換しそれを回収する予定であったが、折からの財政難はそれを許さず、結局は追加発行の結果と相成った。

大蔵省兌換証券は、そのはじめから財政補填を企図して発行された。発行額は六八〇万両の多きに達している。開拓使兌換証券は、その名の示すごとく開拓使による北海道開拓―経営の資金支弁のために発行されたもので、二五〇万両の発行をみた。この両証券は三井組名義で発行され、二分金との兌換を約束された兌換証券であったが、その兌換は建前だけに終わった。したがって、こ

表序-5　民部省札額面種類別発行額

額面種類	発行額
	両. 分. 朱
2分札	3,683,009
1分札	2,407,107. 3
2朱札	1,093,895. 0. 2
1朱札	315,988. 0. 2
総　計	7,500,000. 0. 0

註)『明治財政史』第12巻(前掲)45〜46頁.

表序-6　新紙幣発行内訳

	千円
官省札回収	52,897
旧藩札回収	22,618
開拓使経費補塡	1,100
大蔵省兌換証券回収	6,784
開拓使兌換証券回収	2,464
(小計)	85,863 (59.8%)
出納寮繰換貸	8,000
為替会社へ貸付	525
西南征討費	27,000
予備紙幣	22,188
(小計)	57,714 (40.2%)
総　計	143,577 (100.0%)

註)『明治財政史』第12巻(前掲)101〜102, 120頁より作成.

れも事実上の不換紙幣であり、また、形式上は三井組発行となっているが、その内実は政府紙幣であった。[*23]

七二年に発行された新紙幣は、「金札贋造ノ弊ヲ救治シ兼テ旧藩札錯雑ノ害ヲ匡正スル」[*24]こと、つまり、金札と藩札の整理回収による幣制の統一を企図したものであった。加えて、民部省札、大蔵省兌換証券、開拓使兌換証券をも交換回収の対象として設定した。したがって、先の表序―4に記された六種の政府紙幣の発行総額二億七六〇〇万円弱が、そのまますべて流通界に投じられたわけではない。

新紙幣の発行内訳をみると、表序―6のようである。ここからも明らかなように、右記の目的から発行されたものは八六〇〇万円弱にすぎず、発行総額の六〇パーセントに満たない。他の四〇パーセントにおよぶ五八〇〇万円弱は、出納寮繰替貸、為替会社への貸付、西南戦争費、予備紙幣等々に流用されている。つまり、旧紙幣の整理―幣制の統一という目的から逸脱して、明らかに財政補塡のために新規増発を行なっているのである。

ともあれ、旧紙幣はその当初はなんらかの形で兌換を保証されたものであったが、その約束は反故にされすべて新紙幣に交換された。交換回収作業は七五〜七六年に至って完了し、以後、政府紙幣は新紙幣一種類に統一された。この新紙幣は金札贋造の撤を踏まぬように、印刷技術に優れている外国企業（ドイツのドンドルフ・ナウマン）に発注して精巧を求めた紙幣であった。しかし、その紙幣にも二、三の欠陥が発見され、それを改造するために製造されたのがその名の通り改造紙幣であり、八一年以降、総額六四四〇万円が発行された。

このように、大量の政府紙幣が濫発されたが、それらはすべて不換紙幣であった、その発行目的は各紙幣によってそれぞれ異なるが、実際の用途の多くは草創期の新政権が抱えた財政難を解消するために使われたのであった。

結びに代えて——税制改革への展望——

一九世紀後半という西欧列強の跋扈する国際社会の下において、独立した近代国家として万国に対峙するには、それに相応した軍事力とその軍事力を可能とする経済的諸力、さらにそれらの基盤を構成する民力と国民的イデオロギー、これらの課題を総括的に運営するための国家統一と、その国家を支える財政制度の確立等々、明治維新に課された課題は多岐にわたっている。本章で取り上げた政府不換紙幣の発行は、その性格から考えて公債とほぼ同質のものであり、一時の財源不足を補う方策ではあっても、抜本的な財政改革に結びつくものではなく、云わば借金財政そのものであった。

新政府内にあっては、紙幣発行とは異なる方向での財政改革も試みられており、ことに混乱極まる旧貢租制度を換骨奪胎して恒常的な租税収入を確保しうる制度の構築に、大きな期待がかけられていた。数年がかりでかかる税制改革の検討が進められ、一八七三年に地租改正というかたちで実施に移されてゆく。本書はその地租改正を対象とした研究であるが、註＊3に記したように、一九世紀的な後進資本主義国における資金創出政策の一環として地租改正の意味を解釈するものであり、同時に本章で取り上げた借入金、公債・政府紙幣の発行は、新国家における租税制度が樹立されるまでの準備階梯としての機能を果たしたものと評価しうる。

地租改正の竣功による租税制度の確立は、そうした役割の方向を転換させ、行き過ぎた政府紙幣等の発行は大隈財政末期に至り、その整理が財政課題として急浮上することになる。松方財政は、その具体化であった。松方による紙幣整理によって政府紙幣の役割も終焉を迎え、その跡始末も完了するに至る。[*25]

註

＊1　『貨幣考要』（『明治前期財政経済史料集成』――以下、『史料集成』と略記――第一三巻、明治文献、一九六四年）一二三頁以下。

＊2　同右、五三頁。

＊3　もう少し大局的な視角からみれば、借入金、公債、政府紙幣の発行等は、近代的租税制度（地租改正）の創出政策に加えて、公債の資本転化を図るための金融制度の整備、近代産業の移植とその保護、育成政策（殖産興業政策）等々と密接に関連した政策体系の一環として捉えうる。かかる政策体系こそ、一九世紀にみられた後進資本主義国における資金創出政策である。この政策体系を後進国型の本源的蓄積の特質として類型的に考察すべきであると主張したのが、別著『明治維新史論へのアプローチ』（有志舎、二〇一五年）第一編第二章である。本書では、かかる視点を前提として論を進めている。

＊4　原口清によれば、戊辰戦争の藩体制に与えた影響は、次の三点に要約される。(1)「戦争による軍事費の支出が、各藩の財政を極度に窮乏させ」「藩制の維持に困難な多くの藩を出現させ」た、(2)「幕藩制的な領土の分散・入組支配形態の矛盾を、最もするどい形で提起し」、入組支配や飛地のある中小諸藩、旗本領にみられた農民闘争の先鋭化が、「封建領主制と農民の矛盾を、これらの地帯で最もはげしくさせた」、(3)「幕藩的な君臣主従のイデオロギーを破壊したが、それはたんに徳川将軍と諸藩主との君臣関係を否定しただけでなく、藩主を中心とする一藩の結合や、藩主と家臣、家臣相互間の関係や身分格式制に大きな変動を与えた」（『戊辰戦争』塙書房、一九六三年、二五〇～二五二頁、後に『戊辰戦争論の展開――原口清著作集3――』に収載、一八九～一九一頁、岩田書院、二〇〇八年）。政治主体の形成と成長という視点からすれば、藩体制の解体―統一国家の出現過程に関する詳細な研究が要請されるが、大きな観点からみれば、原口の指摘は藩体制の事実上の解体状況を説明したものとして受け取れよう。

＊5　渋沢栄一『徳川慶喜公伝』4（東洋文庫、一九六八年）一四一頁。

＊6　沢田章編『世外侯事歴・維新財政談』（原書房、一九六六年）三頁。

＊7　拙著『地租改正――近代日本への土地改革――』（中公新書、一九八九年）二二一～二二三頁。
＊8　沢田章『明治財政の基礎的研究』（柏書房、一九六六年）三七、四五頁、他。
＊9　「紙幣整理始末」（『史料集成』第一一巻ノ一、前掲、一九六四年）八三頁。
＊10　沢田編、前掲書、八～九頁。
＊11　同右、四～五頁。
＊12　「貨幣考要」（前掲）一五八頁。
＊13　「紙幣整理始末」（前掲）一八二頁。
＊14　『日本近代思想大系――経済構想――』8（岩波書店、一九八八年）三～四頁。
＊15　「大蔵省沿革志」（『史料集成』第二巻、前掲、一九六二年）四頁。
＊16　藤村通『明治財政確立過程の研究』増補版（中央大学出版部、一九六八年）二七～二八頁（神長倉真民『明治維新財政経済史考』二二五頁以下の記述を藤村が要約したもの）。
＊17　『岩倉公実記』下巻（原書房、一九六八年）二九〇頁。
＊18　高垣寅次郎『明治初期日本金融制度史研究』（清明会、一九七二年）五四頁。
＊19　『法令全書』明治元年（原書房、一九七四年）一三一～一三二頁。
＊20　商法会所を通じての貸付は、担保付商業資本貸付であった。山本有造はこの貸付の特質を次のように論じている。「当初この担保には多くの御用金（会計基立金）調達証文があてられたことが注目される。すなわちここでの金札貸付けは、御用金調達者にたいする公債証書の交付という機能をもった」（「明治維新期の財政と通貨」『日本経済史――開国と維新――』3、岩波書店、一九八九年、一二七頁）。
＊21　沢田編、前掲書、一四七頁。
＊22　山本によると、明治維新における金札の積極的意義が、次の三点に集約される。「第一に、生まれたばかりの維新政権のほとんど唯一の財源として果たした財政史的役割」「第二に、金融史的にみた場合、大隈財政期を中心とした『内に紙幣・外に洋銀』という通貨の二重構造の果たした役割」「第三に、金札の全国的流通がもたらした『銀遣い圏』の『金遣い圏』への統合効果という貨幣史的意義」（前掲論文、一六九～一七〇頁）。山本の金札評価については、筆者も大筋において同感である。なかでも本章は、山本の云う「財政史的意義」について言及したものであって、たとえば、三上隆三がその著『円の社会史』（中公新書、一九八九年）

で述べた金札への過小評価——「太政官札の発案者・由利公正の発言『紙片にて天下を取れり』は語るに落ちるものである」（同書、九一頁）とは、相容れないものがある。

＊23 ところで、一八七一年に新貨条例が制定され、貨幣単位がこれまでの両分朱四進法から円銭厘の十進法に変更された。これは金貨を本位貨幣とし、銀、銅貨を補助貨幣とする金本位制を採用した方策であり、幕末以来の混乱した通貨制度を整理、統合したものであった。新幣制への移行にともなう混乱を避けるため、当時の事実上の本位貨幣たる二分判金一両、貿易通貨たる墨銀（メキシコ・ドル）一ドルと、本位金貨一円の価値を等しくするように、その純金量を決定していた。なお、当時の東アジア世界における通貨は墨銀であった。したがって、日本でも貿易の決済はすべて銀貨でなされていた。このため、便宜的に一円貿易銀を鋳造し、東アジアの国際通貨たる墨銀と併存して流通させることとした。この貿易銀は同時に国内通用も認められていたので、この新幣制は形式的には金本位制であるが、実質的には金銀複本位制と云うべきものであった（拙著『近代日本経済の歩み』吉川弘文館、一九九五年、五七頁）。

＊24 『明治財政史』第一二巻（吉川弘文館、一九七二年）九〇頁。

＊25 この間の体系的な資金創出メカニズムについては、拙著『明治維新史論へのアプローチ』第一編第二章（前掲）を参照されたい。

第一章 地租改正理念の形成

1 地租改正理念の形成

(1) 地租改正の基本理念

地租改正とは、明治維新政府が実施した土地税制改革のことである。成立まもない新政府にとって、万国対峙を国家目標とし、その実現のための富国強兵、殖産興業政策を実施する財源は極端に乏しかった。発足当初の新政府は、政府紙幣を濫発し大量の公債を発行する借金財政でなんとか急場を凌いではきたが、もはや財政破綻は誰の眼からみても明らかであった。抜本的な税制改革こそが、新政府の最重要課題となっていた。

税制改革については、既に新政府内部にあって早くからその必要性が唱えられていたが、戊辰戦争、版籍奉還、廃藩置県と続くめまぐるしい政局にあっては、その実施も困難であった。一八七一（明治四）年七月、廃藩置県が断行され課税権も新政府に統一されたころから、本格的な税制改革の気運も高まってきた。当時は農業が産業の中心であり、人口構成もそれを反映して農民がその八割を占めており、財源は農業に求める外はなかった。したがって、当面の税制改革は、土地税制の改革―地租改正という方向を採らざるをえない。農業資金を租税形態を媒介として政府へと集中させたのが、云うところの地租改正なのである。

新たな国家体制の創出・整備、未熟な民間の資本蓄積を補うための官営事業の運営や民間への資金撒布、政府資金として集中された農業的剰余は、かかる運用に供されたのである。つまりは、資本主義的な資金の創出政策である。それは、世界市場からの逼迫に対する、後進資本資本主義国の一般的対応でもあった。[*1]

地租改正はなによりもまず税制改革として企図された。その改革理念を摘出すれば、大略、以下の三点にまとめられる。

⑴極端な困窮財政を強いられた新政府にとって必要な施策は、急場しのぎの政府紙幣や公債の発行に代わりうる安定した、財源の確保であった。そのためには、現状ではその徴収がおぼつかない旧貢租の収入水準を確保する必要があり、なおかつ、その水準を維持、継承した新地租額を獲保することが、最大の課題であった。

⑵新政府の国家目標は万国対峙にあり、そのための資本主義化政策が急がれたが、かかる資本主義化に照応する租税徴収形態を確立させることは、新税制にとっても不可欠の措置であった。旧来の米納（物納）や石代納を廃し金納制に統一することが、それである。

⑶旧体制の下では、その割拠性の故に貢租負担の地域的不公平が介在していた。領有制下における領主―領民関係を、近代的な国家―国民関係へと転換させる以上、そのような不公平は是正されねばならない。国民国家の成立に対応して、国民の租税＝地租負担の公平原則が樹立されねばならない。

つまりは、⑴旧貢租額の維持、⑵地租金納制、⑶地租負担の公平の三点が、税制改革の理念として設定されたのである。

地租改正は、しかし、税制改革であると同時に土地制度の改革でもあった。近代国民国家に相応しい土地制度をも創出する必要があった。地租改正に先立って田畑勝手作や土地売買が解禁され[*2]、土地所有者に地券（壬申地券）を交付する作業が進められたのは、右の事情によるものである。

その理念は、したがって、国民の土地所有権を体制的に公認することとなる。土地の利用や処分に対する公的な規制を除去し、所有者の絶対的権利を保障することである。つまりは、近代的人権の基底をなす私有財産権の国家的保障である。この土地制度の改革も新政府が目指す地租改正の基本理念の一つであり、先に指摘した三つの税制改革に加えた四つの理念に基づいて地租改正へと着手することになる。

この土地改革の方向性は、その土地所有権を旧貢租負担者に認めることとし、当該土地所有者が新地租の負担者とされたのである。つまりは、旧貢租負担者が新地租負担者へと横すべりさせられたわけである。この措置は、新政府にとっては、もっとも手っ取り早い確実な方法であり、国民にとっては、近代国民国家に特有な権利―義務関係が、所有権保障―地租負担という関係として具体化されたことである。地租改正は、こうして、土地税制の改革を通して、国民―国家間における権利―義務関係を設定したのである。

総じていえば、旧幕藩体制下における錯綜した土地税制を解体し、それに代わる統一的な近代的土地―租税制度の体制的創出が、地租改正に対する維新政府の基本理念であった。

もっとも、こうした諸理念が維新政府の成立当初から密接な脈絡をもって企画されていたわけではなく、まずは、旧土地税制の混乱と政府財政の困窮化という現状への認識から、漫然とした形で統一税制を指向する意見が提出され、また、農商間における租税負担の不公平という立場から、「租税負担の公平」が唱えられたのであった。この二つの論点を中心として、諸々の税制―地租改正案が提示されることになるが、かかる過程で、個々バラバラに唱えられていた諸改革案は数多の検討を経、後の地租改正関係法令において、統一的な改租理念として相互の関連が示されるに至るのである。

(2) 明治初年の税制・地租改正案

成立まもない新政権下における土地税制の混乱と政府財政の困窮化は、政府内外において税制改革—地租改正の必要性を痛感せしめた。このため、諸々の税制改革案が政府官僚、地方官、藩士等々から提起されるに至るが、これらの改革案のなかには、後の地租改正関係法令に多大なる影響を与えたものがあった。地租改正の理念は、かかる諸改革案の積み重ねの経験から形成されていったのである。以下においては、維新政府の成立直後から一八七三（明治六）年に至る過程で提示され、地租改正関係法令へと結実していった諸改革案の検討を通して、地租改正の理念を抽出してゆく。

一八六九年二月、当時摂津県知事であった陸奥陽之助（宗光）は、府藩県同治を論じた建白書[*3]のなかで、逸はやく統一税制の緊要性を主張し、そのための改革案を披瀝した。それによると、「古来検地ノ通弊ヲ改正シ」「而シテ石高ヲ極メ、地質ノ厚薄、肥瘠ニヨリテ等級ヲ建テ、地税法則ヲ一定スヘシ」と新たな検地の必要性を説き、現実に適応した石高、正確な土地面積を確定し、地税を統一すべきであると主張した。かかる陸奥案の背景にあるものは、石高制下における土地税制の混乱という状況に対する事実認識であろう。そうした認識に立って、「地税法則」の統一を説く陸奥は、さらに、現今の米納、石代納の入り乱れた貢租形態を廃絶し、「地租ハ田畑ヲ論セス、尽ク金納トスヘシ」と述べ、金租納税による「地税法則」の統一を強調した[*4]。続けて陸奥は、「惣体日本ノ税法ハ農ニ厚ク、商ニ薄シ、今日ニ至リ、是等ノ法則モ平均セスンハ、遂に（ママ）会計ノ基本立タサル」ことを訴え、従来地子が免除されていた東京、大阪等の都会地にも地租を賦課し、租税負担の不公平を是正すべきであると主張する。ここに、地租改正の基本理念たる「租税金納制」と「租税負担の公平」という論点が、はやくも提示されるに至った。

ところで、この陸奥の提言たる「租税負担の公平」という改租理念は、同時期の公議所において、日出藩議員帆足龍吉「市廛ノ法ヲ設ケ、地税ヲ納メシムベキノ議[*5]」、および筑後藩議員麻布弼吉「商税ヲ増シ、農税ヲ減スルノ議[*6]」

によっても主張されている。ただし、帆足と麻布の所説は、陸奥案ほどの統一的、体系的な改革案ではなく、ひとり農民のみに重い税負担を押し付けていた旧貢租制度下における農村荒廃という現状認識から、今日の農村を復興させるためにその不公平を是正し、従来免税とされていた市街地や商業にも課税すべきであると説いているにすぎない。両者の主張は、福島正夫の言葉を借りれば、「封建的重農主義」とでも云いうる立場にあり、「封建領主支配が揺らぎつつある危機の認識から、その領主的観点に立って、都市農村の租税公平を主張したにすぎない」[*7]のである。だが、いかなる立場からの改革案であろうとも、ひとたびそれが政策理念としてスローガン化されるに至れば、より現実的な改革理念と結びついて一人歩きをはじめるであろうし、政府部内への波及効果もそれなりに期待できよう。それは、結果としては、先の陸奥案を後押しするような役割をも担ったであろうと推察しうる。その意味で、後の改租理念が形成されてゆく上で、ある程度の機能を果たしたと考えられるのである。

こうして、陸奥の発言を皮切りに、六九年中頃には、公議所においても諸々の改革案が提出されるに至った。先の帆足、麻布のほか、近藤門造[*8]、森金之丞、神田孝平等々のものが、それである。

軍務官判事森金之丞（有礼）は、「租税之儀」[*9]において、次のような収租方法を主張する。「収租ノ儀ハ、米納金納其便宜ニ従ヒ、勝手次第、其収メ人ノ意ニ仕ス可キ事」。この森の意見は、政府財政の立直しという観点よりも、どちらかと云えば、納税者の側に立っている感が強い。それは、以下の一文でよりいっそう明らかとなる。「定租税ノ外、新規租税取立ノ儀ハ、公儀ヲ経サル向ハ、可為厳禁事」、「右定額増減ノ儀モ、同断ノ事」。ここにみられる森の発想は、政府の財政活動――租税賦課・公債募集・経費支出等々――は、すべて議会の承認を必要とすべしとする、財政における立憲主義の基本原則に立脚しており、六九年という時点から考えれば、真に注目すべき見解といえよう。[*10]

制度寮准撰修神田孝平によって公議所へ提出された「税法改革ノ儀」[*11]には、これまで検討してきた諸改革案よりも、いっそう体系的な改革構想が盛り込まれている。この神田案の眼目とでもいうべき点は、「旧来ノ税法ヲ廃シ、田地売買ヲ許シ、其沽券値段ニ準シテ租税ヲ収メシメ」んとするところにみられる。この方法に従えば、「是マテ煩ハシキ上中下田ノ別、石盛幷検見ナト云フニ及ハス。検地モ要用ニアラス」とその効用を説き、加えて、田畑、山林原野、市街地のすべてに金納地租を賦課し、以て税法の統一、公平化を実現しようと図るのである。ここでの地租額は、土地所有者の申告した沽券値段と[*12]、その他の二〇～三〇年間の平均貢租額を石代相場により貨幣額に換算した額とを合算したものを基準として決定される。以上の方法によれば、「農民ノ煩労少ナク、運送ノ費ナク破船ノ患ナク吏胥姦ヲ為スヿヲ得ス」、また、「年々ノ収入ニ大増減ナケレハ、政府ニテ翌年ノ費用ヲ、預メ算定スル」ことが可能となる利点が挙げられている。

かかる主張の背景にあるものは、事実上の土地売買の進行と、土地占有権の土地所有権へのなし崩し的変質の進展という動向であり、商品経済の発展にともなう市場の拡大が、農民においても金納地租を要求するまでに至った現実である。このような状況に対する認識が、神田案をしてより合理的、近代的な改革案たらしめたのであった。

以上、六九年に集中的に提起された税制―地租改正案を検討してきたが、その斬新な内容にもかかわらず、廃藩置県すら日程にのぼっていなかった当時にあっては[*13]、ほとんど問題にされる術もなかった。しかしながら、陸奥、森、神田等によって提示された諸改革案は、近代社会における財政・租税の基本原則[*14]を未熟ながらも明示しており、注目に値すべき所説と云いうる。森の主張は、地租改正後においても永く実現されるには至らなかったが、既述したように、議会による課税の承認という財政的立憲主義を指向しており、また、陸奥、神田両案にあっては、アダム・スミス云うところの近代社会における「租税の一般原則[*15]」の一端が、不充分ながらも提示されている。

ここに云う「一般原則」とは、「公平であること」「確実であること」「支払に便宜があること」「徴収費がすくなくてすむこと」の四原則のことである。第一の「公平であること」は、陸奥が従来の税法を批判して「農ニ厚ク、商ニ薄」いことを指摘し、「租税負担の公平」を図らねばならぬことを提唱しているところにうかがえる。第二原則についても、神田案にみられる土地所有者の申告に基づいて決定された地価を課税標準とすること、および地租は金納とすること――陸奥もこのことは提示している――という提案にみることができる。つまり、神田が金納とすることによって、「農民ノ煩労ナク……」云々と語っているように、徴税人の恣意、役得が否定され、租税の支払、徴収が確実となることである。同様に、土地価格に応じて地租を賦課するということも、徴税人の恣意、役得が入り込む余地を防ぎ、確実に租税額を決定することを可能とするものとなろう。

第三、四原則に関しては、陸奥、神田両説とも、いまだ明確な意識をもちえていないが、翌七〇（明治三）年六月に至って、当の神田が前案をより前進、精密化した「田租改革建議」によって具体化した。以下、この「建議」内容を検討してゆく。

神田「田租改革建議[*16]」の内容は、大別して三つの部分からなるが、その「まえがき」にあたる箇所で、彼は旧貢租制度の特質を次のように批判的に論じる。「我邦従来田税ノ法、地ノ広狭ト肥瘠トヲ計リ、且ツ歳ノ豊凶ヲ察シ、生スル所ノ者何ニ限ラズ米ニテ納ムルナリ」として、かかる制度に拠っていたのでは、検地、石盛、検見、歳入の不安定等々の弊害が多々生じると喝破し、その弊害を詳細に論じた後、「要スルニ、従来ノ税法ニ従ヘハ煩労多ク、滅耗多ク、奸賊多シ。故ニ民ニ対シテハ不憐ナリ、法ニ於テハ疎漏ナリ、財政ニ取リテハ損失ナリ。此数弊アリ。速ニ改正セスンハアル可カラス」と主張し、税制改革の早急な実施の必要性を説く。

本論は二部に分かれ、その前半の部分は、神田の改革案の具体的な説明に充てられている。ここでは、旧弊を取り除く方法として、「田地売買ヲ許シ沽券高ニ準シ金子ニテ税ヲ収ムル」のが最善であろうと述べ、その内容を以下のごとくに説明する。すなわち、旧説を援用しつつ、田地毎に沽券を作成し、土地所有者の申告によってその沽券値段を決定する。その際、廉価の申告を防ぐために入札法を採用すべきであると提案し、さらに、旧説にはみられなかった小役所の設置を新たに提示する。この小役所とは、府県の下に属し、五〜一〇ヵ村を管轄して、管内の田地に関する事務を掌ることを役務とするものであり、徴税義務をも行なう機関であるとされている。税額の決定方法に関しては、これも旧説によりつつ、「右ニ云ヘル小役所ニテ沽券帳ヲ吟味シ、沽券ノ総金高ヲ求メ、次ニ二十年間管内ヨリ納ムル貢米ノ平均高ヲ求メ、平均相場ヲ以テ金高ニ直シ、此金高ト前ノ沽券総金高トヲ比較スル時ハ各沽券ノ税金高を得ヘシ」と説いた。

右の方法に従えば、納税手続も毎年一定の期日に、土地所有者自らが近隣の小役所へ地租を納入して、その受取書を得るだけであり、煩労、費用は大幅に節約されるという利便があるのみならず、旧制度の諸弊害——検地、石盛、検見、新田本田・込高無地高の混乱、津出運搬の浪費と中間の耗減等々——も除去されると論じる。ここに、上述した租税の第三、四原則——「支払に便宜があること」「徴収費がすくなくてすむこと」——が、鮮明に提示されていることが読み取れよう。加えて、金納となれば、「最治国ノ要務」たるべき「今年ヨリ来年再来年等ノ経済ヲ預計スルコトヲ得」るという効果を述べている点は、統一国家における予算制度の必要性を明示したものであり、ここに至って、近代的な租税制度に対する基本的な認識が、ほぼ出揃ったと云いうる。

後半部分では、旧制度を擁護する立場からの自説への批判——「古ハ民口ヲ計リテ土田ヲ給ス。兼併ヲ防キ貧富ヲ均フル所以ナリ。今俄ニ田地売買ヲ許サハ古法ニ反シ後害ヲ生スルノ怖レナキヲ得ンヤ」——を想定し、それに対する反批判を次のように展開する。人間には各々「智勤倹」「愚惰奢」の別があり、前者が富裕化し後者が貧窮化してゆくのは、経済の必然的結果である。兼併を防ぎ貧富の差を均等化するのは、「富者ニ奪ヒ貧者ニ与フル」方法によるほかなく、最終的には、「智勤倹ヲ抑ヘテ愚惰奢ヲ勧ムル」ことになるとして、その結果を憂慮する。ここには、「勤勉」「節倹」「善行」(慎慮)[*17]こそが、経済的富＝資本を増殖させるものであるとする、アダム・スミス流の自由主義経済思想が、生き生きと脈打っているのが感じられる。

この外にも、旧来の上中下田の別が、現在の土地生産力を直ちに反映するものではなく、そこには大きな変化が生じており、「租税」負担の不公平を拡大していること、かかる事情は本田と新田とのあいだにも生起しており、地価と地租負担の適正が保たれなくなっている矛盾をも指摘する。さらに、「今ノ田地ハ民ノ買得テ有スルモノニテ官ヨリ之ヲ渡シタルニハアラス」という認識に基づき、すでに農民の土地占有権は事実上の所有権へと移行していると説き、売田禁止の旧法は無用の長物にすぎないと批判する。

以上のように、神田はこの「建議」において、旧制度の矛盾を多方面から批判的に検討すると同時に、税制改革の必然性とその改革案――沽券税法案――をも統一的、体系的に示すことによって、後の地租改正に多大なる影響を与えたのである。

神田の「建議」は、内容の明確性と統一性、さらにはその現実適応性により、政府部内に大きな反響を呼んだようである。この同じ頃、膳所藩によって「地租課徴ヲ均一ナラシム」[*18]とする建議が提出され、ようやく政府部内においても税制改革のための本格的審議の土壌がつくられつつあった。太政官より膳所藩建議の乖問を受けた民部省は、七〇年七月、「地租ハ全国均一ノ賦課法ヲ制定スルニ非サレハ則チ其ノ公平ヲ得セシム可カラス」[*19]として、その建議内容に賛意を表明し、「全国地租ノ賦課法ヲ改正」[*20]せんことを太政官へと上申した。ここにいう全国地租の均一化とは、「凡ソ全国ノ土地ハ禁城ト官道ヲ除クノ他ハ一般ニ地租ヲ賦課シ、尺寸モ無租ノ土地有ラシム可カラス」[*21]とすることであった。こうした「地租負担の公平」という発想は、当時の政府内部においてもようやく大勢を占めるようになりつつあったのか、同年九月には、大蔵省もこの民部省意見に同意を示すまでに至った。[*22]

かような状況下において、同年八月には、岩倉具視もかの「建国策」[*23]のなかで、税制改革の問題を取り上げている。それによると、岩倉は、まず政府活動とそれにともなう財政支出を一二項目にわたって掲げ、それらはすべて国民を保護するための費用であるから、その負担は国民の当然の義務であるとして、租税賦課――国民の納税義務――の必然性を主張する。次いで、国家財政の確立のためには、「租税ノ法ヲ大変革シテ億兆均一ニ之ヲ政府ニ貢納セシム可シ何ヲカ之ヲ均一ト云フ士農工商各自ニ租税ヲ賦課スルニ在リ」とする「公理」の実現を説く。

こうして七〇年の中頃までには、政府部内においても、税制改革の問題が強く意識されるようになり、なかでも「租税負担の公平」が、重要なる政策課題として浮上するに至った。右のような情勢は、翌七一年に入るとますます顕著となってゆく。例えば、三月には、大蔵省が三府五開港場に地租を賦課すべきであることを太政官に建議し、その根拠として、「農夫ノ如キハ常ニ僻邑ニ居住シテ、重租厚税ヲ負担シテ其膏血ヲ官用ニ供シ、而シテ官府ノ保護ヲ受ルヤ却テ府民ヨリモ薄シ」[24]と述べている点にうかがい知ることができる。このような税制改革の気運は、同年七月の廃藩置県の断行によって課税権が統一されるや、さらにいっそうの拍車がかけられた。もっとも、「今般藩ヲ廃シ県ヲ被置候ニ付テハ、租税ノ儀一般ノ法則ニ可引直ノ処、困襲ノ久キ一時ニ引直候テハ却テ民情ニ悖リ候儀モ可有之ニ付、当未年ハ悉皆旧慣ニ仍リ可申」[25]との慎重な配慮を示してはいるが、廃藩置県の実現による統一国家の成立によって、「租税ノ儀一般ノ法則ニ可引直」き方針は、確固たるものとして政府部内の大勢を占めていた。

さて、同年九月に入ると、大蔵卿大久保利通、同大輔井上馨連名による「地所売買放禁分一収税法施設之儀」[26]が正院へ提出され、にわかに税制改革の気運が高まることになる。この伺が主張するところは、次のごとくである。旧来の税法は、土地制度として石高、貫高、束高、無高、無反別等々が錯綜し、収税法にも検見と定免の別があり、貢租率についても一般に五公五民と云われているが、実際の負担率は同一ではなく各地で相当に異なっている。雑税に至ってはその種類が無数に存在し、税制の混乱は著しい。加えて、「割拠ノ陋習比鄰法ヲ異ニシ、農民過酷ニ苦シムコト久シ」という実情にある。かように現状を分析した後、このたび廃藩置県を断行して権力の集中を実現したのであるから、かかる諸弊害のある旧税制を廃して統一国家に適応した新税法を設けるべきであると説く。だが、そのためには詳細な規則を立案せねばならないし、また、現今の地価は収穫高ではなく貢租高によって決定されるのが通常であり、旧法を改廃するにはそれ相当の準備期間が必要であろうから、新税法の実施は「速成ヲ戒ム」として、慎重に行うべきことを附加している。そのため、とりあえず地所永代売買を許可し、「各所持地ノ沽券ヲ改メ」全国地租の総額を検討し、以て簡易の収税法を設定すべきであると主張した。

大久保、井上両名は引き続き翌一〇月、将来の税制改革への準備階梯としての内容を記した「三府下地券発行之儀」[*27]を、正院に提出する。ここでは、従来地子免除であった市街地にも地券を発行して地租を賦課し、農民のみから収税してきた従来の偏向を是正するために、まず東京府下に地券を発行すべきことが論じられた。[*28]この伺は、同年一一月五日裁可され、東京府下の武家地、町地の称を廃すとともに、地券を発行し地租を収納すべしとする、一二月一七日付の太政官布告によって実施に移されることとなった。[*29]これが、いわゆる市街地券と呼ばれるものである。ここに、地券制度に基づく地租改正の端緒が切り拓かれたのである。

ところで、大久保、井上が先に主張した地所永代売買の許可についても、翌七二年二月の「地所永代売買ノ儀従来禁制ノ処、自今四民共売買致所持候儀被差許候事」[*30]とする太政官布告により実現された。これによって農民の事実上の土地所有権は、法的にも確認されることとなった。こうして、地租改正の四つの基本理念のうち、「租税（地租）負担の公平」「租税金納制」「土地所有権の公認」の三つが、七一年末までに出揃い、翌七二年初頭にかけて政府方針として承認されるに至る。

(3) 壬申地券期の地租改正案

一八七二（明治五）年以降、政府部内で固まりつつあった如上の税制改革理念が、ようやく政策的に具体化する段階を迎える。その準備階梯ともいうべきものが、壬申地券と呼ばれる制度である。これは、先にみた神田孝平の発案になる地券制度に基づき、土地所有権の確定を目指す方策であり、維新政府はこの方法に従って、「地券ハ地主タルノ確証[*31]」であると宣言し、七二年二月、売買、譲渡の度に地券を発行する旨の「地券渡方規則」を達し、同年七月には、さらに進んで、全国の土地所有者すべてに地券を発行するという施策を打ちだした[*32]。これが、いわゆる壬申地券と呼称されているものである。地券の発行によって土地所有権を確認するという地租改正の独自の制度が、ここに誕生した。

しかしながら、この壬申地券の場合、市街地券[*33]はともかくも郡村地券にあっては、後の地租改正のために「各所持地ノ沽券ヲ改メ、全国地代金ノ惣額ヲ点検[*34]」せんとすることが目的であり、いまだ地券制度のもう一方の側面である地価賦税の性格を有していない。このため、郡村地券には地租額は記載されておらず、反別、地価、所有者名等々が記されているに過ぎなかった。租税は旧貢租が引き続き徴収されていたのである。もっとも、この貢租の支払いは、その大部分が石代納化されており、事実上の「租税金納」化は、大いに進展しつつあったといってよい(後述)。以上のことから、壬申地券の交付段階においては、「土地所有権の公認[*35]」と「租税金納」という二つの改租理念は、それなりに実現の緒についたと云ってよかろう。ただし、「地租負担の公平」に関しては、相変らず旧貢租を徴収している現状であるため、その負担軽重の是正は後の大きな課題として残された。

このため、後の地租改正において地価賦税を取り入れ、「地租負担の公平」を期した維新政府は、その準備作業として壬申地券の交付過程で地価の調査を命じ、その際、「其代価ハ田畑ノ位付ニ拘ラス、方今適当ノ代価ヲ開申[*36]」せよと命じたのである。だが、この「方今適当ノ代価」なるものが、いかにして決定されるのかはすこぶる曖昧である。この不明瞭な指示に対して、各府県から政府への伺が相次いで寄せられることとなるが[*37]、そこで明らかとなった事実は、「仮令上田といえとも公租多く作徳米少キハ代価低ク下田に而も公租少ク作徳米多きは却而右上田より高価ニ相成候ニ付此地券之価ニ依而以後之公租目的と相成候時ハ上田却而安租下田は余程之高租ニ相当リ不公平ニモ相成可申哉[*38]」ということであった。つまり、当時の土地価格決定の基準が土地生産力＝収益によるわけではなく、一般的には貢租の厚薄による作徳米の多寡によって決定されているという矛盾が露呈されたのである。こうした状況に業を煮やした府県から、諸々の改革案が「伺」という方法で政府に提出されたが、そこでの趨勢は、土地生産力＝収益に応じて地価を新たに算出すべきであるとの意見であった。

かかる意見の代表的なものとして、神奈川県令陸奥宗光の「田租改正建議」[*39]がある。陸奥はこの「建議」において、まず、旧貢租制度下における検地、石盛等が時代の変遷によって現実を反映していないことを挙げ、現今の土地税制の混乱を指摘する。こうした税制下にあっては、奸吏の横行、予算の困難、収税法の煩雑・疎漏等々の欠陥を是正することはできず、確かな成果も期待しえない。それゆえ、石高、反別、石盛、免検地、検見等の旧税制は一切これを廃絶し、新たな租税制度を樹立すべきであると主張する。ここに云う新しい租税制度とは、「其地ノ良否肥瘠ニ就テ田価ヲ出サシムへシ。其価ニ就テ税ヲ定ム」というものであり、これに従えば、「其地良肥ナレハ田価必ス貴ク、田価貴ケレハ地税必ス重シ。之ニ反シテ其地否瘠ナレハ田価必ス卑シ。田価卑ケレハ地税必ス軽シ」という結果が出る。つまり、土地生産力＝収益に基づいて地価を算出し、それを課税基準とする方法である。これによって、「上下互ニ損耗ナク労ヲ省キ煩ヲ去リ地租ヲ以テ中正平均ニ至ル」ことが可能となり、収税の簡易性と「地租負担の公平」が実現されると説くのである。こうして、壬申地券の交付過程において、その非実現性が暴露された神田案＝売買地価主義に代わり、より現実的、合理的な陸奥案＝法定地価主義が、地価決定の方法として浮上する。

壬申地券期における地価決定の困難性は、府県からの多数にのぼる伺によって知られるが、こうした状況を打開するために、維新政府はあらためて具体的な地価算定方法を指示せねばならなかった。七二年九月に府県へと達した「地価取調規則」[*40]が、それである。この「規則」は、同年六月に租税頭へと抜擢された陸奥宗光の名でだされていることからもうかがえるように、その内容は、先の「田租改正建議」を具体化して発展させたものである。以下、この「規則」に示された地価算定方法について、簡単に検討しよう。

この「規則」によれば、「其耕地ヨリ産出スル惣利益ヲ見積リ入札」するという方法を、地価算定上の原則としている。ここが、旧来の貢租、作徳の多寡によって地価が決定される売買地価主義の発想とは、大きくその趣が異なっているところである。この算定方法は第一二条において詳しく説明されているが、それを要約すれば次のごとくである。貢租および作徳をも含めた粗収益から種肥代（粗収益の二〇パーセント）を控除し、それを一〇パーセントの利子率で資本還元するという方法である。これによれば、地価は粗収益の八倍となり、仮にその三パーセントを地価とするものであった。この方法は、翌七三年に公布された一連の地租改正関係法令のそれと原理的には同趣のものであり、この時点で、地価賦税とその算出方法の基本的方向が確定したと云いうる。

もっとも、この「規則」にあたっては、「地価ヲ産出スルニハ入札法ヲ以テ本旨」とするとの規定があり、この点、後の「地租改正法」にみられる申告制とはその方法を異にしている。この入札法の性格については、丹羽邦男による『官地』を、その地の生産力に即応した価で農民に強制売却するための、すなわち土地領有権売渡しのための手段[*41]であったとする理解がある。これに対して関順也は、「従来からの土地所有者のすべてが入札地価金を官納しなければその地位を保ち得ないように解釈[*42]」した丹羽説に疑問を呈示し、「『地価取調規則』の地価入札法は旧来の持主から地価金を官納させることを目的としたものではなく、不当に低い地価の申立を防止するための手段であった[*43]」と批判した[*44]。この論点に深く立ちいる余裕はないが、入札法の規定に関する条文（第七―一一条）を素直に読めば、丹羽の理解には疑問なしとしない。むしろ、入札法自体の非近代性はあるにしても、関の云うように、「不当に低い地価申立を防止するための手段」と読む方が妥当であろう。入札法の採用は、したがって、この時点において「適当之真価[*45]」を求める基準が甚だ曖昧であったために、当時の方法としては最良と思われる当該法に拠らざるをえなかったと理解すべきであろう。この点に、「規則」の不充分性があったことは否めない。

入札法は、しかし、「適当之真価」を求めるための手段として採用されたのにもかかわらず、その役割を全うすることはできなかった。つまり、農民は入札法の盲点を突き、「適当之真価」を大きく下まわる「不都合之代価」を申し立てるという挙に出たのである。[*46] 入札法が、かかる行為に対するチェック機能を十分に果たしえないことは、言を要すまい。農民側からすれば、地租はできる限り低い方がよいわけであるから、後にその地租額の基準となる地価を低く入札しようとするのは、当然の行動原理であろう。しかし、入札法の性格からみてこの低地価入札は、農民が個人的に単独で行うことは不可能であり、村民が共同でするしかない。といっても、事前に入札額を協議したわけではなく――あるいは、そういう場合もあったかも知れない――、おそらく、その地の現実の所有者がそのまま落札しうるような暗黙の了解があったのではなかろうか。ここに、村落共同体の強い絆を想定しても大過あるまい。[*47] 土地兼併を図る豪農層も、かかる共同体の規範原理を犯すことはできなかったのであろう。[*48]

こうした事情もあって、地方官等における入札法の評判はすこぶる悪く、最終的には個人申告制が採用されることとなり、入札法はその下で第二義的な意味しかもちえなくなるのである。[*49] ともあれ、「地価取調規則」制定以後、それに対する地方官の諸々の意見が政府に寄せられ、政府はそれらを逐一検討することによって、より現実的、合理的な改革案を煮詰めていくことになる。

以上のように、明治初年に提示された諸々の税制―地租改革案は、「租税―地租負担の公平」を強く意識しつつ、さらには、現実の商品経済の発展に対応した「土地所有権の公認」「租税金納制」等々として表現され、地券制度の導入による税制改革の方向が決定づけられた。この諸改革案が地租改正の理念へと結実してゆく過程は、同時に、維新政府による漸進的な税制改革の実施過程でもあった。その内容を一言で云えば、「租税金納」化の方向と「租税負担の公平」化を基調とする統一税制への模索であった。この租税政策が先の諸改革案と相俟って、地租改正の前史を構成してゆく。以下、この点について検討する。

(4) 明治初年の租税政策——租税金納化の進展と安石代・定石代廃止問題——

一八六八(明治元)年から七三年七月の地租改正関係法令の公布に至る過程での維新政府の租税政策[*50]は、大きく二つの段階に区分することができる。第一の段階は、六八年から七〇年に至る過程であり、租税政策の方針がいまだ完全な統一をみていない時期である。それに続く第二の段階は、七一年以降七三年の地租改正関係法令の公布に至る過程であり、租税政策の方針がようやく統一され、後の地租改正への直接的前史とでも云いうる時期である。第一の段階にあっては、旧幕藩体制下における錯綜した貢租形態を統一、整理する方針が租税政策の基調をなすが、ここでは、維新政府による貢租の徴収形態の統一を中心としてみてゆくこととする。

旧幕藩体制下における貢租の徴収形態は、基本的には米納制と石代納制とに分けられることは周知の通りである。この石代納とは、「租米ニ代ヘテ金銀銭ヲ上納[*51]」する貢租の徴収形態であるが、その方法は一様ではなく、「其時々之ヲ請願スル」願石代、「年々定則ニ依ル」定石代、「其価ヲ賎クセル」安石代[*52]、さらには、関東地方において広く一般化していた「関東畑永[*53]」と呼称される定永納等々の諸々の形態が存在していた。かかる石代納の制度は、関東、東北、近畿地方において広汎に浸透していたが、その石代相場は、幕府の張紙値段やその年の平均相場に三〜一五両増と定められているものの外、石代値段が一定しているもの等々があり、貢租の徴収形態はその統一性を欠いていた。さらに、こうした事情に加えて、幕末期の激しい米価騰貴により、石代値段の一定している定石代、畑永等が事実上の安石代化しつつある状況が加味されるにおよんで、貢租制度の不統一、貢租負担の不公平等々の問題が、維新政府にとって重要な解決課題となった。このため、維新政府は、権力を掌握してまもなく旧来の貢租制度の整理、統一に乗りだすことになる。

ところが、維新政府の遂行した旧貢租制度の整理を逐一みてゆくと、そこには一つの統一的基準はみられず、旧幕藩体制下における貢租制度と軌を一つにしているかのような観さえ見受けられるが、そのことはひとまず措き、六八年から七〇年に至る過程で維新政府がいかなる方針の下に租税政策を遂行していったのかを検討することとしよう。

まず、貢租の徴収形態に関する点からみると、これに対する維新政府の当初の方針は、米納制による統一を意図していたようである。すなわち、六八年一〇月には、「関東筋村々大豆石代値段ノ儀当辰年ヨリ大豆御入用ノ節ハ市中御買上取計石代正納共御差止メ相成候間右ノ分米納ノ積可取計候事」[*54]と令し、関東各地における畑方貢租の大豆納、さらには大豆相場による石代納等の旧慣を廃して、すべて実米にて納めさせることとした。続いて七〇年二月には、「正租ノ項内十分ノ一大豆ノ科目ヲ以テ石代金納ト為セル者ハ之ヲ廃止シ、本年庚午以後ハ総テ実米ニ換ヘテ公納セシム可シ」[*55]と達し、関西諸国において行われていた「十分一大豆金納」なる石代納方法をも廃止して、すべて米納とした。さらに同年七月には、「三分一金納」制を廃止し、田方はすべて米納、畑方はすべて石代納とすることによって、[*56]錯綜した貢租の徴収形態の統一を企図する。こうして、当初は田畑共にすべて米納、さらに七〇年七月に至っては、田方は米納、畑方は石代納という形態をより強化する仕方でその踏襲を図った。かかる背景には、「新穀始テ成ルノ時、米価必ス賤シ。石代納概ネ其時ノ価ニ由ル。且代金ヲ以テ納レハ諸般ノ労費ヲ省キ、下民ハ之ヲ利ス。官ニ於テハ則チ損有」[*57]という事情が存在していた。つまり、現物納の場合には、包装、運搬、蔵入等の労費を農民が負担せねばならないが、石代納であればそうした「諸般ノ労費」を省くことができ、かつその石代も、新穀の出廻る最も低廉なる時期の相場を用いるため、農民にとっては極めて有利になるというのである。つまり、米納が農民にとって多くの負担を課すことになるのを承知の上で、米納という形で収奪し、危機状態にある税源確保を図ろうとしたのが、この時期の維新政府の方針であった。

ところで、こうした維新政府の方針——米納制による貢租徴収形態の統一——は、しかし、商品経済の進展による農民側からの石代納要求の高まりのなかではかえって困難な政策課題であった。また、統一国家として万国に対峙してゆくことを課題とした維新政府にとっては、富国強兵のための資本主義化を図る以外にその途はなく、当然に資本主義に適合的な租税形態である金納制をも実現してゆかねばならなかった。こうした事情から、当初の米納制による貢租統一はかえって逆行政策となり、維新政府はかかる方針を修正せねばならなくなる。そこで採られた策が、石代相場の引き上げによる増租政策であり、石代納の許可という形で租税金納化を推進化させる方策であった。

石代相場の引き上げは、米納制による貢租統一を図ろうとした六八年から七〇年の時点で、すでに実行に移されている。まず、六九年六月には、旧来関東、奥羽の諸府県にあって定租雑税のうちで定式金納とされていたものは、いわゆる張紙値段によって石代納されていたが、今後一切これを廃止し、それぞれの地方相場の一〇月中旬の下米平均値段に豊凶の参酌をつけて、その石代によって上納させることとした。[*58] しかしながら、この相場によったのではかなりの増租となり「大ニ民心ニ影響スル慮」[*59]があるため、同年一二月、石代相場のうちで最も低廉なる米価を申告した小菅県の下米平均の時価をさらにその五割を減じて、米三五石につき一七五両二分とする全国統一の石代相場を設定したのである。[*60] この石代相場でも六八年の張紙値段よりは概略八〇両程の増加となり、[*61] さらに翌七〇年一〇月に再度確定した米三五石につき一九九両一分永二二九文[*62]の全国統一相場では、前年度の統一相場よりさらに約二五両、六八年の張紙値段よりは一〇五両もの石代相場の引き上げとなるのであり、維新政府は、着々と租税増徴の準備を進めていた。

米納制による統一と石代相場の引き上げを基軸とした、六八年から七〇年に至る過程での租税政策のもう一つの方針は、雑税の石代納化にあった。すなわち、六八年一一月には、漆、菜種の正納を永代納に改め、[*63] さらに翌六九年五月には、蠟、櫨、藍、漆等の正納をその年々の所相場によって永納すべきことを決定しているごとくである。[*64]

以上、六八年から七〇年に至る過程での租税政策をみたが、そこでは、正租の米納制による統一を原則としつつも、畑方正租および雑税の石代納化を図る方針も同時に採られている。こうした方針の基底にあるものは、旧来の錯綜した貢租徴収形態を整理し、その収納上の煩雑さを改めることであったと云いうる。さらに、この時期の特徴としては、正租の米納化を原則としつつも、その石代納化を必ずしも否定してはいない点である。このことは一見矛盾しているように思われるが、租税金納化の機が熟しつつあるこの時期にあっては、石代納を望む農民の要求も強く、それを全面的に拒否することは甚だ困難であり、また、維新政府としても、将来の資本主義化にともなう租税の金納化の必要性を認めていたがために、次なる改革――統一税制――へ向けての模索の試みとして打ち出されたのであろう。[*65]

次に、維新政府の租税政策の第二段階としての七一年以降地租改正関係法令の公布に至る過程についてであるが、この時期に至ってようやく統一した方針が打ちだされることとなる。すなわち、後の地租改正に先立つものとして石代納制の全面的許可、安石代・定石代の廃止が俎上に乗せられ、その矢継ぎばやの実現が図られる。それはまず、七一年二月に、「正租ノ外凡ソ口米、六尺給米、小物成米ノ類ハ総テ歳ノ十月中ニ於ケル上米ノ平均時価ニ準算シ、雑穀モ亦夕各其ノ上品ノ平均時価ニ準算シ以テ金納ト為サシム」[*66]と府県へ令した、雑税の金納化を指示することにはじまる。[*67]さらにこの時期になると、米納を不満とする声はいっそう高まり、殊に米の運搬の不便な地方にあっては、かなりの労力と困難をともなうため、かかる地方からの石代納の請求が広汎化していった。なかでも、社寺領上知村々では、従前にはその近在に社寺があったため、貢租を納めるのに手数を感じることはほとんどなかったが、上知以後は府県の管轄に属する場合は、東京か大阪へ納付せねばならないため、多大な困難をともなうようになっていた。こうした事情から、石代納を要求する声が高まってきたわけであるが、維新政府にあっても、租税金納化の実現は重要な課題となりつつあったことから、同年五月、「社寺上地村々貢租ノ内、畑方ハ石代田方ハ正米ヲ以テ上納スヘキ旨向キニ大蔵省ヨリ達セシカ、田方モ亦石代納ヲ乞フモノアリ。因テ其事業不得止分ハ[*68]」石代納を許可することにしたのである。[*69]

続いて同年八月には、田方において米の運搬が困難な地方のみならず、石代納の願いのある者に対しては、「悉皆金納ニ候共不苦御趣意ニ候」[*70]とする大蔵省申達をだし、租税金納化の推進を図った。[*71]このように、田方の石代納をも許可したが、ここにおいて適正、確実な石代相場を設定する必要が生じた。そこで維新政府は、同年一二月、従来の一〇月一一日から二〇日までの市町の平均相場を徴していたのを、さらに毎月上中下米の相場を取り調べさせ、その申告を義務付けることによって米価変動を掌握し、安定した相場による石代納化を図ろうとした。[*72]こうして、商品経済の発展が田方においても現物納を桎梏と化するほどに進展しつつあるこの時代にあって、維新政府は逸はやくそれに対応するとともにその掌握を目指し、さらに、石代相場引き上げによる増租の実現を図っていった。このことは、上述してきた維新政府の発した諸法令からも明らかであるが、後述する翌七二年の太政官達によっていっそう明瞭となろう。

　七二年の八月には、金納を願いでる者があれば、「本年以来田畑貢米ハ勿論雑税ニ至ル迄」[*73]各地方の上米の平均相場を基準として、すべてそれを許可することを布告し、次いで同年九月には、従来からの懸案であった安石代、定石代の廃止を一挙に遂行すべき方針を固め、[*74]次のような太政官達がだされることになる。

　田畑定金納、定永納等従前貨幣品位高貴ノ時定メシ分ハ、今ニ至リ米納ノ貢額ニ比スレハ価格偏軽ヲ生スルニ依リ、本年ヨリ一般之ヲ改正セントス、故ニ府県ニ於テ相当税額ノ意見ヲ具シ、当十月限リ租税寮へ稟議スヘシ[*75]

　こうして、安石代・定石代の廃止は維新政府より各府県へと命ぜられ、具体的に着手されることになる。その際、関東地方ではおよそ二倍以上の増租が予定されていることから[*76]もうかがえるように、かなり強引にその廃止を遂行しようとしたようである。また翌七三年には、前年に従来の安石代、定石代は一応廃止されたがその成果はいまだ充分に達成されていないとして、さらに「歩増」を要求しその実質的な廃止と増租を図ろうとしている。[*77]

　以上のことから明らかなように、地租改正に先立って維新政府は、貢租徴収形態の統一を目指すとともに、「地租負担の公平」化と増租の実現という二つの側面から安石代・定石代の廃止を遂行し、さらに、資本主義社会に適合的な租税形態である「金納制」をも石代納の許可という形で実現しつつあった。[*78]また、この石代納制は強制ではなかったにもかかわらず、七四年度の全国の地租収入中において、米納の占める比率はわずかに四・一パーセントにすぎないものとなっているように、[*79]当時の商品経済の発展は、租税の金納化をも可能とするほどに進展していたのである。維新政府は、石代納の許可という方法でこうした商品経済の展開に積極的に対応しつつ、近代的租税制度確立への途を着々と準備していった。七一年以降における石代納制の許可と安石代・定石代の廃止は、したがって、近代的な租税制度を確立した地租改正の直接的な前史であり、その露払いとしての重要な役割を果したものであると評価しうる。

(5) 地租改正への展望

壬申地券段階において地租改正の基本理念はほぼ出揃ったが、それはいまだ完璧なものではありえなかった。ここでは、それらの不十分性を検討することによって、後の地租改正に残された課題とでも云うべきものを提示し、次節への橋渡しとしたい。

まず、本節で触れえなかった「旧貢租額の維持」について。一八七三(明治六)年に地租改正関係法令が成立する直前までは、この基本理念を記した文書は今のところ見当らないようである。[*80]しかしながら、廃藩置県以降、全国の課税権を掌握した維新政府にとって、万国対峙のための国内体制の整備と富国強兵、殖産興業政策の実施のための財源確保の必要性は、相当強く意識されており、そのために最小限「旧貢租額の維持」は達成されねばならないとの、暗黙の了解があったことが推察される。しかも、財源はとりあえずは地租に求めざるをえない状況であったから、後の地租改正に対して「旧貢租額の維持」を図ろうとする意図は、既にこの時点でできあがっていたと考えられるのである。ただ、旧貢租額を維持するために、地価算定の際の諸要素——利子率・種肥代・米価等——や地租を地価の何パーセントとするか等々の細かい規定は、いまだ全国各地の状況を掌握しえていない当時の維新政府にあっては不可能であった。[*81] こうした点は、後の課題として残されることとなる。

次に、一元的な土地所有権の認定について。これは壬申地券の交付によって一応公認される方向を示しはした。しかしながら、壬申地券期にあっては、その地券面に記載する反別は旧帳簿類を基礎としたものであり、新たに丈量によって計測したものではなかった。この旧反別の曖昧さは、すでに指摘したごとくであり、また、土地の「所有ヲ判定シ其境界ヲ明晰」[*82]にする地押作業も行われず、「土地ノ重複若クハ脱落」[*83]等々も、改善されるには至らなかった。土地所有権は一応公認されはしたが、以上のような不明確性は払拭されていなかったのである。この点は、後の地租改正における地押丈量によって明確化される。

さらに、「租税金納」化の問題。これは石代納の進展という方向で、すでにその大部分が事実上の金納と化しており、地租改正を俟つまでもなくそれなりに実現していたと云いうる。あとは、課税標準たる地価に応じて徴収する方法に転換するのみであった。

最後に、「租税負担の公平」。この問題に関しては、本文でも述べたように、壬申地券期にあっては従来通りに旧貢租を徴収していたため、農民相互間における「地租負担の公平」は、実現されるまでには至らなかった。この点は、地租改正による新地租の設定まで俟たねばならない。もっとも、市街地券の発行によって、農・商工間の負担の均衡は、若干ながらも是正の方向を示しつつあった。[*84] ただし、税制改革の基底が地租改正として現実化するにあたっては、土地所有者間――したがって、その大部分は農民――の地租負担の均衡実現として現れるため、本来の農・商工間における「租税負担の公平」を図るまでには至らない。つまり、当初の理念たる「租税負担の公平」は、「地租負担の公平」というより現実的な改租理念へと若干の後退を余儀なくされるわけである。

以上のように、七三年の地租改正関係法令制定に先立つ壬申地券段階までにおいて、地租改正の基本理念は一応出揃うと同時に、その実現への途を歩みはじめた。そして、その理念が統一的に提示されたのが地租改正関係法令であり、それに基づいて、あるいは理念実現の上からそれを修正しつつ具体化してゆく過程が、後の地租改正事業なのである。

2　地租改正理念の成立

(1)「地租改正法」にみる地価算定方式の内容

壬申地券の交付が開始された後、一八七三（明治六）年五月一二日には、大蔵省の主催による地方官会同において地租改正関係法案が可決され、次いで、六月八日の太政官布告による田畑石高の称の廃止を経て、七月二八日、地租改正関係法令（以下、「地租改正法」と総称する）――上諭、太政官布告第二七二号、地租改正条例、地租改正規則、地方官心得――が公布され、本格的に改租事業へと着手する体制が整えられた。その内容は、概略次の通りである。㈠土地収益を基礎として地価を算出し、その地価を課税標準とする。㈡当分の間、地租は地価の百分の三とし、豊凶にかかわらず増減しない。㈢だが、地租は本来であれば地価の一パーセント程度が適当と思われるので、今後、物品税収入が増加すれば、一パーセントまで減租を実施する。㈣地租負担者は、地券交付を受けた土地所有者とし、その収納形態はすべて貨幣に統一する。以下、この「地租改正法」の内容を具体的に考察してゆくが、その個別的検討は先行研究にゆずり、[*85]ここでは、改租理念がいかなる形でこの法令に結実し反映しているかに焦点をあわせて、論を進めてゆく。ただし、地租改正事業の中心をなす地価算定に関する規定についてのみ、ここでやや詳細にその内容を述べておく必要があろう。

地価算定方式の原理は、「心得」第一二章[*86]において検査例として第一則＝自作地方式、第二則＝小作地方式として

$$地価 = \{(収穫米 \times 米価 - 種肥代 - (地租 + 村入費)\} \times \frac{1}{利子率}$$

上の算定方式の要素のうち，種肥代は収穫の 15%，地租は地価の 3%，村入費は同 1%と設定されているので，大半の府県が適用した利子率 6%を用いて変形すると，

$$地価 = \{(収穫米 \times 米価 - 種肥代 - (\frac{3}{100} \times 地価 + \frac{1}{100} \times 地価)\} \times \frac{100}{6}$$

$$= (収穫米 \times 米価 - 種肥代) \times \frac{100}{3+1+6}$$

$$= (収穫米 \times 米価 - 種肥代) \times 10$$

$$= (収穫米 \times 米価) \times 8.5$$

となり，地価は年間粗収益の 8.5 倍となる．

註）「地租関係書類彙纂」（前掲）328〜329 頁より作成．

図 1-1　地価算定方式（第 1 則）

示される。そこでの地価算定の際の諸要素は、収穫米（第二則では小作米）、米価、種肥代、利子率の四つであり、米価は「従前其地ニテ用ヒ来ル各所ノ相場」[*87]によるものとされ、種肥代は一律収穫の一五パーセント、利子率は第一則＝六パーセント（上限七パーセント）、第二則＝四パーセント（上限五パーセント）と規定されている。そして、地租は地価の三パーセント、村入費は一パーセントとそれぞれ定められた。以上の諸要素をもとに算定方式を示せば、次のごとくになる（図1―1）。

この方式（第一則）にあっては、「一ヶ年収穫ノ内種肥代其外諸費ヲ引去、全ク地主所得トナルヘキ米金ヲ其村従前売買仕来ノ利息割合ヲ以テ現今互ニ売買スヘキ者ト看做シ、見込ノ代価ヲ記載セシムヘシ」[*88]とあるように、田一反歩の収穫米金から種肥代、地租、村入費を控除することによって土地収益を算出し、それを一定の利子率で資本還元したものを田一反歩の地価とする収益税の原理が用いられており、いわゆる法定地価主義[*89]の立場がとられている。

ところが、この地価の決定方法には、法定地価主義が全面的に貫徹しているわけではなく、「地価ヲ調理スルハ都テ旧来ノ貢額ニ拘ハラス、銘々実際売買スヘキ見込ノ価」[*90]を基準とした「心得」第四〇章の規定や、「土地の真価」は「幾回モ売買シテ各人相競ヒ相羅ルニ非サレハ其実ヲ得難シ」[*91]とする第一〇章の地価概念に端的に表現されているように、そこには、原理の異なるかつての神田案＝売買地価主義の立場も混在している。かかる矛盾は、「地租改正法」

公布当時の政府が、売買地価と法定地価とが本質的に一致するものであると考えていたことの反映であろう。だが、地価算定方式による収益を基準として算出される地価と、売買を基にして決定される地価とが一致するのは、まったくの偶然的事情による場合以外にはありえない。そこで、維新政府は、売買地価＝「時価」と法定地価＝「真価」との乖離を予想してか、翌七四年五月一二日、「地租改正条例」に第八章を追加して「改租後売買ノ間地価ノ増減ヲ生スルトモ、改租ノ初年ヨリ五ヶ年間ハ当初決定セシ地価ニ拠リ収税スヘシ」[*92]として、その理由を次のように指摘する。

地租改正成功ノ後地所ヲ売買スルニ方リテハ、好悪ニ因リ自ラ価格ニ昂低ヲ生スルハ固ヨリ必至ノ勢ナリトス。然レトモ箇ハ是レ所謂時価ニシテ土地ノ実地ヲ熟則セシ真価ニ非ス。故ニ昂低ニ度ナケレハ之ヲ課税ノ準拠ト為スヘカラサルハ論ナケン[*93]

ここに、売買地価と法定地価とが一致しない実情を政府は認識するに至ったが、その地価観念は、「夫レ土地ニ賦課スルハ実益ニ拠ラサルヘカラス。実益ヲ知ルハ売買ニアリ。売買価ハ実益ヨリ生シテ……[*94]」とあるように、売買地価と法定地価とが本質的には一致するとの考えを捨ててはいない。ここに、「地租改正法」成立当初の混乱、矛盾が如実に示されてると云えよう。

次に、第二則＝小作地方式であるが、ここにも第一則同様の混乱＝矛盾の存在がみられる。よく知られているように、検査例第二則の地価算式方法にあっては、小作料率が収穫高の六八パーセントとされている。この六八パーセントという数字は現実の小作料率を表すものではなく、第一則の算定方法を基準としてそれと辻褄のあうように設定されたものにすぎない。つまり、同一条件の土地における第一則の地価と同一の地価が第二則においても算定されるように考慮した結果であって、そこからこの六八パーセントという数字が導出されたわけである。したがって、この検査例第二則の小作料はあくまで仮定小作料にすぎないが、この仮定小作料を基にして地価を算出する方法が全面的に貫かれているわけではなく、そこには、「小作米ハ地価ヲ求ムル標的ナリ[*95]」とする考え——現実小作料を地価算出の準拠とする立場が混在している。「心得」第一四章における次の規定がそれである。

小作米ハ地主ト小作人ト相競ルノ間ヨリ出ルモノナレハ、収穫ノ多寡を推知スヘキ確証ニシテ、人民互ニ欺隠スル能ハサル者タルヲ以テ第二則ヲ適実ノ者トス[*96]

これによれば、現実小作料は地主と小作人との競争関係を通して決定されるものであって、土地の諸条件—経営の利不利等がすべて斟酌されていることから、地価算出の準拠として確実性をもつものとされている。ここに、現実小作料と仮定小作料（六八パーセント）との混在が読みとれる。だが、両者が完全に一致するのは現実小作料が六八パーセントの時に限ってのことであり、第一則における売買地価と法定地価の関係と同様、偶然的な事情によるものでしかない。この矛盾が後に、「旧貢租額の維持」を図る維新政府にとって多大な障碍となり、第二則方式の適用が全面的に否定されてゆくことになる（次章参照）。それはともかく、この現実小作料を準拠とした第二則方式は、「小作米ハ地価ヲ求ムル標的」であり、小作地のみならず自作地の地価算定にも適実のものとされている。このことから、当初、維新政府の意図した地価算定の方法は、自作地、小作地に限らず現実小作料を準拠として、第二則方式によって地価を算出してゆく方針であったことを確認しうる。

以上、「心得」第一二章に示された検査例を中心に地価算定方式を検討したが、そこには、売買地価主義と法定地価主義（第一則）、現実小作料と仮定小作料（第二則）とが混在しており、かつ、検査例が第一則と第二則とに分かたれていることからもうかがえるように、その詳細な規定にもかかわらず諸々の矛盾が存在していた。こうした矛盾の存在は、当時の地価観念の未熟さからくる混乱とともに、維新政府が「旧貢租額の維持」という改租理念の上に立って検査例を組み立てたことによる。したがって、この意図を貫徹させるためには、維新政府が当初適用しようとした現実小作料に基づく第二則方式ではなく、法定地価主義の立場にたつ第一則方式に拠らざるをえなくなる。ここに、「地租改正法」が後に数多の修正をうけねばならなかった要因がある。[*97]

(2) 地租改正理念の成立

以上の検査例に示された地価算定方式には、改租理念の一つたる「旧貢租額の維持」なる方針が端的に反映している。以下、その点をも含めて「地租改正法」に表明された改租理念について検討してゆく。既にみたように、当時の困窮財政の下にあっては、ともかくも一定の租税収入の確保こそが当面の課題であったが、現実の財源は著しく貧弱であり、収入確保のためには、勢い地租をその中核とせざるをえなかった。そのため従来までは漠然と考えられていた「旧貢租額の維持」なる方針が明確に打ち出され、「地租改正法」の公布に先立って、「地租改正ノ始先ツ旧来ノ歳入ヲ減セサルヲ目的ト[*98]」する改租理念が存在した。かかる立場に立って大蔵省では旧貢租額を概算し、その数字に見合う地租額を算出するために、新地租を地価の三パーセントと決定し、その方針をそのまま先の検査例に取り入れたのである。「地租改正条例」第六章において、政府自身が弁明しているように、地租は本来であれば地価の一パーセント程度が望ましいが、「未夕物品等ノ諸税目興ラサル[*99]」折から、当面は地租収入に頼らざるをえず、地価三パーセントの税率を設定したのであった。

ところで、政府当局にあっても、この地価三パーセントという数値は、当時の農民にとって相当に重い負担となるであろうことは強く意識されており、そのため、将来、茶、煙草、材木等々の物品税収入が増加し、二〇〇万円以上になったならば、漸次地租を地価の百分の一にまで減少させることを公約している。この減税公約は、農民の不満をそらし地租改正をスムースに行なおうとするための便法でもあろうが、それ以上に、旧来の「租税」負担が農民にのみ重かった不公平を是正し、各産業部門間における「租税負担の公平」を図ろうとした改租理念の表明でもあった[*100]（この点については後述する）。

こうして、農民のみに重い租税負担を課すことに一抹の良心の痛みを感じつつも、当面は地租収入の多寡が政府の死活を握っている現状にかんがみ、減税公約を宣言しながら、「旧貢租額の維持」を貫徹せねばならないという矛盾が、地租を地価の百分の三と定めさせたのであった。同様に、地価の算定に当たっては、できうる限りの高地価を実現すべく、地価算定の諸要素について、㈠利子率を低く押えること、㈡種肥代を低く押えること、㈢農具代、労賃等の控除を認めないこと、等々を地価算定方式に取り入れ、高地価を実現させる条件を整えた。すなわち、㈠当時の利子率は、資金の需要と供給のバランスがとれない資本主義の成立期という時代に、一般的利子率が形成される条件がなく、いわゆる高利貸的な資金供給がその中軸をなし、当然にその利率は高くなることになる。現に、政府当局ですらもこの時期の利率を「当時一般貸借上ノ利子ヲ年一割ト仮定」[*101]している。ところが、こうした現実の利子率よりははるかに低い自作地＝六パーセント、小作地＝四パーセントの利子率を設定することにより、この低利子率による純収益の資本還元によって、地価を高くすることを可能としたのである。㈡種肥代は一律収穫高の一五パーセントと定められたが、これも現実の種肥代よりは相当低くなっている。また、種肥代を定率とすることは、耕作物、肥沃度の違いをまったく無視することともなり、その控除部分における比率を低くすることを可能とし、高地価を実現させるための手段となった。㈢の農具代、労賃の控除を認めないことも、㈡の場合と同様であることは言を俟つまい。

次に、「土地所有権の公認」なる改租理念について検討しよう。この理念の現実化の方向は、前項でみたように、すでに壬申地券の交付により一定の進展がなされてはいたが、土地所有権の認定にともなう境界の確定等についてはは旧態依然たる状態にあり、また、壬申地券に記載された反別も、旧帳簿類を基礎としたそれであって、新たに丈量を行った結果の数値ではなく、現実の反別とは相当にかけ離れていた。壬申地券期における「土地所有権の公認」は、このようにすこぶる不明瞭な点を残していた。

こうした曖昧さを除去し、所有権の正確な設定を実施するために、「地租改正法」においては、まず「其所有ヲ判定シ其境界ヲ明晰[*102]」にする地押作業と、「土地ノ広狭ヲ量」るとともに「落地域ハ重複ノ地ナキヲ検[*103]」する作業とを、指示したのである。すなわち、地押丈量が地租改正の第一段階の作業として設定されたのであった。この地押丈量を全国画一的に統一した尺度単位に基づいて一筆毎の土地に実施したところに、地租改正の近代性が明瞭に表出されている。[*104] 要するに、壬申地券段階における「土地所有権の公認」の不充分性がここで完全に払拭され、課税標準たる地価を算定する際の諸条件（土地面積、収穫量その他の土地諸条件）を正確に調査する基礎が、この地押丈量によって確定された。ここに、改租理念の一つである「土地所有権の公認」がその近代的方法に基づいてなされるとともに、正確な地価の算出による「地租負担の公平」も、その実現の基礎を与えられることとなった。

ところで、この「土地所有権の公認」は、いうまでもなく地券によって制度的に保障されるわけであるが、この地券は、土地を個人の私有財産と認めることで土地制度の改革手段として機能するとともに、地券に記載された地価を基準として一定の金納租税を賦課することによって旧来の重畳的な土地所有関係を否定し、一元的な所有関係＝近代的な私的所有権を公認することで土地制度の改革手段として機能するとともに、近代的な租税制度を確立する手段としても機能したのである。つまり、土地所有権を公認することは、地租負担者を確定することでもあった。要するに地券制度は、当時において実質的に展開している近代的な土地所有関係を、権利—義務関係として明確に設定し、一方においては権利の確証手段としての私的所有権の証したる意味をもち、他方においては義務の履行手段としての地券税法たる意味をもつという二つの側面を兼ねそなえていた。日本における近代的土地所有—近代的租税制度の確立は、したがって、この地券制度の確立を俟ってはじめて云えることなのである。

三つ目の改租理念たる「地租金納制」については、今更、説明を要すまい。統一的な算定方式に基づいて決定された地価の三パーセントを、貨幣納とすることによって、錯綜した徴収形態は統一された。

最後に、「地租負担の公平」について。この改租理念は、「上諭」において次のごとくに表明されている。「従前其法（貢租法——引用者）一ナラス、寛苛軽重率ネ其平ヲ得ス」「之ヲ公平画一ニ帰セシメ地租改正法ヲ頒布ス。庶幾クハ賦ニ厚薄ノ弊ナク、民ニ労逸ノ偏ナカラシメン」[105]、と。また、上述した「地租改正条例」第六章の減税公約も、同様の趣旨であろう。[106]ただし、「条例」第七章の場合は、地租のみに限らず広く農工商間における「租税負担の公平」を意図している点で、改租理念よりは一歩進んだ内容を示している。

ところで、この「地租改正法」にいう「公平」について、丹羽邦男は、「ブルジョア的な税負担公平の表示ともとれるし、また旧来の儒学思想によってでも理解されるところのものである」[107]という見解を提示した。確かに、負担の「公平」というだけでは、それが近代ブルジョア的観念であるか儒教的観念であるかを判別するのは困難である。殊に、明治初年の改租プランのなかには、儒教的倫理から負担の「公平」を唱える者もいたようであるから、[108]丹羽の見解を一概に否定はできない。だが、地租は土地という私有財産の所有者――彼らは自由で対等な関係にたつことを領主的諸制限の廃棄により保障された――に課するのであるから、その課税原則も本来「公平」を旨とするブルジョア的租税原則と見做すことは、必ずしも強弁とは云えまい。さらに、「地租改正法」へと結実した他の諸理念――「土地所有権の公認」「地租金納制」――が、まさにブルジョア的土地・租税改革のそれであり、この諸理念と結びついた「地租負担の公平」だけを儒教的倫理とも理解できるとするのは、あまりに不自然にすぎる。素直に考えれば、ここに云う「公平」は他の理念と同様に、ブルジョア的観念の産物と見做しうるはずである。

以上、維新政府の改租方針ともいうべき七三年七月の「地租改正法」に表現された基本理念を抽出し、その意味するところを検討した。その結論を端的に表明しうるとすれば、近代ブルジョア的な土地・租税改革の理念であったと云いうる。[109]そこで、次にこれらの諸理念が地租改正によって実現されたか否かが問題となるが、その前にこの諸理念を実現させようとするために、維新政府が具体的にいかなる方策をとるに至ったのか検討をしておきたい。

註

＊1　この間の事情に関しては、拙著『明治維新史論へのアプローチ』（有志舎、二〇一五年）第一編を参照されたい。

＊2　租税金納制や土地売買は、旧体制下において法的に規制されていたが、周知のように、先進地域を中心にかかる規制は形骸化し、石代納という形態での事実上の貢租金納化や質地金融という名目での事実上の土地売買が進展していた。本書第二編で取り上げる茨城県鹿島郡鉾田村にあっても、地租改正竣功以前の一八七五年度分の貢租を、すべて石代納したい旨の願いが出されており、（明治八年一二月一九日「貢租石代願い」小島和夫家文書、旧鉾田町史編さん室蔵）、新地租が施行される前にも、租税の金納化は農民の要求するところであった。作付制限の事実上の緩和も同様である。各地に展開した特産物生産が、それを端的に示している。地租改正はそうした趨勢を国家的、全国的に一律化したことに、その特質がある。

＊3　渡辺幾次郎『陸奥宗光伝』（改造社、一九三四年）八九～九一頁。

＊4　もっとも、租税金納化を早急に実施できない場合には、「関東ノ如ク、田税ハ米納、畑税ハ金納」とする方法をも便宜的に提起している。陸奥のこの暫定的提言は、奇しくも七〇年七月に至って、貢租の徴収形態の統一を意図した維新政府によって実施されることとなった（後述）。

＊5　「明治二年・官版議案録」――以下「議案録」と略記――（『明治文化全集』第一巻、憲政編、日本評論新社、一九五五年）一四三頁。

＊6　同右、一五三頁。

＊7　福島正夫『地租改正の研究』増訂版（有斐閣、一九七〇年）三三二頁。

＊8　近藤の主張は、田地売買の禁止という旧態依然たる発想の下にあり（「議案録」前掲、一五一頁）、改租理念の形成にとっては積極的な意味を持ちえていないので、ここでは、考察の対象から外すことにする。

＊9　「議案録」（前掲）一四二頁。

＊10　もっとも、維新政府は、当初は公議所を立法機関として喧伝したけれども、その内容は、「政府の立法には全く関与せず、せいぜい建議の府に止まった」（松本三之介『天皇制国家と政治思想』未来社、一九六九年、一八八頁）にすぎず、政府部内においても、「公議所なと無用之論多ク未今日之御国体ニハ適し申しまく候」（『大久保利通文書』第三、東京大学出版会、一九六七年、一九七頁）とすこぶる評判も悪く、その存在は、「立法機関の残骸たるに等しく、無用の長物視」（浅井清『明治維新と郡県思想』復版、厳南堂書店、一九六八年、八一頁）されていたのが実情であった。森の建議は、その近代性ゆえに、まさしく「無用之論」にすぎなかったのである。

＊11　「議案録」（前掲）一四九頁。
＊12　故意に低価格を申告した者に対しては、入札法を用いることによって、正当な沽券値段を設定する方法が提示されている。
＊13　廃藩置県が政府内部で意識化されてくるのは、一八七〇年末頃であるとするのが通説的見解であったが、近年、原口清によって、当該時期にはいまだ廃藩置県の構想は具体化してはいなかったとの新たな指摘がされて以来（「廃藩置県政治過程の一考察」『名城商学――人文科学特集――』二九巻別冊、一九八〇年、後に『日本近代国家の成立――原口清著作集4――』岩田書院、二〇〇八年に収載）、新次元での廃藩置県論争が開始された。如上の提言を含めた廃藩置県の論争史については、松尾正人『廃藩置県――近代統一国家への苦闘――』（中公新書、一九八六年）が好便であり、松崎彰によるその松尾への書評（『中央史学』一〇号、一九八七年）も、有益である。なお、勝田政治『廃藩置県』（選書メチエ・講談社、二〇〇〇年）、明治維新史学会編『講座　明治維新』第3巻（有志舎、二〇一一年）をも参照。
＊14　近代的な財政―租税制度の確立のためには、私的土地所有権の成熟が前提となるが、そうした歴史的趨勢は相当顕著に進んでおり、事実上の土地所有権は、地域差はあるにせよこの時期にすでに成立していたといって大過あるまい。神田や会計官判事加藤弘蔵（「議案録」前掲、一四三頁）らが土地売買の自由を主張したのも、かかる条件が現存していたからであろう。
＊15　アダム・スミス『諸国民の富』Ⅱ、大内兵衛・松川七郎訳（岩波書店、一九六九年）一一八六～一一八八頁。
＊16　「地租関係書類彙纂」――以下「彙纂」と略記――（『明治前期財政経済史料集成』――以下、『史料集成』と略記――第七巻、明治文献、一九六三年）三〇一～三〇二頁。
＊17　アダム・スミス、前掲書Ⅰ、五三一、五三二、五三九頁。
＊18　「大蔵省沿革志」――以下、「沿革志」と略記――（『史料集成』第二巻、明治文献、一九六二年）二七五頁。
＊19　同右、二七六頁。
＊20　同右。
＊21　同右、二八九頁。
＊22　同右、二九〇頁。「地租負担の公平」化をも含めた税制改革の必要性については、政府部内でも意見の一致をみていたが、その実施方法をめぐって、一挙に検地を実施し石高制を再編すべしとする民部省と、漸進的に旧貢租制度を改革しつつ石高制を廃止してゆこうとする大蔵省との間で対立があった（千田稔・松尾正人『明治維新研究序説――維新政権の直轄地――』開明書院、一九七七年、二五九頁）。廃藩置県以降、後者の大蔵省路線に沿って税制改革が実施されていったことは、周知の通りである。

＊23 『岩倉公実記』中（原書房、一九六八年）八二七頁。
＊24 「彙纂」（前掲）三〇五頁。
＊25 同右、三〇七頁。
＊26 「彙纂」（前掲）三〇七〜三〇八頁。
＊27 同右、三〇八頁。
＊28 同じ頃、井上、吉田清成連署による「内国租税改正見込書」（「彙纂」前掲、三〇九頁）が正院へ上申されている。この伺によれば、「租税負担の公平」こそ実現されねばならないが、その即行は不可能であるとして、「先ツ地所売買ノ禁ヲ解キ地券ヲ改メ」るとともに沽券税法を実施し、また、物品税、印紙税等々を創出して、その収入が増すにしたがって地租を減じてゆくべきであるとされている。これは、「租税負担の公平」という立場から将来の地租の減税を主張したものであり、後の「地租改正条例」第六章の減税公約と同趣のものと云える。
＊29 「彙纂」（前掲）三〇九頁。
＊30 同右、三一〇頁。
＊31 「地租改正例規沿革撮要」――以下「撮要」と略記――（『史料集成』第七巻、前掲）二〇三頁。
＊32 同右、二〇六頁。
＊33 市街地改租についての研究はいまだその緒についたばかりであるが、その鳥瞰図を描いたものとして、福島前掲書、および同「近・現代」（北島正元編『土地制度史』Ⅱ、山川出版社、一九七五年）、横浜市を対象とした丹羽邦男「市街地における地租改正」（『横浜市史』第三巻下、横浜市、一九六三年）がある。その後、東京府を対象とした滝島功による一連の論考が『都市の地租改正』（吉川弘文館、二〇〇三年）として一書にまとめられ、新たな研究段階を劃した感がある。滝島の著書に関しては本書第四編第一一章六を参照されたい。
＊34 「彙纂」（前掲）三〇八頁。
＊35 もっとも、地押丈量をともなわない反別書上は、基本的には旧幕藩体制下のそれによっているのであるから、上述したように、その不充分さは否めない。正確な意味での土地所有権の確定は、それゆえ、後の地租改正において実施された地押丈量を俟たねばならない（次節参照）。
＊36 「撮要」（前掲）二〇六頁。

＊37　『明治初年地租改正基礎資料』――以下、『基礎資料』と略記――改訂版、上巻（有斐閣、一九七一年）、群馬県伺〔一〕、浜田県伺〔一三〕、岡山県伺〔三五〕、小倉県伺〔五六〕等々。
＊38　同右、〔一三〕。
＊39　「彙纂」（前掲）三一〇～三一一頁。
＊40　同右、三一五～三一六頁。
＊41　丹羽邦男『明治維新の土地変革――領主的土地所有の解体をめぐって――』（御茶の水書房、一九六二年）二八三頁。
＊42　関順也「地租改正における地価算定法の形成過程――地価取調規則の評価について――」（『経済論叢』九九―一、一九六七年）一〇八頁。
＊43　同右、一〇九頁。
＊44　林健久も、その著『日本における租税国家の成立』（東京大学出版会、一九六五年）において、入札法は「『適正』地価をもとめるため」（一三四頁）の手段であったとして、関と同様の丹羽説批判を展開している。なお、原口清による丹羽説批判（「明治初年の国家権力――丹羽邦男氏の近業によせて――」『法経論集』一六号、一九六三年）も傾聴に値する。
＊45　『基礎資料』上巻、〔一二八〕。
＊46　同右。
＊47　これを封建制あるいは領主制に特有なる「経済外的強制」と捉えることは誤りである。なお、「経済外的強制」については後述する。
＊48　もっとも、村落共同体の解体が急速に進んでいる地域では、こうはいかなかったであろう。むしろ、「豪富ノ者ヲシテ一同入札セシムルトキハ、之ヲシテ益占括セシメ徒ラニ以テ富者ニ附益スルナリ」（「田地入札事情」、福島、前掲書、一二〇頁）とする危惧も生じてくる。しかしながら、かかる事態がはたして一般化しうる状況にあったかどうかは、一概に云えない。ある特定村落にあっては、そうした事態が生ずることも考えられないわけではないが、日本の場合、資本主義化が進展しても、その水稲耕作的特質と後進国としての世界史的条件とに規定されて、共同体は解体することなく存続しており、その共同体内部における行動原理は、共同体原理と商品経済的原理という相反する原理の矛盾的統一の下におかれていたと考えられるから、入札法下における豪農による強制的落札は、その共同体原理の規制側面から、思うにまかせられないのが実情ではなかったかと推察されるのである。この件については、次の坂根嘉弘の指摘が示唆に富んでいる。日本における「何代にもわたる『家』と『家』との親密で濃厚な社会関係は『村』

社会特有のさまざまな慣習や規範を生み出し、村人の面接性の高さは村人間の信頼関係を強いものとし」「村の有力者や村人などの不正行為を抑止することにつながった」こと、ならびに『村』による土地に対する総有的関与」という特徴と、「日本農民の総有的、重層的土地所有観念」の存在云々（『日本伝統社会と経済発展』農文協、二〇一一年、一三五～一三七頁）。ともあれ、この問題に関しては、今後の入札法の実施過程についての周到な実証研究を俟つほかはない。

*49 以上の検討からも明らかなように、壬申地券はその「方今適当之代価」なり、「適当之真価」なりを決定する方法がすこぶる曖昧であり、かつ、その作業を推し進める機構も完備していなかったため、その交付は「半ヲ了セサル」（「報告書」前掲、一一九頁）状態で打ち切られてしまうこととなる。

*50 この当時の「租税」の大部分が地租（貢租）であったことは周知の通りである。そのため、ここで使用する際の「租税」という概念も、ひとまず「地租」に限定していることをお断りしておきたい。

*51 『大日本租税志』複刻版、中篇（思文閣、一九七一年）六〇七頁。

*52 同右。

*53 畑永とは、畑の永納を仮に米に直すのに用いる貫代のことであり、永一貫文に米二石五斗代（後、一石二斗五升代、さらに一石代と変更された）を定法としていた（大石慎三郎校訂『地方判例録』上巻、近藤出版社、一九六九年、二四七～二五一頁）。ここからもうかがえるように、この畑永なるものは厳密な意味での石代納とは云いがたいが、その一変種と考えてよいと思われる。

*54 『法令全書』明治元年（原書房、一九七四年）三四五頁。

*55 「沿革志」（前掲）二六〇頁。

*56 『法令全書』明治三年（前掲）二七〇頁。

*57 『大日本租税志』（前掲）、六〇八頁。

*58 『法令全書』明治二年（前掲）二三二頁。

*59 『明治財政史』第五巻（吉川弘文館、一九七一年）二九九頁。

*60 『法令全書』明治二年（前掲）五〇四頁

*61 『明治財政史』第五巻（前掲）二九九頁。

*62 「沿革志」（前掲）二九六頁。

*63 『法令全書』明治元年（前掲）三五七頁。

＊64　同右、明治二年（前掲）一九二頁。

＊65　これらの施策の背景に、税収増加とともに貢租負担の公平化をも企図していた事実があったことについては、本書三三三〜三三四頁を参照されたい。

＊66　「沿革志」（前掲）三一一頁。

＊67　ただし、関東地方で旧幕府の張紙値段を慣用してきたところは、「下米ノ平均時価ニ準算」（同右）することが認められている。

＊68　「撮要」（前掲）一七三頁。

＊69　この太政官布告には、田方の石代納の際に東京納の場合は浅草御蔵、京都・大阪の場合には同所において「其年十月中其国納所所在相当ノ直段ヘ、各管下従来石代ニ用ヒ来レル市町上米値段ヲ加ヘ平均ヲ以テ石代上納ヲ為スヘシ」（同右）という規定、さらには、「旧来納直段安相場等ノ慣習」（同右）がある場合には不公平であるからその相場を改正すること、等々の九ヶ条の附帯条件が掲げられている。

＊70　『法令全書』明治四年（前掲）五〇六頁。

＊71　かかる商品経済の拡大に対する積極的対応策は、以下の動きとなって展開してゆく。すなわち、七一年八月米麦輸出禁止令を撤廃して（「明治年間米価調節沿革史」『史料集成』第一一巻ノ二、明治文献、一九六四年、六一三頁）、米の輸出商品化への端緒を開き、また、同九月四日には、田畑勝手作の解禁をも達して、今や「政府自ラ外国貿易拡張ノ主義アルニアリ今夫レ耕作ノ自由ヲ圧抑スルハ人民幸福ノ進道ヲ遮リ次テ全国ノ財産ヲ妨害スルニ及フ」（『明治財政史』第五巻、前掲、三三一頁）ものであり、「今ヤ内外ノ貿易日ニ盛ニ、海陸ノ運輸月ニ開ク、宜シク民庶ヲ誘導シテ物産ヲ繁殖セシムヘキヲ急務ト為ス」（「沿革志」前掲、三三八〜三三九頁）ことから、作付に対する領主的制限を廃絶し、それによって農業経営の自由を保障するとともに、農産物の商品化を奨励しそれを開港後の輸出貿易の一環に組み入れようとした。こうして、維新政府自らが商品経済の展開に積極的に対応してゆくことによって、税制改革の機はいちだんと深まることになる。

＊72　『法令全書』明治四年（前掲）六一三〜六一五頁。

＊73　「撮要」（前掲）一七四頁。

＊74　安石代、定石代の廃止は、維新政府の成立当初からの課題であったが、すでに七一年一一月には、「各府県旧来種々ノ名称ヲ以テ石代金納其他不公平ノ慣習アルモノハ向後実地允当賦税ノ目的ヲ以テ速ニ開申スヘシ」（「撮要」前掲、一七〇頁）と指示し、安石代、定石代改正の意図を各府県へと達している。

＊75 「撮要」（前掲）一七一〜一七二頁。
＊76 『基礎資料』上巻、〔二〇一〕。
＊77 「撮要」（前掲）一七二〜一七三頁。
＊78 もっとも石代納制というのは、あくまで石高制下において決定された現物貢租額を基準として、その石代相場によって貨幣額に換算する制度であるから、厳密な意味での租税金納制とはその原理を異にするものであり、旧幕藩体制下における貢租制度の一種という性格を有している。しかしながら、商品経済の進展にともなう市場の拡大現象の下にあっては、それは実質的には金納制へと徐々に近似してきており、租税金納制の発展という側面からみれば、逆にその一変種とも云いうるのである。
＊79 丹羽、前掲書、二〇七頁。
＊80 地租改正関係法令公布にわずかに先立つ七三年五月の「地券税額ヲ定ムルノ論」（松方正義文書三五）が、「旧貢租額の維持」を政策スローガンとして明確に打ちだした最初のものと推測しうる。この点の詳細については次節において検討する。
＊81 もっとも、「地価取調規則」には、本文でみたように、それなりの地価算出方法――その諸要素をも含めて――が記されているが、それは「旧貢租額の維持」という観点から、諸々の計算、検討を経た上で立てられたものではないようである。
＊82 「地租改正報告書」――以下、「報告書」と略記――（『史料集成』第七巻）一八頁。
＊83 同右、一二頁。
＊84 既述したように、市街地税の新設には、単に農・商工間の負担の軽重を是正するだけではなく、租税の増収の意図もあったと思われる。同様のことは、安石代、定石代の廃止についても云いうる。
＊85 福島、前掲書、二五九頁以下に詳しい。
＊86 「彙纂」（前掲）三二八〜三二九頁。
＊87 同右、三三〇頁。
＊88 同右、三三三頁。
＊89 楫西光速・加藤俊彦・大島清・大内力『日本資本主義の成立』Ⅱ（東京大学出版会、一九五六年）二九一〜二九三頁。
＊90 「彙纂」（前掲）三三一頁。
＊91 同右、三二八頁。
＊92 「撮要」（前掲）二八一頁。

＊93 「彙纂」（前掲）三四〇頁。

＊94 「撮要」（前掲）二八一頁。

＊95 「彙纂」（前掲）三二九頁。

＊96 同右。

＊97 地価算定をめぐる諸問題については、暉峻衆三「地租改正における地価算定をめぐる問題」（宇野弘蔵編『地租改正の研究』下、東京大学出版会、一九五八年）が詳細にその点を検討している。本節の記述も、この労作によるところが大きい。

＊98 「彙纂」（前掲）三三七頁。この改租理念は、従来から一八七三年一二月の日付のある「地券税額ヲ原価百分ノ三ニ定ムルコトヲ論定ス」（「彙纂」前掲、三三七～三三八頁）がその典拠とされていたが、（福島、前掲書、一八三頁、近藤哲生『地租改正の研究』未来社、一九六七年、一九頁、有元正雄『地租改正と農民闘争』新生社、一九六八年、一九六頁）、その後、丹羽邦男により、それとほぼ同文の同年五月の日付の「地券税額ヲ定ムルノ論」（松方正義文書三五）の存在が指摘された（「明治前期における租税の性格について」㈠『商経論叢』八―二、一九七二年、六頁）。この結果、地租改正に先立って「旧貢租額の維持」なる理念が、政府部内において存在したことがはっきりと論証された。ちなみに、福島もこの史料の存在には言及しているにもかかわらず（前掲書、一八四頁）、史料引用の典拠としては前記「論定ス」によっているのはどういうことであろうか。なお、筆者は、丹羽の指摘した史料をみる機会をまだ得ていない。典拠が「論定ス」となっているのは、そのためである。

＊99 「彙纂」（前掲）三二六頁。

＊100 この減税公約については、福島も、「当時において政府のなした単なる宣伝ではなくて、地租改正の発想からつづいて当局者の真意であったことは、うたがいない」（前掲書、二六二頁）と評しており、その根拠として八四年の地租条例案の審議過程における、次の二人（津田真道・三浦安）の発言を引いている。「改正ノ初メニ当テハ第六章ノ如キモ殊ニ要用ニシテ真ニ物品税ノ二百万円ニ上ル有レハ地租ヲ減セントスル目的ナリシヤ明ナリ」「当初ノ目的タル地租ヲ軽減シ更ニ他ノ物品ニ課税セント欲セシハ疑フ可ラス」（同右、二六四頁）。なお、有元はこの第六章の減税公約こそ、「公平画一」を旨とする地租改正の人民に対する唯一の存在理由の「脆弱さの投影」であったと断定する（前掲書、一九八頁）。

＊101 「彙纂」（前掲）三六六頁。

＊102 「報告書」（前掲）一八頁。

＊103 「彙纂」（前掲）三二七頁。

＊104　このような地押丈量が、「商品経済を基本的原理とする新しい社会の基本的条件をなす」（『宇野弘蔵著作集――農業問題序論――』第八巻、岩波書店、一九七四年、一一〇頁）点についての劃期的意義を見出したのは宇野弘蔵であるが、従来からほとんど注目されるには至らなかった。わずかに、長岡新吉がその指摘の重要性を取り上げたにすぎない（長岡新吉「地租改正――その研究史と問題点――」『社会経済史学』三一―一～五合併号、一九六六年、一一四頁）。

＊105　「彙纂」（前掲）三二五頁。

＊106　ところで、この減税公約は一八八一、八二年頃になると、租税局において「按スルニ右条例第六章所謂物品税額二〇〇万円ニ至ル毎ニ地租ヲ逓減スヘキトノ予約ハ空文ナリ。宜シク之ヲ廃スヘシ」（同右、三六一頁）とされ、その理由として「夫レ今ノ世ハ果シテ如何ナル時勢ソヤ。宇内ノ形成弱肉強食苟モ些クモ其戒脩ヲ弘ムルトキハ則外患立トコロニ至ラサルハナシ。就中東洋ノ形成其急迫一日ヨリ加ハル。陸海軍備ノ振興実ニ焦眉ノ急タルハ勿論其他外交ニ内治ニ其改良ヲ要シ振粛ヲ要スル者一ニシテ止マラ」（同右、三六二頁）ぬことを述べ、軍備拡張と政治を整えることが急務であり、そのための「国費」は是非とも確保しておかねばならないことを断じている。したがって、こうした状況下における減租はまったくの無謀であり、この「減租予約ノ法則タル国勢之ヲ否トスル所以」（同右）でしかないとされる。かかる大蔵省の意見は、後に立法に反映されて減税公約は破棄されることとなる。

＊107　丹羽邦男「明治前期における租税の性格について」㈠（前掲）一四頁。

＊108　都市と農村、あるいは商・農間における租税負担の不公平を是正せよと唱えた帆足龍吉「市廛ノ法ヲ設ケ、地税ヲ納メシムベキノ議」（「議案録」前掲、一四三頁）や、麻布弼吉「商税ヲ増シ、農税ヲ減スルノ議」（同右、一五三頁）等が、その典型である。

＊109　「旧貢租額の維持」がブルジョア的理念であったことについては一言を要するが、これについては後述する。

第二章 地租改正理念の展開

1 地租改正理念の展開㈠
――「旧貢租額の維持」と「地租負担の公平」化のための方策――

「地租改正法」に表現された改租理念のうち、「土地所有権の公認」と「地租金納制」に関する法的整備は比較的単純なため、その全面的実現が保障されたが、残る「旧貢租額の維持」と「地租負担の公平」については、それをいかに具体化してゆくかという方法が不明確であったため――地価算定方式の抽象性――、改租事業の過程でその実現の困難さが政府部内において深く認識されるに至った。さらに、検査例における地価算定方式の諸矛盾が各府県より指摘され、事業の停滞化が報告されるにおよんで、維新政府はそうした阻害条件を除去するために、「地租改正法」に内包されている諸矛盾を一貫した原理へ統一する方策を採ることとなる。

「地租改正法」の公布後、遅々たる歩みであるが改租事業はともかくも実施に移され、維新政府は、その事業主体たる府県よりもたらされた各地方の現状を掌握してゆく過程で、先述した算定方式の諸矛盾を是正するとともに、先行きの危ぶまれた改租理念――「旧貢租額の維持」「地租負担の公平」――を実現可能とするために算定方式上の諸要素に制限を加え、新たに等級方式をも採用することによって、改租理念の実現のための方法的基盤を整えてゆく。以下、この過程を概述する。
　まず、「旧貢租額の維持」についてみると、この理念実現のために立てた当初の改租予測に若干の狂いが生じた。表2―1は、一八七三（明治六）年と翌七四年とに作成された改租予測であるが、この両予測を比較すると、改租前の七三年段階においては、すでに指摘したように、「旧貢租額の維持」という基本理念に則した改租予測を行い、新地租は旧貢租に比して二パーセントという微増を予定していた。ところが、改租事業が一年半ほど経過した翌七四年段階の予測では、事業のある程度の進行の下で「山口県調査ノ状況及諸県ヨリ申牒スル処ヲ参考」[*1]にして、つまり、改租事業の開始にともない各府県の状況をそれなりに掌握した結果、現状での「旧貢租額の維持」は不可能と判断した。だが、この七四年末の段階で一〇パーセント程度の減租もやむなしと予測はしたが、必ずしも「旧貢租額の維持」たる改租理念を放棄したわけではない。以後の改租事業の過程で維新政府はできうる限り旧貢租額を維持しようと図ったことは、既に幾多の研究史によって指摘されており、次にみるところでもある。

表 2-1　維新政府の改租予測

	現石形態		貨幣形態			換算米価
	新租	旧租	新租	旧租	新旧租増減割合	
	万石	万石	万石	万石	%	円
1873 年 5 月予測	1,224	1,200	3,672	3,600	+2.0	3.0
1874 年 12 月予測	958	1,067	3,352	3,736	−10.3	3.5

註）「新旧税額比較概計」（『史料集成』第 7 巻，前掲）337 ～ 338 頁および「地租改正増減概計表」（同上）345 ～ 346 頁.

　それは、七三年段階の「地租改正法」が内包していた地価算定上の諸矛盾を是正してゆく方向で表出された。当初、維新政府が「適実」な算定方式として、小作地のみならず自作地においてまでも適用しようとした検査例第二則であるが、改租事業が進行してゆくなかで、現実には適用困難という事態に遭遇する。前述したように、この六八パーセントという仮定小作料は、第一則の算定地価と同一となるように辻褄をあわせて導き出されたものであった。したがって、現実の小作料が第二則に示された六八パーセントという数字と必ずしも合致するとは限らないことは、予想されうるところである。そしてこの場合、現実小作料が六八パーセント以上のものである場合には問題はないが、それ以下の場合には、第一則の算定地価より低くなり、「旧貢租額の維持」を目指す維新政府にとっては重大な障碍となる。事実、第二則に示された六八パーセントという高率小作料は、当時において全国一般的には存在していなかった。ここに、検査例第二則の適否が大きな問題となる原因があった。今、この点を府県と政府との間の伺・指令によってみると、以下のようである。

七四年、二月二五日、政府は豊岡県に対して、次のような指令を与える。

自作小作地検査之儀一概十二章ノ検査例ニ拘泥候テハ隣接ノ地自作小作ニ依リ或ハ代価ヲ異ニスル地モ出来可申故ニ精実為書出候米額一村総計ヲ以収穫小作米トノ歩合ヲ算シ相当之小作米ト見据候節ハ自作地モ隣地小作米之仮標ヲ以テ検査之準拠トシ若小作米不当ナル時ハ渾テ自作之例ヲ以検査候儀ト相心得可申事[*2]

この指令によれば、「心得」に示されたような自作地に第二則（現実小作料を基礎とした）の原理を適用したのでは、「隣接ノ地」（同等地と見做しているように思われる——引用者）で地価が異なるという矛盾が派生するので、まず一村総計上の小作料を算出し、それが「相当之小作米」であるならば第二則を適用せよ、とされている。ここに云う「相当之小作米」というのが、いったいどの程度のものなのかは不明であるが、すでに第一則と現実小作料を基礎とした第二則とでは同等地について地価が異なるという矛盾が認識されており、ここにおいて初めて第二則の適否が問題とされるに至った。

次いで、五月三一日の小倉県に対する指令をみると、

従来租税之厚薄ニヨリ小作米モ亦平準ナラサルモノ有之候間篤ト注意可致且地価検査之儀ハ一村総計上之小作米収穫之三分二以上ニ当候ハハ小作米ヲ適実ト見据第二例ニ照準検査致シ候儀ハ不苦候得共三分二以下ニ当リ候ハハ総テ第一例ヲ以テ検査致シ候儀ト可相心得事[*3]

とされており、豊岡県への指令にあった「相当之小作米」という曖昧な表現がなくなり、第二則の適否の問題がより鮮明化されている。つまり、ここでは「一村総計上之小作米収穫之三分二以上」であれば、小作米を「適実」と見做し第二則の適用を認めているが、小作料が三分の二に満たない場合は第一則を適用すべきだとしている。要するに、第二則の適用に制限を加えたのである。かかる維新政府の処置は、「旧貢租額の維持」を図ることからくる当然の結果であろう。つまり、高地租を実現して「旧貢租額の維持」を図るにあたって、小作料が六八パーセント以下である場合には第二則に拠ったのでは地価は当然低くなってしまうことから、三分の二（六六・七パーセント）という六八パーセントに近い小作料以上でなければ第二則を適用してはならないとしたのである。

さらに進んで、同一二月の新川県伺に対する指令をみれば、

現在自作小作之体裁ニ寄算出之地価差違ヲ生シ候見込之分ハ地主小作人取引上確当ヲ不得モノニ可有之候ニ付総テ収穫ニ寄地価算出可致……[*4]

とされ、地価算定はすべて収穫によるものとした。ここにおいて、明確に小作料による地価算定方式＝第二則の適用は否定され、すべて収穫を基礎とする第一則によるとの方針が確定された。

こうして、第二則のもつ矛盾とともに、第一則と第二則の併存からくる混乱は是正された。また、第一則内部の矛盾――売買地価主義と法定地価との乖離――も、七四年五月一二日の「条例」第八章の追加の理由を説明する際に、「時価」＝売買地価と「真価」＝法定地価との乖離をあげ、「地価ナルモノハ土地産出ノ実利ヲ以テ算測」[*5]することによって正しい「真価」が得られるのであるが、現状の売買価格はそれを反映していない。なぜなら、取引者同士の馴合い売買によって価格は低く押えられてしまうというような状況、つまり、人民の「欲否ニ任」[*6]せられて歪曲されるという事情があるからだとして、現実の売買価格に基づく地価を全面的に否定し、土地収益を資本還元する法定地価を課税標準として統一した。ここに、第一則のもつ矛盾も是正されることとなった。当初の「地租改正法」にみら

れた地価算定方法の矛盾は、現実の改租事業が進展してゆく過程で次第に修正され、第二則の適用の全面否定とともに、法定地価主義による第一則方式が唯一の地価算定方式として確定されたのである。

地価算定方式が修正を加えられていったのと同様に、地価を算出する際の諸要素にも幾つかの変更が加えられてくる。次に、この点を検討する。まず、収穫米であるが、当初は「年々其地ヨリ登量ノ総数」[*7]をもって算定要素としての収穫米と定めていたが、七四年九月一日の達書では収穫は「本毛一作ノ収穫」と規定し、しかも、特産物を生産する地においても米、麦によって収穫を調査すべきであるとして、次のように達している。

一田畑ノ植物二作或ハ三作スル者アリト雖トモ改正ニ用ユルノ所ノモノハ本毛一作ノ収穫ヲ十分精確ニ取調準拠ト可致事

一桑茶畑ハ其利益最多シト雖トモ其培養ノ費用不尠成木ノ歳月モ亦最久シトス故ニ直チニ其植物ニ就テ地価ヲ算セス近傍類地米麦ヲ植ル者ニ準シ調査可致事

但麻藍甘蔗紅花烟草木綿等ノ種類モ本条ノ例ニ準ス可キ事[*8]

次いで、翌七五年五月二九日には、

田畑作物ノ儀ニ付租税寮改正局別報第三号ヲ以相達置候処元来二作三作スル土地ハ地味モ上等ニ居候事故其地ニ一作ノミヲ植レハ必ス多量ノ収穫ヲ得ヘキ筈ニ付彼是地味相当之収穫取調候儀ト可相心得事[*9]

と達し、収穫は「地味相当之収穫」によるものとした。この「地味相当之収穫」という多分に曖昧な設定は、後の地位等級方式と相俟って収穫の上からの押し付け、いわゆる押付反米を可能とし、「旧貢租額の維持」を図るための重要な要素となってゆく。

次に、米価であるが、当初は「従来其地ニテ用ヒ来レル各所ノ相場」[*10]と規定されていたが、それがいかにして決定されるのかは曖昧模糊としており、この点に関して地方からの伺が相次いで提出されるようになった。[*11]そこで、政府は七四年三月七日、「地価検査ノ米価ハ改租着手前十ケ月各所平均相場ヲ用ユヘシ」[12]と定め、同六月五日には、改租着手前の五ヵ年間の上中下米平均相場を使用すべしと変更し[13]、最終的には、七〇年から七四年までの五ヵ年平均相場を用いることに決定する（七五年三月一九日付大蔵省乙第三十六号達[14]）。

種肥代については、当初の一五パーセントという定率から何ら変更されていない。これは云うまでもなく、「旧貢租額の維持」を図るために守られたものである。

最後に利子率をみると、これらも、当初規定された自作地＝六パーセント（上限七パーセント）、小作地＝四パーセント（上限五パーセント）という制限に変更はない。ところが、利子率の差等に関することが当初はまったく不明であったので、地方からの伺が数多く寄せられてくるにおよんで、七四年の初めころに至って政府は、以下のような方針を明らかにすることとなる。

「利子ノ差等ハ土地ノ便否ト好悪[15]」により限度内で差等を設定してもよいこと、その範囲は「各地方管内各村[16]」間とすること、である。ここに利子率は、各村々の間で「便否」と「好悪」によって差等を設定できることとなった。次いで、同一二月二四日の新川県に対する指令では、「土地之肥瘠ハ収穫ニ関シ候間一筆限リ利朱之差等ハ無之筈便否好悪ニ就テ区割ヲ分テ差等ヲ設候様可致[17]」として、利子率の差等は、「区割ヲ分」って設定することが明確化され、一筆毎の利子率の差等はここに完全に否定された。かかる利子率の差等を特定の範囲内に押える方向は、当然に政府の目指す「旧貢租額の維持」を実現するための槓桿とするものであった。

以上のように、改租事業が進行する過程で明らかになった「地租改正法」の諸矛盾を、高地価実現の立場から一貫した原理へ統一せしめることによって、「旧貢租額の維持」を企図したのである。こうして、七四年度中には、七三年「地租改正法」が内包していた地価算定上の諸矛盾は解決され、改租理念たる「旧貢租額の維持」を図るための基盤が整備された。かかる動きを集大成したのが、七五年七月の「地租改正条例細目」であった。以下、その考察に進む。

七五年五月、租税寮改正局から改租事業を引き継いだ地租改正事務局の活動開始[*18]とともに、これまで停滞を余儀なくされていた改租事業は本格的な進行をみることとなる。同八月三〇日には、「地租改正ハ固ヨリ速成ヲ要セサルモ、一県又ハ一郡一区ヨリ漸次ニ改正スルトキハ彼此権衡ノ平準得難ク、且逐年物価ノ低昂ニ依リ地価ノ差異ヲ生スル等、種々ノ障害アルニ由リ、来ル明治九年ヲ以テ各地方一般改正ノ期限ト定ム。依テ精々尽力其成績ヲ奏スヘシ[*19]」という太政官達がだされ、改租事業は中央の強力的指導の下に全国一斉に着手し、翌七六年までに完了すべき旨が達せられた。これ以後、改租事業は急速に進行することになるが、その調査準則が統一的、体系的に示されたのが「地租改正条例細目[*20]」である。

この「条例細目」の眼目は、地価算定において村位・地位等級方式が採用されたことにある。この等級方式の規定は、以下のように定められている。地価の調査を実施する場合、耕地の収穫調査がその最重要なものとなるが、その際、あらかじめ「達観上ノ予算[*21]」を検出しておかねばならない。それは、次のような方法で行なわれる。「耕地ノ収穫ヲ検査スルハ凡ソ一国一郡ノ旧法公民引分ノ歩合ヲ見積リ平均一反歩ノ収穫ヲ算出シ猶篤ト実際ニ渉リ小作米ノ多寡ヲ探偵シ検見坪刈籾等彼是ノ平準ヲ参酌シ一区一郡ヨリ全管一反歩ノ平均収穫ヲ予算シ調査ノ目的トナスヘキコト[*22]」、と。そして、この「達観上ノ予算」は収穫の実地調査の結果と照合させつつ、実地調査の結果の変更——高収穫高の押し付け——を実現させる手段となるわけである。

収穫の実地調査の方法については、「地味ノ美悪収穫ノ概量等ヲ老農顧問人等ニ諮問」して「村柄ノ等級」——村等を分かち[*23]、その後、区戸長、顧問人、勘定人等に「商議」させて階級を定める。こうして村等が決定すると、次に、一村毎における地位の階級をおよそ一〇等以内に区分する。この地位階級を分かつには実地調査をした後に村民が集議し、一筆毎の便否沃瘠等によりその等級を公平至当に区分して各人が遺憾のないようにし、一筆限帳に等級を書き載せて差出す。この後に、「収穫ヲ定ムルニハ第一第二ノ等級ヲ照シ其村上等ニ居ルトキハ上々ノ田ニ一反歩ニ付米若干上々ノ畑ハ麦豆若干中下ハ若干劣リト兼テ顧問人等ヘ商議セシ目標ヲ以テ其村重立タル者ヲ召シ寄之ヲ示シ尚彼村ト此村トノ比準ヲ篤ト示諭シ異存ナキニ於テハ其者ヲシテ村民中ヘ議セシメ何レモ承伏セシ上[*24]」で先の等級を書き載せた帳簿を返し、合計上および等級の内訳にその収穫を書載して、地価の算定方法および地価をも記入して差出すように命じている。

以上のような方法で等級が組み立てられてゆくが、次に、地価算定の際の基本となる収穫についてみると、それは「耕地収穫ノ実益ニ就[*25]」くものと断定されており、明確に検査例第二則=小作米に基づく算定方式が否定され、すべて第一則によるものとされた。その際、「耕地収穫ノ実益」は七四年九月の達書と同様に本毛一作の収穫を基準とすることが定められ、二作三作をするような地は「地味モ上等ナル故ニ一作ノミヲ植レハ必ス多量ノ収穫ヲ得ヘキ[*26]」であるから注意をするようにと説明が加えられている。米価は、これも収穫と同様にすでに決定されていた規定、つまり、七〇年から七四年までの五ヵ年平均相場を使用すべく指示した七五年三月の大蔵省達に従う。利子率については、「地方官心得第一九章ニ掲載スル歩合ヲ以極度[*27]」とすることは従前と同様であるが、ここでは、新川県への指令でいったん否定された一筆限りの差等が再び認められ、一村総計において限度を超過しなければよいとされることとなった。種肥代は従前通り一律一五パーセントとされ、それ以上の超過は認められていない。

以上のことから明らかなように、「条例細目」に示された地価算定上の諸要素は、「地租改正法」にみられた諸矛盾を、「旧貢租額の維持」という基本理念に基づいて、一貫した立場から原理的に統一していった二年間にわたる各地での改租事業の成果を集大成して完成させたものであったと云いうる。ただ、利子率だけが従前の規定を変更して一筆限りの差等を認めているが、これすらも一村総計上において限度を超過してはならないという限定付きのものであり、旧来の方針の原則的な変更とは云えない。

「条例細目」は、こうして「地租改正法」において体系的に示された四つの改租理念の実現を図るべく、そこに内包されていた諸矛盾を個別指令を通して解決しようとした過程の総決算として、体系化されたのであった。この結果、かつての地方的＝個別的な調査方式は廃棄され、全国的＝画一的な調査方式が確定した。これ以後、各地の独自な改租事業は全面的に否定され、中央の指導による画一的な改租事業が急速に進行してゆくことになる。

ところで、「地租改正法」以後の「条例細目」へと至る「旧貢租額の維持」の立場からの第二則方式の否定、売買地価主義の棄却等々の方向は、他面からみればもう一方の改租理念である「地租負担の公平」のためにも、必然的なものであった。なぜなら、「地租改正法」における地価算定上の諸矛盾は、この方式に従えばその矛盾がそのまま地価に反映し、地租負担の不公平を拡大する結果となるからである。したがって、「地租改正法」の一貫した原理への統一の過程は、単に「旧貢租額の維持」の立場のみからなされたわけではなく、同時に「地租負担の公平」をも射程に入れつつ遂行されたのであり「地租改正法」によっては実現が危ぶまれていた二つの改租理念に基づいて、その統一を図っていった過程と見做しうるのである。

「条例細目」以後、改租事業の著しい進行の過程で、よりいっそう精緻な調査準則――「関東八州地租改正着手ノ順序」（七六年三月）、「茨城県地位等級及ヒ収穫地価調査順序」（同七月）――が制定されるが、改租理念実現のための方法的基盤は、「条例細目」において基本的に確立したと考えられるので、ここでの二つの「順序」への論評は差し控える。ただし、「旧貢租額の維持」と「地租負担の公平」化を図るための具体的方法として、等級方式が「条例細目」によって全面的な採用が指示され、改租事業の重要な役割を担うこととなるので、この等級方式を次節で取り上げる際に、二つの「順序」のもつ等級編成上の諸問題については言及する予定である。

2　地租改正理念の展開(二)
――等級制度の生成と展開――

(1)　等級制度の本質

地租改正事業において採用された等級制度とは、「他日収穫地価ヲ議定スルノ時ニ方リ之カ平準ヲ得ン為メ先ツ各地ノ品格ヲ詮評シ其等級ヲ判別スルモノ」[*28]であった。この等級方式なるものは、一八七三（明治六）年七月に公布された「地租改正法」には見当らない。この方式が中央において認識され、全国的に改租事業へと採用されるようになるのは、その二年後、七五年七月に制定された「地租改正条例細目」まで俟たねばならない。ところが、「条例細目」制定以前に、すでに等級方式を採用して改租事業を進めている諸県が多く存在している。このことは、等級方式が、初期に改租事業へと着手した諸県のなかから、自然発生的に生みだされてきたものであることを物語っている。かかる事情の背景には、前節で指摘したように、七三年段階の「地租改正法」における地価算定方式が、幾つかの相互に矛盾する条件によって構成されていること、並びに算定方法自体の抽象的な性格のために、いざ、現実に地価を算定する段になると、諸々の矛盾が顕在化してくるということがあったからである。

ところで、地租改正によって調査された耕地は、宅地を含めると八五四四万筆にも上るとされている。[*29]この膨大な筆数を一筆毎に調査してその収穫量を決定するということは、非常に困難な作業である。ここに、現実の改租過程において等級方式が採用されるに至った技術的根拠を、認めることができる。なんとなれば、この等級方式を採用することによって、一地一筆毎に収穫高を確定してゆくといった困難な作業が排除され、一村内の土地を幾つかの等級に区分すれば（大部分は一〇等級前後）、収穫量の決定は、その等級数だけで事足りることになるからである。加えて、耕地を等級によって区分する方法は、旧幕藩体制以来から行われてきたものであり、地租改正という国家的規模での一大事業を、農民との摩擦なくできうる限り穏便に遂行するためには、かかる旧慣を利用することが手近な方法であったと考えられたことにもよろう。

つまり、旧来の制度を廃して新しい改革を実施するにあたって、旧制度の形式のみを踏襲してその内容は完全にこれを一新するという、人民の眼をあざむく真に巧みな方策として採用されたのである。このような技術的必然性に加えて、地租改正理念の一つである「地租負担の公平」化を実現するための手段としても、この等級方式の採用は適切なものであった。つまり、一地一筆毎の収穫量調査では、各土地間、各村間の相互の権衡が不充分となるため、そうした不権衡を排除する具体的な方法として、村位以上の等級の編成が採用されることになる。要するに、技術的必然性から地位等級が、相互権衡の実現方法として村位以上の等級が、編成されてゆくのである。

等級を編成する場合には、現実の収穫量のみにかかわらず、諸々の土地条件をも斟酌して一筆毎の土地を等級に編成してゆくが、本来、そうした土地条件を斟酌するのは利子率のはずである。先にみた「心得」第四三章にみられる各地の慣行利子率に拠ろうとした方法は、その点では当然のことと云えるが、他方で維新政府は、「旧貢租額の維持」を図るため、利子率をより低く押えることによって高地価を実現しようとし、第一則＝六パーセント（上限七パーセント）、第二則＝四パーセント（上限五パーセント）というように、利子率に制限を課している。このような制限が加えられている以上、利子率によってすべての土地条件を斟酌してゆく方法には明らかに限界がある。このため、現実の改租担当者は、利子率での斟酌の不充分な点を等級で斟酌することによって補ってゆこうと図ったのであろう。

ところが、改租事業の初期の段階では、今までにみたような七三年段階の地価算定方法の曖昧さに規定されてか、利子率の適用規定も同様に曖昧であり、かつ、等級編成の方法にも幾多の未熟な点がみられるため、多々問題が生じることになる。特に、土地諸条件を等級で斟酌してゆくのか、あるいは利子率によって斟酌してゆくのかという点に、それは顕著である。ここに、土地諸条件をめぐっての等級と利子率との関連が問題となる。本節ではこの点を明らかにしてゆくとともに、等級制度の具体的な内容とそれの地租改正史上における位置を、その段階的推移において解明することを企図している。

(2) 初期改租県における等級編成

中央によって等級方式が採用される以前――すなわち、「条例細目」(一九七五年七月)制定以前――に改租が竣功した諸県は、山口、宮城、堺(高安郡)、水沢、浜田、小倉の五県、一地域である。このうち、堺県高安郡のみが等級方式を採用したかどうか明らかではないが、[*30]他の五県はすべて等級方式によって改租を遂行している。ここでは、これらの諸県において採用された等級編成の方式を具体的に検討することによって、初期改租県における等級編成の特質を明らかにしてゆく。なお、山口県の改租はその特殊な事情から、一般府県との間にかなりの相違が認められるので、今回はひとまず触れないでおくことにする。[*31]

最初に宮城県を取り上げる。同県での改租事業は、当初「村内地主一同集合ノ上地位ノ沃瘠ヲ数等ニ区別シ毎歳産出ノ収利ヲ互ヒニ申合其多寡ニ於ケル一村公議輿論ヲ尽[*32]」させ、「人民ヲシテ現在ノ穫量ヲ開申セシメ[*33]」る方法をとったが、農民側が一村合計上からみて、旧税額よりは二〜三割程度の減税を意図した開申額を申し出たため、これに対して県側は、「各郡適当之見込ヲ立[*34]」て、次いで「一郡内ノ区戸長其外老農ノ者ヲ集メ各人ノ公論ヲ以テ各村地味厚薄等ノ等級ヲ議セシメ[*35]」、然る後に地位等級を編成してゆくという方法で対応した。つまり、郡位→村位→地位という順序で等級の編成を遂行したのである。

近藤哲生はこの点に関して、「宮城県についていえば、村位・郡位の決定、郡→村の収穫地価の見込の決定がおこなわれたのは、人民の開申額の一村合計が『旧税額』からみて『不都合』だったからであって、けっして権衡上不都合だったからではないのである」[*36]と論じたことがある。確かに、近藤の云うように、等級方式採用の眼目は、「旧貢租額の維持」を実現するために予定税額を上から押し付ける手段とするところにあるが、後にみる後期改租府県の等級編成方式からも明らかなように、各管内の相互権衡を実現するための意図も含まれているのである。このことは、地租改正がその理念の一つとして、「地租負担の公平」化を実現してゆこうとしたことからうかがうことができるはずである。もっとも、初期改租県における等級方式の採用には、そうした相互の権衡の実現が、かなりの程度精密に実施されたとは云いがたいが、この宮城県の場合は、「一村中ノ公平ハ勿論各村各地へ対シ管内此ノ釣合等聊不公平ノ儀無之実地確当ノモノト見据申候」[*37]と報告されているように、等級の編成にあたっては、相互権衡をもそれなりに考慮している。ついでながら、もう一つ附言すれば、等級方式に村位以上の等級が編成されるということは、予定税額を上から配賦することが可能となるだけでなく、各村間の権衡を図ることをも可能とすることになる（後述する浜田県の箇所を参照されたし）。一体に、近藤の等級理解は、「上からの予定税額の押し付け」のみを強調しすぎるあまりに、相互権衡の問題を無視ないしは軽視してしまったように思われる。このことは、近藤による「条例細目」「関東八州地租改正着手ノ順序」「茨城県地位等級及ヒ収穫地価調査順序」等の分析をみれば、一目瞭然である。[*38]

ところで、宮城県において等級を編成する際に基準とした諸因子をみると、地味の美悪、耕耘の便否、運搬の便否、水利の便否、水旱害の厚薄、米質の美悪、猪鹿の患害、風潮の患害等、数多くの条件が包含されている（表2―2参照。以下の府県も同様）。このように、宮城県にあっては、等級編成を収穫量のみに依拠せず、諸々の土地条件を規準として取り込んでおり、複雑な様相を呈している。次に利子率であるが、同県にあっては「利子ハ管内各地ノ景況ニ応シ酌量ヲ加ヘ一村上ニ於テハ其程度ヲ超過セスト雖モ一筆上ニ就テハ村内ノ協議ニ因リ伸縮スルヲ許可シ且通例外多費ヲ負荷スルノ地ハ利朱ヲ以テ之ヲ斟酌セリ」[*39]とされている。つまり、各地の景況に応じて一村毎に利子率の差等を設け、かつ、一筆毎に異なる利子率の適用も認められている。以上のように、宮城県にあっては、等級を編

表 2-2　地位等級編成上の諸因子と利子率

地区	府県名	着手年代	完了年代	等級編成上の諸因子 土地の沃瘠・厚薄	耕耘の難易	運輸の便否	水利の便否	水旱の有無	米質の美悪	その他	利子率 適用範囲	限度内での差等	利子率による斟酌条件	備考
東北区	青森	1874	1876	○	○	○	○	○	○		一村	一筆	運輸の便否，耕耘の便否，水旱害の深浅，米質の美悪，水利等に格外の多費を要する部落	
	秋田	75	77	○			○	○			一村		運輸の便否，堤防・用水費等の多き村落	
	置賜	73	75	○		○	○				管内二区分		地勢の便否	
	山形	73	76	○		○	○				一村		運輸の便否，耕耘の便否，宵壌の差	
	鶴岡	75	76	○			○	○			一村		運輸の便否	
	岩手	75	76	○	○	○	○	○	○	猪鹿・風潮の患害，人情の好悪	管内三区分		運輸の便否，地位・収穫の調理で斟酌できぬもの	
	水沢	73	75		○	○		○	○	猪鹿・風潮の患害	一村	一筆	運輸の便否，例外の多費を要する地	
	宮城	73	74	○	○	○	○	○	○		一村	一筆	例外の多費を要する地	
	磐前	73	76	○		○	○				一村	一筆	山間の僻村	
	福島	76	77	○							一村	一筆	土地・運搬の便否，水路修築・水害防禦等多費を要する部分	
	若松	74	76								一村		耕耘の難易，運輸の便否，水旱害の厚薄，米質の美悪	
関東区	東京	74	78	○			○				一村		地位収穫の調理・水利の便否・運輸の便否等尚尽さざるものを斟酌	
	神奈川	74	78	○	○	○	○	○			大率一律		山間僻陬地の便否・難易	
	埼玉	76	78	△	△	△		△			大率一律		秩父郡内の遐陬僻在の寒郷，用水費額夥多なる村落	一村内に平地と山間地とがある場合，および遠隔地からの水利は一筆毎差等
	千葉	73	78	△	△	△		△		村柄の貧富(△)	大率一律		堤防費多額を要する部分，沼湖水腐等無比なる地	
	茨城	73	78	△	△	△				収穫の多寡	大率一律		沿川の水害夥多にして随時多費を要する部分，きわめて不便な山間の村落	
	栃木	75	78	○	○	○	○	○			大率一律		?	
	群馬	76	78	○	○	○	○	○	○		大率一律		山郭僻境地，堤防・用悪水路費等夥多なる地	
北陸区	新潟（東）	75	80	△				○	○		一郡		地位・村位の過不及なるもの	
	新潟（西）	74	77	△	△			○	○	労賃の多寡・気候条件(△)	一郡		同上	
	新潟（佐渡）	76	77	?	?	?	?	?	?	?	全管一律			

地区	府県名	着手年代	完了年代	等級編成上の諸因子							利子率		利子率による斟酌条件	備考
				土地の沃瘠・厚薄	耕耘の難易	運輸の便否	水利の便否	水旱の有無	米質の美悪	その他	適用範囲	限度内での差等		
中国区	岡山	1874	1876								一村	一筆	耕耘の便否，運搬の便否，水旱被害の浅深，米質の美悪 堤防費等例外の多費を要する地	
	北条	74	75	?	?	?	?	?	?	?	大率一律			
	小田	75	76	○	○	○	○	○	○		全村一律	一筆		
	広島	75	79	○	○					耕地利用の障害	?	?	米価の高底	
	鳥取	75	76		○	○		○			一村	一筆	各村の景況，運輸の便否，水利の便否	
	鳥取（隠岐）	76	77		○	○		○	○		一村	一筆	運輸の便否，水旱害の厚薄	
	浜田	73	75							収穫の多寡	一村	一筆	運輸の便否，耕耘の難易，米質の美悪	
	島根	75	76								一村	一筆	運搬の便否，水旱害の有無，堤防等例外の多費を要する地	
	山口	72	74			○		○		作穂米の多寡	?	?	?	
四国区	名東	75	76	○	○	○	○	○	○	猪鹿の患害，堤防修繕費の多寡	全管一律			
	愛媛（讃岐）	76	78	○	○		○	○		豊凶の平均収穫，種肥料多量を要する地	全管一律			
	愛媛（伊予）	75	79	○	○	○	○	○	○		全管一律			
	高知（阿波）	76	79	○	○		○	○			全管一律			
	高知（土佐）	74	80	?	?	?	?	?	?	?	全管一律			
九州区	福岡	76	76	○		○	○				大率一律		運輸等不利なる山間辺僻の部落7~8村	
	小倉	73	75	?	?	?	?	?	?	?	一村		運輸の便否	
	三潴	74	76	○	○	○		○			大率一律		上妻・生葉2郡の山間僻地（一村毎の差等を設定）	
	長崎	73	78	○		○	○				全管一律			
	熊本	75	78	○		○	○				一村・村位等級	一筆	耕耘の難易・運輸の便否	
	大分	74	76	?	?	?	?	?	?	?	管内三区分	一村・一筆	運輸の便否	
	鹿児島	74	80	○	○	○	○	○			大率一律	一筆	無比の山郷（臼杵郡高千穂，児湯郡米良・椎葉2郡）	

註）①改租単位は『府県地租改正紀要』上・中・下（明治文献，1965年）において整理されたものによる．そのため，改租事業が遅滞した一部地域は割愛されている．
②改租着手年代は，『紀要』（上・中・下）に，完了年代は『明治初年地租改正基礎資料』（上・中・下）に記された耕地に関する新租施行の指令が出された年に，それぞれよる．
③等級編成上の諸因子，利子率の適用範囲・差等，利子率による斟酌条件などは『紀要』（上・中・下）による．なお，『紀要』において判明しない諸県は，以下のものによる（表中△印で表示）．
埼玉県——「埼玉県史料」19，制度部租法，「明治九年・埼玉県論達録」（埼玉県立文書館蔵）．
千葉県——『千葉県議会史』第1巻（千葉県議会，1965年）258，262頁．
茨城県——「地位等級調査心得書」（『茨城県史料』近代政治社会編Ⅰ，茨城県，1974年）285~289頁．
新潟県——『新潟県百年のあゆみ』（新潟県，1871年）68，71頁．
三重県（度会）——長岡新吉「三重県一農村における地租改正過程」（『社会経済史学』26-3，1960年）72頁．
和歌山県——『基礎資料』中巻〔1049〕．

地区	府県名	着手年代	完了年代	等級編成上の諸因子							利子率		利子率による斟酌条件	備考
				土地の沃瘠・厚薄	耕耘の難易	運輸の便否	水利の便否	水旱の有無	米質の美悪	その他	適用範囲	限度内での差等		
北陸区	新川（中越３郡）	1874	1876	?	?	?	?	?	?	肥料を多量に要する地は村位で斟酌	大率一律		山郭地，堤防・用水費に例外の多費を要する地	水旱の有無は収穫で斟酌
	石川（新川郡）	75	76	?	?	?	?	?	?	?	大率一律		山間地	
	石川（加賀・能登）	74	76		○		○	○			大率一律		養水等の費用多額を要す地，山間不便の土地	
	石川（越前）	75	79	○	○	○	○	○	○		全村一律	一筆	運輸最も不便なると水旱害甚しきとの数村	
	滋賀（若狭）	76	77	○	○	○		○	○		全管一律			水利の便否・耕耘の便否を収穫で斟酌
東海区	静岡（伊豆）	75	79	?	?	?	?	?	?	?	全管一律			旱潦の有無・耕耘の難易・運輸の便否等を収穫で斟酌
	静岡（駿河）	75	80	?	?	?	?	?	?	?	全管一律			
	浜松	74	76	?	?	?	?	?	?	?	全管一律			
	愛知（尾張）	75	77	○	○	○	○	○			全管一律			
	愛知（三河）	75	77	?	?	?	?	?	?	?	一郡		堤防・用水等巨額の費用を負荷する地	
東山区	山梨	73	76	○		○		○			?	?	山間に点在する村落及び水害夥多なる部分にして村位の酌量十分ならざるもの	
	長野	75	76	○	○	○		○	○		?	?	?	
	筑摩	73	75	○	○	○	○	○	○		村位等級		例外の多費を要する地	
	岐阜	74	76							収穫の多寡	一村		?	
近畿区	京都	75	77	?	?	?	?	?	?	?	一村		?	
	大阪	74	77	○	○	○		○			一村		例外の多費を要する村落	
	堺（河内・和泉）	74	76		○	○	○	○			全管一律			
	堺（高安）	74	74		○		○	○		収穫の多寡	全管一律			
	堺（大和）	74	76	?	?	?	?	?	?	?	全管一律			
	兵庫（摂津）	74	76	?	?	?	?	?	?	?	?	?	?	
	兵庫（播磨）	75	79	?	?	?	?	?	?	?	一村	一筆	?	
	豊岡	74	76	○	○		○	○	○		一村		運搬の便否，土地に要する費用	
	三重	75	76	○				○			一村		運搬の便否	
	三重（度会）	74	77	△	△			△		両三作得益	一村		地位等級の未だ尽さざる所	
	和歌山	74	76	△	△	△		△			一村		各地の便否，一筆上でも止むを得ざる事情がある場合は差等を設定	
	滋賀（近江）	74	76	○	○	○	○	○	○		大率一律		山間僻地	等級で斟酌できぬものおよび水害防禦等に多費を要する地は収穫調理で斟酌

成する際の諸条件が複雑であり、利子率も、一村毎・一筆毎の差等が設けられていることからも明らかなように、その独自性は失われていない。

この宮城県の等級編成方法と対照的なのが、次にみる浜田県である。同県では、等級を編成するにあたって「収穫ノ多寡ヲ主トシテ之ヲ品評シ先ツ達観ヲ以テ郡位村等ヲ予定[*40]」し、その後に一筆毎の地位を確定してゆく方法を採った。その際、「各郡内一村上地位同等ナルモノヲ対照[*41]」することによって、相互の権衡を失わないようにしている。等級は上述のように現実の収穫量に基づいて編成されており、まったく単純である。このため、他の土地条件は、必然的に利子率によって斟酌されることになるが、ここでは、運輸の便否、耕耘の難易、米質の美悪等が斟酌されている。そして、この利子率の適用にあたっては、今述べた諸条件を考慮しつつ、「各村ノ段階ヲ設ケ表ヲ製シ其段階ニ従テ利度ノ差等ヲ分[*42]」ち、一村毎の利子率を定めている。また、「各村内一地一筆ノ配賦ニ於テハ人民便宜伸縮スルヲ許セリ[*43]」とされているように、一筆毎の利子率の差等が認められている。

続いて、先の宮城県と隣接する水沢県をみると、同県にあっては、「曩ニ宮城県ヲ整理セシ順序ヲ以テ諸般精密ニ検査[*44]」をしたとされていることから、宮城県同様、郡位→村位→地位という形で等級が編成されていったと推察される。「地味ノ沃瘠耕耘ノ難易収穫ノ多寡及ヒ地理ノ実況ヲ親シク顧問シ各郡適当之見込ヲ立[*45]」てと記されていることが、その裏付けとなろう。同県での等級を編成する際の諸因子をみると、耕耘の難易、運輸の便否、水旱損の厚薄、米質の良否等が掲げられている。この地位等級を編成するにあたっては、「地位ノ比準一地上ハ郡内ヲ通シテ権衡如何ヲ対照シ一村上ハ全管内ヲ通シテ之ヲ組織[*46]」することによって、その権衡を実現するよう企画されている。利子率の適用範囲は一村毎であり、各村毎の運輸の便否を斟酌することによって、その差等を設けている。なお、この運輸の便否なる条件は、すでにみたように、等級を編成する際に斟酌されたものであるが、一村毎の利子率の差等を立てる際にも、再び利子率によって再斟酌されたようである（こうした方法は、他の諸府県ではあまり例がなかったように見受けられる）。最後に、村内一筆毎の利子率の差等についてみると、これは村民間の協議に任す方法をとり、その適用が認められている。また、例外の他費を要する地も、この利子率によって斟酌されている。

以上の宮城、浜田、水沢の三県は、自作地方式（検査例第一則）のうちに等級方式が採用されたものであるが、次にみる小倉県にあっては、小作地方式（検査例第二則）のなかから等級方式が発生してきたものである。しかしながら、小倉県の場合、当初の調査では小作地方式によって事業を進めてきたにもかかわらず、最終的な改租竣功の時点までには、自作地方式に転換してしまったようである。以下、同県における小作地方式による等級編成の内実をみてゆく。七四年五月三一日付で「租税寮改正局別報」に載せられた小倉県伺によると、「地価ノ出ルハ先ツ収穫品ヲ量ルニアリ併収穫品ノ多少ヲ知ルトモ土地ニ耕作之難易アリテ其売買之利米」[*47]が一定でないため、小作料をもって等級を編成する際の規準条件としたいことが述べられている。ここで、小作料を規準として等級を編成しようとしたのは、次の事情によるものである。

小作米ハ生来其土地ニ於テ農事ニ熟練之地主ト日夜耕作ニ手馴タル小作人ト互ニ各地ノ模様ニ依リ押引シテ極メタルモノ故耕地之難易ハ勿論両毛片毛之利益水利之便否其外細密之事ニ至ル迄皆見込之内ニ篭リ有之全ク地益得ル所之利米ナレハ是則真価ヲ積ルノ基礎ト定メ猶収穫米ヲモ参酌シ同轍ニ地価取調申度……[*48]

この伺の意向は、現実の小作料額は、土地の諸々の条件を考慮して決定されるから、土地の真価を求めるには最良のものであるとする考えである。このような地価理解に基づいて、小倉県では小作地方式を採用する方向を採ったのである。小作料を規準として等級を編成するのであるから、ここでは当然に、全耕地は自作、小作の区別なくすべて小作地と見做して調査にあたることになる。その方法によると、「各村戸長里掌小前ニ至ル迄不残立会耕地一筆限小作米之多少ヲ議定シ一村内小作米之第一多数ナルヲ上々ノ上ト定メ」[*49]るのであるが、その際、地位以外の等級は設定せず、例え悪地の村であろうとも、小作米が第一多数となった土地を「上々ノ上」（すなわち一等地）とすることを定めている。このことは、しかし、各村間の相互権衡を考慮しなかったことを意味するのではなく、その権衡を郡位、村位編成という方法を採らずに実現しようとしていることによる。次の「復命書」の記述が、その証左となろう。

幾回カ村中人民ヲ会シ互ニ地位ヲ討論セシメ復タ各村相比較シ衆議ノ帰スル所ヲ以一郡ノ平均ヲ得之ヲ一国ニ推シ各郡又其適否ヲ討論シ小ヨリ大ニ及ホシ……[*50]

こうして、小倉県の場合は、郡位、村位という編成に拠らずに、各村民間の衆議によって、相互の権衡を実現しようと図ったのである。以上のように、小倉県にあっては、小作地方式を採用するなかで等級編成を進めてきたが、この小作地方式は最後まで貫徹はされず、最終的には自作地方式に転換してしまったようである。[*51]この第一則方式へと転換した後の小倉県における等級編成の方法は、現時点では正確なことは分からないが、ただ、以前には採用されていなかった郡位、村位等級が、転換後には編成されたということが、『紀要』のわずかな記述から知ることができるのみである。

以上、宮城、浜田、水沢、小倉の初期改組県における等級編成の方式をみたが、そこで特徴的なことは、宮城、浜田、水沢等の諸県にみられるように、利子率の適用範囲は一村毎であり、かつ、一筆毎の差等も立てられており、利子率の独自性がそれなりに保たれているということである。しかしながら、水沢県に顕著にみられるように、等級を編成する際に斟酌された条件が、再び利子率のところでも斟酌されており、等級と利子率とで斟酌する条件が一方に確定されてはおらず、その点の関係に不明瞭さを残している。また、等級の編成方法も統一されてはおらず、宮城、水沢両県にみられるように、その諸因子が多数にのぼる県と、浜田県のように等級編成は単純に収穫量を規準として、他の条件は利子率によって斟酌する県とが同時に存在していた。[*52]このことは、結局、初期改租県の改租担当者が、等級と利子率の相関を、深く認識していなかったことの表れであろう。かかる事態が、府県—中央段階で意識化されてくるのは、「条例細目」制定以後、殊に改租事業が本格化する後期着手府県に至ってからのことである。

右に示した事実を勘案して、初期改租県における等級方式の特質を結論づけるならば、その編成過程において相互の権衡を図るために、地位等級以上の等級——村位、郡位——を編成しているということである。小倉県の場合にだけ、そうした編成の跡をみることはできないが、同県にあっても自作地方式へと転換した後は、同様の等級編成を採用するに至っている。県段階で等級方式が採用されるようになった根拠は、したがって、各管内の相互の権衡を実現するための具体的な方策であったことが明らかであろう。また、それとともに、一筆毎の収穫量、小作料調査の困難性を、簡便な等級方式によって解決してゆこうとしたことも、その主要因の一つとして数えられよう。

(3) 等級方式の全国的採用

地方段階で相互の権衡を得る方策として発生した等級方式は、一八七五（明治八）年七月に制定された「地租改正条例細目」において初めて中央に採用され、全国の改租事業へと拡大、適用されるに至る。維新政府がこうした措置を採ったのは、今日までの研究史が明らかにしているように、「旧貢租額の維持」を図るために、あらかじめ予定された「達観上の予算」を上から押し付けるのに好都合な方式であったからである。相互の権衡を得ることから発生した等級方式は、こうして中央によって掌握され、「旧貢租額の維持」のための手段と化することになる。そうは云っても、等級方式そのものが本来的にもっている相互の権衡を実現するという性格が、ここで否定されたわけではない。この性格はそのまま引き継がれ、より以上の精密な体系として仕上げられることになる。以下においては、等級方式が中央にあって初めて採用されたと云われる「条例細目」の当該箇所を検討するとともに、それによって各府県段階での改租事業がいかなる影響を受けるに至ったかを、明らかにしてゆく。

七五年七月に制定された「条例細目」は全九章からなり、第四章「耕地収穫検査ノ事」において、等級方式によって収穫の調査を進めてゆくことを規定している。そこでは、まず「一区一郡上ヨリ全管一反歩ノ平均収穫ヲ予算シ調査ノ目的トナスヘキコト」[53]が定められ、次いで、その調査の方法として等級方式を採用すべきことを指示している。ここでの等級編成を行なう際の規準条件は、村位の場合には地味の美悪、収穫の概量等であり、この条件を斟酌して村位等級を編成してゆく。また、地位等級を編成するにあたっては、一筆毎の便否・沃瘠を規準として等級編成を進めてゆくべきものとしている。この「便否・沃瘠」なるものが、具体的に何を指すのかは必ずしも明らかではないが、表2―2に記した等級編成上の諸因子のうちの幾つかにあたるものとみて、おそらく大過あるまい。

次に、第七章「利子並種肥代ノ事」の部分で規定されている利子率についてみると、「地方官心得書第一九章ニ掲載スル歩合ヲ以極度ト心得ヘシ」[54]とされている。ここに云う「心得」第一九章の歩合とは、「概略三分利ヨリ六分利マテヲ以テ普通ト」[55]し、自作地は七分、小作地は五分を極度と規定されたものを指すわけであるが、これまでにも述べたように、地価を算定する際の小作地方式は新川県への指令によって否定され、また、この「条例細目」の第五章「地価調査之事」においても、「耕地収穫ノ実益ニ就キ」[56]地価を算定することが指令されており、この段階には自作地方式による地価の算定方法がはっきりと確定している。それゆえ、ここでの極度とは、当然七パーセントを指すことになり、六パーセントを通例とすることが定められたわけである。さらに、利子率の適用範囲であるが、これは耕耘の難易、人口の多寡、運搬の便否、余業の潤否等を斟酌することによって一村毎に差等を設けるべきことが指示されている。つまり、利子率はその独自性を保持しているのである。また、一村毎の差等に関しては、前年一二月の新川県への指令において否定されたもの[57]が撤回されて再び認められることになり、「一村総計上ニテ極度ニ超過セサレハ一筆限ノ流用ハ苦シカラサル事」[58]と決定された。

以上、「条例細目」の内容をここでの課題に即してみてきたが、その結論は、㈠達観上の予算と相互の権衡を実現するために、等級方式が全国的に採用されるようになったこと、㈡地価の算定はすべて自作地方式によること、㈢利子率の適用範囲は一村毎であり、一村平均上で極度を超過しなければ一筆毎の差等をも認める、というものであった。こうした統一的、画一的な方針が明らかとなるにおよんで、各地の改租事業も大きく前進してゆくことになる。

(4) 後期改租府県における等級編成

一八七五(明治八)年七月に「条例細目」が制定される以前の改租事業の進行状況は、それが各府県段階の自主性に委ねられていたため、その統一性、画一性の欠如から停滞が余儀なくされていた。また、七三年段階の「地租改正法」の抽象的性格もあり、それを現実に適用する際に多くの困難をともなったことなども、それにいっそう拍車をかけたであろう。「条例細目」は、かかる事業遅滞の諸要因を除去し、本格的に改租の進行を図ろうとしたことから制定されたのである。また、改租事業の早期完了を目指す維新政府は、同年八月三〇日、「来ル明治九年ヲ以テ各地方一般改正ノ期限ト定ム」[*59]太政官達を布達し、中央の強力な指導の下に改租事業の迅速なる進行を企てた。これ以後、改租事業は急速に進展してゆくが、維新政府はさらに追い打ちをかけるかのように、翌七六年三月、「関東八州地租改正着手ノ順序」を達して事業の統一的、画一的な体系をより精密に創り出していった。以下、ここでの対象である等級方式に焦点をあわせて、この「着手ノ順序」の内容を検討する。

「着手ノ順序」は全一二条からなるが、そこでの等級の編成原理は、「先ツ各州ノ等級ヲ定メ夫ヨリ毎州中各郡ノ等級毎郡中各村ノ等級毎村中各地ノ等級ト順次ニ之ヲ定メ」[*60]てゆくというものである。つまり、州位→郡位→村位→地位という四段階編成で等級が組み立てられているのである。ここには、「条例細目」においてはみられなかった州位、郡位という上位次元の等級が、公的に設定されている。これは、「達観上の予算」をより上位の等級段階で検討することによって、それと現実との隔たりを拡散させてゆこうとする企図の表れであろう。これ以前は、形式的には政府段階と村段階での「達観上の予算」が対応していたが、これでは現実の調査でその「達観上の予算」の実現が極めて困難となった場合、「旧貢租額の維持」が図れなくなってしまうことから、「達観上の予算」をより広い区画において設定することにより、現実の調査とそれとの差を広く平均化して割当てることを可能とし、このことによって「旧貢租額の維持」を実現させようとしたのである。これに加えて、「其各州ノ等級ハ此州ト彼州トノ比準ヲ以テシ而シテ之ヲ全国ノ上ニ就テ大観シテ甲乙ヲ立テ各地ノ等級ハ一州限リ此郡ト彼郡トノ比準ヲ以テ甲乙ヲ立テ各村ノ等級ハ一郡限リ此村ト彼村トノ比準ヲ以テ甲乙ヲ立テ各地ノ等級ハ一村限リ此地ト彼地トノ比準ヲ以テ甲乙ヲ立ツヘシ[*61]」とされているように、各段階での比準、権衡を最も重要視する仕組みになっている。次に、利子率についてみると、「条例細目」で許容した一筆毎の差等を再び否定し、「利子ハ専ラ土地人民営業ノ盛衰ニ依テ高低ヲ定ムルモノトス故ニ毎地ニ利子ヲ異ニス可ス[*62]」として、一村あるいは一郡毎の差等のみしか認めないこととした。

「着手ノ順序」によって統一化された等級編成方式、適用利子率は、さらに、「茨城県地位等級及ヒ収穫地価調査順序」（同年七月）において、より具体化、体系化される。この「調査順序」にあっては、等級は国位↓郡位↓区位↓村位↓地位と上から順に編成されてゆくとともに、一国の国等が定まれば全管内の郡等を決定し、一郡内の区等が定まれば全管内の区等を決定し、一区内の村等が定まれば全管内の村等を決定し、最後に一村内の一筆毎の地位を決定することによって全管内へと連結し、相互の権衡が容易に実現しうるように工夫されている。次いで、利子率であるが、「利率ハ土地ノ実況ニ依テ高低アルヘシト雖トモ一区一村内ニテハ多分ノ差違アルヘカラス尤全管内平均六分以内ヲ目的トシ実地ニ応シ適宜斟酌スヘシ[*63]」とされ、「一区一村内」での差等すらも否定されることとなり、利子率での斟酌は特別の場合のみに限られ、全管内ほぼ一律に適用すべきことを指示した。こうして、利子率はその独自性が失われ、土地の諸条件はその大部分が等級によって斟酌されることになる。

以上の「着手ノ順序」「調査順序」の方法に従って、後期の改租府県は等級を編成してゆくのであるが、ここではその一例として埼玉県の場合をみてゆく。埼玉県における等級編成の方法は、「地租改正報告書」にいう模範組合村方式[*64]によって行われた。同県の公布条例によると、その方法は、まず二〇～三〇ヵ村ずつを連合して八九の模範組合を設定し、等級編成の一単位とする。次いで、この模範組合のなかから模範村を選別し、その村の地位等級を編成する。この模範村での等級が決定されると、模範村における等級編成を基準としながら、組合各村の等級を編成してゆく。以上の順序で模範村の地位等級、組合村々の地位等級が確定した後、管内の各組合相互の権衡を図るために、甲・乙模範組合に比較村を設置し、相互に比較、対照しつつその組合村位を決定する。[*65] さらに、公布条例にはないが組合村内の権衡を得るために、そこに村位等級をも編成しこれを全管に連結する。[*66]

このように、同県にあっては、地位↓村位↓組合村位という順序で等級を編成してゆく方法が確定したが、実際には、これとは逆に上から組合村位↓村位↓地位という仕方で編成されている[*67]（なお、同県では郡位に関する等級は編成はされなかったようである）。このことによって、全管の予定収穫量を上から押し付けてゆくことが可能となり、等級方式は「達観上の予算」を実現するための槓桿条件として作用してゆくのである。同県における等級編成上の諸因子をみると、地味の沃瘠、耕耘の難易、水旱の有無等が掲げられている。このため、利子率での斟酌条件は、水理・運輸の便否と秩父郡内の遐陬僻在の寒郷のみとなり、その独自性が大方失われている。また、利子率の適用範囲はほぼ一律であり、一村毎、一筆毎の差等はまったく認められていない。

埼玉県における等級編成の方式は右にみた通りであるが、注目すべきは「着手ノ順序」には規定のなかった模範組合村方式なるものが導入されている事実である。こうした方式が採用された所以は、以下に述べる事情によるものである。すなわち、「着手ノ順序」にあっては、州位↓郡位↓村位↓地位という四段階に等級が編成され、この各段階での相互権衡がもっぱら重要視される構造となっている。ところが、その権衡を得るためには具体的にどのような手段によればいいのかは、この「着手ノ順序」には示されてはいない。このため、等級を具体的に編成する過程でその権衡を得るために、模範組合村方式が採用されることとなったのである。

この方式は、しかし、埼玉県独自の方式というわけではなく、他の後期改租府県の多くが採用しているところでもある。例えば、茨城県では一〇～二〇ヵ村を連合して模範組合を結成し、そのなかから模範村を設定して等級を編成してゆく。さらに、「各模範組合中比準村ヲ設ケ該村ニ最上最下地ノ優劣ヲ議定ナサシメ順次比準村ヨリ一ケ組合ニ連結シ組合又一郡ニ通シ一郡ヨリ隣郡ニ渉リ竟ニ全管ヲ網羅シ等位完ク確定スル」[*68] 方法で、等級の編成がなされている。同様に、愛知県にあっても標準村なるものが媒介とされて、「郡内村位銓評→標準村銓評→全管内村位銓評→各村平均収穫概量銓評」[*69] といった方式で、等級の編成が実施されている。

このような模範組合村方式は、等級編成の際に相互の権衡を得るため、例えば、埼玉県における模範村・比較村、茨城県における模範村・比準村、愛知県における標準村等々の媒介項を設定していることが特徴的である。このことは、この模範組合村方式が、「着手ノ順序」の意図する「旧貢租額の維持」（「達観上の予算」を実現させるための上からの押し付け）、および等級の各段階における相互権衡を実現するための具体的な改租方法として採用されたものであるということを物語っている。つまり、模範組合村方式の等級編成方法は、「着手ノ順序」の具体化・適用化の産物として発生してきたものなのである。「関東八州……着手ノ順序」に従って改租を遂行したとされる関東の全府県に、この方法が採用されていることからも、それは明らかであろう。[*70] そこで、この点についてすでに述べた埼玉、茨城両県以外の関東全府県における等級の編成方法を紹介しておこう。

まず最初に、神奈川県からみると、同県では管内一二一九ヵ村の各所へ模範地（村）[*71] を置き、[*72] その模範地（村）の近接五～六ないし七～八村を連合して組合を結成し、[*73] それを改租事業の一単位とした。そして、この模範地（村）の地位等級を最初に確定した後、組合各地の地位等級をそれに照合して編成する方法を採用した。また、各組合間の権衡は、「其接着セシ村々ニ於テ互ヒニ之ヲ対照シ逐次大区ヨリ全管ニ聯合組織」[*74] する方法で、それを実現していった。等級編成上の諸因子についてみると、ここでは、地味を中心にして耕作の便否、運輸の便否、水利の便否、水旱害の有無等が挙げられており、これらの複雑な諸条件を規準として等級を編成している。そのため、利子率での斟酌条件がほとんどなくなり、全管おおむね一律と単純化している。

次に千葉県の場合であるが、同県にあっては大区を二〇ヵ村内外に区分して組合村を結成し[75]、「其組合中央ニテ適宜ヲ以テ一村ヲ模範地ト定メ[76]」、その模範地（村）の等級を編成した後、それを基準として組合各村の等級を編成している。また、相互の権衡を図るために、模範地（村）の一等地と組合各村の一等地を比較、対照することや、組合を編成する際に「隣大区互接スル組合ハ其接続ノ村落ヲ模範地トシ隣区ヨリ隣区ニ対シ成ヘキ丈其経脉ノ通スルヲ要ス[77]」ことなどに考慮を払っている。等級編成上の諸因子は、同県では土地の肥瘠、収穫の多寡を中心として、耕耘の難易、運輸の便否、水旱損の厚薄、村柄の貧富等多くの条件が斟酌されている。このため、利子率での斟酌条件は特別なものに限られ、その適用範囲はほぼ一律となっている。

続いて群馬県をみると、同県では郡内を二〇～三〇ヵ村ずつに区分して改租調理組合村を結成し、この組合村のなかから「標準の村を模範村とし、等級をつけて他村の格付の参考とした[78]」。その後、「彼此組合ノ接壌如何ニ推及シ順次組織シテ竟ニ全管一体ニ聯結シ以テ彼此不平準ナカラシメ[79]」る方法で、相互の権衡を図った。等級編成上の諸因子は、地味の美悪、耕作の便否、運輸の便否、水利の便否、水旱の厚薄、米質の美悪等にまでおよび、ほとんどの条件を包含している。そのため、利子率での斟酌が必要でなくなり、全管およそ一律と単純化している。

さらに栃木県についてみると、同県にあっては管内の村々を二〇～三〇ヵ村ずつ連合して八三組の模範組合を結成し、これを改租事業の一単位とした。次いで、この組合のなかから地位中等の村を模範村と定め、この模範村の等級編成を基準として他村の等級を編成してゆく。その際、「甲乙村々彼我組合[80]」の相互権衡を重視するのみならず、「隣県接壌ノ釣合[81]」をも考慮することによって、各県間の相互権衡までも実現しようと企図した。等級編成を進めるにあたっては、地味を中心として耕耘の便否、運搬の便否、水利の便否、旱水害の厚薄等の多くの諸因子をその規準条件としている。このため利子率はまったく単純化し、全管ほぼ一律となっている。

最後に東京府であるが、同府では等級を編成するにあたって、「各郡中最寄十村内外ヲ」[*82]もって組合村を結成し、その組合村で地位中等の一村を模範村と定め、この模範村の地位等級を編成し、これを基準として組合各村の地位等級を編成してゆく方法を採用した。そして、「毎地ノ比較一筆ヨリ一村一村ヨリ小区小区ヨリ大区ニ及ホシ終ニ全管ヲ聯合」[*83]してゆくことによって、相互の権衡を実現しようと図った。なお等級は地味の沃瘠、水利の便否を規準として編成されており、その斟酌条件は比較的単純である。そのため、他の諸条件は勢い利子率によって斟酌されざるをえなくなるが、その斟酌条件は地位収穫の調理、運輸の便否、さらに等級編成において斟酌された水利の便否が再び取り入れられている。このように、東京府にあっては他の関東諸県と異なり、等級編成上の諸因子は比較的単純であり、その分利子率での斟酌条件が複雑となっている。こうした性格は利子率の適用範囲にもみられ、一村毎の差等が認められるようになっている（他の関東諸県での利子率の適用範囲は、すでにみたようにおおむね全管一律であり、一村毎の利子率の差等は、原則として認められていない）。このように、同府における等級編成上の諸因子と利子率との斟酌条件における相関は、他の関東諸県とはその様相を異にし、等級編成の際の諸因子が比較的単純であり、そのため利子率の独自性が活かされている。

以上のように、「着手ノ順序」に従った関東の全府県が、模範組合村方式による等級編成の方法を実施している。おそらく、この関東諸府県に限らず、後期に改租へと着手した府県の大部分が、この模範組合村方式によって等級の編成を行なったと考えられる。

(5) 等級編成方式の二類型

等級方式は調査の簡便性と相互の権衡を図る目的で、初期の改租県において自主的に採用されて成立したものであった。この初期改租県における等級編成の特質は、郡位、村位、地位の三段階によって構成されており、このことによって、それなりに相互の権衡を図ろうとしたことである。また、等級編成上の諸因子は、浜田県と小作地方式によっていた時期の小倉県の両県にあっては、それぞれ収穫米と小作米を中心としておりその規準条件は単純であるが、宮城、水沢両県の場合には、その諸因子は諸々の土地条件を含んでいて複雑化している。利子率については、一村毎、一筆毎の差等が立てられ、その独自性が保たれている。このことから、初期改租段階にあっては、土地の諸条件の斟酌をめぐっての等級と利子率との相関関係が、いまだ明確には意識されていなかったのではないかと、結論づけられる。

一八七五(明治八)年七月に制定された「条例細目」は、各県段階で自主的に採用された等級方式を、「旧貢租額の維持」を実現するために立てた「達観上の予算」を上から押し付ける手段として、全国的に採用したものであった。これによって改租事業は統一化、画一化され、以後、急速にその進行をみることとなる。この「条例細目」における等級と利子率との関係についてみると、等級編成上の因子としては、村位の場合には地味の美悪、収穫の概量が掲げられ、地位等級を編成する際には「便否・沃瘠」なるものが挙げられている。利子率での斟酌条件は、耕耘の難易、人口の多寡、運搬の便否、余業の潤否等であり、地位等級編成上の因子である「便否・沃瘠」なるものと、利子率の斟酌条件とが重複する可能性が考えられるが、一応、両者はその条件を異にしてその独自性が活かされているようである。つまり、利子率はその独自性が保たれているのである。さらに、一村毎、一筆毎の利子率の差等が認められており、この時点では、利子率は単純化していない。

「条例細目」の規定に依拠して改租を遂行した諸県を中期改租県とするならば、それ以後の「着手ノ順序」「調査順序」によって改租を実施した後期改租府県における等級編成上の特質は、第一に、「達観上の予算」を実現するために、それをより広い区画において設定することによって、現実の調査との隔たりを広く平均化、分散化して割当てる方式を考案し、州(国)位→郡位→(区位→)村位→地位という等級編成を採用したことである。第二に、相互の権衡をより重視し、組合村、模範村、比較村等々の媒介項を設定したことも、その特質の一つとして挙げられよう。第三に、等級を編成する際の諸因子が複雑となったことであり、そのため、利子率の独自性が否定され全管ほぼ一律となり単純化したことである。

以上のことから、等級の類型化を行なうとすれば、次のように云うことができるであろう。まず、等級本来の性格という点からみると、それは相互の権衡を図る手段ということであった。この点から考えるならば、初期改租県・中期改租県は、それを村位、郡位の編成によって実現しようとしたのであり、後期改租府県は、それのさらなる精密化を図るために、組合村、模範村、比較村等々を媒介としたことであった。次に、等級と利子率との関係からみると、後期改租府県にあっては、等級編成上の諸因子が複雑であり、利子率はまったく形骸化しているのに対し、初期・中期改租県の場合には、利子率の独自性がみられるという点にある。ただ、等級編成上の諸因子と利子率との関係が、中期改租県の場合はともかく、初期改租県にあっては、その相関関係が明確ではないということを考慮せねばならない。最後に、「達観上の予算」を実現するという点から考えると、こうした発想がはっきりと出てきたのは「条例細目」によった中期改租県以後であり、後期改租府県では、それがさらに明確化されているということである。

以上の三点に着目して等級を類型化するならば、素朴ではあるが、等級本来の性格によって相互の権衡を図ると同時に、利子率の独自性が保たれている初期改租県型と、等級本来の性格を引き継ぎ、より以上の精密な相互権衡を図るとともに、「達観上の予算」の実現を強引に推し進め、かつ、等級の編成を行う際の諸因子を複雑化し、逆に、利子率をまったく形骸化した後期改租府県型の二つに区分しうる。ところで、中期改租県の場合であるが、ここでの等級編成は郡位、村位等を編成する方法に拠っていること、利子率の独自性が保たれていること等は、初期改租県と共通しているが、等級方式が本来もたない「達観上の予算」実現の手段と化した点は、後期改租府県と共通している。このことから、中期改租県の等級方式は、単に時期的な意味だけでなくその内容からしても、初期改租県と後期改租府県とを媒介する過渡的な存在であったと云いうる。こうした性格のため、一つの等級類型としての独自性はもちえず、ここでは、初期改租県と後期改租府県の二類型に分類したのである。

以上、等級と利子率との相関関係から等級の類型化を試みたわけであるが、この二つの類型は、同時存在的なものではなく、一方から他方へと発展的に継承されてきたものであることが明らかとなろう。

結びに代えて——等級制度の役割——

等級方式の採用は、なによりもまず、日本農業特有の零細地片を一筆毎に調査し、その収穫量を決定する改租事業の困難性を除去することにあった。一村内の田畑をそれぞれ一〇等級前後に区分する地位等級制度がそれである。さらに、改租の基本単位である村々が、それぞれ個別に事業を進める改租方式にあっては、各村間での相互の権衡が保たれなくなるおそれがあり、この点を考慮して管内の村々をそれぞれ独自の等級に編成することが行なわれた。これが村位等級である。以上の方式は、初期の改租事業（一八七三〜七四年）のなかから事業主体たる府県によって自主的に生み出されたものであるが、耕地を等級によって区分する方法は、既に旧幕藩体制下において用いられていたものであり、そうした旧慣にヒントを得て、現実の改租担当者によって積極的に採用されるようになったのであろう。

こうして、当初は一部の府県で自主的に採用されはじめた等級方式は、その後、徐々に他府県へも普及してゆき、一八七五（明治八）年七月には、「地租改正条例細目」により、全国統一的にその採用が指示されるに至る。さらに、翌七六年には、「関東八州地租改正着手ノ順序」（三月）、「茨城県地位等級及ヒ収穫地価調査順序」（七月）等を経て、当初の比較的単純な等級方式は、よりいっそう精密化され体系的に整備されていく。この過程で、等級本来の持つ意味——調査の簡便性と相互権衡——に加えて、厳密に制限を附された利子率に代わって土地諸条件を斟酌する役割と、「旧貢租額の維持」を図るべく作成された「達観上の予算」を上から押し付けるための機能をも担うこととなった。

つまり、数値が固定され形式化した利子率に代わって、等級は諸々の土地条件――「土地の沃瘠（厚薄）」「耕耘の難易」「運輸の便否」「水利の便否」「水旱の有無」「米質の美悪」等々――を斟酌しつつ、収穫量、地価を決定する際の重要な役割を担うこととなったわけである。また、「着手ノ順序」にあっては、州位→郡位→村位→地位といった重層的な等級編成方式が採用されているが、これは、「達観上の予算」をより上位の等級段階に設定することによって――つまり、より広い区画に設定することによって――、現実の土地生産力と「達観上の予算」との隔差を広く平均化して割当てることを可能とし、以て「旧貢租額の維持」のための手段とした。ところで、「着手ノ順序」にあっては、各州、各郡、各村、各筆のそれぞれの段階における比準、権衡を図ることが重視されている。ところが、それを実現するための具体的方法がそこには明示されていない。このため、後期改租の諸府県は、その方策として模範組合村方式なるものを創案したのである。さらに、県によってはこの組合村をも等級に編成することによって、各段階における比準、権衡を図った。[*84] こうした比準、権衡を重視する方策が、改租理念の一つたる「地租負担の公平」を実質化するためのものであったことは、自ずと明らかであろう。

以上のように、調査の簡便性と相互の権衡を図る目的で初期改租事業のなかから生みだされた等級方式は、その後の事業展開の過程で、「旧貢租額の維持」と「地租負担の公平」とを意図する維新政府によって全国統一的に採用され、その手段としての役割を果たしたのであった。[*85] 等級方式が、地租改正事業において重要な役割を果たしたといわれる所以である。こうして、七三年の「地租改正法」にみられた矛盾の是正、地価算定方式における諸要素に対する強い制限、等級方式の新たな採用等々が、維新政府の一貫した方針――「旧貢租額の維持」「地租負担の公平」――の下で進められていったのである。

註

＊1 「地租関係書類彙纂」——以下、「彙纂」と略記——（『明治前期財政経済史料集成』——以下、『史料集成』と略記——第七巻、明治文献、一九六三年）三四五頁。
＊2 『明治初年地租改正基礎資料』——以下、『基礎資料』と略記——改訂版、上巻（有斐閣、一九七一年）〔七一二〕。
＊3 同右、〔七二四〕。
＊4 同右、〔七五一〕。
＊5 「彙纂」（前掲）三四〇頁。
＊6 「地租改正例規沿革撮要」——以下、「撮要」と略記——（『史料集成』第七巻）二八一頁。
＊7 「彙纂」（前掲）三三三頁。
＊8 『基礎資料』上巻、〔七二〇〕。なお、ここで特産物商品などの収益の大きなものを生産している者に対して保護を与えている事実は、殖産興業の一環としての勧農政策からでてきたものと思われるが、注目すべき事柄である。
＊9 同右、〔七六五〕。
＊10 「彙纂」（前掲）三三〇頁。
＊11 兵庫、豊岡、埼玉各県から伺が出されている（『基礎資料』上巻、〔六六七〕〔七一二〕〔七一三〕）。
＊12 「撮要」（前掲）二七一頁。
＊13 同右、二七二頁。
＊14 同右、二七三頁。
＊15 『基礎資料』上巻、〔七一三〕。
＊16 「撮要」（前掲）二八一頁。
＊17 『基礎資料』上巻、〔七五一〕。
＊18 租税寮改正局（大蔵省）が閉局し、代って地租改正事務局がその事務を引き継いだ背景には、七三年に内務省が新設されたことと深い関係がある。すなわち、それまでは大蔵省が租税と土地の双方を掌握していたが、内務省が新設された後は土地の管掌事務が大蔵省から内務省へと移されたことにより、租税と土地との双方に関する地租改正事業は、大蔵、内務両省の管掌となるためにその事務は煩雑をきわめる結果となった。このため、改租事業の事務を一本化し両省の間を統轄するものとして、地租改正事務局

が設置されることとなったのである。と同時に、この事務局の設置には、停滞している地租改正事業を軌道に乗せ、本格的に遂行しようとする意図も含まれていたと思われる。このことは、事務局の総裁に参議兼内務卿の大久保利通、御用掛に参議兼大蔵卿の大隈重信という当時の政権筆頭担当者が任命されていることからもうかがうことができる。

＊19　「撮要」（前掲）二八三頁。

＊20　「条例細目」は次の九章からなる。第一章「出張官員心得之事」、第二章「土地丈量ノ事」、第三章「地番号ノ事」、第四章「耕地収穫検査ノ事」、第五章「地価調査之事」、第六章「米麦豆価直ノ事」、第七章「利子並種子肥代ノ事」、第八章「村費ノコト」、第九章「荒地ノ事」。このうち、地価の算定において重要なのは第四～七章である。なお、第二章において、従来地方毎に種々の間尺が用いられていたのが、「通常六尺一歩ヲ以テ法尺トナス」ことが定められ、測量単位がはじめて統一されたことは注目に値する（『基礎資料』上巻、五五八～五六二頁）。

＊21　有尾敬重『本邦地租の沿革』（御茶の水書房、一九七七年）五二頁。

＊22　『基礎資料』上巻、五五九頁。

＊23　同右。

＊24　同右、五六〇頁。

＊25　同右。

＊26　同右、五六〇頁。

＊27　同右、五六一頁。

＊28　「報告書」（前掲）一六頁。

＊29　同右、一四〇頁。

＊30　『府県地租改正紀要』――以下『紀要』と略記――上（『明治前期産業発達史資料別冊』(9)、明治文献、一九六五年）の堺県の項には、「高安郡ノ地位ハ毎地専ラ現在収穫ノ多寡ニ基キ且水利耕作ノ便否水損旱害ノ有無等ヲ酌量シテ之カ等級ヲ定メ一村ヲ通シテ其権衡ヲ取レリ其等級ハ十等以内ニ定メ各等間ノ差率ハ之ヲ予定セス」と記されており、これによる限りでは、高安郡においても等級方式が採用されたように考えられるが、同書では土地を資本還元する際の利子率が、自作地には六パーセント、小作地には四パーセントが用いられたとされていることから、同郡にあっては、地価を算定する際に「地方官心得」に記載された検査例にいう第一則＝自作地方式と第二則＝小作地方式の両方式が相並んで適用されたことになる。ところで、後に述べるように、等級方式が採用

されるに至った要因の一つは、各土地間の相互権衡を図るためである。ところが、検査例にみられるような自作地と小作地との間で地価算定方法が異なる場合、両地間の権衡は崩れることになる。これでは、等級方式を採用した意味がなくなることは云うまでもないが、仮に一歩譲って、等級方式を採用するとともに地価の調査も自作地、小作地を区別して実施した場合、等級はいかにして編成されるのであろうか。この場合、自作地と小作地とを別々の等級体系として編成してゆくという方法が考えられるが、他府県の等級編成方式をみた限りでは、そのような方式はまったく行われていない。もし、高安郡が独自に、以上のような等級方式を実施したとしても、当然のことながら、自作地と小作地との間の権衡は実現できず、等級方式を採用した意味は薄れてしまう。また、「地位ハ毎地専ラ現在収穫ノ多寡ニ基キ……」とされているように、土地の品位を確定する際には現実の収穫量を調査することのみを掲げ、小作地の地価を算定する際の要素となる小作料の調査については、まったく触れてはいない。このようなことから、高安郡においては等級方式が採用されたのか、または、自作地・小作地別の調査が併行して進められたのかは、現在までのところ明らかではないのである。ちなみに、福島正夫によると、高安郡では、「区域の小さいゆえか、（等級方式は――引用者）用いられなかったらしい」（前掲、三六三頁）とされているが、小区域であるということが福島の推論の根拠となっているだけで、確実なものではないようである。なお、『紀要』に記載されている内容は、この高安郡に限らず、多分に曖昧な点が多い。この点、本書は『紀要』に多くを依拠しているため、幾つかの点で誤りがあることが予想されるが、ここで対象とした等級方式の包括的な分析は、現時点にあってはその研究も甚だ少なく、かつ、地方史料を広汎に利用しなければならない性格のものでもあるため、今回はひとまず、等級方式の鳥瞰図を描くことを目途とし、今後の地域史研究等の進展によって、本書の誤りが訂正されることを期待したい。

＊31　山口県にあっては、現生米を基準として歩引法による特殊な等級編成が行われたことが、研究史の蓄積によって明らかにされている（この研究史内部には、現生米をいかに理解するかによって、有元正雄・丹羽邦男と関順也・小林茂・田村貞雄との間に、見解の対立がみられる）。ところで、表2―2によると、山口県においては、運輸の便否、水旱の有無を斟酌して等級を編成してゆくものとされているが、関・田村・有元三者の研究によると、同県における等級編成上の諸因子は、収穫量、生産諸条件、人口、土地売買の価格の四要素とされている（関順也『藩政改革と明治維新――藩体制の危機と農民分化――』有斐閣、一九五六年、一五八頁、田村貞雄「山口県における地租改正」『歴史学研究』三〇二号、一九六五年、三〇頁、有元、前掲書、四五四頁）。三者の依拠した資料は、おそらく同一のものと推測しうるが、現地のものでもあり『紀要』の記事より確実に信頼できると思われるので、表2―2に記した内容は、ここで訂正しておきたい。

＊32　『基礎資料』上巻、〔七二二〕。

＊33『紀要』中巻（前掲）宮城県の項。
＊34『基礎資料』上巻、〔七二一〕。
＊35 同右、〔七二二〕。
＊36 近藤、前掲書、六七頁。
＊37『基礎資料』上巻、〔七二二〕。ここでの引用資料は、『基礎資料』に所収されている各「府県出張復命書」であるが、これには、改租によって「地租負担の公平」を実現したことが、数多く記されている。この「復命書」なるものは政府の出張官員が、当該府県の改租竣功を中央に報告したものであり、そのため出張官員が滞りなく自己の任務を遂行したことを力説するきらいはあるにしても、そこから、上述の事実を全面的に否定することはできないであろう（もっとも、近藤の立論はこの「復命書」の性格を根拠にしているわけではない。念のため）。
＊38 近藤、前掲書、四五〜五三頁。
＊39『紀要』中巻（前掲）宮城県の項。
＊40 同右、下巻（前掲）浜田県の項。
＊41 同右。
＊42『基礎資料』上巻、〔七七一〕。
＊43『紀要』下巻（前掲）浜田県の項。
＊44『基礎資料』上巻、〔七三五〕。
＊45 同右、〔七三四〕。
＊46『紀要』下巻（前掲）旧磐井県の項。
＊47『基礎資料』上巻、〔七二四〕。
＊48 同右。こうした発想が、七三年段階の「地租改正法」に示された地価理解の忠実なる反映であることは、本書四七〜四八頁に記したごとくである。つまり、「地方官心得」第一四章にみられる「小作米ハ地主ト小作人ト相競ルノ間ヨリ出ルモノナレハ、収穫ノ多寡ヲ推知スヘキ確証」（「彙纂」前掲、三三九頁）であるとする、検査例第二則の現実小作料に準拠する方式の踏襲である。
＊49『基礎資料』上巻、〔七二四〕。
＊50 同右、〔七七四〕。

＊51　この根拠となる資料は現在のところ確固たるものはないが、一応、㈠『紀要』の記述からみた限り小作地方式で改租を行なった地域は堺県高安郡のみしか見当たらないこと、㈡「復命書」中に、小作地方式で調査した「収穫ノ数未タ其地適当」（『基礎資料』上巻、〔七七四〕）ではないため、あらためて、「収穫ヲ以テ地価ノ基礎ト為ス」（同右）、と記されている二点を挙げることができる。

＊52　有元正雄は、等級と利子率との相関関係に逸はやく着目し、初期改租県における等級編成の特質を、「等級組立条件が単純で収穫または小作米中心であり、等級は後述するように、利子率規定条件を充分含まない。利子率は勢い一筆ごと、等級ごとに適用されてまだ独自性を保っている」（前掲書、二四六頁）と論じているが、本書の論旨からも明らかなように、初期改租県における等級編成の特質は、有元の指摘するようには、一概に決めつけることができないことは云うまでもない。

＊53　『基礎資料』上巻、五五九頁。

＊54　同右、五六一頁。

＊55　「彙纂」（前掲）三三〇頁。

＊56　『基礎資料』上巻、五六〇頁。

＊57　同右、〔七五一〕。

＊58　同右、五六二頁。

＊59　「撮要」（前掲）二八三頁。

＊60　『基礎資料』下巻（有斐閣、一九五七年）〔一七二一〕。

＊61　同右。

＊62　同右。

＊63　同右、〔一八八三〕。

＊64　「報告書」（前掲）一六頁。

＊65　「埼玉県史料」一九、制度部租法。

＊66　『紀要』上巻（前掲）埼玉県の項。

＊67　この点の詳細に関しては、本書第二編第三章を参照されたい。

＊68　『基礎資料』下巻、〔一三七七〕。

＊69　近藤、前掲書、八三頁。

＊70　この点、有元が模範組合村方式と「着手ノ順序」の方式とを別個の類型に区分しているのは（前掲書、二四七～二四八頁）、疑問の残るところである。
＊71　『町田市史料集』第七集（町田市史編纂委員会、一九七二年）には、模範地村と記されている（一二四～一二七頁）。
＊72　『基礎資料』下巻、〔一三八二〕。
＊73　「神奈川県第八大区地位等級比較表」（『町田市史料集』前掲、一二四～一二七頁）によると、各小区毎に模範地村が一ヵ村ずつマル印によって示されているので、組合は、おそらく各小区毎に結成されたものと思われる。
＊74　『紀要』上巻（前掲）神奈川県の項。
＊75　『紀要』（上巻、千葉県の項）には、「最寄数ヵ村ヲ聯合」して組合村を編成したかのような記載があるが、『千葉県議会史』第一巻（千葉県議会、一九六五年）に収録されている「地位等級調査心得書」によると、その第二条第一節において、本文のごとくに二〇ヵ村内外で組合村を編成すべしとの文面があるので（同書、二六一頁）、ここではそれに従う。
＊76　『千葉県議会史』（前掲）二六一頁。
＊77　同右。
＊78　『群馬県百年史』上巻（群馬県、一九七一年）二二三～二二四頁。同書によると、「郡中標準の村」（二二三頁）を模範村としたとされているが、『紀要』（上巻、群馬県の項）では、「（改租調理――引用者）組合内一ノ模範村ヲ撰定シ……」と記されている。他府県のことを考慮するならば、この場合、おそらく『紀要』の記述の方が正しいと思われるので、ここではそれに従う。
＊79　『紀要』上巻（前掲）群馬県の項。
＊80　『基礎資料』下巻、〔一三九〇〕。
＊81　同右。
＊82　『紀要』上巻（前掲）東京府の項。
＊83　『基礎資料』下巻、〔一三四一〕。
＊84　本書第二編第三章参照。
＊85　等級方式が「達観上の予算」を上から押し付けるための手段であったと評する論者は多いが（丹羽、前掲書、四二八～四二九頁、近藤、前掲書、四五～五三頁他）、そうした通説的見解は、その点だけに目を奪われて、「地租負担の公平」に果たした役割を見失っている。このため、等級制度の位置づけが一面的となり、地租改正の半封建的性格の証しでもあると理解されてしまうのである。

第二編

地租改正事業の具体相

第三章

埼玉県の地租改正[*1]

はじめに

一八六七（慶応三）年一二月の王政復古による明治新政権の発足以来、版籍奉還、廃藩置県を経た後も石高制に基づく旧貢租制度が存続していた。そうしたなかで、政府内外において石高制の弊害に対する批判は日を追って高まり、税制改革の気運は次第に昂揚を示しつつあった。新たな集権国家体制に照応する土地—租税制度が求められていたのである。かかる状況を背景として明治新政府は、石高制下の錯綜した土地税制の廃絶と新たな税制の創出を企図し、一八七三（明治六）年七月、地租改正の実施に踏みきった。この改正によって、課税標準がこれまでの収穫高から地価へと変更されたが、地価を決定するには境界の確定、面積の測量、収穫高の調査等々の実地調査と、地域毎の米麦価調査等を積み上げてゆく作業が、段階的に進められることになる。

この地租改正に託した政府の思惑は、第一編でみたように、これまでの領主—領民関係から国家—国民関係への編成替えに照応する制度、つまりは国民国家の基礎となる土地—租税制度を確立することにあった。具体的に云えば、㈠旧貢租額の維持、㈡地租負担の公平、㈢地租金納制、㈣土地所有権の公認の四点であった。このうち㈢㈣については後述するように、すでに旧体制下の先進地域を中心に実質化されてきた事実でもあり、全国一律の法体系に基づいて容易に達成できる事柄だが、㈠㈡の場合は、旧貢租額を見据えつつ具体的な作業のなかで新地租額を確定せねばならず、そのため、折々に新地租額の概算を検討することが必要であった。その改租の事業単位は府県であり、実際の調査は村単位である。そこでは、旧藩の支配や税法がそれぞれ異なっており、かつ各地域による土地価格の形成条件にも相違があるため、一律に調査事業を進捗させることは不可能であった。それぞれの地域の特殊性が、そこに絡んでいたからである。

なかでも旧貢租の負担は地域毎に相当の偏差があり、新政府としては重租の場合はこれを軽減し軽租を引き上げることで、負担の軽重を是正しその公平化を図る目論見であった。殊に埼玉県の位置する関東地方は畑方に旧軽租地が広がっているため、ここでは大幅な増租地区に指定されている。このことは、関東改租に慎重な配慮を要請させた。増租は農民の不満を招く恐れがあり、それが他府県の改租に悪影響を与える懸念もある。さらに、関東に特有な領有関係の錯綜（藩領・幕領・旗下領・寺社領が入り乱れている）という事情が加わり、そのため、新政府は関東改租を後回しにする予定を立て、十分な改租事業の経験を積んでから着手する方針であった。

関東地方の旧畑方軽租は関東畑永と呼ばれ、幕初から固定した石代価で換算する金納貢租が広く行われていた、定石代の一種である。時代が下ればその換算率は次第に貢租負担を軽減するようになるのは道理で、いわゆる安石代化現象が進展した。そこで幾度か換算率が改訂されたが、他の貢租地との負担バランスが保たれるまでには至らず、そこに幕末以来の物価騰貴が加わったため、関東畑地は依然として軽租の傾向を有していた。

このような安石代・定石代の是正は新政府の懸案（負担の公平化と増租が目的）であり、地租改正に先立ってその引き上げに着手している。七三年一月には、税額の二倍以上の増租を指令し、その結果、関東畑永はほぼ一律に二倍増租が実施された。ただし茨城県では、旧水戸藩領で行われた天保検地の際にこの畑永がすでに倍増されていたため、その事情が配慮されて七割増租とされた。それでも増租率が大きいため、県下の村々ではその減額を要求して抵抗したが、県庁に押し切られてしまった。

こうして、関東改租はその当初から困難を予測され、そのため、前述したような後回しの方針が採られることとなったのである。本章では、この関東地方に位置する埼玉県における地租改正事業の実施過程を、その前史でもある壬申地券の交付にまつわる調査段階から、改租竣功へと至る全過程を具体的に取り上げ、その特質を解明することを課題としている。

1 地租改正への道程
——埼玉県の場合(一)——

(1) 「関東畑永」の廃止

本書第一編第一章においてみたように、一八七二(明治五)年九月、安石代・定石代を一挙に廃止することを目指した太政官達が出され、これ以後安石代・定石代の廃止は、各府県段階で具体的に着手されることになった。埼玉県においては「関東畑永」と呼称される定永納が存在していたが、これはこの時点にあっては、事実上の安石代化現象を呈しており、同県にあっても先の太政官達に基づき、「管内ニ於ケル従前畑永ト唱フル定金納増租ノ事」[*2]に着手し、従前四万五〇〇〇円程であった畑租をおよそ九万一〇〇〇円にまで引き上げ、二倍の増租を強行した。ここで二倍という大幅増租が実施されたのは、「地租改正之儀ニ付租税額より関東府県長官江内達書」[*3]において示されている「各管内畑方永納総計上江一倍以上之増方を目的と致し取調候様」という維新政府の方針に拠ったためと思われる。

ところで、この増租分の配賦方法であるが、後に埼玉県へと併合される入間県においては、一村畑総計上で二倍以上となればよいとして、次のような幅をもたせた方式を指示している。すなわち、一村内においても作徳の多寡や便不便の地があるので、「たとえハ甲ノ地ハ反永百文ヲ弐百五拾文ツ、反之乙之地之反永百文ヲ百五拾文となす」[*4]などのように、村内で協議の上適当な格差を設定してもよいとしている。しかしながら、こうした方式が全管内において満遍なく採用されていたかどうかは疑わしい。例えば、七二年以前の畑方貢永（旧畑永）額と同年以降の増租分である畑方増永額とが、同時に並記されている同県下旧幡羅郡中奈良村（現熊谷市）所在の野中家文書中の七六年および七七年度の「畑方貢永増永共取立帳」[*5]をみると、畑方貢永と同額の畑方増永が全負担者について記されており、増租額は一律に旧畑永の二倍となっているのである。こうした方法が他地域においても採られたかどうかは明らかではないが、おそらく、これと同様の方法が採用されたのではないかと推測される。この点に関しては確証があるわけではないが、維新政府の二倍以上の増租という方針が各府県段階へと達せられ、さらに府県段階でその数字を各村段階へと指示していることから、結局、二倍以上という政府の方針が具体化されるのは各村段階での自主性に委ねられることになると考えられるからである。

　このことは、いまだ地租改正の体制が整っていないことや農民各層の力関係等の事情から、この時点にあっては、各村内での旧租額負担の不公平を是正することは不可能であることを意味する。さらに附言するならば、租税負担者全員が一律に二倍となることは、形式的な公平にすぎないにしてもそれなりに説得力をもつし、さすれば、あえて労力を要して増租分をこと細かに配賦しなおすことは無用となると考えられるからである。以上のことから旧畑永の増租問題は、入間県にあっては、大部分の租税負担者が一律に二倍の引き上げという形で落着したものと思われる。[*6]

　こうして、七二年度にあってはおよそ二倍の増租を遂行したのであるが、翌七三年に入ると、維新政府は各府県に対してさらに「歩増」を要求し、次のように達した。

　従来、定石代、安石代ノ慣習ハ不公平タルヲ以昨五年限リ廃止セラレシモ、因襲ノ久シキ止ムヲ得サル事情アルニ因リ、各地方稟申ノ情実ヲ酌ミ同年限リ歩通免除ヲ聴許セシモノアリ。然レドモ本年ハ普通相場ヲ以テ之ヲ納

進スヘキハ勿論、且畑永モ歩通増加ヲ聴セシモ本年ハ相当ノ租額精査ヲ遂ケ九月三十日限リ開甲スヘシ[*7]

ここでは、昨七二年に従来の安石代・定石代は一応廃止されたが、各地方の諸事情はその情状酌量を認めざるをえず、安石代・定石代廃止の意図は貫徹されなかったことを述べ、本年からはいっそうその趣旨を固め、実質的な廃止と増租を遂行すべしと指示している。これを承けた埼玉県では、次のような趣旨の願いを同年九月二〇日付で大蔵省へと提出した。

昨壬申年分概壱倍以上ノ増租ニ改正シ漸ク人民安堵ノ域ニ至リ無間倍蓰ノ詮議ヲ為セントセハ却テ般百ノ釐正ニ響カント深ク焦慮シ隣県ト稟議ノ上明年ヨリハ地租改正法ニ照準シ田畑等一漸次着手ノ見込之アルニ依リ暫時寛有ニ処シ本年モ昨年増額ノ通据置ノ事ヲ大蔵省ニ伺フ[*8]

埼玉県にあっては、昨年およそ二倍の増租を遂行したので、今年もまた「増方ノ運ヒニ至テハ頑愚人民不識不蹩ノ情ヲ生シ候モ難計[*9]」く、かつ、利益の多い茶畑等が昨今多く開墾されるようになったが、「収穫ノ実不得却テ負債ニ苦シムモマ、有之[*10]」る状態であり、早急に畑方の増租を実施することは困難であることを強調している。さらに、七三年度同様、七四年度の「租税モ前年ノ如シ」と伺い出て、租額の据置を求めている。この伺に対して維新政府は「畑方金納之分本年増方難取計段縷述之趣無余儀次第ニ相聞候ニ付壬申年歩増之通上納之税額ニ据置之義本年ハ聞届候[*11]」として、租額据置の願いを許可する旨の指令をだしている。ところで、この指令文には、租額「据置之義本年ハ聞届候」と記されており、維新政府はその後の増租を予定していたようであるが、結局、七五年度までは七二年度に改正増租した約九万円余の税額に固定しており、政府の増租意図は果たされなかったようである。

以上、安石代・定石代の廃止＝増租問題が、埼玉県においてどのように具体的に処理されたのかをみたが、ここで云えることは、安石代・定石代の廃止は、つまるところ、地租改正を俟ってはじめて完遂しえたということである。このことは、もちろん、地租改正前の安石代・定石代廃止問題がまったく意味のないものであったということではない。それどころか、地租改正によって大幅な増租が予定されていた安石代・定石代慣習のある地域での増租の実現は、それの廃止の措置を地租改正以前から着手することにより、大幅増租によって生じるであろう農民の不満を緩和させる作用を果たすこととなり、却って地租改正を順調に進行させることができたとも考えられるのである。地租改正に先立つ安石代・定石代の廃止は、したがって、地租改正をスムースに進行させるための露払いとしての役割を果たしたと評価することができよう。

表 3-1　徴収形態別貢租額（埼玉県）

徴収形態	内訳	1872 年	1873 年	1874 年	1875 年
		円	円	円	円
正　納	正　租	46,209.6	67,262.6	51,069.5	—
	口米金	1,320.2	1,921.7	4,193.0	—
	小　計	47,529.8	69,184.3	55,262.5	21,263.9
	（百分比）	(7.8)	(9.3)	(5.5)	(2.6)
田　方 石代納	正　租	452,866.6	566,312.9	780,495.3	—
	口米金	12,939.0	16,180.3	68,441.6	—
	小　計	465,805.6	582,493.2	848,936.9	687,830.4
	（百分比）	(76.6)	(78.0)	(84.9)	(85.1)
畑　方 金　納	正　租	92,095.6	92,275.5	92,738.3	—
	口米金	2,762.8	2,768.2	2,782.1	—
	小　計	94,858.4	95,043.7	95,520.4	98,967.8
	（百分比）	(15.6)	(12.7)	(9.6)	(12.2)
総　計	正租小計	591,171.9	725,851.1	924,303.2	—
	口米金小計	17,022.1	20,870.4	75,416.7	—
	総　計	608,194.1	746,721.5	999,720.0	808,062.1
	（百分比）	(100.0)	(100.0)	(100.0)	(100.0)

註）「埼玉県史料」19，制度部租法より作成．
米価は，72 年＝4.26 円，73 年＝5.88 円，74 年＝7.65 円（1 石に付）である．75 年度は正納分が現石形態のみしか記されておらず，かつ，米価相場も 6.04 円，5.84 円の 2 相場が用いられているため，ここでは，県内の大部分の地域が使用した 6.04 円の米価で貨幣形態に換算した．

最後に、埼玉県における石代納化の進行状況をみると、表3―1のごとくである。これによれば、田方石代納に畑方金納の分をも加えた貨幣納の比率は、七二年にあっては九二・二パーセントであり、その後は九〇・七パーセント、九四・五パーセント、九七・四パーセントとなっている。本書第一編第一章においてもみたように、租税金納化の進展には著しいものがあったが、埼玉県においても、地租改正を前にして租税金納化の機は大いに熟しつつあったことを確認しうる。

(2) 壬申地券の交付

地租改正が租税制度の改革であると同時に、すぐれて土地制度の改革でもあったことは、周知のところである。そして、これを実現するために採られた方式が、神田孝平の発案になる地券制度と呼ばれるものであった。この地券は、土地を個人の私有財産と認めることによって旧来の重畳的な土地所有関係を否定し、一元的な所有関係＝近代的な私的所有権を公認することで土地制度の改革手段として機能するとともに、地券に記載された地価を基準として一定の金納租税（地租）を賦課することによって旧来の貢租制度を否定し、近代的な租税制度を確立する手段としても機能した。要するに地券制度は、当時において実質的に展開してきている近代的な土地所有関係を、権利―義務関係として明確に設定し、一方においては権利の確証手段としての私的所有権の証しとして認める意味をもち、他方においては義務の履行手段としての地券税法としての意味をもつという二つの側面を兼ねそなえていたのである。日本における近代的土地所有―近代的租税制度の確立は、それゆえ、この地券制度の確立を俟ってはじめて云いうることとなるのである。

地租改正に先立つ壬申地券の交付は、しかし、この両側面を兼備していたものではない。市街地券はともかくも郡村地券にあっては、後の地租改正のために、「各所持地ノ沽券ヲ改メ、全国地代金ノ惣額ヲ点検」[*12]せんとすることが目的であり、地価賦税としての側面は有していない。したがって、壬申地券、殊に郡村地券の交付にあっては、土地所有権者の確定がその中心的な作業となるのであり、地券税法としての側面は、その事業を引き継いだ改正地券が担うこととなる。[*13]以下、埼玉県におけるこの壬申地券の交付過程から具体的にみてゆくこととしよう。

同県における壬申地券の交付作業は、一八七二（明治五）年七月、全国の土地所有者すべてに対して地券を発行すべしとする大蔵省達[*14]を管内に布達することからはじまる。[*15]次いで翌八月には、「地券取調ノ儀ニ付管内人民エ告諭」[*16]を諭達し、地券発行の趣旨を概略以下のように説明する。地券発行の趣旨は「下民一般自由ノ理ノ有ル所」であって、土地所有者は田を畑に換え、屋敷を種芸の地とすることはすべて自由である。また、地券証を所持していれば、もし所有地が公用で没収になる場合には必ず所有者の承認を得るか、もしくは券面通りの代金および「其景況ニ寄リ手当」をも受取ることができる。さらに、格外の高租地には減免の措置もなされるはずである。と、かくのごとくに地券のもつバラ色の側面を強調して説諭した後、「然ルニ万一総検地ニ成ル可ク抔ト無稽ノ説ヲ唱ル者アリ共決テ其等ノ事ニ惑ハスシテ畢竟地所持主タルノ確証ヲ得ル様志ス可シ」と諭している。このように、この「告諭」にあっては、地券の有する権利の側面を一面的に強調して管下人民の協力を得ようとしており、ここからも、前述した壬申地券の過渡的性格――改正地券とは異なり、私的所有権の公認という性格をもつだけで、地券税法としての側面は有していない――を確認しうるのである。では、埼玉県においては地券証の被交付者はいかなる方法で決定されていったのか。次に、この点を検討しよう。

地券を交付するにあたっては、その地券の名請人、つまり、土地所有者をいかにして確定するかが問題となる。幕藩体制下の重畳的な土地所有関係はこの時期に至ってはほとんど解体しており、近代的な土地所有関係が事実上成立してはいた。しかしながら、すべての土地が完全にその権利関係を明確にしていたとはいえず、土地の所有者を確定する作業は少なからず混乱を起こしていたようである。原則的にはその土地の旧貢租の負担者が土地所有者とされるわけであるが、旧来の土地制度が全国一律ではなく、各地方において種々雑多な土地制度、慣行が存在していたことから、土地所有者の確定もそう簡単には進まなかったのである。[*17] このため維新政府は、旧来の土地制度、慣行を考慮しつつ具体的に土地所有者の帰属決定問題を解決してゆかねばならなかった。埼玉県にあっても、「質地・質流地の所有権」の帰属問題、および「永小作地の所有権」の決定方法等々をめぐっての問題が起こっている。そこで、この埼玉県においてかかる土地の所有権がいかにして処理され、その帰属が決定されていったかをみると、以下のようである。

まず、「質地・質流地の所有権」については、七二年一一月段階では次のように処理されている。期日を過ぎても請戻されなかった質地は、「流地ニ付則金主ニ而地券受ケ可申事」[18]とされ、期日内に請戻しがなされなかった地は、すべて金主＝質取主の所有地と見做し、その者に地券を交付すべきであるとされた。また、「村役人奥印無之分も従来之質地者約束之通リ裁判致シ可遣候得共」[19]、地券発行後のものは奥印のない場合は質入書入とは認めないことが指示された。さらに、奥印の有無にかかわらず、期日を過ぎてしまった土地は金主＝質取主の自由となることが確定され、質地の年季は一〇年以内とし、それ以上のものは認めないことも決定されている。

もう一件、質地処理に関して検討しよう。旧入間県庁が政府宛に提出した伺[20]に、以下のような記述がある。質地は年季明の後は金主＝質取主の自由となり、かつ、その年季も一〇年以内と旧慣で定めてあったが、実際には、一五年、二〇年の期限を取決めているところもある。ここでもし「争論」が生じた場合には、すべて一〇年以上を過ぎた地は金主の自由とするつもりであるがいかがなものであろうか[21]、と。この伺に対する政府の指令をみると、「質地之儀当一月七日（一七日の誤り？——引用者）太政官第十八号第十四条ニ照準処分いたし自然争論を生し候ハ、司法省へ可伺出事」としており、太政官達第一八号「地所質入書入規則」によって処分せよとの指示を与えている。そこでこの「地所質入書入規則」[22]であるが、これによると、質入期間は「三ヶ年ニ限」るとの規定があり、旧慣の一〇年期の質入はここで全面的に否定されている。このように、七三年一月の「地所質入書入規則」の制定以後は、質地の期限は三年と短縮され、土地を担保物権とする長期間にわたる質入の制度は、これ以後大幅に制限を加えられることとなる[23]。

最後に、「永小作地の所有権」をめぐる問題をみよう[24]。それは、社寺上地の門前地に地代金を支払って家作している者、あるいは朱印除地の田畑に永小作と唱え地代を支払って耕作している者の所有権はいかにして決定すべきかという問題である。入間県ではこの点に関して、家作している者、耕作している者を地主と定めてよいかを政府に伺いでているが、これに対する政府指令は、その地に居住している者で「身元金或は地代金」を差出している確証があれば、その者を地主と定めよとした。同県はさらに加えて、前述のほかに出金の有無が不明でも、永く居住し永小作しており「固有地同様従来丹精を加え」、そこの利益をもって生計をなしている者は、急に他人の所有となったのでは「活路を失し如何ニモ憫然」であり、通価の半額で当人に払下げてもよいかとの伺をも立てている。これに対する政府指令は、小作人が貢租だけを社寺へ差出し作徳を私有していた場合には、直ちにその者を持主と定めてよいが、貢租、作徳共に社寺へ差出すまったくの小作人の場合は、「相当之代価を以」て当人へ払い下げよと回答した。

以上、埼玉県における壬申地券交付の際に生じた土地所有権の帰属決定問題をみたが、そこでは、長期にわたる質入が年季明の際に紛議が起こりやすいことから、それを否定することによって土地の所有権を明確にするとともに、永小作地にあっては、事実上の所有者であることが判明すれば、その者を土地所有者と認めることによって一元的な私的所有地とする方向が採られている。[*25] このことは、壬申地券の交付が旧来の重畳的な土地所有関係を解体し、一元的な私的所有を公認しようとしたことからも当然の結果であった。

壬申地券は、以上のような意図から発行されたが、その交付状況はあまり芳しいものではなかった。例えば埼玉県にあっては、『上尾百年史』の記述にみられるように、上尾市内ではただ一枚発見されたにすぎず、[*26] 入間県にあっても、地券交付の際の調帳の提出が遅滞していることから、「来四月十五日迄ニ屹度無相違調帳差出し可申候」[*27] と七三年三月段階で達しているにもかかわらず、同年八月に至っても「取調方不都合之儀不少調帳差出候村方纔ニ一二ヶ村ニテ渡方之目途更ニ無之」[*28] といった状態であり、地券の交付はあまり順調には進んでいなかった。[*29] 全国的な交付状況も、埼玉、入間両県ほどではなかったが、その「半ヲ了セサル」[*30] 状態で打切られてしまう。本書第一編第一章でも指摘したように、新政府が地方の実情を把握しえていない状況の下で壬申地券の交付を急いだことが、地券交付の遅滞や中途での交付打ち切りという結果を招いたのであろう。壬申地券の交付作業を進める上で障碍となった事象は全国

表 3-2　地券発行につき府県別の主たる障害

問題別	内　訳	府　県
面積に関する問題	貫高・無反別の旧慣	青森・岩手・水沢・宮城
	検地帳などとの相違	福島・東京・神奈川・新治・犬上・岐阜・度会 京都・鳥取・浜田・小倉・福岡
地価に関する問題	負高・抜高	山形・浜松・筑摩・岐阜・堺・香川・広島・小倉
所有権に関する問題	永小作地	高知・白川・八代
	質地	神奈川・入間
	割地制度	新潟・新川・七尾・石川・長崎（壱岐）・愛媛

註）有元正雄『地租改正と農民闘争』（新生社，1968 年）142 頁.

に数多あるが、有元正雄がその障害例を類型的にまとめている（表3―2）。参照されたい。

このように、埼玉県における壬申地券の交付状況は、事業そのものの停滞により地租改正のための潤滑油とはなりえなかったようである。同県では、地租改正に着手するのが七五年三月であり、壬申地券の交付が順調に進まないうちに打ち切られたことと相俟って、この間の空白が壬申地券段階での調査をも利用不可能なものとしてしまったであろうと推察されることからも、埼玉県における壬申地券の交付は、地租改正の直接的な序曲とはなりえなかったのである。[*31] 結局、同県における地租改正は、壬申地券段階の調査蓄積を利用することなく、七五年三月以降その第一歩から調査が開始されることとなる。

(3) 改租への模索

「地租改正法」が交付された後、一八七五（明治八）年三月まで埼玉県における改租事業には目立った動きはみられない。このことは、壬申地券の交付があまり進展しなかったことや、上述した増租に対する不満への対応等に起因しており、その結果、改租事業は大幅に遅れることとなった。当時の同県の状況は、「租額ノ増加センコトヲ恐ル、者多[*32]」く、「淘々トシテ穏カナラス[*33]」という状態であり、強引に改租遂行をなそうものならば「徒ニ民心ヲ擾攪スル[*34]」恐れがあるため、まず、調査の方法を「属官一同」が深く会得しなければ容易に改租事業には着手できない状況であった。

そこで、埼玉県は七三年一一月、伺書「調査方法ノ予見一九ヶ条」[*35]を租税寮へ差出し、[*36]その指令を待った。政府はこれに対して、翌七四年三月三日付で指令を発しているが、[*37]これを受けた埼玉県では、しかし、「前年地券取調ノ労費未タ全ク手ヲ収メス」[*38]といった状況に加えて、民情の穏かならざる情勢もあり、すみやかに着手することはできなかった。同県では、結局、民心を鎮めることを当面の課題とし、しかる後に事業に着手することを目途として、まず、区村の吏員を諭して「其意ヲ了会」[*39]させ、次いで、その区村吏をして戸毎に説き人毎に諭さしめた。数ヵ月間こうした説諭を続け、ようやく民心を落着かせることに成功し、本格的な改租事業に着手する姿勢を立て、翌七五年三月一三日、管下に、「告諭書」[*40]「地租改正ニ付人民心得書」[*41]を、埼玉県布告第二四、二五号として布告するまでにこぎつけるのである。

2 初期改租事業の特質
――全国的概観――

(1) 地租改正事業の停滞要因

本章が対象とする埼玉県の地租改正事業は、後期改租府県の一事例としての特色を有している。すでに第一編第二章でもみたように、改租事業の内実は一様ではない。初期の改租と後期の改租とでは、その事業推進の方法や力点のおき方等々が著しく異なっているのである。そこで、埼玉県改租の具体的分析に取りかかる前に、初期の改租事業を問題史的な観点から全国的に鳥瞰しておくこととしたい。

まず、表3―3によって、府県別の改租着手年代から具体的にみてゆこう。これによると、六六改租単位のうち、

表 3-3　改租着手年代一覧

	1873 年	74 年	75 年	76 年
東北	宮城・磐前 山形・置賜 水沢	青森・若松	岩手・秋田・鶴岡	福島
関東	茨城・千葉	神奈川・東京	埼玉・栃木	群馬
北陸	新潟（西）	新川（越中） 石川（加賀・能登）	新潟（東）・新川 石川（越前）	新潟（佐渡） 滋賀（若狭）
東海		浜松	静岡・愛知	
東山	筑摩・山梨	岐阜	長野	
近畿		堺（高安）・堺（河内・和泉）・堺（大和）・豊岡・三重（度会）・和歌山・兵庫（摂津）・大阪・滋賀（近江）	三重・京都 兵庫（播磨）	
中国	山口・浜田	北条・岡山	鳥取・小田・島根	鳥取（隠岐） 広島
四国		高知（土佐）	名東・愛媛（伊予）	
九州	小倉・長崎	鹿児島・大分 三潴	福岡・熊本	高知（阿波） 愛媛（讃岐）
小計	14	23	21	8

註）『府県地租改正紀要』上，中，下（明治文献，1965 年）．

一八七三（明治六）年に改租へと着手した府県は一四単位（二一・二パーセント）、七四年が二三単位（三四・八パーセント）であり、両年を併せても、およそ半数が改租に着手したにすぎない。そのうち、七四年度中に改租が完了したのはわずかに六単位のみである。事業停滞の状況はおよそ明らかであろう。本格的に改租事業が進められるのは、七五年五月に地租改正事務局が活動を開始し、統一的な改租原理に基づいて[*42]、事業の早期完了を指示してからのことである[*43]。

このように、改租事業の進行が滞りがちであった理由の一半は、「地租改正ノ儀ハ不容易事業ニ付実際ニ於テ反覆審按ノ上調査可致、尤土地ニ寄リ緩急ノ差別有之、各地方共一時改正難出来ハ勿論ニ付必シモ成功ノ速ナルヲ要セス[*44]」という政府方針に求められるが、それに加えて、第一編にみたような、「地租改正法」における地価算定方式の諸矛盾が事業進展の速度を阻害したことも考えられる。また、「旧貢租額の維持」をその基本理念の一つとしつつも、「地租改正法」に基づいて改租を実施すれば、「旧額ニ比スレハ凡ソ六百万円ヲ減却セン[*45]」という事態が生じることが予想され、それに代わる新税設置の可能性も薄いため、政府が事業の進行を躊躇したことも、事業停滞の一因であろう。[*46] 以上の諸要因と相俟って、中央―地方における改租着手の体制が未整備の状態にあったことが、いっそうその停滞を深めることとなった。

かかる一般的な要因に加えて、さらに個々の地方事情がいっそう改租を遅らせることになった。その豊富な事例は、関順也の労作『明治維新と地租改正』において紹介されているので、ここでは、本書が対象とする埼玉県の位置する関東諸府県に限って、その事情の一半をみておこう。

関東地方は、前節でみたように、関東畑永と呼ばれる事実上の安石代が慣習化しており、他地区とくらべて旧貢租の負担の軽い畑作地が多く、増租の予定が立てられていたため、維新政府はその「増租から生ずる不満を抑圧するために全国的な地租改正の体験を結集しつつ強力な指導制のもと」[*47]で改租事業を遂行しようと企図していた。すなわち「関東地方は一体に徳川氏直轄で税が安い方であった。従って改正後は負担が増すと云ふ傾のある場所であったから、此地方は幾分後廻しにして、他の出来栄を見てどうしても行らなければならぬと云ふ感じを起すまで着手を延ばして置く」[*48]という措置が採られたことが、改租事業の遅れた要因の一つであった。

そこで、関東地方における改租の着手年代をみると、茨城、千葉両県が七三年、神奈川、東京両府県が七四年、栃木、埼玉両県が七五年、群馬県が七六年となっている。このうち、千葉県は中途で挫折した後七五年に再開され、[*49] 茨城県も七五年の新治、千葉両県の統廃合により「新管ノ郡村各県着手ノ針路一ナラサル」[*50]状態のため、僚属を各地に派遣して地盤丈量の方法を開諭しながらその統一を図らねばならなかったことから、事務の延滞を惹き起こしている（本書第二編第四章参照）。さらに、神奈川県の場合には、七六年の中頃に至ってから旧来の小作地方式より自作地方式への転換を行なうなど事業は減速している。[*51] 埼玉県の場合も前節で指摘したような事態から、事業は大幅な遅れを示している。このように、関東地方における改租事業は、他府県に比して相当その遅れが目立っており、結局、

「関東八州地租改正着手ノ順序」（七六年三月）公布以後、本格的、統一的に事業の進行が図られることとなる。

(2) 検査例第二則方式の適用問題

地租改正事業は多くの府県でその停滞を余儀なくされたのであるが、全国的にみれば早期に事業の進行が図られた諸県も幾つか存在する。そこにはそれなりに共通する事項がみられ、云わば初期改租の特質が見出される。第二則方式の採用と自主的な改租修正プランの存在が、それである。

まず、第二則方式に基づく算定方式を採用した諸県について検討しよう。既述したように、第二則方式は、現実の小作料が六八パーセントに満たない場合は、第一則の算定地価より低地価となるため、「旧貢租額の維持」を図る維新政府にとって障碍となった。そのため、この方式は徐々に制限され、最終的には全面的に廃棄されるが、幾つかの諸県では、この第二則方式に基づいて改租事業が進められている。暉峻衆三によると、現実小作料に基づくこの第二則方式を適用しようとした諸県は、当時としては生産力も高く、土地売買、貸借関係が広汎に展開して地主―小作関係が進行し、かつ、早期に改租事業へと着手したような地方であるとされる。[*52] かかる諸県の例として暉峻は、豊岡、[*53] 北条、[*54] 小倉、[*55] 千葉、[*56] 鳥取、[*57] 山形[*58]等々を紹介している。だが、中央当局は第二則適用を制限しはじめ、最終的には七四年一二月の新川県伺への指令において、「総テ収穫ニ寄地価算出可致事」[*59]として、現実小作料に基づく第二則方式を全面的に否定したため、暉峻は「第二則によって地価算定を行った地域を発見することはできない」[*60]と断定した。

以上に紹介した暉峻の史実認識に対して、丹羽邦男は第二則方式による地価算定は、「堺（高安郡）・筑摩・長野・岐阜・鳥取・島根・北条・豊岡・小倉の各県の全体または一部で行われたのである。しかし早期に事業の完成した堺（高安）小倉・北条及び筑摩・岐阜の一部を除く多くは、検査例一則を自小作地ともに適用し再調査しているようである」[*61]と指摘した。こうした丹羽の主張は、その後の研究者に受け継がれ、北条、[*62] 岐阜[*63]両県における第二則方式の適用例が紹介、検討された。しかし、これらの研究を通して明らかとなったことは、等級・収穫量調査における基礎として現実小作料が用いられたにすぎず、その結果、太田健一によれば「地価算定の基準となるべき宛米（小作米——引用者）は、その算定過程において収穫量・村位等級・地位等級に基づいた、慣行小作料としての実態から遊離したものになってゆき、最終段階では上からの内示額のなしくづし的配賦により全く計算された宛米に変容せしめられているのである」[*64]ということになる。同様のことは岐阜県にも共通することであり、田村貞雄がいみじくも指摘しているように、「厳密に第二則適用県として分類しうるかどうかは問題」[*65]のあるところであろう。この意味で、第二則方式をその原理通りに適用して地価を算定し、新租施行指令を得た諸県は、現在までのところまったく見当たらないという結論は許されよう。[*66]要するに、当初は第二則方式に基づいて調査を進めた諸県も、政府の第二則方式の全面的否定という事態に遭遇した結果、第一則方式への転換を図るか、[*67]ないしは「極めて形骸化」[*68]された第二則方式に拠っているかのどちらかであり、第二則方式の原理は、暉峻の云うように「全面的否定」がなされたのであった。

かかる見解に対して、丹羽邦男は「地主的土地所有の端緒的な形成段階にある多くの地域において、検査例二則に理念的に示されたような小作関係が一般化していないという事情にもとづくのであり、地租改正の基本方針の変化、検査例二則の否定ではなく」、「第二則適用の全面的否定ではない」[*69]と断言し、これを受けた近藤哲生も、「けっして基本方針の変化、第二則そのものの否定ではなく、あくまでその適用の否定にすぎないということである。」[*70]と主張する。両者にみられる結論は、第二則方式の原理の否定ではなく、あくまでその適用の否定にすぎないということである。また、この否定さるべき対象について明確な解答は避けつつも、有元正雄は「検査例第二則は変化し形式化し、本来的意味を失ったのである。その理由は明治政府の旧貢租水準の継承にあることはいうまでもないが、直接的には旧貢租水準を継承すべき体系、すなわち等級↓収穫量（内示額）配布の体系の整備によるものである」[*71]と論述した。

丹羽、近藤の見解は、つまるところ、第二則方式が示す六八パーセントという小作料に「地租改正の地主制擁護の側面」[72]をみようとする「講座派」以来の旧説に拠っているのである。しかしながら、すでに指摘したように、第二則に示された六八パーセントという高率小作料は、何ら現実のそれを反映したものでもなく、いわんや地主制擁護のためでもなかった。それは、あくまで第一則方式の地価算定と辻褄があうように、便宜的に設定されたにすぎないのである。第二則方式を地主制擁護の政府理念と理解するからこそ、その「原理の否定」という見解を否定したのであろう。有元の場合は、「否定」の意味の明確な解答を与えてはいないが、第二則の「本来的意味」が失われたとする理解は、それが地主制擁護の政府理念であったとする丹羽、近藤に通ずるものであろう。

ともあれ、当初の政府方針は修正され、地価算定は第一則方式一本に定められたわけである。このため、第二則方式に基づいていた北条県を除いたすべての諸県が第一則方式へと転換したようである。以下、その事例を二、三挙げよう。

山形県では、土地の「代価ノ高低ハ土地之習俗ニテ立付米壱俵ヲ時ノ相場何両ト積リ其代価ヲ十倍シ地位ヲ定メ」[73]るという慣習があるため、壬申地券の調査を開始するにあたっては、右に云う「立付米」（＝小作米）を調査してそれを地価算定の基準とする方法を採っていた。この方法はその後も引き続き採用され、七五年夏頃までには各筆毎に所有者、地種、反別、立付米額の調査を記載した「田畑地引帳」を完成させるまでに至っている。[74]ところが、同年七月、中央において「条例細目」が定められ、地価の調査は自作地方式によること、収穫調査には等級方式を採用すること等が決定されたため、同県では急拠それまでの方針を変更して、「条例細目」に従って自作地方式とそれに基づく等級制度とを、その検査方法として採用することになる。[75]山形県は、したがって、地価調査が自作地方式に確定され、かつ、等級方式が中央の指導の下に全国的に採用されることとなった「条例細目」制定以後、直ちにその方式に転換して改租を遂行していったという意味から、「条例細目」の影響を最も強く受けた典型的な県と見做しうる。

次にみる神奈川県も、時期的には若干遅れるが、小作地方式から自作地方式への転換が図られている。同県では七五年八月頃から翌七六年五月頃にかけての間、小作地方式に基づく地価調査を実施していたが、同年三月に布達された「関東八州地租改正着手ノ順序」にその方針を統一する方向に進み、五月には自作地方式へと地価調査の方法を転換している。[*76]

このように、若干の時期的なずれはあるにしても、「条例細目」制定以降、ほとんどすべての諸県が自作地方式による地価調査へと転換していった。また、収穫調査も等級方式に基づく方法が全国的に採用され、統一的、画一的な改租事業の進行が図られてゆくこととなる。

ところで、先に紹介したように、太田健一によって、小作地方式に従って地価調査を行ない改租竣功を得た唯一の県として北条県の例が指摘されている。太田によれば、同県における地価調査は、いわゆる「宛米」と呼称される小作料を基礎とした小作地方式によって進められたとされている。[*77]同県の改租結果によると、この「宛米」は平均して収穫米の六八・六パーセントとなっており、検査例第二則に示された六八パーセントという小作料率と符号するように計算されている。このことから、地価調査において当初基準としていた「宛米」での調査を、中途で収穫量の調査とする方法に変容し、さらにその収穫量から「宛米」を逆算する方法を採ったであろうことが推察される。したがって、北条県における地価調査は、太田の主張するように、「極めて形骸化[*78]」された小作地方式に基づいていると考えられるのであり、さらに云うならば、形式的には小作地方式によって地価算定されてはいるが、実質的には自作地方式による収穫量を基準として、地価の算定が進められたとも推定しうるのである。[*79]

(3) 自主的改租修正プランの動向

第二則方式の当否問題に加えて、初期改租事業に特徴的なことは、政府の改租理念の中核たる「旧貢租額の維持」に対抗し、大幅減租を克ちとろうとする納税者側からの自主的な改租修正プランの存在である。有元によれば、こうした改租プランは、「農民的・地主豪農プラン」と呼ばれ、「絶対主義的政府プラン」と基本的に対立するものであり、山口、筑摩、岡山、静岡（旧浜松）の四県に見出すことができるとされる。[*80] 山口県における「有税地調査例」にみられる「現生米・歩引法体系」[*81]、筑摩県にみられる「田畑割引法」[*82]、浜松県の「見様方法」[*83] 等々の独自の改租プラン、また、「地租改正法」に形式的にはまったく準拠しながらも、約二〇万円（三四パーセント）の減租を主張した岡山県[*84]の例、等々がそれである。

この四例のうち、早期に着手した山口県の場合は、「地租改正法」公布前の七三（明治六）年六月頃には基本的調査を完了し、その後、「地租改正法」に則して二度にわたる修正を受けるが、それでも四〇パーセントもの減租となった外は、すべてその独自プランを却けられる結果となっている。このように、一般改租府県とはその情勢を異にする山口県を例外とすれば[*85]、最終的にはその自主的プランが貫徹されえなかったわけであるが、この改租プランを「農民的・地主豪農プラン」と呼び、その独自性のもつ意味を高く評価するのが有元の主張である。

この有元の提言以来[*86]、諸々の論議が喚び起されたが、如上の自主的改租プランを有元にしたがって「農民的・地主豪農プラン」と表現することに基本的に賛同する丹羽邦男[*87]、原口清[*88]と、それを慎重に避けつつ、「農民的地価算定案」（青山秀彦[*89]）、「独自の改租プラン」（後藤靖[*90]）、「地主豪農的地価算定案」（渡辺隆喜[*91]）等々と呼称する見解に分かれている。もっとも、この論点は複雑であり、単なる表現方法から一概にこの二見解に分類することは短絡のそしりを免れえない。なんとなれば、つまるところ、この自主的改租プランの推進主体が「農民的・地主的」階層と一括して捉えうるかどうかが問題だからである。例えば青山の場合をみると、筑摩県に生成した「『田畑割引法』はいかなる農民階層から出された地租改正プランであったか、『地主豪農』プランと一概にいってしまえるのかどうか」[*92] と問い、また原口は、有元が浜松県の「見様方法」を「農民的・地主豪農プラン」と評価したことに対して、「有元氏のいうように『農民的・地主豪農プラン』といってもよいが」と註記しつつも、旧稿[*93]以来の表現で「人民側の局地的な改租プランであった」[*94]と述べていること等は、その証左である。自主的改租プランをいかに表現するかは、単なる形式の問題としてではなく、地租改正期における階級配置をめぐる実態分析を踏まえての、今後の残された課題であろう。

ところで、以上の自主的改租修正プランの存在が、「いずれも初期着手県に限られている事実」[*95]を指摘したのは丹羽であるが、これに対して有元は、後期改租の広島県における種肥料控除一律一五パーセント引の政府案に対抗する三七パーセント引案、および浜松県の「見様方法」の例を挙げて、地租改正事業のうちに農民側の要求として伏流していたと反論した。[*96]確かに、有元が指摘するように、後期改租においても自主的な改租プランが表面化した府県が存在しはするが、七五年七月に「地租改正条例細目」が制定された後は、中央において改租方針が統一され、全国画一的に事業が推進される体制が整えられたため、地方独自の改租事業は全面的に否定され、自主的な改租修正プランもその成立の可能性は薄くなったといってよい。広島県の場合はともかくも、浜松県における「見様方法」に関しては、いわゆる「交換米問題」[*97]に端を発し、それに対する人民側の対抗として生まれたものであり、必ずしも有元の評価には賛同できない。丹羽の指摘するような後期改租に至っては「プランの存在は見出されず」[*98]とするのは極論としても、有元にみられるようにその存在を強調することは、後期改租にみられる地租改正不服一揆の評価を読み違えてしまう危険性を多分に有している。[*99]

以上、初期改租事業の特質を、第二則方式と自主的改租修正プランの問題に焦点をあてて検討したが、第一編でもみたように、「地租改正法」の諸矛盾が改租事業の進行とともに露呈されるなかで、政府の改租理念の貫徹を阻害する諸条件——第二則方式、自主的改租修正プラン、地価算定の諸要素等々——を除去ないしは修正し、漸次改租方針を統一してゆく過程が進行したことが明らかとなった。これ以後は、政府の統一方針の下で画一的に改租事業が進められてゆくことになる。この事例として、次に埼玉県の地租改正を取り上げることとしよう。

3 後期改租事業の特質
——埼玉県の場合(二)——

(1) 地租改正事業の時期区分

一八七三(明治六)年七月には「地租改正法」が公布されるが、ここで直ちに中央の改租体制が整備されたわけではない。「地租改正法」の公布から七五年五月の地租改正事務局の活動開始に至るまでの時期は、改租事業が各府県の自主性に委ねられていた段階であり、また、「地租改正法」の抽象的性格により事業の進展が困難な時期でもあった。かかる状況を打破するために、府県と中央との間で頻繁に伺・指令のやりとりが行われ、それによって中央は地方の具体的な状況を知り、対処の方法を煮つめていった。この過程で地価の算定方法は重大な修正をうけ、第二則(小作地)方式による地価算定方法が制限、否定され、第一則(自作地)方式一本へと確定してゆく。加えて、地方の自主的な改租過程から発生した等級方式が徐々に普及してゆき、中央もそれを認可することによってその整備が進められてゆくのも、この段階である。

以上の時期は、いわば中央における改租体制の形成期でありこれを第一期とするならば、次の第二期は、七五年五月の改正局の活動開始、同年七月の「地租改正条例細目」制定を劃期とした改租体制の確立期である。改正局の活動開始とともに、各府県の自主性に委ねられていた改租事業は中央の強力な指導の下に実施されることとなり、府県の自主的な改租事業は全面的に否定されてゆく。さらに、第一期における各府県の伺とそれに対する中央の指令による応答がより煮つまった段階において、第一則方式および等級方式を全国画一的に採用した「条例細目」が制定されるにおよんで、中央の改租体制は確立する。

第三期は、第二期に確定した基本方針を受け継ぎ、そのいっそうの精密化を図ることによって、中央における改租体制が完成する段階である。それは、七六年三月の「関東八州地租改正着手ノ順序」の制定を劃期として、続く同年七月の「茨城県地位等級及ヒ収穫地価調査順序」の制定により改租方式の体系化が促進されるとともに、中央の指導の下に強力的に全国の改租事業が推し進められ、その完了をみる時期である。

以上が中央における改租体制の展開過程であるが、埼玉県における改租事業の進行状況を概観すると、以下のようになる（表3―4参照）。埼玉県では七三年七月「地租改正法」が公布された後、七五年三月に至るまで、改租事業に目立った動きはみられず、ほとんど手つかずの状態であった。この時期を埼玉県改租事業の第一期とするならば、この段階は事業の停滞期として位置づけられる。本格的に改租事業へと着手する体制が整備されるのは、七五年三月一三日、「告諭書」「地租改正ニ付人民心得書」を管内へ布告し、同月二七日、大蔵省に対して改租着手の上申を行ってからである。この時期が第二期にあたるが、ここでの事業の中心は地押丈量であった。改租の中心作業ともいうべき等級・収穫量の調査は、この丈量の完了した七六年末以降に開始される（第三期）。この段階は等級・収穫量調査を農民側の調査に委ねている時期であり、かかる農民側の調査体系を県庁側が掌握し、後の地価決定の際の資料として利用する体制を整える、云わば準備段階である。最後の第四期（七八年三―一一月）は、県庁による収穫量配賦方式が決まり最終的な地価決定が落着し、改租が竣功する段階である。このように、埼玉県にあっては中央の改租体制の形成、確立、完成の時期に比して、その改租事業の展開は大幅に遅れている。こうした事情には幾つかの理由が考えられるが、その一半は本章第一節において指摘しているので、ここでは筆を先に進めたい。

(2) 地租改正事業の施行過程――「告諭書」「人民心得書」の布告――

改租事業の体制が整備された一八七五（明治八）年三月には、管下人民に対して「告諭書」[*100]「地租改正ニ付人民心

表 3-4　埼玉県地租改正史略年表

年月	埼玉県		中央	
1873.7		事業停滞期	「地租改正法」	改租体制形成期
74.2			第2則適用の制限	
5			地租改正条例第8章追加	
12			第2則適用の否定	
75.3	告諭書・地租改正ニ付人民心得書，改租着手の上申	地押丈量期		
5			地租改正事務局活動開始	改租体制確立期
7			地租改正条例細目	
8	下総国葛飾郡43カ村を編入		明治9年を以って改租竣功すべき旨の達	
10			地租改正条例第7章但書追加	
76.3			関東八州地租改正着手ノ順序	改租体制完成期
6	改正事務局員来埼			
7			茨城県地位等級及ヒ収穫地価調査順序	
8	旧熊谷県管内武蔵国13郡を併合			
9	地位等級定方人民心得書			
10	同上書追加・模範村地位等級調査順序・地主総代選挙心得書 松方正義，関東諸県の状況視察			
11	地押丈量完了			
77.1	甲乙模範組合地位比較表調査順序	等級・収穫量調査期	地租軽減	
3	人民心得書第1条ノ部分削除			
4	地主惣代選挙心得書追加			
7	改租ニ係リ大総代ヲ派遣シ等級未定ノ地ニ立会セシム			
8			関東1府6県の長官，改正事務局へ会同	
9	――地位等級調査停滞――			
11	田畑一筆限帳ヲ録上セシム，地価調査ニ引用スル米麦相場書ヲ頒示			
78.3	県庁による収穫量配賦方式の確定 県令の管内巡視	地価決定・改租完了期		
5	説諭書			
11	新税施行指令（改租完了――耕宅地のみ）			

得書」*[101]が布告され、ようやく改租事業が本格的に開始される。「告諭書」は管下人民に地租改正の意義を説き、その事業を進めるにあたって協力を要請するために達せられたものであり、その内容は「地租改正法」のエッセンスを簡潔に記したものである。「人民心得書」は、改租事業を実施する際の具体的な方法を示したもので全二三条からなるが、そのうち第五～二〇条までは地押丈量に関する説明、第三～四条、第二一条以下も諸々の調査や手続き等についての説明であり、とりたてて論

ずるほどの箇条でもないので、ここでは、特に問題のあると思われる第一、二条の部分のみを検討しておこう。それを要約すれば、次のごとくである。

第一条　旧来の石盛、貢租等は一切これを考慮せず、その土地の一ヵ年の収益を見積り第二条を参照してその地価を算出し、所有者が「見込ノ実価」を申告すること。

第二条　地価の算出方法は、自作、小作の区別を立てずに小作料高を基準としてきた地方は、それより地租、村入費を差引き「全ク地主取得トナルヘキ米金」を、その地方の「売買仕来」の方法により地価を算出すべきこと。ただし、一年間の全収入によって地価が決定されていた土地は、自作地方式を採用すること。

この「人民心得書」第一、二条における問題点とは、地価概念およびその算出方法が、七三年段階の「地租改正法」の矛盾、混乱をそのまま反映しており、中央段階における「地租改正法」の改変、体系化の過程とのずれがみられることである。つまり、第一条における「見込ノ実価」とは、「地租改正規則」第一則にいう「土地一歳ノ作益ヲ見積、各地ノ慣行ニ因リ何分ノ利ヲ以テ地価何程ト見込相立[102]」てるような法定地価概念ともとれるし、あるいは「地方官心得」第四〇章にいう「地価ヲ調理スルハ都テ旧来ノ貢額ニ拘ハラス、銘々実際売買スヘキ見込ノ価[103]」のような売買地価概念ともみることができるのである。

次に第二条であるが、ここでは地価算定の方式として第一則（自作地）方式、第二則（小作地）方式の両方式を適宜採用する方法が採られている。すなわち、旧来小作料高を基準として地価が決定されてきた地方は、従前同様に自作、小作の区別を立てずに、地主取分のうちから地租、村入費を差引き、「全ク地主取得トナルヘキ米金ヲ」その地方の「売買仕来」の方法によって地価を算出すべきであるとして、小作地方式の採用を指示するとともに、但書にあっては、「一ヶ年金ノ取上高ヲ以テ積来候土地ハ第三条ノ振合ヲ以積リ方可致事」とし、自作地方式の採用をも説いている。要するに、第二条にも第一条と同様に「地租改正法」の矛盾、混乱が是正されずに反映しているわけである。

さらに、地価を算出する際に用いる利子率についても、「従前売買仕来ノ方法」によるとの指示だけで、一筆毎の差等を認めるのか否かなどの具体的規定が記されていない。このことは、当初（七三年段階）の「地租改正法」の利子率規定が自作地＝六パーセント（上限七パーセント）、小作地＝四パーセント（上限五パーセント）ということと、「各地ノ慣行ニ因[*104]」ることのみしか設定していなかったことと、まったく同様である。

このように「人民心得書」第一、第二条にあっては、当初の「地租改正法」の矛盾、混乱――地価概念における法定地価主義と売買地価主義との混在、地価算定方式における自作地方式と小作地方式との併用、利子率規定における曖昧さ等々――が如実に反映されており、それが改変、体系化されて進行してゆく過程の成果は、まったく取り入れられてはいない。ここに、中央段階での「地租改正法」の展開と地方（県）段階での事業展開とのずれが明確に察知されよう。このずれは、おそらく埼玉県だけに特徴的なものではなく、後期に改租へと着手した府県に多かれ少なかれ共通したものと思われる。「地租改正法」の成立とその展開過程――改変、体系化の過程――は、したがって、中央と初期着手県との応答、それの中央による掌握→指導という形で進行していったのであり、それに対して後期に着手した府県は、七六年の「関東八州地租改正着手ノ順序」以降その成果を取り入れてゆくとともに、中央の強力な指導体制の下に改租が実施されることとなったと云いうる。

ともあれ、幾つかの混乱を示しながらも、七五年三月一三日、「告諭書」「人民心得書」を県下に布告した埼玉県は、同月二七日、正式に大蔵省へ改租着手の開申をし[*105]、本格的にその事業へと取組む体制を整えた。以下、同県における改租事業の実施過程を具体的にみてゆく。

(3) 地押丈量

改租事業実施の際に、まず第一に着手するのが地押丈量である。この地押丈量の目的は、一筆毎の土地面積を測量し「落地或ハ重複ノ地[106]」を検査し、かつ隠田の摘発を行う作業であり、これを通じて土地所有権の帰属決定をなすことにあった。埼玉県では、一八七五（明治八）年三月に布告した「人民心得書」第五〜二〇条中において地押丈量の具体的な方法を説明し、さらに、その二ヵ月程後の五月には、丈量の際に道路幅、川堤の除地等をいかに処理するかについての規定を盛り込んだ「地租改正実施調心得書[107]」を管内に配布して「人民心得書」の欠を補い、以て具体的な丈量作業へと入っていった。

この、土地の丈量は原則としてその地の所有者自らが実行するのであるが、そのために県庁は「属官ヲシテ各地ニ派遣シ丈量ノ伝習ヲナサシメ[108]」ることからはじめねばならなかった。ところが、農民にとってはそうした丈量自体が不慣れなため、伝習を受けても県庁の思惑通りには事が運ばず、あるいは粗漏となりあるいは厳密になりすぎて実地の反別を正確に測量するまでに至らなかった。このため、各地で農民から不平不満の声が高まってきたのである。県庁ではこうした不満に対処するため、各区々長等の中から平素人望の厚き者一〇名を選んで地租改正用掛とし[109]、官民の中間において官員とともに各区を巡回させ、漸次丈量の方法を教示せしむることとした。これが功を奏してか、以後丈量作業は比較的順調に進行していったようである[110]。

ところで、後に埼玉県へと併合される武蔵一三郡を管轄していた旧熊谷県（＝旧入間県）での改租の進行状況はどうであったろうか。旧熊谷県下の秩父郡長留村で作成された「長留村地券取調帳」（七三年八月二五日付で県庁へ提出）によると、すでに七三年八月の段階で土地の丈量もある程度は実施に移され、さらに一筆毎の地位等級の編成も手がけられており[111]、「六年以来土地測量は、着々と進んでいた[112]」ようである。だが、こうした早期的な事業の進行が旧熊谷県下全域にわたっていたかどうかは、今のところ確定できない。しかしながら、比較的早くから土地丈量、地位等級編成に着手し、ある程度の成果をみせていた長留村にあっても、その後の事業は停滞ぎみであった[113]ことから考えて、旧熊谷県下においても、土地丈量の進行状況はあまり捗ってはいなかったようである。後に埼玉県へと移管された七六年一〇月の段階で、「元熊谷県管轄之地方而巳、改租一条甚不運び御座候」[*114]という状況であったと云われるごとくである。

次に、丈量方法についてであるが、埼玉県では三斜法に拠った所が多かった。当初は三斜法とともに十字法も用いられており、後には分間略器法も併用されたが、「其成跡ヲ通観スレハ三斜法ヲ用ヒシ地最モ多ク分間略器及十字器ヲ施用セシ所凡十分ノ一二」[*115]程度でしかなかった。[*116]なお、丈量尺度はすでに七五年六月の中央の指令により、旧来からの六尺五寸、六尺三寸の竿は否定され、すべて六尺一分竿を用いることが定められ、面積単位も三〇〇歩＝一反と統一されており、[*117]埼玉県もこれに従っている。

村方段階での丈量が完了すると、「地引番号全図」と「田畑其外反別取調一筆限帳」の作成にとりかかる。[*118]この「地図」と「一筆限帳」を作成しおわると、これを県庁に提出して検査を受けることになる。この検査の方法は、県官が各村を巡視して毎村につき約二〇筆内外の実地検証を行って先の提出書類と照合し、その結果が一反歩につき一〇歩内外の差である場合にはこれを認め、それ以上の場合には一村全体の再調査を命じるという原則をとった。

表 3-5　埼玉県新旧反別比較表

地目	新反別	旧反別	増減割合
	町	町	%
田	66,005.3215	46,327.24251	＋ 42.5
畑宅地	111,540.282457	108,834.012574	＋ 2.5
焼　畑	2,883.4116	—	＋100.0
荒地鍬下	2,521.979	2,956.07259	− 14.7
総　計	182,951.000457	158,117.341674	＋ 15.7

註）『明治初年地租改正基礎資料』（前掲）別冊〔101〕より作成.

以上のような方法で丈量は進められていったが、その進行状況は若干の紆余曲折を示しながらも、比較的順調に進んだようである。殊に七六年六月、中央より改正局員が来訪するにおよんで、[*119]事業は急ピッチに進み、[*120]同年一一月には、旧熊谷県下の一部と山林原野を除いて、県内の丈量はほぼ完了した。表3—5は埼玉県における丈量結果を掲げたものであるが、これによれば田地の反別増加が四二・五パーセントもの大きな増加率を示したのに比して、畑宅地のそれはわずかに二・五パーセントの増加率にとどまり、全体としては一五・七パーセントの増加となった。

(4) 等級・収穫量調査

地押丈量が完了すると、次に等級の編成に着手することになる。改租事業において極めて重要な役割を果たしたこの等級方式とは、膨大な耕地片を一筆毎に調査しその収穫量を決定する作業の困難性を除去するとともに、各地、各村間の相互の権衡を図る目的から採用されたものである。埼玉県では丈量完了(一八七六年一一月)の直前――九月二七日――、「地位等級定方人民心得書」[*121]を布告して本格的な等級編成の調査に着手する体制を整備し、その後、「地位等級定方人民心得書追加」[*122](同一〇月一九日)、「模範村地位等級調査方順序」[*123](同)、「地主総代選挙心得書」[*124](同)、「甲乙模範組合地位比較表調査順序」[*125](七七年一月一八日)、「宅地々位等級調査方追加」[*126](同二九日)、「人民心得書第一条ノ部分削除」[*127](同三月二二日)、「地主惣代選挙心得書追加」[*128](同四月六日)等々の諸条例を相次いで布告して、具体的な等級の編成へと着手した。以下、これらの公布条例に拠りながら、埼玉県における等級の編成過程をみてゆく。

埼玉県における等級の編成方式は「地租改正報告書」に記された模範組合村方式[*129]の一典型と云いうる。その方法はまず地形の便宜により各郡村を適宜区画し、およそ二〇~三〇ヵ村を連合して改租のための組合を編成する。この組合を模範組合(村)と称し、等級編成上の一単位とする。[*130] ここでは、八九の模範組合を設定し県内を区分した。次いで、この模範組合のなかから「組合村ノ中央ニシテ水旱等ノ両災モ薄ク」[*131]、村位も中等以上の村を選んで模範村と定め、[*132]地位等級編成の基準とする。こうして模範村が確定されると、この模範村における地位等級の編成に取りかかる。その手順は、まず模範村においてその村の正副戸長、地主惣代等が中心となり「村内ヲ通観シ」[*133]て地位の優劣を見定め、比較的上等の土地を基準とすべき土地とし、それを基礎にして村内の各地を比較、対照してそれぞれの土地の仮等級を立てる。次に、その模範村が所属する組合各村の区戸長、改正惣代人、各村代理人等々が模範村に集合し、先の仮等級の適否を検討し等級を決定する。この調査の後、官の検査を受けてここに一筆毎の地位等級が確定する。以上のように模範村における等級が確定した後、組合各村においても模範村同様の順序をもって等級を編成してゆく。その際、模範村吏員、各村代理人等は、必ず協議の上模範村に比準した等級を調査することによって、各地間の権衡を図ることに留意しつつ作業を進めていくことが義務づけられていた。

　このようにして各模範組合が一単位となって地位等級の編成を進めるのであるが、その具体的な編成過程を示すものとして、幡羅郡下の模範田島村組合で協議された内容を記した史料がある。これによると、組合各村の間での比準、権衡を得るために、等級の編成はまず組合全体を見通して仮の等級を編成し、次いで模範村である田島村の等級を定めるべきかが協議されたが、結局「田島村ノ等級ヲ附スヲ先ニシ組合村々等級ヲ後ニスルヿ[*134]」と決定されるに至る。これは、おそらく上述の県条例で指示された順序、方法に従うために採られた措置であろう。さらに、組合各村々の等級が比準、権衡をもって正確に編成された後に、田島村（模範村）の等級が不権衡であると判断された場合を想定して、その時は組合各村の「等級ニ比準シ引直ス事[*135]」が協議、決定された。

　以上のような順序、方法で模範村、組合各村の地位等級が確定すると、次に、県内の各組合相互の権衡を図るため、甲・乙模範組合に比較村を設定する。その方法はなるべく地味同様のものを各村々二、三ヵ村ずつ選定して、それらを比較、検討しながら組合村位を決定する。この調査にあたっては、改租担当区長、組合代理人、正副区長等々がその事務を担当し、当該比較村においては、「更ニ地主惣代ノ内一、二名[*136]」を選んでその任に従事させた。これらの担当員によって、各組合相互の権衡を図りながら組合村位が決定されてゆく。

　埼玉県では、以上のように模範村の地位等級→組合各村の地位等級→県内の組合村位等級という調査順序が公布条例によって確定したが、組合各村の地位等級を編成する際に、その村間相互の権衡を得るために組合各村の村位等級の編成も実施されている。一例を挙げると、榛沢郡下模範永田村組合にあっては、永田村他二二ヵ町村が表3—6のように田畑共各六等級に区分され、それぞれに村位が附されているごとくである。そして、この「村位ハ全管ヲ通シテ之ヲ組織セリ」[*137]とされているように、各組合内の村位はすべて管内の村位に連結される仕組みとなっている。したがって、埼玉県における等級の調査方法を図式化すれば、村内の地位等級→組合内の村位等級→県内の組合村位等級となり、この順序でそれぞれの等級を編成してゆく方法がひとまず確定した。

次に、地位等級を編成する際の規準＝諸要素をみると、七六年九月に布告された「地位等級定方人民心得書」によれば、水旱等の患害、地味の厚薄、耕耘の難易、水理運輸の便否、一作二作の別等々が掲げられているが、翌月の「同書追加」ではその諸要素に若干の修正を加えると同時に調査の方法をも具体的に説明している。これによると、等級を編成するにあたってその中心となる収穫量は、田畑共本毛一作の実収を目途として田は米、畑は麦をもって表す。その際、米、麦以外を本作とする地がある場合は、すべて近傍類地の田畑に比準して田は米、畑は麦に換算する。なお、田畑共二作、三作を行う地は、通常の一作の地とは「自ラ地味モ上等ニ位スル筈」[*138]であり、その地に一作のみを植えた場合には収穫量も多くなろうから、その点を充分注意して調査すべきことが指示されている。

表 3-6　模範村永田村組合における村位等級

村位等級	田	畑
1	田中村	瀬山村
2	瀬山村・黒田村	田中村
3	永田村	荒川村・小前田村 黒田村・桜沢村 寄居町・藤田村 永田村・明戸村 菅沼村
4	菅沼村・寄居町 桜沢村・末野村 武蔵野村・用土村	末野村・武蔵野村 上野台村 長在家村
5	荒川村・藤田村 樫合村・長在家村 上原村・境　村 大谷村・柏合村 上野台村・人見村	用土村・上原村 境　村・大谷村 樫合村・人見村 折之口村・柏合村
6	北根村・小前田村	北根村

註）『花園村史』（花園村，1970 年）463〜464 頁より作成．
明戸・折之口両村の田村位は不明．

こうして、まず現実の収穫量調査の方法を説明した後、さらに他の諸要素の調査方法を「地位等級撰定方概例」を附し、表3―7にみられるような具体的説明を加えている。これによれば、収穫量を除いた等級編成上の諸要素は、地味の沃瘠、耕耘の難易、水旱の有無（用悪水の便否を含む）が斟酌条件とされ、前掲「心得書」中に指示されていた水理運輸の便否は等級編成

表3-7　等級編成上の諸要素（埼玉県）

諸要素	調査方法
地味の沃瘠	素地の良否を中心に調査する
耕耘の難易	舟・車・牛馬等の運行，肥糞・秣草等の便否，鳥獣その他の妨害の多寡に注視する
水理の便否	河沼湖沢等の場所による養水が豊富であるか又は不足しているか，あるいは引水等のための労費が多くかかるか否かを調査する なお，この「水理の便否」は後に削除され，後述の利子率において斟酌された
水旱の有無	旱災・水害の有無を調査する

註）『明治九年・埼玉県諭達録』（文書館蔵）より作成.

の際の規準条件から外されるとともに[*139]、また、一作、二作の別は収穫量調査において斟酌することに修正されている。以上の諸要素を調査した後、それらを考慮しつつ一筆毎の等級を決定してゆくが、それは一村内およそ一〇等級前後に区分される。なお、水旱等のある地や類外の瘠地は等外地として設定し、一、二等を設けている。こうして村内における地位等級の編成が完了すると、県庁の認可を得て最終的な等級が決定されることになる。

等級の編成が終了すると、各等級毎の反当収穫量の調査に移る。この調査も県庁の認可を得てそれぞれの配賦高が決定する。なお、収穫量の格差は各等級間に田畑共一斗五升ずつと決定された[*140]。表3―8の「埼玉県地位および収穫表」によると、県内の田は一〜一五等、畑は一〜一八等に区分され、それぞれ等内に甲・乙二つの段階を設け、また、類外として一〜三等が設定されている。この「等級および収穫表」が参考とされて、各村における地位等級に該当する収穫量が配賦される。ところで、各村における地位は、すべて県内の地位等級に連結される仕組みとなっているが、その具体的な一例として、入間郡岩井村における「地位等級および収穫表」を表3―9として掲げておく。

以上が埼玉県における等級編成の概要であるが、この特質を幾つかの点にまとめると、次のように云いうる。

第一に、等級の段階的編成の側面からみると、それは地位→村位→組合村位という三段階に等級を編成する方法が採用されたことである。ところが、実際の編成方法は後述するように、これとは逆に上から組合村位→村位→地位という仕方で実施されている。このことによって、全管の予定収穫量を上から押し付けてゆくことを可能とし——管内の予定収穫量→各組合村→各村→各筆——、等級方式は「達観上の予算」を実現するための槓桿条件としての役割を果たすことになる。

第二に、各段階の等級はすべて管内に連結されていることである。すなわち、管内を八九の組合村に区分するとともに、その組合村はそれぞれに位附けがなされており、各組合村における村位も「全管ヲ通シテ之ヲ組織」[*141]し、さらに、各村における地位も先の表3—8の岩井村の例にみられるように、県の該当する等級へと当てはめられており、全管へと連結される仕組みとなっている。このことは、各段階における等級編成が、全管の範囲においても相互の権衡を得ることができるように企図した結果である。

表 3-8　埼玉県地位等級および収穫表

（反当）

等級		田収穫米（石）	畑収穫麦（石）	等級		田収穫米（石）	畑収穫麦（石）
1	甲	2.550	2.900	11	甲	1.050	1.400
	乙	2.475	2.825		乙	0.975	1.325
2	甲	2.400	2.750	12	甲	0.900	1.250
	乙	2.325	2.675		乙	0.825	1.175
3	甲	2.250	2.600	13	甲	0.750	1.100
	乙	2.175	2.525		乙	0.675	1.025
4	甲	2.100	2.450	14	甲	0.600	0.950
	乙	2.025	2.375		乙	0.525	0.875
5	甲	1.950	2.300	15	甲	0.450	0.800
	乙	1.875	2.225		乙	0.375	0.725
6	甲	1.800	2.150	16	甲		0.650
	乙	1.725	2.075		乙		0.575
7	甲	1.650	2.000	17	甲		0.500
	乙	1.575	1.925		乙		0.425
8	甲	1.500	1.850	18	甲		0.350
	乙	1.425	1.775		乙		
9	甲	1.350	1.700	類外1		0.300	0.300
	乙	1.275	1.625	同2		0.250	0.250
10	甲	1.200	1.550	同3		0.200	0.200
	乙	1.125	1.475				

註）田中家文書（文書館蔵）.

第三に、等級編成の過程で模範村、比較村を設定していることである。これを媒介とすることによって、相互の権衡のいっそうの確実化を図ったのである。

第四に、地位等級を編成する際の諸要素として、地味の沃瘠、耕耘の難易、水旱の有無（用悪水の便否等を含む）等々の多くの斟酌条件が掲げられていることである。

表 3-9　入間郡岩井村地位等および収穫表（田方）

等級		反別（町）	反当収穫米（石）	県の該当等級
1	甲	0.2229	2.025	4 等乙
	乙	—	—	—
2	甲	0.1122	1.875	5 等乙
	乙	0.6600	1.800	6 等甲
3	甲	1.0607	1.725	6 等乙
	乙	1.1022	1.650	7 等甲
4	甲	0.3704	1.575	7 等乙
	乙	1.5918	1.500	8 等甲
5	甲	1.2403	1.425	8 等乙
	乙	2.3922	1.350	9 等甲
6	甲	3.0606	1.275	9 等乙
	乙	3.0922	1.200	10 等甲
7	甲	7.3325	1.125	10 等乙
	乙	0.1015	1.050	11 等甲
8	甲	1.1400	0.975	11 等乙
	乙	1.6801	0.900	12 等甲
9	甲	0.2019	0.825	12 等乙
	乙	0.8322	0.750	13 等甲
10	甲	0.0915	0.675	13 等乙
	乙	0.0028	0.600	14 等甲
11	甲	0.0612	0.500	14 等乙
	乙	—	—	—
		総計 26.4122	平均 1.250	

註）「第五大区五小区入間郡岩井村地位等級収穫・地価調書」（平山家文書，文書館蔵）．なお，畑方の表も同様の形式で作成されているがここでは割愛する．

このため、後述する利子率での斟酌条件はほとんどなくなり、利子率はその独自性が大部分失われてしまっている。また、利子率の適用範囲はおおむね一律となり、一村毎、一筆毎の差等はまったく認められていない。このことは、土地諸条件の大部分を等級編成の過程で斟酌するということであり、その結果、本来の利子率による土地諸条件の斟酌を否定し、それをまったく単純化することになった。

　このように、埼玉県における等級編成方式は、第一編第二章でみたような後期改租府県型にみられる相互権衡の重視と、等級編成上の諸因子の複雑化—利子率の形骸化を体現したものであった。この後期改租府県型の等級編成方式に該当する府県の大部分は、埼玉県と同様の模範組合村方式に従って等級の編成を進めたと推測されることから、ここでも、埼玉県の等級編成方式を後期改租府県の一典型としてあったと、あらためて確認したい。

（5）地価算定の諸要素

等級の編成と収穫量の査定が完了すると、ようやく地価の算定に取りかかるが、それは｛収穫米〔麦〕×米〔麦〕価－（種肥代＋地租＋村入費）｝×$\frac{1}{利子率}$という算定方式として設定されている。この方式によって地価を算出するには、米〔麦〕価、種肥代、利子率の諸要素が確定されねばならない。以下、この点について検討したい。

表3-10　改租適用米・麦価（埼玉県）

適用区域	米価	麦価
武蔵国埼玉・足立・葛飾郡	1石に付5円50銭を斟酌 5円12銭	1石に付1円86銭を斟酌 1円55銭
武蔵国入間他12郡	同上5円94銭を斟酌 5円40銭	同上2円18銭を斟酌 1円80銭
下総国葛飾郡	同上5円28銭を斟酌 4円89銭	同上1円76銭を斟酌 1円56銭

註）『紀要』上（前掲）.

収穫米および麦を貨幣額に換算するには米麦価を設定しなければならないが、当初、埼玉県ではそれを改租前一五ヵ年間の平均相場に依拠して決定する方針であった。[*142] ところが一八七五（明治八）年三月、「改租に用ユル米価ハ渾テ三年ヨリ七年迄ヲ限リ此五ヶ年間ノ平均相場ヲ用ユヘシ」[*143]と中央によって指示されたため、同県では管内三九ヵ所の米・麦価を調査し、翌七七年一一月二日、表3―10のような相場書を頒示した。この相場書によれば、各地域毎に三つの米・麦価が設定されているが、県全体の平均米価をみると五・二一円である。[*144] この米価は、群馬県（五・四五円）[*145]、大阪・和歌山両府県（五・二七円）[*146]・堺県高安郡（五・二六円）[*147]に次ぐ全国で第五位の高米価である。概して埼玉県の位置する関東地方は、近畿地方とともに高米価が用いられたが、しかし、関東地方の場合は近畿地方と異なり反当収穫量が比較的低く査定されたためか、近畿地方ほどの高地価とはならなかったようである。[*148]

粗収益から控除される種肥代は定率一五パーセントと全国一律に定められ、それ以上の控除はいっさい認められていない。この一五パーセントの種肥代は、現実のそれよりかなり低いことは周知のところであるが、このことについては、埼玉県令白根多助です

表3-11　蒲生村安右衛門家における肥料代割合

年　次	収穫米（当時の米価に換算）	肥料代	肥料代割合
	円	円	%
1868年	239.20	34.62	10.3
1873年	199.68	29.22	14.6
1878年	246.24	67.34	27.3
1890年	252.108	86.25	34.2

註）横銭輝暁「南関東農村に於ける農業技術の史的研究――特に江戸近郊農村の場合――」（『埼玉研究』2号，1958年）7頁.

らも、「種肥代壱割五分ヲ引ク云々ニ至リテハ其歩合ノ甚タ僅少ナルヲ覚エ」[*149]ると大久保内務卿宛の上申書で語っているほどである。

それでは、現実の種肥代は一体どの程度のものであったのか、その一例を挙げよう。埼玉郡蒲生村の安右衛門家の収穫米に対する肥料代の割合をみると、表3―11のごとくである。ここで注意すべきことは、安右衛門家が二町歩前後を手作する地主であって、当時の一般農家よりは経営水準が上にあるということである。このことに留意して同表をみると、埼玉県で改租事業が完了した七八年度の肥料代割合は二七・三パーセントとなっている。しかも、これは肥料代のみの数値であって種子代は含まれていない。このことだけからも、一律一五パーセントと定められた種肥代は現実のそれを反映していないことが察知しうる。加えて、この安右衛門家は一般農家に比して有利な経営基盤に立っているであろうことから、生産性の高い土地を掌握できる条件を持っていることをも考え併せると、その外の一般農家の種肥代は、安右衛門家のそれよりも高い割合となるだろうことも、予測されうるところである。

以上のことから、一五パーセントという定率の種肥代は、現実のそれとは比較にならないほどの低率であったことが分かる。この低率の種肥代が、維新政府の改租理念の一つである「旧貢租額の維持」を達成すべく設定されたものであることは、すでに論じたところである。

利子率は当時の埼玉県にあっては、二～三パーセントから二〇パーセントぐらいまでの利率が管内各所に散在しており、[*150]慣行利子率の広域的な存在はみられなかった。そこで、同県では限度以内（七パーセント）の利子率を適用する方向に進み、七六年の「茨城県地位等級及ヒ収穫地価調査順序」において設定された「全管平均六分以内ヲ目的トシ実地ニ応シテ適宜斟酌スヘシ」[*151]とする指示に従い、結局六パーセントを目途として「秩父郡ノ内遐陬僻在ノ寒郷及用水費夥多ナル村落ハ適宜」[*152]利子率で斟酌することとなった。すなわち、上述した七六年の「地位等級定方人民心得書」において、等級編成上の諸要素として掲げられた水旱の有無、地味の厚薄、耕耘の難易、水理運輸の便否のうち、最後の水理運輸の便否が後にその規準条件から外されたため、「秩父郡ノ内遐陬僻在ノ寒郷」は運輸の便の悪い土地として、また、「用水費夥多ナル村落」は水理の悪い土地として、利子率で適宜斟酌することとしたのである。[*153]

もっとも、利子率の適用範囲は管内一律を原則とし、一村毎、一筆毎の差等は立てず、先の著しく水理運輸の条件の悪い土地に限ってのみ利子率で若干斟酌するという方針であったため、埼玉県において適用された利子率は全管ほぼ一律という結果を示している。表3―12は地目別の平均適用利子率を記したものであるが、焼畑がその土地条件の劣悪さを利子率によって若干斟酌されたほかは、ほとんど六パーセントの利子率に集中していることが明らかである。本来であれば、土地諸条件を斟酌すべき利子率はここではほとんど形式化し、等級が代わってその役割を担うこととなったのである。

表3-12　適用利子率（埼玉県）

地目	利子率
田	6.011％
畑	6.005
焼畑	6.492

註）「武蔵下総国新旧税額差引調」（『基礎資料』下巻〔1420〕）．

こうした方法が採られた背景には、維新政府による「旧貢租額の維持」を図るための方策として、地価を算定する際に用いる利子率に制限を加え、高地価→高地租を実現しようとした意図の存在がある。すなわち、七三年段階の「地租改正法」では利子率の上限は七パーセントと定められており、その可動範囲は小幅ではあっても幾分かは認められていたのであるが――勿論、七パーセントという利子率すらも当時の慣行利子率に比べると相当に低いのではあるが――、それ以後の徐々に適用利子率が整備される過程で、それはほとんど六パーセントを動かないものと固定され、埼玉県に限らず後期に改租へと着手した府県の場合は、かかる形式化した利子率を強制されるに至る。こうして、利子率はその独自性が失われ、単に土地を資本還元する際に形式的に用いられるにすぎない存在となった。

(6) 改租状況

埼玉県における改租事業の過程にあって、農民のそれへの抵抗による大きな騒動こそ生じはしなかったが、その事業自体の困難さと農民側からの不満などによって、幾多の曲折を経ねばならなかった。ここでは、こうした事例の幾つかを紹介してゆきながら、埼玉県における改租事業の進行状況をみてゆく。

地押丈量がほぼ完了した一八七六（明治九）年末には、等級を編成するための調査が開始されたが、これに対して農民の間で「収益多量ヲ穫ルトキハ地味上等ニ位スルヲ測リ到底地価算出ニ差響ヲ生スヘキ」[*154]との流言が広まったことから、自ら蒔付けた作物を引抜いてしまうような騒ぎとなり、「争ヒテ地位ノ低カランコトヲ欲シ議論紛起シ囂々トシテ徒ニ数月ヲ経過」[*155]するような状況を呈した。県庁ではかかる農民の動きに対して、区戸長、総代人等を総動員してその収拾にあたらせ、難局の打開に努めた。

また、地位等級の編成にあたって、県庁側の当初の思惑と農民側で調査したものとの差異が著しく、ここでも事業の迅速な進行が阻まれた。地位等級の編成は、村内の農民の「集議」[*156]によって進められるわけであるが、農民側の調査体系とは別個の官＝県庁側の思惑と、農民側で調査したものとの差異が甚しい場合は、改租事業の進行にとって大きな障碍条件となることは云うまでもない。農民側からすれば地租負担を少しでも軽くしようとするため、できうる限り等級を低く査定しようとするのは自然の成行きであろう。反対に、県庁側からすれば、中央からの強制的な「見込額」を実現しようとするため、勢い地位等級の引き上げを図ろうとするわけである。このため、県庁側としては農民側の地位等級調査に対して、「当位ノ卑キヲハ昂テ之ヲ上位ニ置シメン」[*157]と策動し、ここに地位等級編成をめぐって、県庁側の思惑と農民側の調査との間に対立が生じるに至る。表3―13、3―14に示した比企郡平村における地位等級の編成過程は、この間の事情をよく表している。
表3—13によれば、七六年度に作成された平村の田方の「地位等級表」(A)[*158]は、七〜一二等までがそれぞれ甲乙に分かたれ、さらに等外として一〜二等が設定されている。この七六年段階の「等級表」(A)では、九〜一二等までの低い等級に大部分の田が集中しており、農民側の調査ができうる限り低い査定をしたことが明らかである。ところが、この等級編成は県庁側によって否定されたことから、再度、翌七七年五月にも調査を行ない、その結果を「等級表」(B)として作成し、県庁へと提出している。この「等級表」(B)によれば、八〜一〇等級までの三等級に区分され、加えて前年同様に等外は二等級に分かたれているが、前年度の等級編成があまりに低い等級に集まりすぎていたためか県庁側の強い拒否にあい、等級の若干の修正を行なったのである。ここでは大部分が九〜一〇等の二等

表 3-13　平村地位等級の変遷過程 I (田)

単位：町

等級		(A) 1976年作成	(B) 77年5月作成	(C) 77年6月作成
1				
2				
3				
4				
5	甲			1.2606
	乙			0.2018
6	甲			6.3706
	乙			5.0903
7	甲	0.9323		6.1914
	乙	0.3213		9.5802
8	甲	0.0820	1.2606	3.6610
	乙	0.1128	0.2018	
9	甲	4.1814	6.3706	
	乙	2.5920	5.0903	
10	甲	3.6028	6.1914	
	乙	2.5810	9.5805	
11	甲	2.5615		
	乙	2.1628		
12	甲	4.9521		
	乙	5.5710		
等外 1		2.8519	3.6017	2.4724
同　2		2.2803	2.4714	
総　計		34.8412	34.7823	34.8423

註)「第七大区大里郡模範相上村組合平村地位等級表」(根岸家文書, 前掲) の各々 1876 年, 77 年 5 月, 同 6 月に作成されたものから集計した.
なお, 総計欄の数字は原表に誤りがあると思われるので, 筆者が訂正したものである.

級に集中しており、前年の調査よりは等級が引き上げられていることがわかる。ところが、この等級編成も再び県庁側によって否定されたため、翌月、再々度村では等級の編成をなさねばならなかった。六月に作成された「等級表」(C)によれば、平村の田は五～八等級までの四等級に区分され、等外として前二表同様に二等級が設定されている。[*159]これをみれば明らかなように、大部分は六～八等級の間に集中しており、当初の七六年度の「等級表」(A)と比較すると、著しく引き上げられる結果となった。

次に、表3―14に示された畑方の「地位等級表」についてみると、ここでも田方同様に相当の等級引き上げが強行されたことがうかがえる。田方に比して畑方のそれの特徴は、等外に附された畑地の大幅な等級の引き上げである。田方の場合には、註＊159に記したような事情から等外の劣等地はほとんど動かされていないが、畑方にあっては、埼玉県の位置する関東地方の旧畑方貢租が著しく軽租であったことから（関東畑永）、全国の地租負担の平準化を企図した維新政府によって大幅な増租が予定されており、耕作条件の悪い劣等地の地位もが大幅に引き上げられる結果となったのであろう。

こうして、農民側の低い等級査定による抵抗と、それに対する県庁側の等級引き上げ策動の対立・拮抗の過程として地位等級の編成が進められてゆくのであるが、この七七年六月段階の「地位等級表」(C)が県庁によって承認されたのかどうかは、残念ながら現在までのところ明らかではない。

地位等級の編成が終了し、それが県庁によって認可されると、次に着手するのが、その等級に応じた反当収穫量の調査である。この作業も等級編成同様に、まず農民側の「開申額」を県庁が検査して適当と思われる修正をなすわけであるが、ここでも、中央によって強制された「見込額」[*160]に基づき、県庁は管内の村位、反別等を考慮して各村へと割り当てる額をあらかじめ立てており、その予定額と農民側の「開申額」との差が著しい場合は、何回でも修正をさせたようである。このため改租事業の進行は遅滞し、最終的には（七八年三月）反当収穫量の割り当ては、すべてこれを県庁に委任するということに落着する。[161] かかる過程を通して、いわゆる「押付反米」と称される予定税額の上からの強制的な配賦が図られてゆくこととなる。

以上のように、地価を決定するにあたって、地位等級調査と収穫調査とは別個の作業として実施されたのであるが、近藤哲生も指摘しているように、この両調査が分離されている点に、等級方式のもつ上からの予定税額の押し付けという性格が如実に表現されている。[162] 翻って思うに、埼玉県のように等級調査と収穫量調査とを分離して作業を進めるのであれば、「平村地位等級表」の変遷にみられるような等級の引き上げは何ら必要とされず、農民側の低い等級査定に対して県庁側が高い反当収穫量を押し付ければ事足りるはずであるが、農民の抵抗が予想される作業を、殊更に手間をかけて二重に行なったのはなぜであろうか。このことは、次に述べる埼玉県——のみならず、他の後期改租府県も同様であるが——における等級編成の特質によっ

表 3-14　同右Ⅱ（畑）

単位：町

等級		(A) 1976 年作成	(B) 77 年 5 月作成	(C) 77 年 6 月作成
1				
2				
3				
4				
5	甲			0.1513
	乙			0.1500
6	甲			0.5016
	乙			1.2922
7	甲	0.1413		1.4018
	乙			4.7114
8	甲	0.1500		12.1815
	乙		0.1513	16.8929
9	甲	0.5016	0.6516	
	乙		0.4811	
10	甲	1.2522	3.5702	
	乙		2.6422	
11	甲	1.4018		
	乙	16.7927		
等外 1		32.6308	甲）17.9318 乙）15.0411	20.1814
同　2		19.0212	甲）10.1223 乙）21.4502	19.0222
総　計		71.9126	72.0628	76.5213

註）表 3-13 に同じ.
　なお，総計欄の数字は原表に誤りがあると思われるので，筆者が訂正したものである.

て生じたものと考えられる。簡潔に云えば、同県にあっては等級はすべて全管内へと連結され、それに該当する反当収穫量が配賦される仕組みとなっているため、平村の地位等級だけに異なった反当収穫量を配賦することは、各村間、各耕地間の相互権衡を不完全なものとするために不可能であるということになるが、この点をもう少し具体的にみると、以下のごとくである。

埼玉県では、「埼玉県地位等級および収穫表」（表3―8、一三一頁）を作成し、田は一～一五等、畑は一～一八等までをそれぞれ甲乙に区分し、また類外――「平村地位等級表」にいう等外――として一～三等を置き、各等級に反当収穫量を田は米で一等級甲＝二・五五石から一五等級乙＝〇・三七五石まで、畑は麦で一等級甲＝二・九石から一八等級乙＝〇・三五石まで、各等級毎に一・五斗ずつの差額を設けて配賦している。ここに示された反当収穫量は、地位等級編成の過程では、おそらく農民には知らされていなかったと思われる。この「地位等級表」に埼玉県全管内の一筆毎の耕地が連結されるわけであるが、その際先述したように、管内の組合村位を編成するとともに各組合村における村々にもすべて村位を附し、その「村位ハ全管ヲ通シテ之ヲ組織セリ」とされているように、各組合村々での村位は管内の村位へと連結され、この組合村位、村位を考慮しつつ、一筆毎の耕地を県の該当等級へと編成する仕組みとなっている。

このため、例えばA村の一等地が必ずしも県の指定した地位等級の一等地となるわけではなく、B村の二等地よりも等級が低い場合も存在しうることになる。このことは、A村の村位がB村のそれよりも低いという事情から生じることである。以上のことから、一筆毎の地位等級を管内へと連結するには、組合村位、村位を媒介としていることが明らかである。加えて、組合村における各村々の一筆毎の地位等級調査は、組合村における模範村での地位等級編成を基準として、それに従って組合各村の権衡を得ながら等級を編成し、このことによって組合村における相互権衡を実現しようと図ったのである。[*163]

かかる等級編成方式の特質により、一村にだけ低い地位等級に対して高い反当収穫量を押し付けることは、相互の権衡の面から不可能なことなのである。したがって、「見込額」を実現させるために県庁が採るべき方策は、地位等級編成の段階にあっては、農民側の査定した等級編成をより引き上げるしかないわけである。このような事情から、既述したような県庁による等級の引き上げが二度にわたって実行されることとなったのであろう。

以上みてきたように、比企郡平村における地位等級の編成は、県庁側の「見込額」実現の基本方針に相反すること、および組合村内における相互権衡の維持を図ること、この二つの理由によって二度にわたって否定され、強引に等級の引き上げが実施されたのであった。こうして、当初、収穫量調査の簡便性と相互の権衡を図る目的から旧慣を利用するという仕方で発生した等級方式は、後期に至るとより体系的に精密化されるとともに、発生当初の意図に加えて「旧貢租額の維持」を実現するための「見込額」を強引に押し付ける手段と化したのであった。このことから、農民による等級・収穫量調査については、以下のように結論づけられる。

等級・収穫量調査は、まず農民側の調査を基にして県庁がその可否を決定してゆくが、この農民による調査が一回だけでスムースに県庁に認可された事例は、全国的にも少なかったのではあるまいか。ここでは、農民側の調査を云わば踏台として県庁側がさらにその割増を図ったという感が強い。なぜならば、農民にとっては等級・収穫量をできうる限り低く査定することによって地租負担を少しでも軽減しようとするのは当然のことであるから、その調査結果も現実の土地条件を一般的に反映しているとみるよりは、それ以下に査定されているであろうと考える方が自然だと思われるからである。したがって、その調査が県庁によって否定されてある程度は引き上げられるであろうということとも、農民側はおそらく予測していたはずである。県庁側はそうした農民側の意図を見越してか、農民側の調査をより引き上げようと図るのであるが、これに対して、農民側も当初の査定は現実より低く見積ったのであるから、ある程度は妥協することになろう。ところが、県庁側はこの農民の妥協点以上に引き上げを要求するため、両者の間に対立が生じるに至る。こうした虚々実々の駈引のなかで等級・収穫量の決定がなされたであろうと推測しうるのであるが、この駈引が権力側に有利なことは今更いうまでもあるまい。したがって、農民側の調査体系は、県庁側が強引に「見込額」を実現させるために等級・収穫量を決定する際の資料として利用される意義しかもちえず、その意味で、県庁による等級・収穫量決定のための踏台としての役割しか与えられなかったと云いうるのである。加えて、組合内の村々の相互権衡から大きく外れた等級編成がみられた場合は、そのバランスを確保するための調整が強く作動することは云うまでもない。

かかる等級編成、収穫量調査をめぐる農民と官＝県庁との対立は、大きな騒動に発展するまでには至らなかったとしても、全国各地で多々生じたであろうことは想像にかたくない。だが、現在までの地租改正の研究史においては、収穫量調査をめぐる対立はともかくも、等級編成過程における農民と県庁との対立に関する事例はほとんど報告されておらず、等級方式のもつ一側面としての「旧貢租額の維持」を図るための「見込額」を押し付ける手段たる点に関する実態把握が甚だ不充分なのである。それゆえ、地租改正における等級の意義とその役割を確定するためには、今後とも、埼玉県をも含めた全国的な等級編成の具体的な過程を明らかにすることが課題となろう。

このような事情に加えて、等級編成の際の誤りが改租事業の混乱にいっそうの拍車をかけた。ここにいう等級編成上の誤りとは、各模範村における等級編成において、例えば甲・乙の模範村の最上・最下の地が同等であるにもかかわらず、甲にあっては一～一〇等の等級区分をし、他方乙においては一～八等の等級区分を行うような等級編成上の不権衡を指す。こうした方法では甲・乙模範村間の権衡が保てないばかりでなく、この模範村の等級を準拠として組合各村の等位を決定してゆくこととなり、そのため各組合村間の権衡をも失わざるをえず、結果として不均衡な等級が生じてしまうことになる。

右に示したような事態が解決されない限り、改租事業の進展はいつまでたっても望めない。そのため県庁では、七七年七月四日、次のような措置を採った。すなわち、各組合間の権衡を得るためには、地質の美悪、水理の便否、耕耘の難易、水旱の浅深等の等級編成上の諸要素を詳細に調査せねばならないが、それは県官だけでは不可能であるため、区長等から六名の地租改正顧問人を選んでその任に当てていたが、さらに一八名の地租改正大惣代を選出し、県官とともに「民之言ヲ所其土壌ニ適スルヤ官ノ議スル所苛ナルヤ」[*164]を鑑定させ、官民双方の言い分を検討し妥当の等級を編成してゆこうとしたのである。[*165]以上のことからもうかがえるように、埼玉県にあっては地租改正事業の進行は大幅に停滞し、なかんずく等級の編成は、同年九月に至っても「地位等級再調未タ央ナラス」[*166]という状態であった。

かくのような改租状況に業を煮やした県庁では、同年一一月二四日、改租顧問人、大惣代、区長、代理人等の改租担当者を県庁に召集し、地位等級の正確なる編成と収穫量の配賦方法について審議させた。この会議は数回にわたって開催され、甲論乙駁といった会議内容であったらしいが、結局、「之ヲ県庁ニ委スルノ論」[*167]が大勢を占めることとなり、以後「属官数十名ト共ニ拮据経営シ毎ニ其調査スル所ヲ以テ之ヲ区吏ニ垂問シ之ヲ地主ニ商量」[*168]させることによって、翌年三月に至り、ようやく全管の収穫の予定額を各土地に配賦して地位の等差を定める方法が確定した。[*169]ここに、当初の等級編成方式――村内の地位等級→組合内の村位等級→県内の組合村位等級と順次下から等級を編成してゆく方式――は全面的に否定され、全管の予定収穫量を各組合村→各村→各筆と配賦してゆく、いわゆる「上からの収穫量押し付け」方式が採用されることとなった。中央において恣意的に立てられ強制された予定収穫量を、できるだけ減じないで実現させるためには、この方式は地方県庁にとって真に好都合なものであった。

ところで、維新政府は埼玉県全体に対する予定収穫量を、早くも七六年の段階で作成している。関東諸府県を視察中の松方正義が、同年一〇月九日付で大久保内務卿に宛てた手紙には、府県毎の予定収穫量を関東諸府県に通達した際の状況が審かにされているが、それによると、埼玉県にあっては、県庁の見込みと中央のそれとの差異が著しく大きかったためか、その場での承諾を渋った模様である。[*170]こうした中央による予定収穫量の押し付けは月日を追うごとに厳しくなり、翌七七年九月には、関東一府六県の長官を改正事務局へと召集し、改正局原案を強引に各府県へと割当てようとするに至る。ここで提示された原案は大幅な増租を予定しており、「千葉・茨城両県は、若かく県隔あらざるも、其他の府県は、其の差異最も甚しく、就中、埼玉県の如きは、殊に其甚しきもの。是に於て、異論百出、議容易に決定するには至らなかった[*171]」が、大幅増租に対する各府県長官の抵抗も結局はあまり実らず、最終的には政府原案を若干修正することで決着がつけられた。

　ここで決定された埼玉県に対する予定新地租額は、七七年九月に県令白根多助から大久保内務卿宛に提出された「地租改正ニ付上申」（前掲）に詳しく記されている。それによると、改正局の予定新地租額は約一七六万円であり、旧貢租額よりは差引およそ三七万円の増加となる。他方、県庁による予定新地租額は一六二万円であり、同様に旧貢租額との差引増加額はおよそ二二万円となる。中央と県庁との見込額に差はあるが、すでに双方において予定地租額が算出されていたという事実が、ここでは重要である。中央と県庁との間でこの予定額の隔差が是正されさえすれば、後はそれを収穫量に換算して各組合村→各村→各筆と順次配賦することが可能となるからである。つまり、各組合村の平均反当収穫量と各村のそれとを確定＝押し付けさえすれば、村内の地位等級に応じてそれぞれの土地所有者に予定収穫量を難なく配賦することができるのである。

　以上のように、上からの予定地租額（収穫量）押し付け方式により、ともかくも七八年三月には一応地価を決定する作業は完了したが、旧貢租に比して新地租はかなりの増租となったため、県内各地で不穏な情勢となり、これを鎮めるにあたって県庁では、地租の「増ス者ハ増ス可キノ条理アリ減スル者ハ減スル可キノ原由[*172]」あることを説諭するため、県令が「主務の僚属」を率いて管内の巡視に出発することとなった。県令以下の巡視隊は、この巡視の過程で「一二区或ハ三四区ノ村吏地主総代等ヲ便宜ノ地ニ集メ[*173]」、地位等級調査の正当なることを篤と説明した。この巡視に一ヵ月もの月日を要した県庁は、引き続き五月一二日、管内へ「説諭書」を布告して次のように諭している。自村の村柄や自己の所有する土地の景況からのみ地租額の適正を判断すべきであるとして、「憶測ヲ以テ比隣ト較量スルコトヲ止」[*174]めるべきであると断じ、他村との比較による地租の寛苛軽重の判断は無意味であり、自村に配賦された収穫量の割当てを村民間で協議しさえすればよいのだ、という極めて乱暴な論理による説諭を行った。ここには、上からの予定地租額を強引に実現しようとする意図が明瞭に表出されている。こうした県令自らの管内巡視、「説諭書」の間をおかない布告等を通してようやく民心を鎮めることができ、同年一一月には新税施行伺を改正局へと提出し、その認可を受けるまでにこぎつけたのである。

表 3-15　改租予測と新旧地租額比較（埼玉県）

	地租額	差引額（改租結果－地租額）	増減割合
	円	円	%
旧貢租（A）	1,148,790	＋549,036	＋47.80
旧貢租（B）	1,396,486	＋301,340	＋ 21.6
埼玉県予測	1,618,295	＋ 79,531	＋ 4.9
改正局予測	1,763,725	－ 65,898	－ 3.5
改租結果（地価 3%）	1,697,826	—	—
1877 年減租結果（地価 2.5%）	1,414,855		

註）「埼玉県武蔵下総国新旧税額比較表」（『基礎資料』下巻別冊〔101〕），「上申」（前掲）．
旧貢租（A）は 1873，74 年，75 年の 3ヵ年間の収入米を改租使用米価（5.21 円）で換算したもの．同様に，旧貢租（B）は，年々石代納価で換算・平均したもの．なお，埼玉県庁・改正局の予測には，準市街地税が未定のため含まれていない．

（7）地租改正の結果

地租改正の基本的なスタンスが「旧貢租額の維持」におかれていることは、これまでにも重ねて指摘してきたところである。そこでまず埼玉県改租を対象として、県庁ならびに政府中央において具体的にいかなる数字がはじかれていたのかを検討しよう。はじめに県庁で予測した新地租額をみると（表3―15参照）、改租前三ヵ年間の収入米を改租使用米価で換算、平均した旧貢租(A)よりも四七万円（三二・七パーセント）の増額を、同じく年々石代納価により換算、平均した旧貢租(B)よりは二二万円（一五・九パーセント）の増額を予定していた。改正局で予測した新地租額をみると、同様に旧貢租(A)より六一万円（五三・五パーセント）、旧貢租(B)よりは三七万円（三一・九パーセント）の増額を予定していた。以上のことから、埼玉県が大幅な増租予定地であったことが分かるが、注意すべきことは、県庁と改正局との増租予定額に一五万円弱（県庁予測に対して九パーセントの増額）もの開きがあることである。このことは、改正局の側が二つの改租理念――「旧貢租額の維持」「地租負担の公平」――を貫徹する立場から大幅な増租を予定したのに対し、県庁の場合は改正局の意向をできうる限り受け入れながらも、民政の直接の担当者として、増租のおよぼす不穏な状況を回避しようとしたことから生じた差異であろう。

次に、この改租予測と改租結果とを比較しつつ予測が実現された否かについてみてゆこう。改租結果は地価三パーセントの場合には約一七〇万円となり、県庁予測の一六二万円よりは八万円（四・九パーセント）増額し、改正局予測の一七六万円よりは六万円（三・五パーセント）の減租となっている。つまり、改租結果一七〇万円の前後八～六万円の間に県庁、改正局の予測額があるわけで、双方の予測のほぼ真ん中に新地租額があるといってよい。したがって、この改租予測は、埼玉県の場合には一応実現されたと云ってもよかろう。ただ、一八七七（明治一〇）年減租の結果からみると、県庁予測で二〇万円（一四・三パーセント）、改正局予測で三五万円（二四・七パーセント）の減額となり、双方共その予測は実現しなかったことになるが、七七年減租が不慮の事態への対応の結果であることから、その予測の当否を問題とすること自体が無理な註文となる。

改租結果についてみると、新地租額一七〇万円は、旧貢租(A)の一一五万円に対して五五万円（四七・八パーセント）の増額、旧貢租(B)の一四〇万円に対しては三〇万円（二一・六パーセント）もの増額となっており、大幅な増租が実現されている。これを七七年減租結果（一四一万円）からみても、旧貢租(A)より二七万円（二三・二パーセント）、旧貢租(B)よりも二万円（一・四パーセント）の増額をそれぞれ示しており、完全な増租県となっている。以上の埼玉県の改租結果を他府県のそれと比較すると（表3―16参照）、地価二・五パーセントの新地租額で増租となる府県は、全国六七の改租単位中、旧貢租を改租使用米価で換算した額との比較では一四府県（二〇・九パーセント）あるが、埼玉県はここで東京府（増租率七六・九パーセント）に次ぐ全国第二位の増租県であり、年々石代納価によった場合に増租となるのは四府県（六・〇パーセント）と少ないが、埼玉県はそこでも名を連ねている。このことから、同県は全国でも稀な増租県であったことが知られるのである。

ところで、新旧地租額を比較した際に、田地と畑地とでは一様の結果を示すわけではない。そこで、埼玉県における地目別にみた新旧地租額の増減状況を検討しよう。まず、筆者の手持ち資料で新旧地租額が判明する村々――埼玉郡下一駅二七ヵ町村、榛沢郡下六ヵ村、秩父郡下一郷二ヵ村――を例として挙げよう（表3―17参照）。ただし、ここで旧貢租の数値を利用した『武蔵国郡村誌』には、残念なことに田畑別負担額の記載がないため、新旧地租の増減が田地なのか畑地なのかが確定できない。もっとも、田畑別の新反別が別の資料から判明するので、その割合から稲作中心の村と畑作中心の村とを判別することができる。そこで、畑地割合別にみた各村々の新旧地租額の増減状況を表3―18として作成した。この表から畑地の割合が四〇パーセント未満の村々をみると、二一ヵ村のうち増租に結果したのは二ヵ村（九・五パーセント）のみで、他の一九ヵ村（九〇・五パーセント）は減租となっている。反対に畑地が四〇パーセント以上を占める村々の場合をみると、一六ヵ村のうち増租となった村が一三ヵ村（八一・三パーセント）にもおよび、減租はわずかに三ヵ村（一八・八パーセント）にすぎない。つまり、畑地の占める割合の大きい村に増租村が多く、田地の割合の大きい村は減租村が多い。この結果から田地は減租、畑地は増租というのが埼玉県では一般的な傾向であったろうと推測しうる。

表3-16　増租府県一覧

増租割合	改租使用米価との比較	年々石代納価との比較
5%未満	筑摩・浜松・磐井・福島	埼玉
10%〃	神奈川・香川	磐井
15%〃	柏崎・栃木・群馬	柏崎
20%〃	新潟・鳥取（隠岐）・秋田	
20%以上	埼玉・東京	東京

註）有元，前掲書，406～413 頁に掲げられている地価 3%の数値を 2.5%に換算して，旧貢租額と比較した．

さらに、埼玉県全体の改租結果をみると（表3―19参照）、地価二・五パーセント

増減割合（%）	旧貢租 B（円）	差額（円）	増減割合（%）
（A′/A×100）	（1875年石代納価）	（Ⅰ－B＝B′）	（B′/B×100）
＋ 0.1	3,360	－ 510	－ 15.2
＋ 16.7	1,203	－ 13	－ 1.1
－ 9.9	4,371	－ 1,033	－ 23.6
＋ 1.3	938	－ 133	－ 14.2
＋ 0.9	1,347	－ 195	－ 14.5
＋ 4.0	1,384	－ 164	－ 11.8
＋ 38.4	1,600	＋ 277	＋ 17.3
－ 1.7	3,019	－ 520	－ 16.7
＋ 0.1	872	－ 132	－ 15.1
－ 1.2	977	－ 159	－ 16.3
＋ 175.0	169	＋ 227	＋ 134.3
＋ 49.0	951	＋ 250	＋ 26.3
＋ 105.6	167	＋ 125	＋ 74.9
＋ 79.5	836	＋ 437	＋ 52.3
＋ 24.3	3,495	＋ 187	＋ 5.4
－ 6.4	812	－ 168	－ 20.7
－ 8.3	1,318	－ 293	－ 22.2
－ 25.1	1,219	－ 445	－ 36.5
－ 14.9	4,266	－ 1,190	－ 27.9
－ 25.3	904	－ 331	－ 36.6
＋ 1.4	2,870	－ 402	－ 14.0
－ 5.2	1,911	－ 376	－ 19.7
－ 12.2	871	－ 223	－ 25.6
＋ 29.1	251	＋ 24	＋ 9.6
＋ 4.1	462	－ 55	－ 11.9
＋ 143.2	345	＋ 365	＋ 105.8
＋ 9.9	1,298	－ 132	－ 6.8
－ 15.4	1,118	－ 316	－ 28.3
＋ 109.3	607	＋ 498	＋ 82.0
＋ 110.1	91	＋ 75	＋ 82.4
＋ 43.0	446	＋ 109	＋ 24.4
＋ 48.7	404	＋ 118	＋ 29.2
＋ 278.7	173	＋ 395	＋ 228.3
＋ 273.1	227	＋ 508	＋ 223.8
＋ 2.5	506	－ 55	－ 10.9
＋ 6.4	446	－ 33	－ 7.4
＋ 21.9	2,461	＋ 147	＋ 6

地価 2.5%に換算した数値を使用した）.

②旧貢租額は『武蔵国郡村誌』に記載されている 1875 年度のものを使用した．なお，現石形態を貨幣形態に換算するのに用いた米価は，旧貢租額（A）の場合は新旧同価（埼玉郡—5.12 円，その他— 5.40 円）*旧貢租額（B）の場合は同年度の石代納価（埼玉郡＝6.04 円 **，その他＝6.21 円 ***）である.

* 表 3-9 参照.

** 「埼玉県史料」（前掲）.

*** 『武蔵国郡村誌』第 15 巻（埼玉県立図書館，1955 年），『群馬県史』資料編 17（群馬県，1977 年）958 頁.

表 3-17　村別新旧地租額比較表（埼玉県）

郡	村名	田畑反別割合（%）		新地租 I（円）	旧貢租 A（円）	差額（円）
		田	畑	(2.5/100)	（新旧同価）	（I－A＝A′）
埼玉郡	越谷	72	28	2,850	2,848	＋　2
	瓦曾根	88	12	1,190	1,020	＋170
	蒲生	85	15	3,338	3,705	－367
	登戸	91	9	805	795	＋ 10
	四丁野	81	19	1,152	1,142	＋ 10
	大間野	89	11	1,220	1,173	＋ 47
	大沢	58	42	1,877	1,356	＋521
	七左衛門	90	10	2,589	2,635	－ 46
	大房	63	37	740	739	＋　1
	越巻	87	13	818	828	－ 10
	花田	40	60	396	144	＋252
	小林	55	45	1,201	806	＋395
	中島	28	72	292	142	＋150
	増森	45	55	1,273	709	＋564
	増林	66	34	3,682	2,963	＋719
	弥十郎	91	9	644	688	－ 44
	下間久里	79	21	1,025	1,118	－ 93
	上間久里	70	30	774	1,034	－260
	西方	84	16	3,076	3,616	－540
	大里	68	32	573	767	－194
	荻島	68	32	2,468	2,433	＋ 35
	神明下	83	17	1,535	1,620	－ 85
	谷中	92	8	648	738	－ 90
	長島	86	14	275	213	＋ 62
	大林	57	43	407	391	＋ 16
	袋山	43	57	710	292	＋418
	西新井	88	12	1,796	1,634	＋162
	後谷	92	8	802	948	－146
榛沢郡	武蔵野	7	93	1,105	528	＋577
	北根	11	89	166	79	＋ 87
	永田	19	81	555	388	＋167
	黒田	13	87	522	351	＋171
	荒川	1	99	568	150	＋418
	小前田	0	100	735	197	＋538
秩父郡	長留	7	93	451	440	＋ 11
	飯田	11	89	413	388	＋ 25
	大宮	16	84	2,608	2,140	＋468

註）①新地租額

埼玉郡――明治 11 年 5 月「改正収量記」（井出家文書）越谷市編さん室蔵（この史料は，越谷市史編さん室長の本間清利氏の御厚意により複写させていただいたものである，記して謝意を表する）．

榛沢郡――『花園村史』（前掲）466～470 頁（小前田村の宅地租の数値は明らかに誤っていると思われるので，新地租額より算出した数値を使用した）．

秩父郡――『小鹿野町誌』（小鹿野町，1970 年）165～168 頁，『秩父市誌』（秩父市，1962 年）518～519 頁（秩父郡大宮郷の畑方地租額は，地価３％の数値と 2.5％のそれが符合していない．新地租額の記載がないので，ここでは，地価３％の数値を正しいものと見做し，それを

表 3-18　畑地割合別新旧地租額増減状況（埼玉県）

畑地割合	増租村数	減租村数	小計
10%未満	0	4	4
20% 〃	1	9	10
30% 〃	0	2	2
40% 〃	1	4	5
50% 〃	2	1	3
60% 〃	2	0	2
70% 〃	1	0	1
80% 〃	1	0	1
90% 〃	4	1	5
90%以上	3	1	4

註）表 3-17 より作成.

表 3-19　埼玉県新旧地租額比較表

地目	新地租額	新地租額(2.5/100) I	同（3/100）II	旧貢租額（A）	新旧租差引額（I-A）	同増減割合	新旧租差引額（II-A）	同増減割合
田	36,739,877 円	918,497 円	1,102,196 円	1,192,777 円	−274,280 円	− 23%	− 90,581 円	− 7.6%
畑	14,655,506	366,388	439,665					
宅地	4,616,332	115,408	138,490	203,709	+291,731	+143.2	+390,819	+191.9
準市街宅地	545,768	13,644	16,373					
焼畑	36,733	918	1,102	—	+ 918	+100.0	+ 1,102	+100.0
総計	56,594,215	1,414,855	1,697,826	1,396,486	+ 18,369	+ 1.3	+301,340	+ 21.6

註）「埼玉県武蔵下総国新旧税額比較表」（『基礎資料』下巻，別冊〔表 101〕）より作成.
旧貢租額は改租前 3 ヵ年（1873〜75 年）の年々石代納価の平均数値.

の新地租額の場合は田地が二三パーセントの減租であるのに対し、畑宅地（準市街宅地を含む）のそれは一四三・二パーセントもの大幅な増租となっている。そのため、県全体としては畑宅地の増租分が田地の減租分を相殺して、一・三パーセントの微増という結果を示している。以上のことから、埼玉県では稲作地帯の東部地区は概して減租となり、畑作地帯および山間部の西部地区が比較的大きな増租となったのではないかと推定される。このような結果が生じた原因の一つとして、旧幕期における関東畑永の存在が考えられる。この畑永はすでに指摘したように事実上の安石代化現象を呈しており、他府県に比して埼玉県の畑方の旧貢租負担は比較的軽かったろうと推定しうるのである。かかる貢租負担の不均衡の是正と、それに加えて租税収入の増大を意図した維新政府は、明治初年に安石代、定石代等の引き上げ、廃止をたびたび命じてはいたが、そうした旧慣の存在しない地域と負担が同質になるまでには至らず、その実質的な廃止は地租改正を俟たねばならなかった。こうして改租の結果、旧慣による畑地の軽租は一気に否定され、反対に負担の重かった田地が減租となることによって地租負担の軽重を平均化し、もって「地租負担の公平」を実現したのである。

結びに代えて

中央において改租方針が統一され、全国画一的に事業が推進される体制が整えられたのは、一八七五(明治八)年七月に「地租改正条例細目」が制定されてからであった。したがって、これ以降は地方独自の改租事業は全面的に否定され、自主的ないわゆる「農民的地価算定案」の成立もその可能性は薄くなったといってよい。埼玉県は七五年三月に至ってようやく改租事業に着手しているが、この時点では農民独自の地価算定案が生まれるには、条件的に困難となっていた。そのためか、同県においては農民側の独自性が盛り込まれた自主的な算定案は成立していないようである。[*175] 埼玉県下の農民は、独自なプランを根拠として自らの要求を突きつけるような状況には恵まれず、地位等級や反当収穫量の引き下げによってしか県庁に対抗しえなかったのである。この点は、同県のみならず後期に改租へと着手した府県に共通した特質であろう。埼玉県をも含めた後期改租府県は、したがって、政府方針に基づく統一的、画一的な地価算定方式に従わざるをえない状況下において、改租事業へと着手する外なかったのである。

七五年七月の「条例細目」において統一化、画一化がなされた地価算定方式は、その後の「関東八州地租改正着手ノ順序」(七六年三月)、「茨城県地位等級及ヒ収穫地価調査順序」(同年七月)によってより体系化される。これがさらに現実の改租過程において具体化され、模範組合村方式なるものが創案されたのであった。この方式の採用によって、土地諸条件はほとんど等級によって斟酌されることになったため、利子率はその独自性を失い、単なる形式と化していった。ここに、「旧貢租額の維持」という改租理念を、上から押し付けてゆく方法的基盤が確立した。さらに、模範組合村方式のもう一つの特質として、相互の権衡を図ることが挙げられる。これのいっそうの重視によって、「地租負担の公平」も可能とされたのである。

以上のことから、改租理念の実現のために府県あるいは農民の自主的な改租事業を全面的に否定し、政府による統一、画一的指導という体制の下で改租が進められていった点に、後期改租事業の特色があったと結論できる。

最後に、埼玉県の改租事業の分析によって得られた結論をまとめておきたい。

(一)模範組合村方式の採用によって、改租理念の一つである「地租負担の公平」が図られた。

(二)旧来の軽租地であった畑地が大幅な増租となり、負担の重かった田地が減租となることによって、地租負担の軽重が平均化され「地租負担の公平」が実質化された。

(三)新地租は地価二・五パーセントの数値によっても、全国で稀にみる増租県となった。すなわち、「旧貢租額の維持」という改租理念が貫徹された数少ない府県である。[*176]

(四)増租という結果に対して、小さな混乱は各地で起こったようであるが、騒擾に至るまでの大きな抵抗は生じなかった。[*177]

以上の要約から、埼玉県改租は後期改租事業の一典型であったと結論できる。ただ、(四)に記した農民による大きな抵抗は、埼玉県においてこそ生じはしなかったが、他の後期改租府県のなかには、地租改正一揆の展開によって事業の進行が阻まれた地区が存在している。愛知県春日井郡四三ヵ村[*178]・神奈川県瀬谷村他六ヵ村[*179]・石川県越前七郡[*180]等々はその典型である。このことから、後期改租府県には、埼玉県を一類型とする政府方針に比較的従順であった府県と、愛知県春日井郡四三ヵ村等々を一類型とする政府方針に対立し地租改正一揆を展開した府県（地区）との、対照的な二つの類型を見出しうるのである。もっとも、右に指摘したことは、あくまでも抽象的、タイプ的に分類したものであって、具体的な事情は各府県それぞれに異なる。

ここにいう後期改租事業の特質は関東地方にことに顕著であったが、後の各章でも明らかにしたように、事業に対する現地の対応は必ずしも一様ではなかった。各府県それぞれが抱えているさまざまな歴史的条件や慣習の違い、あるいは県令、県庁らの民政的立ち位置の相違等々が、それぞれの個々の特徴を生み出しているのであって、類型的考察だけで事足りるとするわけにはいかない。委細は本書第四～六章を参照されたい。

註

＊1　本章では、埼玉県における地租改正の実施過程を具体的に取り上げるが、埼玉県改租を対象とした研究には、吉本富男「埼玉県地租改正史おぼえがき」（『埼玉研究』創刊号、一九五七年）を嚆矢とし、関順也「埼玉県の地租改正」（『創価経済論集』八―一、一九七八年）、筆者による「租税金納化の進展と壬申地券の交付――埼玉県地租改正への道程――」（『埼玉地方史』四号、一九七七年）、「比企郡『平村地位等級表』について」（同右、六号、一九七八年）、「埼玉県地租改正の実施過程――後期改租事業の特色――」（『埼玉県史研究』七号、一九八一年）等々がある。ところで、関氏の論考と最後に挙げた拙稿では、同一の史料が多数用いられているが、このことは、筆者が修士論文（一九七四年度提出）作成中に収集した史料の筆写ノートおよび二、三の刊本のコピーを関氏に貸与したことによる。旧稿は修士論文を基礎とし、本書ではほとんどそのまま旧稿を利用しているので、その点は同様である。諒とされたい。なお、本章第1節・第3節は、埼玉県を対象として具体的にその改租過程の分析を行なうが、第2節においては、埼玉県改租とは異質な初期改租を全国的に概観するため、具体的な内容を詳細に検討することは省き、問題史的、研究史的な方向で記述した。

＊2　「埼玉県史料」一九、制度部租法――以下「埼玉県史料」と略記――。この史料は、明治前半期に各府県単位でその沿革について編集されたものの一部であり、府県ごとに精粗の差はあるが、維新期の地方の動向を知る上で欠かすことのできない貴重な史料である（国立公文書館蔵）。一九六〇年代にはそのマイクロフィルム版が刊行され（雄松堂フィルム出版）、近年ではそれぞれの府

県において翻刻が進んでいる。「埼玉県史料」については、『埼玉県史料叢書』1～5（埼玉県史編さん室、一九九四～二〇〇一年）に収載されている。地租改正関係の項目は、「制度部租法」にまとめられており、前掲『叢書』3（一九九七年）に収められている。

＊3 『明治初年地租改正基礎資料』――以下『基礎資料』と略記――上巻、改訂版（有斐閣、一九七一年）〔二〇一〕。

＊4 明治五年一一月「無題」（新井家文書、埼玉県立文書館所蔵――以下文書館蔵と略記）。

＊5 野中家文書（埼玉県立文書館寄託）。この史料は『野中家文書目録』のうちより、関順也氏から教示されたものである。

＊6 もちろん、ある程度の斟酌が行なわれたであろうことを否定するものではない。なお、旧埼玉県における増租分の配賦方法は、現時点では不明である。

＊7 「地租改正例規沿革撮要」――以下「撮要」と略記――（『明治前期財政経済史料集成』――以下『史料集成』と略記――第七巻、明治文献、一九六三年）一七二～一七三頁。

＊8 「埼玉県史料」（前掲）。

＊9 同右。

＊10 同右。

＊11 同右。

＊12 「地租改正関係書類彙纂」――以下「彙纂」と略記――（『史料集成』第七巻、前掲）三〇八頁。

＊13 地租改正による新税施行は、埼玉県の場合は一八七六年度以降であり、それ以前は、旧貢租が引き続き徴収されていた（この貢租の徴収形態は、既述したように大部分が石代納化されており、実質的には近代的租税の側面を多分に有していたと云ってよい）。このため、壬申地券（郡村地券）には地租額が記載されておらず、反別、地価、所有者名等が記されているにすぎなかった。ところで、この地券面に記載された事項は、所有者の申告に基づくものであるが、その正否を決定するための基本台帳とされたものは、旧来の高反別帳、検地帳、名寄帳等であった（『基礎資料』上巻、〔七〇〕）。

＊14 「撮要」（前掲）二〇六頁。

＊15 『明治五年公布管内触』（埼玉県立文書館蔵――以下、文書館蔵と略記――）。

＊16 『東京日日新聞』第一百五十六号、明治五年壬申八月十五日（東京大学明治新聞雑誌文庫蔵）。

＊17 壬申地券交付段階における全国の耕地の所有関係、所有形態を、紛議別・類型的に分類したものに永原慶二「地租改正と農民的土地所有権」（宇野弘蔵編『地租改正の研究』下、東京大学出版会、一九五八年）、および小野武夫『明治前期土地制度史論』（南北

書院、一九八四年）第六章がある。

＊18 明治五年一一月「無題」（根岸家文書、文書館寄託）。

＊19 同右。

＊20 『基礎資料』上巻、〔二六一〕。

＊21 ちなみに、榛沢郡下横瀬村においても、質地をめぐって質入主と質取主との間でいざこざが絶えなかったため、地券をどちらに発行したらよいかを、具体的に次のような項目を設定して県に伺いでている。

一 奥印証文ニ而質地年季明き五ヶ年拾ヶ年過去候分
質地置主方江地券為受可申哉
質地取主江地券為受可申哉

一 右同断証文ニ而弐拾ヶ年三拾ヶ年過去候分
前同断何レ江地券為受可申哉

一 奥印無之相対質地
前弐ヶ条分何レニ可取計哉

（根岸家文書、前掲）

＊22 「撮要」前掲、二八六～二八七頁。

＊23 この点に関して、福島正夫は次のようにその意義を述べている。「質入期間は旧法の十年を三年に短縮して土地の長期にわたる占有・担保をなくさせた。そして書入制度が画期的に充実された。旧制の書入は、本格的な制度とはいえず、担保物権としての効力をもたなかったのであるが、この規則ではそれが立派な抵当権となった。だからその後書入は盛んに行われ、わずかの間に質入をしのぐに至り、大きな金融的作用を発揮したのである」（『地租改正』吉川弘文館、一九六八年、一三八頁）。

＊24 『基礎資料』上巻、〔二六一〕。

＊25 「永小作」の種類は複雑多岐にわたっており、ここに述べたものはその一例にすぎない。維新政府は、そうした「永小作」の全廃を意図していたが、実際には、『農地制度史料集成』第一巻（お茶の水書房、一九七〇年）に所蔵されている各種の小作慣行の調査書をみてもわかるように、地租改正以後永く「永小作」慣行が残存している。したがって、本章で取り上げた入間県における「永小作」地の所有権確定方法が、そのまますべての「永小作」地に適用されたものではないことは、云うまでもない。なお、永小作

に関しては、小野武夫『永小作論』（厳松堂、一九二四年）がある。
＊26 『上尾百年史』（上尾市役所、一九七二年）六三頁。
＊27 明治六年三月「無題」（根岸家文書）前掲。
＊28 『基礎資料』上巻、〔四三四〕。
＊29 入間県における壬申地券発行が進められた事例として比企郡宮前村を検討した松沢裕作「壬申地券と村請制」（『社会経済史学』七八―四、二〇一三年）によれば、この段階で実地測量が実施され「個々の耕地片の面積および各人の所持反別は変化させたが、村総反別は一定であり、原則的には総反別のみならず、地目ごとの反別も変化させないことを前提」（八五頁）としていたとされる。松沢はこの措置について、現行の村請制による貢租徴収システムを踏襲する上で齟齬が生じないようにつとめた結果であるとした。
＊30 「地租改正報告書」――以下「報告書」と略記――（『史料集成』第七巻、前掲）一二九頁。
＊31 全国的なレベルで考えれば、壬申地券の交付が後の地租改正のための準備作業として、それなりの役割を果たしたことは否定できない。その壬申地券の交付を完遂させた一例として栃木県が挙げられる（本書第二編第六章参照）。
＊32 「県治提要」（『埼玉県明治史料――県治提要・内訪納議――』第一集、埼玉地方史研究会、一九六〇年）八頁。本史料は、その後〝埼玉県近代史料集　第一集〟として埼玉県立文書館編『埼玉県史提要　内訪納議』（埼玉県・埼玉県教育委員会、一九七七年）に翻刻された。
＊33 「内訪納議」（同右）二七頁。
＊34 「県治提要」（前掲）八頁。
＊35 『基礎資料』上巻、〔七一三〕。
＊36 「県治提要」（前掲）八頁。
＊37 『基礎資料』上巻、〔七一三〕。
＊38 「内訪納議」（前掲）二七頁。
＊39 同右。
＊40 「埼玉県史料」（前掲）。
＊41 同右（前掲）。

＊42 改租原理が統一化したのは、すでにみたように、七五年七月の「地租改正条例細目」である。
＊43 七五年八月に至って、「来ル明治九年ヲ以テ各地方一般改正ノ期限ト定ム」（「撮要」、前掲、二八三頁）達がだされる。
＊44 「彙纂」（前掲）三二五頁。
＊45 「松方伯財政論策集」（『史料集成』第一巻、明治文献、一九六二年）三六一頁。
＊46 関順也『明治維新と地租改正』（ミネルヴァ書房、一九六七年）一九七頁。
＊47 渡辺隆喜「神奈川県地租改正事業の特色」（『神奈川県史研究』第四号、一九六九年）一四頁。
＊48 有尾敬重『本邦地租の沿革』（お茶の水書房、一九七七年）七八頁。
＊49 『千葉県議会史』第一巻（千葉県議会、一九六五年）二三一頁。
＊50 『基礎資料』下巻、〔一三七七〕。
＊51 渡辺、前掲論文、二〇～二一頁。
＊52 暉峻衆三「地租改正における地価算定をめぐる問題」（宇野編、前掲書、下）五一頁以下。
＊53 『基礎資料』上巻、〔七一二〕
＊54 同右、〔七一九〕。
＊55 同右、〔七二四〕。
＊56 同右、〔四六二〕。
＊57 同右、〔七三七〕。
＊58 永井秀夫「地租改正と寄生地主制――山形県村山地方を中心として――」（宇野編、前掲書、上、一九五七年）。
＊59 『基礎資料』上巻、〔七五一〕。
＊60 暉峻、前掲論文、五七頁。
＊61 丹羽邦男「明治維新と地租改正」（古島敏雄『日本地主制史研究』岩波書店、一九五六年）三一〇頁。
＊62 太田健一「地租改正における検査例第二則の適用について――北条県の場合――」（『史学雑誌』七一―七、一九六二年）。
＊63 丹羽邦男「岐阜県地租改正事業の特色」（『地方史研究』五六・五七合併号、一九六二年）、丹羽弘「改租過程における地価決定の具体的過程」（『歴史学研究』二八五号、一九六四年）。
＊64 太田、前掲論文、七六頁。

＊65　田村貞雄『地租改正と資本主義論争』（吉川弘文館、一九八一年）二五四頁。

＊66　筑摩県の地租改正を分析した青山秀彦によって、丹羽の云うような筑摩、長野の一部で検査例第二則が採用された事実は存在しないことが指摘されている（「『農民的地価算定案』の内容と特質――南信濃地租改正の一段階――」『地方史研究』五四号、一九六一年、三〇頁、後に青山秀彦の遺稿集『明治政府の富国構想と民衆』青山秀彦著作刊行会、二〇〇六年に収載）。

＊67　第二則方式から第一則方式へと転換した諸県は、先の事例の外に神奈川県を挙げうる（渡辺、前掲論文、二〇～二一頁）。

＊68　太田、前掲論文、七六頁。

＊69　丹羽「明治維新と地租改正」（前掲）三一〇頁。

＊70　近藤哲生『地租改正の研究――地主制との関連において――』（未来社、一九六七年）三九頁。

＊71　有元正雄『地租改正と農民闘争』（新生社、一九六八年）二三七頁。

＊72　近藤、前掲書、三八頁。

＊73　『基礎資料』上巻、〔一八九〕。

＊74　永井、前掲論文、一六三頁。

＊75　同右、一七一～一七二頁。

＊76　渡辺、前掲論文、二〇～二一頁。

＊77　太田、前掲論文、六九頁以下。

＊78　同右、七九頁。

＊79　有元は、太田が「『紀要』に依拠し収穫量をもってなされたとする方が妥当とも思われる」（前掲論文、七五頁）と述べたことに対して、「これでは、第二則が貫徹していると氏がいう点もきわめて不充分となる」（有元、前掲書、二三八頁）と太田説を否定した。その根拠として、有元は、「『北条県史稿本』所蔵の地租改正の結果表（太田論文、第五表）に収穫米の記載は田方のみで、宛米は田畑・宅地とも書載されていること、『久米南条郡明治八（年脱カ、引用者）地租改正反別地価宛米等級取調表』には、毎村等級ごとに田畑の反別・宛米・宛米反米・金分（利子）・地価反金を記載し、収穫はいっさい記載なく、金分（金利）も三朱六厘から四朱三厘までの小作地例の利子であることによる」（同右）ことを挙げている。有元の根拠とした事実には、我々も従わざるをえないが、問題は「宛米」のみの記載しかなく収穫米の方は記載されてはいなかったとしても、その「宛米」がすでに収穫米を基礎にして算出されていたのではないかとも考えられうることである。この点は、しかし、確実な根拠があるわけではないが、こうした

理解も可能であることを、ここで指摘しておく。
＊80　有元、前掲書、五五〇頁。
＊81　同右書、関順也『藩政改革と明治維新』（有斐閣、一九五六年）、丹羽邦男『明治維新の土地変革――領主的土地所有の解体をめぐって――』（お茶の水書房、一九六二年）、小林茂『長州藩明治維新史研究』（未来社、一九六八年）、田村貞雄「『農民的＝地主的』地価算定方法の再検討――山口県地租改正の特質――」（『日本歴史論究』二宮書店、一九六三年）、同「山口県における地租改正」（『歴史学研究』三〇二号、一九六五年）、同「地租金納化をめぐる山口県民の動向」（『史潮』九一号、一九六五年）。
＊82　青山秀彦、前掲論文、同「地租改正実施をめぐる対立と闘争の諸形態」（『歴史評論』一四七号、一九六二年、前掲遺稿集に収載）、渡辺隆喜「筑摩県地租改正への道程――地価算定方式の生成を中心に――」㈠㈡（『信濃』一六―一一、一二、一九六四年）、同「松本県の地租改正――豪農と改租との関連をめぐって――」（『土地制度史学』二九号、一九六五年）。
＊83　原口清『明治前期地方政治史研究』上（塙書房、一九七二年）、渡辺隆喜「地租改正と遠州民会」（木村礎・中村雄二郎編『村落・報徳・地主制――日本近代の基底――』東洋経済新報社、一九七五年）。
＊84　有元、前掲書。
＊85　山口県改租に関しては、註＊81に記したように豊富な研究の蓄積があるが、㈠改租の早期実施、㈡大量減租の問題、㈢協同会社の役割、㈣山口県改租の本質等々をめぐって、その評価が対立している。詳細は、有元、前掲書、四四三頁以下を参照されたい。
＊86　この最初の提言は、一九六〇年度土地制度史学会秋季大会においてである（有元正雄・太田健一「地租改正と地主豪農層――岡山県地租改正反対闘争を中心として――」『土地制度史学』一二号、一九六一年）。
＊87　丹羽邦男「地租改正」（『日本史の問題点』吉川弘文館、一九六五年）。
＊88　原口、前掲書。
＊89　青山「『農民的地価算定案』の内容と特質」（前掲）。
＊90　後藤靖「自由民権運動と農民＝土地問題――とくにその初期の段階について――」（『日本史研究』七二、七三号、一九六四年）。
＊91　渡辺「地租改正と遠州民会」（前掲）。
＊92　青山「『農民的地価算定案』の内容と特質」（前掲）三九頁。
＊93　原口清「地租改正をめぐる静岡県民の動向」（『歴史学研究』二二〇号、一九五七年）。
＊94　原口、前掲書、三七四、三七五頁。

＊95 丹羽「地租改正」(前掲)二九七頁。

＊96 有元、前掲書、五六〇頁。

＊97 原口、前掲書、三三四頁以下。

＊98 丹羽「地租改正」(前掲)二九七頁。

＊99 なお、有元にみられるような「農民的・地主豪農プラン」の独自性の強調に対して、大石嘉一郎による批判がある(本書三八二頁参照)。この点に関しては有元の反批判も行われているが(前掲書、五五六頁以下)、筆者は大石の意見に基本的には賛同したい。

＊100 「埼玉県史料」(前掲)。

＊101 同右。

＊102 「彙纂」(前掲)三二六頁。

＊103 同右、三三一頁。

＊104 同右、三二六頁。

＊105 「内訪納議」(前掲)二七頁。

＊106 「彙纂」(前掲)三二七頁。

＊107 『浦和市史』第四巻、近代史料編I(浦和市、一九七五年)二五二〜二五三頁。

＊108 「内訪納議」(前掲)二七頁。

＊109 改租事業の現場の担当者が、旧名主層を中心とした区戸長および村落上層農民であったことは、すでに数多の研究史によって明らかにされている。(有元正雄、前掲書、二六三頁以下、福島正夫『地租改正の研究』増訂版、有斐閣、一九七〇年、三一八頁以下、等々)。埼玉県でも事業の進行にともない種々の役職が設置され(附表3―1参照)、区戸長層がそれに任命された。このことは、維新政府が旧来の村落秩序を解体させることなく、その掌握を意図した結果であろう。旧秩序の下に新しい税制を迅速に実施するためには、旧名主層を半官的な改租担当者とすることが、維新政府にとっては最善の方策だったのである。

＊110 丈量を実施するにあたって、旧熊谷県ではその適切な季節を指示している。それによると、夏

附表 3-1　改租担当主要役職一覧（埼玉県）

役職名	設置年月	人数	主な役務	備考
改正惣代	―	各区2名	丈量検査・改租一般	
地租改正用掛	1875. 4	管内10名	丈量検査・事業の説諭督励	1876.12 解職
地主惣代	1876.10	1村2名	地位等級調査・改租一般	大村の場合は100町に付き2名増加
地租改正組合村々代理人	1876.11	各組合2～3名	模範村の地位等級調査他	
地租改正顧問人	―	管内6名	村位等級の決定他	
地租改正大惣代	1877. 7	管内18名	隣接地域の地位の権衡他	

季は「諸作草木繁茂致シ頗ル丈量方手数相掛」るため、農閑期でもある冬場が最も丈量の時期としては好都合であるとし、七五年一二月、早々に丈量に着手するようにと県下へ達している（明治八年一二月「無題」根岸家文書、前掲）。丈量の実施時期は各府県の事業の進行状況によってそれぞれ異なろうが、この旧熊谷県のように、できうる限り農業生産の障碍にならない季節を選んでいたようである（本書一九〇頁参照）。

＊111　七三年八月段階ですでに等級方式が採用されていたという事実は注目に値する。おそらく全国的にみても、この旧熊谷県における等級方式の採用は、相当に早い時期に属するものと推察される。

＊112　『小鹿野町誌』（小鹿野町、一九七六年）一五二頁。

＊113　同右、一五五頁。

＊114　『公爵松方正義伝』乾巻（明治文献、一九七六年）六一二頁。

＊115　『府県地租改正紀要』——以下『紀要』と略記——上、明治前期産業発達史資料別冊（明治文献、一九六五年）埼玉県の項。

＊116　旧熊谷県にあっても、七六年二月、「十字取捨之法方《ママ》会得難致向モ有之趣ニ付右者取消シ更ニ三斜ノ法ヲ用ヒテ丈量方可取計」と指令し、十字法から三斜法へと丈量方法を切り替えている（明治九年二月「回達・地租改正再達案」浅見家文書、文書館寄託）。

＊117　「撮要」（前掲）二六四頁。

＊118　『明治八年・埼玉県諭達録』（文書館蔵）。

＊119　「県治提要」（前掲）八頁。

＊120　同年一〇月には、改租の遅れている関東諸府県へのテコ入れのため、改正局の「実質上の局長」（福島、前掲書、三一〇頁）たる松方正義自らが、当該地方へと赴く過程で埼玉県にも立ち寄り、県令以下の職員を叱咤激励し事業の迅速化に努めている（『公爵松方正義伝』前掲、六一〇頁）。

＊121　「埼玉県史料」（前掲）。

＊122　『明治九年・埼玉県諭達録』（文書館蔵）。

＊123　同右。

＊124　「埼玉県史料」（前掲）。

＊125　同右。

＊126　同右。

＊127　同右。

＊128　同右。

＊129　「報告書」（前掲）一六頁。

＊130　模範組合を編成する作業は比較的順調に進んだようであるが、若干の紆余曲折もあったことが野中家文書中の「歎願書写シ」（明治一〇年一月、野中家文書、前掲）によって知られる。これによると、当初第八大区（旛羅、大里郡）のうち、一～三小区が連合して一模範組合を結成したが、等級編成の過程で一、二小区と三小区との間に対立が起こり、結局協議の上、両者が分離して二つの模範組合を編成することに落着した。ところが、二小区の代、原島両村は当該区に属しながらも、その位置からすれば、三小区の玉ノ井村、柿沼村とは一筆限の耕地が入交り「基盤ニ石ヲ散シタルガ如キ」景観を呈しているため、一、二小区連合の模範組合へ属したのでは諸々の不便を感ぜざるをえない。このため、代、原島二村は二小区から三小区への転区を希望し、県庁へその旨の伺を提出している。県庁ではこの伺に対して、三小区と協議の上で事を決定するように指示するが、最終的には三小区村々の承諾が得られて転区が実現する。この史料からみた限りではあるが、埼玉県における模範組合の編成は、県庁段階での大まかな区画分けはあったろうが、細かい境界等の問題は村々の便宜を図るような方法で、その意向を尊重したようである。

＊131　「埼玉県史料」（前掲）。

＊132　模範村の選定基準は、本文に述べた埼玉県のような方法のほかに、種々の地種、地位を含む村を選ぶ場合もあったようである（福島、前掲書、三六九頁）。

＊133　『明治九年・埼玉県諭達録』（前掲）。

＊134　明治一〇年一月「無題」（野中家文書、前掲）。

＊135　同右。

＊136　「埼玉県史料」（前掲）。

＊137　『紀要』上（前掲）埼玉県の項。

＊138　『明治九年・埼玉県諭達録』（前掲）。

＊139　この点に関して、後に次のような伺が那珂郡下駒衣村より県庁へと提出されている。「本年甲第三十一号ヲ以昨九年甲第八十号之内水理ノ便否ノ廉刪除候旨御布告相成該区ノ如キハ用悪水ノ便否ヲ斟酌シ既ニ十中八九成功ノ期ニ際ス然ル処前達ニ依リ更ニ等級改調可致哉奉伺候也」（角田家文書、文書館蔵）。この伺に対して県庁は、「甲三十一号達ノ儀ハ水理ノ費用ニ不関天然ノ地質ニ因リ

段階ヲ附シ候義ニ付水理便否ノ廉刪除候義ニテ用悪水便否斟酌ノ義ヲ取消候ニハ無之右ハ水旱ノ有無ノ注意ニ就テ参考可致候」と指令し、「用悪水の便否」は等級編成上の基準条件の一つである「水旱の有無」（同右）の中で検討されることとなった。

＊140　先の模範永田村組合では、収穫量の等級差を七升五合として一〜一〇等および等外二等の計一二の等級に区分して県庁に申請したが、それに対する県庁からの指令では、当初の規定通り等級差は必ず一斗五升とする旨が指示されており、この申請は却下された（『花園村史』花園村、一九七〇年、四六二頁）。これ以後、村段階での農民の自主的な等級・収穫量調査は全国的に否定され、県庁側の一方的な押し付けが開始されることになる。

＊141　『紀要』上（前掲）埼玉県の項。

＊142　『基礎資料』上巻、〔七一三〕。

＊143　「撮要」（前掲）二七三頁。

＊144　『基礎資料』下巻、〔一四二〇〕。

＊145　同右、〔一四一三〕。

＊146　同右、中巻、〔一二三七〕〔一〇五一〕。

＊147　同右、上巻〔七二九〕。

＊148　関『明治維新と地租改正』（前掲）二七九〜二八一頁。

＊149　明治一〇年九月「地租改正ニ付上申」――以下「上申」と略記――（根岸家文書、前掲）。

＊150　『基礎資料』上巻、〔七一三〕。

＊151　同右、下巻、〔一八八三〕。

＊152　『紀要』上（前掲）埼玉県の項。

＊153　もっとも、「用悪水の便否」は、註＊139にも記したように、等級編成上の諸要素の一つである「水旱の有無」のなかで斟酌するように指示もされていることから、ここに云う「水理の便否」はそのすべてが利子率によって斟酌されたわけではなく、かなり特殊な場合のみに適用されたと考えられる。

＊154　「埼玉県史料」（前掲）。

＊155　「県治提要」（前掲）。

＊156　『基礎資料』上巻、五六〇頁。

＊157 「上申」（前掲）。
＊158 この「等級表」(A)以前にも同様のものが作成されていたか否かは、詳らかではない。
＊159 等外の地がほとんど引き上げられていないのは、そこに附された耕地が類外の瘠地であったり、水深の害が甚しいなどの耕作条件が著しく劣悪な土地であるため、これ以上の引き上げは困難と考えられたからであろう。
＊160 もっとも、埼玉県改租に対する中央の「見込額」一七六・四万円に対し、県庁のそれは一六一・八万円と予定されており、両者の間には約一五万円弱の開きがあったが（「上申」前掲）、改租結果をみると、その数値のおよそ中間の一六九・八万円（地価三パーセントの数値）となっており、県庁側ができうる限り中央の「見込額」の実現を図ろうとしたことがうかがえる（次項「7」参照）。
＊161 「埼玉県史料」前掲。
＊162 近藤、前掲書、一〇三頁。確かに、近藤の云われるような「等級方式＝予定税額の上からの押し付け」説も一理あるが、等級方式のもつ意味はそれだけにとどまるものではない。この点に関しては、前節の記述を参照されたい。
＊163 こうした点からみれば、平村の地位等級の引き上げには、単に「見込額」を強引に配賦するための意味合いだけでなく、模範相上村組合内における各村・各筆との比較からみて平村の地位等級編成が不当に低く査定されていた可能性もあり、組合村内における相互の権衡が崩れてしまうことから、「地租負担の公平」化という改租の基本原則が貫徹されなくなってしまうことを阻止するためになされたとも、考えられうる。
＊164 「上申」（前掲）。
＊165 「内訪納議」（前掲）二八頁。
＊166 「上申」（前掲）。
＊167 「埼玉県史料」（前掲）。
＊168 『基礎資料』下巻、〔一四一七〕。
＊169 ここで確定した地位等級および収穫量の当否を最終的に決定する方法は、七八年三月一五〜一六日に栃木、埼玉、千葉、茨城四県の改租掛官が千葉県庁に合同した際の埼玉県の改租状況の報告書に、次のように記されている。すなわち、各村々へと配賦する収穫量の当否は、たとえ不適当な場合があってもこれは模範組合の内部で調整することとされ、すでに決定している各模範組合の「額量」は絶対に動かさないものとした（『茨城県史料』近代政治社会編Ⅰ、茨城県、一九七四年、三一三〜三一四頁）。かかる方策は、すでに確定されている管内の総収穫量を減じないために採られた措置であることは云うまでもない。要するに、収穫量の当否

を模範組合内部でのみ調整することによって、予定収穫量の押し付けを貫徹させようと図ったのである。このような強硬措置が採られた背景には、既に七七年減租によって「旧貢租額の維持」が、不可能となった事情が介在していたからであろう。

＊170 『公爵松方正義伝』（前掲）六一〇頁。

＊171 同右、六二二頁。

＊172 『基礎資料』下巻、〔一四一七〕。

＊173 「県治提要」（前掲）八頁。

＊174 「埼玉県史料」（前掲）。

＊175 私的な「農民的地価算定案」の存在がまったくなかったとは云い切れないが、その「算定案」をもって県庁に対抗しようとした事例は、現在までのところ見出しえない。

＊176 本文㈡と㈢の関係について、筆者はかつて以下のような総括的発言をしている。「東北、関東地区にみられた畑地大幅増租という事実は、したがって、地租改正の論理の必然的結果だった。地租改正には他の理念として『旧貢租額の維持』が意図されていた。この理念と先の『公平』理念とを矛盾なく実現するにあたっては、旧体制下の貢租負担にみられた軽重を、地租負担の下方にシフトすることではなく、上方にシフトすることによったわけである」（拙著『地租改正』中公新書、一九八九年、一八七頁）。

＊177 この理由については確固たるものを挙げえない。今後の課題とすべき問題である。

＊178 近藤、前掲書（第五章）。

＊179 加藤幸三郎「農村における地租改正」（『横浜市史』第三巻下、横浜市、一九六三年、六七八頁以下）、高崎進「瀬谷村他六ヶ村改租不服運動の展開」（『神奈川県史研究』三七号、一九七八年）。

＊180 大槻弘「地租改正反対運動――越前自由民権運動の生成――」（『大阪経済大論集』一八号、一九五七年）。

第四章

茨城県の地租改正

はじめに

現在の茨城県域には、一八七一（明治四）年七月の廃藩置県によって一八の県が置かれていたが、その後の統廃合（同年一一月）により、茨城、新治、印旛のほぼ三県に再編された。しかし、この三県の存置期間は短く、印旛県は七三年六月一五日に木更津県と合併して千葉県となり、七五年五月七日には新治県が廃県となり、その管轄区域は千葉、茨城両県へと分割編入された。その際、旧印旛県管轄下の利根川以北に位置する猿島、結城、岡田、豊田四郡と、葛飾、相馬両郡の一部が千葉県から茨城県に管轄替えとなった。この結果、茨城・千葉の県境は利根川に置かれ、ほぼ現在の県域が確定した。

本章では、茨城県における地租改正事業の実施過程を検討するが、壬申地券期や初期の地租改正段階にあっては三県がそれぞれ別個に事業を担当しており、事業が停滞していたという共通性がみられるものの、その進捗状況や内容は一様ではない。このような事情を勘案して、後には茨城県へと吸収される印旛県や新治県についても、若干の検討を行なっておきたい。

1 壬申地券期の状況——印旛県の場合——

この節では、地租改正の前史とも云いうる壬申地券期について、猿島郡旧総和町域（現茨城県古河市）を中心に検討する。その間、旧総和町域の所轄は印旛県→千葉県→茨城県と変遷してゆくが、改租単位が府県にあることから、所轄の変更による事業への影響等々にも言及しつつ、本章全体を通して地租改正の全過程を概観してゆく。

版籍奉還—廃藩置県により領有権を全面的に解体させた新政府は、石高制に基づく旧来の貢租制度に代えて、新たな土地—租税制度を創出すべく、模索を重ねていた。そのための当面の措置として、既に形骸化が甚だしい領主的諸規制の廃絶策を進め、その延長線上に「各所持地ノ沽券ヲ改メ、全国地代金ノ惣額ヲ点検[*1]」することで、新しい土地税制—地租改正への橋渡しとすることを企図していた。

領主的諸規制のなかで土地に関するものとして、七一年九月に耕作制限（田畑勝手作禁令）が、七二年二月には田畑永代売買禁令が解禁[*2]されることで土地改革の前提が整い、同月二四日、新政府は「今般地所永代売買被差許候ニ付、今後売買並譲渡ノ分地券渡方等別紙規則ノ通相心得事[*3]」として、土地の売買、譲渡の際に地券を交付するという、これまでにない新しい地券制度の導入に着手したのである。

この大蔵省達の企図するところは、土地の売買や譲渡によって所有権の移動が生じた際に、その所有権移動の証明書として地券を交付するというところにある。この論理をさらに一歩進めたのが、同年七月の「一般人民地所々持者へ最前ノ規則ニ順シ都テ地券ヲ付與スル[*4]」という同省達である。つまり、売買、譲渡の如何にかかわらず、全国一般の土地所有者すべてに地券を交付するというのがその趣旨である。この趣旨が達成されれば、地券は土地所有権の確証手段としての重要な意味を有することになる。その後、「地券渡方規則」が改正（同年七月二五日、八月二八日、一〇月三〇日）あるいは増補（同年九月四日）される過程で、その担当部局として大蔵省租税寮に地租改正局が設置され（同七月二五日）、「地価取調規則」が各府県へと内達されて（同九月七日）、地券交付事業が緒につくことになる。

こうして地券交付作業が開始されたが、この地券は後の地租改正で発行された地券とはその内容が異なっており、そのため両地券を区別して、地租改正に先立って交付された地券を、その交付のはじまった年の干支にちなんで壬申地券と呼び、後の地券を改正地券と称した。

この壬申地券の特質は、おおよそ次の通りである。

⑴その交付目的は、第一に「各所持地ノ沽券ヲ改メ、全国地代金ノ惣額ヲ点検」することにあり、加えて、土地所有権の証とすることであった。⑵したがって、地券面に記載される事項は、反別、地価、所有者名等々であり、地租額は記されていない。租税は旧貢租が引き続き徴収されるわけである。後の地価課税の性格は、ここではまだ設定されてはいない。⑶地券交付は、それ故、その後の本格的改正の準備階梯といってよく、この交付過程で地価の調査を命じてその概算を知るための基礎作業の意味を有していた。⑷その地価については、「田畑ノ位付ニ拘ラス、方今適当ノ代価」によるものとされている。

後の地租改正によって発行された改正地券では、所有権保障と地価課税とがワンセットになっているが、右にみたようにこの壬申地券には地価課税の機能が附与されておらず、旧貢租が引き続き徴収されており、その性格に質的な相違があった。とはいえ、壬申地券にみられる所有権保障の意味は重要である。壬申地券期における旧総和町域は、印旛県管轄下にあったが、その印旛県では地券が土地所有権の証明書であることを諭すにあたって、一八七二年一〇月、以下のような告諭を管内に発している。

然ルニ其所有物ニ於テ動不動ノ二種アリ一ハ金銭器物ノ類移転スヘキモノ此レナリ一ハ土地ノ如キ移転シカタキモノ此レナリ各所有ノ品物ヲシテ之レヲ売リ之レヲ与ヘ之レヲ捨ル素ヨリ其人ノ自由ニ任セ移転シテ彼レノ掌中

ニ入ルヘシ唯不動物ノ土地ニ至テハ仮令此レヲ彼レニ質入スルト雖トモ現ニ之レヲ彼レノ倉庫ニ入レ掌中ニ移ス能ハス此隙ニ乗シ詭策奸計ヲ設クルノ徒二重三重ノ質ニ入レ悪業ヲ逞シウシ良民ヲ欺ク所以即チ法制ノ疎ナルニ依ル故ニ政府ニ於テ特ニ其制ヲ立テ保護ノ術ヲ設ケサルヲ得ス是レ地券ノ因テ起ル所ナリ所謂不動ノ土地ヲシテ移転物ノ体ニ制シ授与取捨ノ作用総テ此券ヲ以テ行ハシメ地券ヲ庫中ニ有スル者ハ則チ其土地ヲ庫中ニ蔵ムルモノニ同シフシテ各所有ノ確ナル政府ニ於テモ始テ保護スルノ術ヲ得ヘシ故ニ言フ土地ヲ所有スルノ確実ナランコトヲ欲セハ人民悉ク地券ヲ乞フヘキモノ也[*5]

この告諭の前段では、「人命」「所有物」の保護こそ「政府ノ務」であるとして、いわゆる政府による人権保障の一環として土地所有権の保障があることを訴え、後段——引用部分——において、土地に関する所有権も「金銭器物」の所有権と原理は同一であることを強調し、不動産である土地の所有権保障こそ、「地券ノ因テ起ル所」であると説明している。[*6]地券に関する同様の告諭は、この印旛県に限らず多くの府県で出されているようである。それらいずれの内容も、地券のもつバラ色の側面を一面的に強調し、地券調査への管下人民の協力を得ようとしている点に、その特徴がうかがえる。[*7]

それというのも、かつて旧著[*8]で紹介したような新しい地券制度に対する農民の不安が、ここかしこに生じていたからである。券面に記載する地価を申告すれば、その金額で国が土地を買い上げ、すべて小作人にされるのではないか（新潟、秋田県）、今まで納めてきた年貢の外に、地価に応じて地租が徴収されるのではないか（新潟県）、甚だしきに至っては、地券に記載された地価額が今後の納税額となるのではないか（長野県）等々の巷説が全国各地に流れており、地券事業に対する農民の忌避的感情が昂まっていた。加えて、地方体制の整備もままならない過渡的状況の現実下にあって土地税制改革を進めるには、右のような配慮を全面に押し出す外はなかったのである。

このような情勢のなかで、近世以来の土地税制の紊乱も著しかった。在地のそれは錯雑を極め、新たな地券制度を導入する上で、多くの困難を生じさせてもいた。以下に引用する七二年三月の印旛県達に、そのことがよく表明されている。

其村々従来ノ習弊ニテ収納免状面田畑位限リ荒地取下ケ場其外諸引等悉ク不分明ニ有之今般本県管轄相成候ニ付而ハ若当秋不作検見入等ノ節差支候ニ付昨未収納辻ハ据置免状高反別位限取調方致シ候ニ付書類差出シ方相達シ候処往々古来類焼紛失等申立品ニ寄一筆限地押不致候而ハ難相分村々モ有之却而可為難儀條追々呼出シ候節水帳名寄帳其外旧記等見合セ可相成書類ハ無遺漏持参有体可申立候万一取隠シ後日於露顕ハ可為落度條此旨兼而相達候也

右ノ趣得其意此布令書村下名主令請印刻付ヲ以順達云々

壬申三月十九日　印旛県

加村
仮本庁

元古河、関宿、結城、岑山、牛久、壬生、淀、高岡、龍ヶ崎、岩槻、烏山　管下村々[*9]

ここには、「田畑位限リ荒地取下ケ場其外諸引等悉ク不分明ニ有之」と記されているように、現今の土地税制が著しく乱れていることが判明する。そのためか印旛県管轄になった折に、村方関係の書類の提出を命じたが、「類焼紛失」などを理由に書類が提出されていない。そこで県庁は、「地押」調査をちらつかせつつ「水帳名寄帳其外旧記等」と照合した書類を提出せよと命じている。つまり、現今の石高、反別、貢租等々を旧帳簿類と照合しつつその実態を把握し、地券調査の基礎データを確保することに努めているのである。

ところで、七一年一一月の府県統廃合によって成立した印旛県は、旧幕領、旗本領を管轄していた葛飾県の外に、旧藩領たる結城、古河、関宿、生実、佐倉、曽我野の計七県を廃合したものであった。しかし、税法は旧慣を維持していたため、旧支配体制の相違により税法もそれぞれに異なっていた。のみならず、「一藩上知中ニモ諸掛物等ニ至テハ大ニ甘苦有之」[*10]といった状況であり、印旛県庁は管下村々の税法の違いにも苦慮していた。かくのごとく、壬申地券期にみられる税制の紊乱は著しかったのである。もちろん、このような状況はひとり印旛県に限られたものではなく、全国いたる所にみられた現象である。ことに、中小諸藩や幕領、藩領などが錯綜した関東地方に、それは共通する特質であった。加えて、年貢米金の上納が「日限及遅延候而已ナラス中ニハ年内皆済不致村々モ不尠」[*11]と、貢租未納という事態にも悩まされていた。

右のような事情の下で地券調査の準備が進められてゆくが、農民所有地を対象とした郡村地券の交付作業に着手するのは、先に示した同年一〇月に「告諭書」が印旛県管下に公布された頃と推測しうる。この間の経緯は詳らかでないが、準備作業に手間取り、ようやく地券調査へと着手する段に至って、地券の機能を最大限に謳歌した「告諭書」を発し、農民の協力を得て調査に着手する段取りとなったと思われる。

この地券調査に関しても、詳細は不明である。わずかに公有地の処理に関する印旛県から租税寮改正局への伺いと、同局からのそれに対する指令が残されているので、この点について若干触れておこう。同県からの伺いは以下の通りである。

地券御発行の御旨趣素より所有之確証を被授与候儀ニ候得は公有地之券証を下民江相渡候も名義不都合ニは有之間敷哉左候得ハ公有地之分ハ都而券証不相渡関係之村方より地所預リ之受書取置村限リ大帳江公有地と記し置候モ亦可然哉[*12]

印旛県の解釈によると、地券の授与は所有権の確証を意味するのであるから、公有地に対する地券証を「下民」に渡すのは筋違いと考えられる、そこで、公有地の地券は「下民」には渡さず、関係の村方から当該地所の預証を提出させ、基本台帳に「公有地」と記載すればよいのではないか、という論理である。つまり、公有地に対して「下民」

の所有権を認めないとする理解が、印旛県の示した立場である。

同県がこうした認識に達したのには、それなりの理由がある。ここに云う「公有地」とは主に村持林野を指すが、七二年七月の達により、売買、譲渡の如何に拘わらず、全国一般の土地所有者すべてに地券を交付することとなり、この結果、村持林野に対しても地券交付の必要が生じ、その折には「公有地」という観念はみられず、「預地」という名称で処理され地券が交付された事実が、同県の理解の背景にあったからであろう。

この「預地」という観念を印旛県は、完全な村持所有地としては見做さず、領有権の一部担保を念頭においていたのであろうか。地券を授与せずに預証を提出させようとする判断が、そのことを示している。新政府は当初「預地」への地券は付与しないという方針であったが、その後幾ばくもなく、「預地」地券を授与するように対応を変えている。[*13]こうした紆余曲折が、印旛県の理解に混乱をもたらしたようである。

ともあれ、先の印旛県伺に対する大蔵省租税寮の指令（同年一一月七日付）を、次に検討しよう。

原野池沼の類券状相渡候ハ一村亦ハ数村入会等従来区界有之他より之を擅ニするを得さる証ニして山谿之人蹤絶し湖海之渺乎無涯際ものニ至迄洽ク券状相渡候ニは無之総而所有を固保スル之旨趣ニ而公有地といへとも其村ニ関シ候儀ニ付券状相渡候儀と可相心得尤其地所ニより印税を否ミ候程之地も有之候ハ、更ニ現地ヲ指可伺出事[*14]

この租税寮指令によると、「原野池沼の類券状相渡候ハ一村亦ハ数村入会等従来区界有之他より之を擅ニするを得さる証」であるとし、地券を授与された入会地等は、「総而所有を固保スル之旨趣」に基づき、「公有地といへとも其村ニ関シ候儀ニ付券状相渡候儀と可相心得」とあり、「公有地」の一村または数村による排他的支配を認め、その所有権の証としての地券を村に授与せよとしている。つまり、従来の入会地を「公有地」として、その権利を保障したわけである。

右の様な事情を了解した上で、上砂井村の「村持畑」に関する史料を取り上げてみる。

御田畑之義村中特と御認メ御届け御行被下度奉願候然ル上は右田畑之義従前之作主江御預被下候段難有仕合奉存候尚此上右株々江相応之養子等在之興意致候節は右預り之田畑無滞相渡可申夫迄之儀は以御証書渡下ケ之地券給候ニテ御預り可申候[15]

この文面は、七三年一月に上砂井村の村持畑の作主一〇名が、地券の趣意を「取違」たとして、同村正副戸長宛へ一札入れたものである。これは先の村持林野の場合とは異なり、村持の耕地に関する取り扱いについて生じたトラブルである。村持畑の小作人たちが地券交付の趣旨を誤解していたことがその発端であるが、誤解であることが判明して事なきを得たわけである。

いかなる誤解が生じたのかは定かではないが、察するところ、村持畑が「公有地」と認定されることによって、小作地が取り上げられるのではないかと、小作人たちが危惧したことで問題が浮上したのであろう。「右田畑之義従前之作主江御預被下候段難有仕合奉存候」という文章が、その推測を裏付けている。村持畑に地券が交付されても、彼らの小作権が侵害されるわけではないことが、了解されたのである。ただし、「御証書渡下ケ之地券給候ニテ御預り可申候」とあるのは、小作人たちの勇み足ではあるまいか。「公有地」に交付される地券は、「其関係之村々へ相渡其地所預リ居候旨請書取置可申事[16]」と規定されており、実際には「券状村持と記載戸長副戸長へ相渡[17]」ことになっている。ここに云う村持畑の所有主体は上砂井村であり、右の規定にしたがえば、同村の戸長か副戸長のいずれかに授与されることになる筈であり、小作人に附与されることはないのである。

右のような誤解が生じるのも、地券という新たな制度に対して、農民層が強い疑心暗鬼をもっていた証左であろう。このことは、取りも直さず、当時の新政に対する農民の不満がその背景にあったことを物語っている。

以上、印旛県下における壬申地券期の状況について、二、三の史料を利用しながら概述したが、地券調査の実情に関しては不明なところが多く、壬申地券の交付状況についてもその実態はよく分かっていない。「千葉県歴史」によれば、「明治四年木更津印旛両県ニ属スルノ後両県ニ於テ漸次（租法――引用者）釐革ニ着手セシモ其実際ニ支障アルモノ、ミニ止リ未タ一般改正ニ至ラス幾何ナクシテ本県ニ併セラレ而シテ地租改正ノ事昉ル」[*18]とあるように、壬申地券の調査についてはほとんど進捗しておらず、当該地券の交付も完遂しなかったようである。

もっとも、壬申地券については、印旛県に限らず、全国的にもその交付は停滞気味であった。その理由は多々あるがもっとも大きな要因は、地券面に記載する地価の決定基準がはなはだ曖昧だったことにある。租税寮が指示したそれは、これまでにもたびたび指摘したように、「方今適当ノ代価」[*19]といういうきわめて抽象的なものであり、具体的な地価額を申告するにはあまりに疎かな規準であった。このため、壬申地券は全国的にも「半ヲ了セサル」[*20]ところで打ち切られ、新たに地租改正事業として再出発することになるのである。

印旛県の存置期間は短く、七三年六月一五日に木更津県と合併して千葉県となった。同年七月、地租改正関係法令――上諭・太政官布告第二七二号・地租改正条例・地租改正施行規則・地方官心得――が公布されると、同県は九月にいちはやく改租着手の上申をしているが[*21]、その後の改租事業は著しく停滞し、ほとんど進捗がなかったようである。そうこうしているうちに、七五年五月七日、新治県が廃県となりその管轄区域は千葉、茨城両県へと分割編入され、旧総和町域も茨城県管轄下に編入された。

この間、旧茨城県や新治県においても改租事業の進展はみられず、新茨城県の発足を契機に、旧印旛県管轄区域も含めて、改租事業は仕切直しのかたちとなった。

2　旧茨城県改租の背景

本章が主対象として取り上げる鹿島郡旧鉾田町域は、七一年一一月の統廃合によって新治県管轄下に置かれており、地租改正の準備段階としての壬申地券期（七二〜七三年）と、初期の地租改正期（七三年七月〜七五年五月）の事業は、新治県庁の管轄下に実施されることになる。そして、同町域の本格的な改組事業の実施は、茨城県へと編入された七五年から始まる。

以上の経緯をふまえるならば、茨城県改租と新治県改租とは、旧鉾田町域を媒介として統一的、体系的に論じることが要請されてくる。そこで、本節においては、新治県との合併前における旧茨城県（新治県域等を含まない七五年五月以前の茨城県に関しては、旧茨城県の名称で統一する）改租の背景を概観しつつ、次節3において新治県の改租事業に言及し、これらの過程を承けて、つまりは、茨城県改租の一環として旧鉾田町域の改租事業が本格化する七五年以降の具体的分析を、次々節4で検討する段取りとしたい。

地租改正関係法令が全国に公布されたのは、一八七三年七月二八日である。ここにいう地租改正関係法令とは、「上諭」「太政官布告第二七二号」「地租改正条例」「地租改正施行規則」「地方官心得」[*22]を総称したものである。これを承けた旧茨城県は、早くも同年八月には改租に着手し[*23]、翌九月八日には、県布達第二八〇号をもって「今般地租改正法別紙第二七二号之通被仰出候条上諭並公布之御旨趣厚相心得可申」[*24]として、先の「上諭」「太政官布告第二七二号」「地租改正条例」を各区三長宛に示した。

このように、旧茨城県は政府方針に対しては迅速な対応を試みたが、その実情は改租体制が整備されていたわけでもなく、「尤即今着手難相成候ニ付改正之順序等ハ追テ可相達候迄ハ先以従前之通可相心得」[*25]、と指示せざるをえなかった。事実、実地調査はなに一つ進んではいなかったのである。調査事業は著しく停滞していたといってよい。

もっとも、右の事情は、旧茨城県に限られたわけではなく、およそ全国的な傾向でもあった。ちなみに、府県別（全国六六改租単位）の改租着手年代をみると、七三年＝一四単位（二一・二パーセント）、七四年＝二三単位（三四・八パーセント）、七五年＝二一単位（三一・八パーセント）、七六年＝八単位（一二・一パーセント）[*26]であって、「地租改正法」が公布された七三年に着手した府県は、わずか二割程度にすぎない。したがって、旧茨城県は、改租着手ということに限定していえば、全国でも早い部類に入ることになる。だが、改租の準備としてはじめられた壬申地券の調査、発行も遅々として進まず、その後の体制整備も順調に進捗してはいなかった。

こうした事業停滞の要因として、次に指摘するような幾つかの事柄が考えられる。第一は、地租改正を企図した政府側の問題である。当時の政府官僚は、早急な税源確保政策として地租改正を実施したが、新政権発足から間もない当時にあって、いまだ地方の実情把握が進んでおらず、したがって、錯綜した旧土地税制の実態認識が、甚だ不十分だったことである。そのため、「地租改正法」に記された内実は、地方の実情との間に多くの齟齬をきたした。「地租改正法」がその現実から離れて、あまりに抽象的すぎたためであり、その実態から乖離していたからであった。つまりは、新政府の経験不足に起因することである。これは、全国的、一般的事情といってよい。

第二に、個々の地方事情が挙げられる。旧茨城、新治および印旛三県の場合はどうか。その一つに三県が位置する関東地方の特殊性がある。改租事業の政府側担当者の一人であった有尾敬重の言によれば、「関東地方は一体に徳川氏直轄で税が安い方であった。従って改正後は負担が増すと云ふ傾のある場所であったから、此地方は幾分後廻しにして、他の出来栄えを見てどうしても行らなければならぬと云ふ感じを起すまで着手を延ばして置く」[*27]という事情があった。「地租負担の公平」という改租理念を達成するには、旧軽租地が増租とならざるをえない。新政府は、このことから生じるであろう関東農民の不満や抵抗を憂慮したのであった。

もっとも、同県の場合は、必ずしも事はそう簡単ではない。関東畑永と呼ばれる軽租の存在などは他の関東諸府県と同様であるが、旧茨城、新治両県全域に軽租地が広がっていたわけではなく、中央から北部にわたった水戸藩領は、反対に重租地であった。同藩領は、したがって、関東諸府県の一般的特質とは異なる事情の下にあったが、多くの小藩領と他藩の飛地や幕府直轄領、旗下領が錯綜している点は、他の関東諸府県と共通するところであった。『府県地租改正紀要』の記述を借りれば、「犬牙交錯シ或ハ一村ニシテ数氏ノ分知ニ係ルモノアリ」[*28]といった状況にあった。もっとも、『紀要』は続けて、「租率随テ亦区々ナリト雖𪜈其大体ニ至リテハ大率同軌」と指摘している。この点は、しかし、各藩旧税法の具体的な究明が遅れており、一括して論じられる研究状況ではない。いずれにしても、「犬牙交錯」した県域での改租は、相当の難渋を極めることとなったのである。

以上の事情に加えて、この間に、新治、千葉両県の廃合により茨城県管下に新たな郡村が編入されたため、「明治八年新治千葉両府ノ廃合新管ノ郡村各県着手ノ針路一ナラサルニヨリ之ヲ一途ニ束整シ調理審査ノ間多少事務ノ遷延ナキ不能」[*29]、といった改租上の「錯綜」[*30]と事務の遅滞をも惹き起こしており、本格的な改租事業の開始は出遅れがちであった。実施体制が整い始めたのは七六年に入ってからであり、同年四月、ようやく実地丈量へと着手するに至った[*31]。以下、かかる改租事業の具体的経過をみる段となったが、七三年八月の改租着手以来、七六年四月の丈量作業への突入までの、およそ三年におよぶ事業停滞期についても一瞥しておく必要があろう。

七二年七月、地租改正に先立って、全国の土地所有者を対象とした地券交付（いわゆる壬申地券）が企図され、その交付過程を通して「各所持地ノ沽券ヲ改メ、全国地代金ノ惣額ヲ点検」[*32]せんとする準備段階において、旧茨城県下では、「地券は税金増加の品」[*33]あるいはこれまでの年貢に加えて地価の三パーセント（地租）が徴収されるのではないかなどの浮説、流言が飛び交い[*34]、新政府に対する不信感から生じた土地所有者の誤解が噂を呼び、その交付作業に混乱をもたらした。巷間に伝えられたかかる浮説のためもあってか、同県における地券交付は捗らず、翌七三年三月二九日には、管下三長（小区＝区長、村＝戸長・副戸長）に対して、「地券下調掛り江篤ト申談速ニ実効相挙候様勉励可致候」[*35]と督励している。地券交付が進展していない証左であろう。

もっとも、壬申地券の交付作業は、重ねて述べているように、この茨城県に限らず全国的にも難産を極めたようで、地租改正のための準備階梯という目的にも拘らず、その「半ヲ了セサル」[*36]うちに打ち切られ、本題である地租改正へと事が運ばれてゆく事態となった。こうして、七三年七月二八日に「地租改正法」が公布されるに至る。

先にも指摘したように、旧茨城県では、「地租改正法」の公布の翌月には早くも改租着手の上申をし、さらに翌九月八日には、県布達第二八〇号をもって各区三長宛にその一部を示した。「地租改正法」の公布に、茨城県が即座に対応したのは、幕末以来の混乱を引きずったままに「難治」県と称され、新政府から白眼視されていたことに対する茨城県地方官僚の信頼回復の思惑からだったのだろう。だが、現実の事態は相当に厳しく、実地調査の体制も経験も備わってはいなかった。

ところで、新治県にあっても、同年八月三一日に「地租改正施行規則」が達せられているが、[*37]この点に関して、旧茨城県との比較で興味深い事実がみられる。先述したように、「地租改正法」とは、「上諭」「太政官布告第二七二号」「地租改正条例」「地租改正施行規則」「地方官心得」を総称したものであるが、旧茨城県にあっては、このうちの「上諭」「太政官布告第二七二号」「地租改正条例」の三点が明示され、新治県が達した「地租改正施行規則」は布達の対象から外されているのである。この「施行規則」が旧茨城県で布達されるのは、それから一年近くも経った翌七四年六月一三日のことである（県布達第一四六号別冊[*38]）。

「上諭」「太政官布告第二七二号」「地租改正条例」は、いわば地租改正の基本理念を記したものであり、「地租改正施行規則」「地方官心得」は、改租実施にあたっての具体的方法を述べたものである。また、「地方官心得」は、文字どおり地方官を対象として配布されたものであるから、これが管下に布達されなかったことは至極当然である。とすれば、新治県が布達した「施行規則」を、旧茨城県では布達しなかったのは、それを明示する段階までに改租の体制が到達していなかったからではなかろうか。つまり、茨城県では、「地租改正施行規則」を布達しなかったのではなく、そこに至るまでの体制が整っていなかったのである。いずれにせよ、同県の改租が相当に難渋していたことは、こうした事実からも明らかである。

3 新治県の改租事情

(1) 壬申地券期

本章が主に対象とする旧鉾田町域は、廃藩置県後（七一年一一月）に新治県へと編入されたが、その新治県では、一八七二（明治五）年一一月二〇日、「地券渡方規則」が管内に布達された。この「規則」は全一三条からなるが、その前文で「田畑山林屋敷等売買直段位付ニ不拘方今適当之代価取調可書出」[*39]と命じ、地価調査を指示している。

翌七三年一月に入ると、県庁では官員を管内村々に派遣し地券調査を急がせ、その後も数度にわたって督促を重ねたが調査の進展はみられず、すでに提出期限の過ぎた二月一六日の段階に至っても「未タ御出来之村モ無之」[*40]状態であった。業を煮やした県庁は、同月に地券取締掛を設置するとともに[*41]、「早々御取調出来次第迅速御差出可」と強い語調で、督促を繰り返さねばならない羽目に陥っている。地券調査と並行して地引絵図の作成も指示していたが、この作業も遅々として進まず、地券調査同様に期日を過ぎてもそれを提出する村はほとんどない有様であった。

遅滞の要因を県庁の語るところによって記すと、こうである。「当県管下常総村々之儀ハ過半旧幕旗下小給所分郷村ニテ旧来検地帳無之適宜之名寄帳ヲ以貢租高掛割賦罷在候」[*42]、と。要するに、地券調査や地引絵図を作成するにあたって準拠とすべき検地帳のないことが、最大の要因として掲げられている。それでも、九月の段階で、「漸即今地引絵図地引帳取調出来調査済之分券状書載中ニ在之」[*43]とするところまでは、作業が運んだようである。しかし、肝腎の地券に関しては「券状書載中」とあり、この文面から判断する限りでは、それを交付するまでには至らなかったようである。地租改正の準備作業として政府より指示された壬申地券の交付は、こうして、新治県にあってはまったく手つかずのままであった。

このように、新治県ではほとんど事業が進捗しない状態で、同年七月に「地租改正法」の公布をみることになる。県庁の焦りは深刻であった。「地租改正法」の公布後まもなく、県庁は中央の租税寮改正局に次のような伺いをたてているのが、その証左である。

地之広狭伸縮有之凡三百万筆余之地価当否検査ニ焦慮罷在候折柄今般被仰出候実地歩数改方ヲ始収穫米為書出候御旨趣ニテハ前条之通陰ニ地之広狭無之随テ真価ヲ得候間速ニ右御趣意管下村々へ布達及説諭是迄之調方ヲ以悉皆地券状相渡再ヒ改正反別裏書等取計候テハ二重之手数ニ付直ニ御改正之廉ニ取調方申渡候義ニ御座候……[*44]

この伺いに対する改正局からの指令は、伺いの通り二重の手間を省くために、壬申地券の交付作業は取り止め、「地租改正法」の規定にしたがって新たに調査を進めよというものであった。ただし、地租改正は「至大至重」[*45]のことであるから、担当官員を租税寮へと出張させ、これまでの調査内容と今後の調査展望とを報告させよと命じ、慎重な配慮の上で着手すべきことを指示している。

(2) 地租改正期

一八七三(明治六)年七月二八日、「地租改正法」が公布され、新治県でもこの法令に基づいて改租体制の編成に取りかかることになる。ちなみに、当該法の内容を簡潔に記すと、(1)課税基準をこれまでの収穫高から地価へと変更する、(2)旧来の米納(物納)、石代納等の納税方法を廃し、金納に統一する、(3)税率は、地価の三パーセント(後、二・五パーセントに変更)とする、(4)土地所有者を納税者とし、その所有権保障―地租負担義務の証として地券を与える、というものであった。右のシステムを達成するにあたっては、土地所有者の確定、土地面積の測量、収穫量調査、地価算定等々の諸調査を実施することが必要となる。

新治県では、同年八月三一日に、「地租改正法」中の一つである「地租改正施行規則」を管内に布達[*46]したところから、地租改正事業が開始された。この規則は全一七則からなり、第一則で「土地一歳収穫ノ作益ヲ見積、各地ノ慣行ニ因リ何分ノ利ヲ以テ地価何程ト見込相立、更ニ持主銘々ヨリ為申立」、その当否を検査して地価を決定せよとの方法が提示されている。第二則では土地丈量が示唆され、その外、調査済みの地へは官員派遣の上、実地点検すべきこと（第一四則）、地価が決定したならば、壬申地券の裏に新反別、地価を記載すべきこと（第一五則）、等々が明示されている。

「規則」布達後の進捗事情は定かではないが、県内一部の地域を除いて作業は停滞ぎみのようであった。そこで翌七四年二月二二日、県布達第二二号を達し[*47]、調査はまず実地丈量（土地面積の測量）から着手すべきことを指示して、正副戸長の外に三、四名から五、六名の実施担当者を、その村の広狭、難易に応じて選出せよと命じた。布達はさらに続けて、実地丈量が完了すれば「私有之確証ヲ得テ安堵ニ農業」に従事できるのであるから、早く終了するようにと督促している。布達には右にみた内容の前文の外に、全六条にわたる規定が記されている。

第一条では、前文に記されている改租担当者を、三月一〇日までに選出して届け出よと指示し、第二条では、便宜の地に会所を設けて出勤し、会所日誌にその旨を書載せよと指令し、第五条では、既に改租担当者が選出されている村は、新たに選出する必要はないが、三月一〇日までにその旨届け出よと命じている。最後の第六条は、実地丈量の手順を示したものである。

こうして、まず実地丈量から改租事業へと着手することとなったが、かつての検地とは異なり、この作業はすべて村民に委ねられている。これまでの検地が、貢租増徴の手段として実施されたことが多かったことから、農民の検地忌避感情を配慮してのことである。ところが、その測量技術に農民は不慣れであったから、なかなか調査は捗らない。各県庁はそうしたことを見越して、実地丈量の伝習等を開いたところもあったらしいが[*48]、疎漏、脱漏が続出する有様であったため、度々延期願いを提出する村も多く、期日内に丈量を完了した村は稀であった。ここで新治県庁が指定した期日は、おそらく八月三〇日と推測される。[*49]
こうした状況に焦慮した県庁は、同年一一月二一日、「説諭書」[*50]を作成して管内村々へ配布し、迅速な作業運営を厳しく指令した。この「説諭書」によると、県庁は翌七五年には改租を竣功して新税を施行したい考えであり、そのためにも早急に実地丈量の完成が望まれていたのである。ところが、その意に反して「今落成ニ至ラサル十ニ七八」というのが実情であった。そこで県庁は、「此上者神速落成ノ運ヒ相立候様可致」と指示し、「爾後実地丈量ハ勿論地価調査迄村々既済之期日ヲ約算某之村何月某村何月分ト各村見込ヲ立区内連印ヲ以為申立」と命じたのである。「説諭書」は、宮城県が改租を竣功し早くも本年から新税が施行されるとの例を引きつつ、厳しい督促をしているが、ここに県庁の強い焦りが見受けられる。
改租事業の停滞は、先に指摘したような丈量技術の未熟によるところが大きいが、[*51]その外にも、「地租ノ改正ヲシテ租税騰貴ノ基礎ナリ」[*52]などの巷説が飛び交い、[*53]あるいは「縄竿伸縮費用多少苦情」などもあり、中央や県庁が憂慮したような、地租改正を検地と同様の感覚で迎えた農民たちの忌避感情も、改租の進行を阻害する要因となった。
とは云え、この間、現場での実地丈量がサボタージュされていたわけではない。正副戸長や改租担当者による努力は続けられていた。その一例として、鉾田村の調査状況を紹介する。表4―1は、七四年一〇月二〇日から一二月末日までの四〇日間にわたる、鉾田村の地券掛の出勤簿を一覧にしたものである。ここでは、一二名の担当者が二、三の例外を除いて、この間に一三～一九日間調査に従事している。雨天のため休業となった一一日分を除けば、作業日はおよそ三〇日間となるから、改租担当者の精勤ぶりは一目瞭然である。加えて、その作業に投入した人足数も、延べで二三七人にも達している。現場＝村レベルにおける努力の一端は、この事実からも察知できよう。ちなみに、翌七五年三月の『出勤日誌』[*54]をみると、午前七時出張、午後一〇時会所退出等の記録が頻出しており、改租担当者がいかにその作業に忙殺されていたかをうかがい知ることができる。そして、これらの事実は、県庁の督促が相当に厳

表 4-1　鉾田村地券掛勤務状況

1874 年 10 月 20 日～12 月 31 日

氏名／出勤日	10/20	22	23	25	26	27	28	30	31	11/1	2	3	4	7	8	9	10	12	14	15	19	20	21	22	23
小島宋七郎	○																								
渡辺藤樹	○										○														
小島伊三郎	○	○																							
田山彦右衛門	○	○		○		○		○		○		○											○	○	○
田山勘右衛門	○	○	○		○		○				○					○					○			○	
渡辺惣左衛門	○	○	○		○						○							○				○		○	
黒田吉三郎	○	○	○		○		○		○		○			○	○								○		○
渡辺平兵衛	○	○			○		○		○		○			○	○								○		
横田利助	○	○		○		○		○					○						○				○		○
岩瀬孝蔵	○			○	○	○	○			○		○	○				○			○					
渡辺久右衛門	○	○		○		○		○					○			○				○	○	○			○
石崎太郎右衛門									○	○															
人足数	2	2	5	7	5	10	8	5	5	5	6	4	4	4	4	4	5	2	4	1	4	4	4	7	7

氏名／出勤日	28	29	30	12/2	4	5	6	7	8	11	12	13	15	16	18	19	20	24	29	30	31	出勤日数
小島宋七郎																						1
渡辺藤樹																						2
小島伊三郎																						2
田山彦右衛門		○						○	○		△					○			○	○		17
田山勘右衛門	○		○						○						○							13
渡辺惣左衛門	○		○		○			○		○		○	○		○			○		○		16
黒田吉三郎		○		○		○	○		○		○		○									18
渡辺平兵衛	○		○		○			○		○				△	○		○				○	18
横田利助		○		○		○	○		○		○	○							○			17
岩瀬孝蔵											○			○			○	○				14
渡辺久右衛門		○	○	○				○		○				○		○		○			○	19
石崎太郎右衛門																						2
人足数	8	8	8	8	4	4	4	7	7	6	4	4	4	4	8	8	4	4	6	3	6	237

註）「明治七戌歳　地検掛出勤簿」（小島和夫家文書，前掲）より作成．
　○印は勤務日，△印は内仕事に従事したことを示す．
　雨天につき休業となった日は以下の通り．

　　10/21，24，29，11/5，24，12/17，21，25，26，27，28．

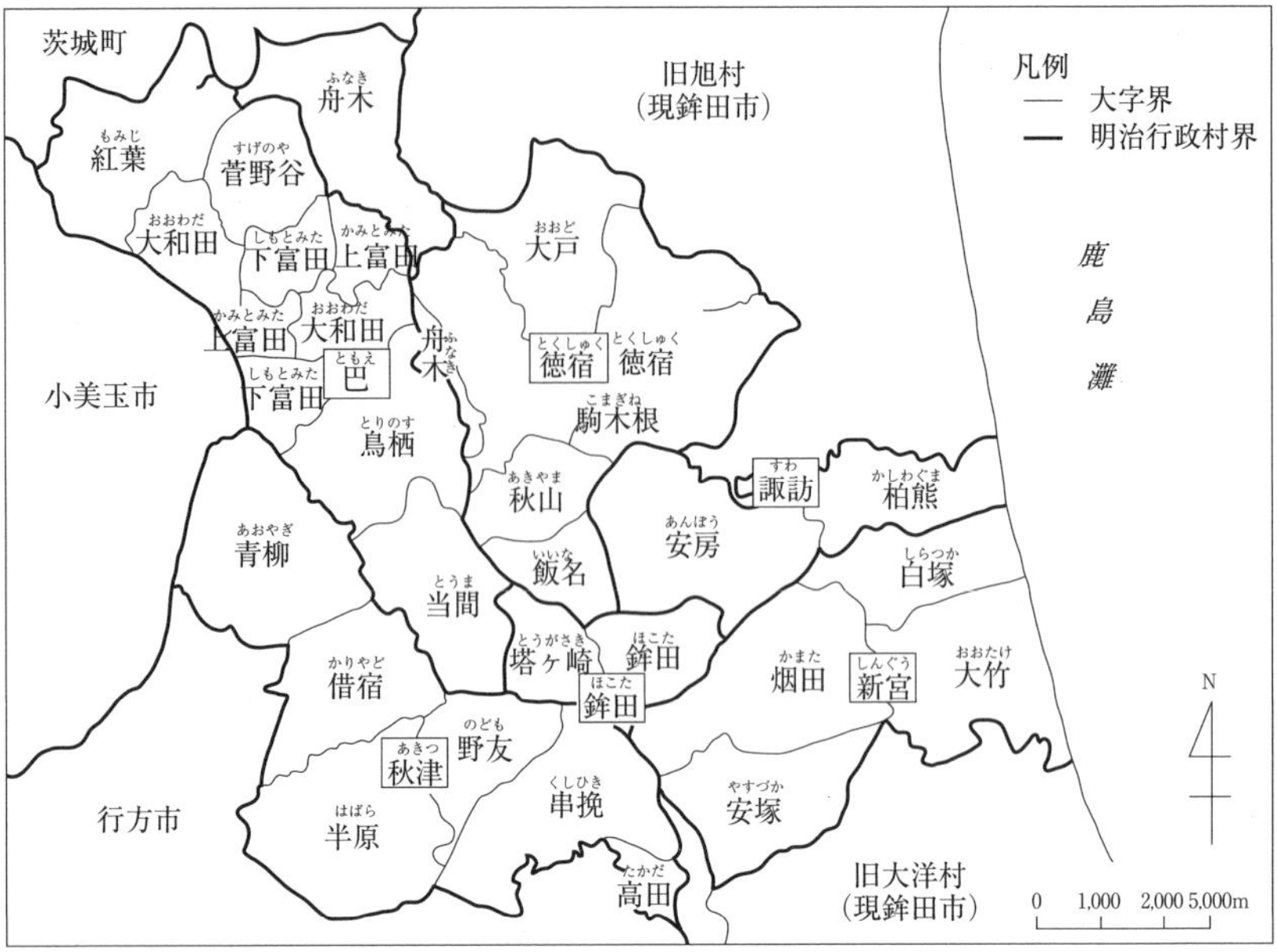

註）大字界および隣接町村名は2005（平成17）年8月現在のもの．舟木は1884（明治17）年成立．
□内の町村名は市制町村制によって成立した1889（同22）年の町村名．

図4-1　近現代の旧鉾田町域図（旧村別・明治行政村別区画）

しいものであったことを推測させるものでもある。

だが、その県庁の督促もなかなか効をなさず、改租竣功を予定していた翌七五年に入っても、事態の進展はみられなかった。このため、県庁は県官を管内各地に巡回させ、一層の説諭に努めねばならなかった。旧鉾田町域でも、同年三月に第三大区五小区村々の正副戸長、関渉人らの改租担当者が三光院（鉾田村）へ呼び出され、説諭を受けている。その内容は、延期を願い出る村々が相変わらず多いこと、あるいは、丈量が終わりその結果を記した地引帳や絵図面を提出した村もあるが、調査が万全ではなく再調を命ぜられた場合が多いこと、これでは「徒ラニ労費重ネ甚以不都合」[*55]であるから、「更ニ精調之上」検査を受くべきこと等々を指示し、あらためて丈量完了の予定を立て、それを申告するよう命じている。

こうして、新治県時代には、県庁の度重なる督促にも拘らず、とうとう実地丈量は完了しないままに、七五年五月七日、茨城県へと統合されることとなった。旧茨城県も事は同様であり、実地丈量未済のまま統合を迎えた。

4　地租改正事業の本格的展開

(1)　人民心得書の公布

新茨城県が発足した日、直ちに「地租改正ニ付人民心得書」が新管内に公布された。この「心得書」は、改租事業全般についてこれまでの経験を踏まえつつ、詳細にその事業内容と手順について規定したものである。このことからも、改租事業の実施が当時の県政の最重要課題の一つであったことがうかがえる。この早急な措置は、旧新治県権令中山信安が、新茨城県の長官（権令）に就任したこととも関係している。前節で指摘したように、中山は早期改租の推進者であった。新治県時代には、一八七五（明治八）年新税施行を目指して県下を指揮していた人物である。新茨城県発足日に「人民心得書」が公布されたのは、こうした中山の方針が全面に出たことによるのであろう。

加えて、「地租改正ノ儀ハ不容易事業ニツキ……各地方共一時改正難出来ハ勿論ニ付必シモ成功ノ速ナルヲ要セス」[*56]と慎重な方針をとっていた政府も、ここへきて全国的な改租事業の停滞を目のあたりにし、ようやく本腰を入れざるを得ない状況に追い込まれたことにもよろう。事実、三月二四日には地租改正事務局を設置し、大蔵（租税）・内務（土地）両省の管掌にかかる地租改正業務の統一を企図したことは、改租事業の統一化と迅速化を促すこととなった。改正事務局は五月に入ると活動を始め、以後、府県に対して迅速な事業の実施を指示するようになり、当初の方針に重大な変更を加えたのである。こうした政府方針の変化も、「人民心得書」の発布に大いに関係していると考えられる。

表 4-2　等級区分

上々	上中	上下
中上	中々	中下
下上	下中	下々

註）「地租改正ニ付人民心得書」（前掲）.

以下、この「地租改正ニ付人民心得書」[57]について一瞥しておく。

「心得書」は全二二ヵ条からなる。第一、二条は実地丈量の方法、第三条は分村、飛地の処理、第四、五条は合筆、切畝の取扱い、第六〜一〇、一三条は地価、等級、収穫等の調査方法、第一一、一二条、一五〜一八、二一条は荒地、新開試作地、塩田、山林原野、入会地等々の処理、第一四条は官員調査の実施、第一八条は切添、切開、隠田等に対する禁止規定、第一九、二〇条は郷村社境内、寺院境内の取扱い、第二二条は取調所設置の指示、等々がその箇条内容である。

右の箇条のうちの幾つかについては、詳しい内容紹介が必要である。まず、これまでにも旧茨城、新治県で進められてきた実地丈量の方法であるが、第一条で次のように簡潔に指示されている。おのおの持地の境界を確定して測量した結果を地引絵図に記載すること（記載事項欄＝反別・字番号・持主名）、また丈量済みの土地には「一筆限畝杭」を打ち建てておくこと。

実地丈量後の地価調査については、第六条以下に記されている。地価の算出方法については、「直作小作ノ別ナク」（第六条）、「其土地一ケ年取揚ケ米金」から種肥代、地租、村入費を差し引いた分（第一三条）の作益を見積り、地価を申し立てよと指示している。ここには、七三年の「地租改正法」にみられた地価算定方式——自作地方式（第一則）、小作地方式（第二則）——の併存、地価観念——法定地価と売買地価との併存——の混乱が払拭され、収穫量に準拠して一定の方式で地価を算出する法定地価主義の方法に統一されている。[58]

したがって、地価調査には収穫量調査が重要な作業となる。しかし、一筆毎にそれぞれの単位面積当り（反当）の収穫量を設定することは、相当の時間と労力を要するので、ここでは、等級制度を導入してその節約に努めている。

等級は表4―2のように、田畑共それぞれ九等に区分される。等級区分は地味の厚薄、収穫の多寡によるが、その外にも耕作の難易、水利の便否等の因子を勘案して決定せよとしている（第六条）。

また、畑地の収穫量調査に関しては、作物の種類も種々あろうから、麦あるいは大豆の本毛一作を規準として設定するよう指示されている。煙草、桑、茶等の栽培地については、近傍類地の麦、大豆の収穫量に準拠するものとされた（第九条）。

以上の実地丈量、地価調査を実施するにあたっては、一大区ないしは二大区に一ヵ所の取調所を設置すべきことが明示されている（第二二条）。こうして、「人民心得書」の発布による改租事業の迅速なる実施が、県庁方針の下に指令されたのである。

(2) 実地丈量

旧鉾田町域における実地丈量について一、二の村を例にとり、旧新治県時代から遡って検討する。鉾田村では、一八七四（明治七）年八月までに地引帳、絵図面を提出するように指示されていたが、同年四月に村を襲った大火によってそれが焼失したため、九月八日になって一一月までの延期願いを提出している。もっとも、焼失だけが遅延の理由であったかは定かではない。いずれにしても、控帳がなければあるいはそれも同時に焼失したのならば、あらためて丈量をやり直さねばならないことになる。

このためかどうか、翌七五年四月四日に入っても九分通りまで作業は進んだが、もうしばらく時間がかかる旨を願い出、同月二〇日までの延期を訴えている。[*59] しかし、その期日までにまたもや提出は叶わず、再々の日延べを願い出ている。その理由を上申書に語らせれば、「四月二二日迄日延奉願上地引帳絵図面出来御検査相成候尚又不調之儀有之」「地引帳絵図面上進仕候処再調被仰付候[*60]」ためであった。このため、五月二五日までの延期を願い出たので

表4-3　鉾田村丈量誤差表

地目	75年4月丈量反別	改正反別	誤差
	町	町	町
田	101.5528	101.7101	＋0.1503
畑	36.6423	36.5607	－0.0816
	内0.0214　官有地	内0.0521　官有地	
宅地	9.9801	10.2413	＋0.2612
	内0.3802　官有地	内0.3703　官有地	
小計	148.1822	148.5121	＋0.3229

註）明治9年4月「総計帳」（小島和夫家文書），明治10年1月「耕宅地等級合計表」（田山通夫家文書）より作成.

ある。

ところで、四月の県庁による調査にあわせて作成された「総計帳[*61]」に記された丈量結果と、丈量が完了し県庁に認可された改正反別[*62]とを比較すると、それほど極端な違いはみられない。表4—3からも明らかなように、改正反別は一四八町五反余であり、「総計帳」にある田畑宅地合計一四八町二反弱と大差がない。それでも、その不備を指摘され再調を命ぜられているのであるから、この実地丈量がいかに厳密であったかがうかがわれる。

ともあれ、鉾田村では、旧新治県時代にそれなりの実地丈量が進んでいたことは明らかである。しかし、多くの村々ではそう簡単にはいかなかった。近傍の借宿村などは、七五年一一月には「畦畔調中[*63]」の理由で一二月二〇日までの延期を、翌七六年一月にも二月一二日までの再延期を願い出ている[*64]。全県的には借宿村のような事例が多かったようで、事業の停滞は明らかであった。地租改正事務局も、こうした動きを察知してか、局員を二度（同年二、四月）にわたって茨城県へ派遣し、直接的な指導を行なっている。

この間、中央での動きも慌ただしくなった。七五年五月には地租改正事務局が活動を開始し、七月八日には「地租改正条例細目[*65]」が制定され、これまで各府県が個々に進めていた改租事業は、その調査の統一性が図られるとともに、中央の強力な統制の下に置かれるようになった。こうした事態に対応して、茨城県でも丈量方法に不手際がみられる村々も多いことから、八月一五日に至り、あらためて実地丈量の心得を配布している[*66]。加えて中央では改租の早期完了方針を固め、同月三〇日に「来ル明治九年ヲ以テ各地方一般改正ノ期限ト定ム[*67]」とする太政官達を発したため、茨城県でも早急な事業の進展が求められたのである。かかる厳しい情勢のなかで、実地丈量が急ピッチで進み始めたのは、翌七六年二月に中山茨城県権令が、「当明治九年ヲ以期限ト被相定即今之急務タル」[*68]との達を出したことを受けての四月に入ってからであり、県下全域でその完了をみたのは、ようやく九月になってからの事であった。

丈量方法は、十字法と呼ばれる不整形の土地を幾つかの長方形になぞらえて測量する方法が、茨城県では一般的であった。鉾田村でも、七五年の鉾田扱所の日誌に、「午後畑方十字調外関渉人一同畑田十字調……」[*69]とあるように、十字法によったようである。もっとも、県下の二、三割は三斜法と呼ばれる土地を幾つかの三角形になぞらえて測量する方法も用いられている。[*70]云うまでもなく、後者の測量方法のほうが精密度は高いが、前者が簡便であったためか、茨城県に限らず全国的にも十字法が多く用いられたようである。

表 4-4　新旧反別比較表

	地目	旧反別	新反別	差引（増減比率）
		町	町	町　　%
鉾田村	田	64.3715	101.7101***	＋　37.3316（58.0）
	畑	21.5512	36.5607****	＋　15.0025（69.7）
	宅地	1.8818	10.2413*****	＋　8.3525（442.3）
	小計	87.8115	148.5121	＋　60.7006（69.1）
鳥栖村	田	27.5922*	48.4920	＋　20.8928（75.7）
	畑	46.2725**	47.3513	＋　1.0718（2.3）
	小計	73.8717	95.8503	＋　21.9716（29.7）
茨城県	田	57,240.3220	78,391.5807	＋21,151.2514（37.0）
	畑宅地	93,103.5517	105,961.3719	＋12,857.8201（13.8）
	小計	150,343.8807	184,352.9526	＋34,009,0719（22.6）

註）「総計帳」（前掲），「耕宅地等級合計表」（前掲），明治 12 年 9 月 30 日「民費調」（鬼沢浩之助家文書），「茨城県管内常陸下総国十七郡新旧反別税額差引調」［1380］（『基礎資料』下巻，前掲）より作成.
*　砂押受崩清水湧荒地（6.7924 町）を差し引いた数値.
**　手余荒地（26.3805 町）を差し引いた数値.
***　掘揚ケ（2.7923 町）を含む.
****　官有地（0.0521 町）を含む.
*****　官有地（0.3703 町）を含む.

実地丈量の結果は、表4—4の通りである。これによると鉾田村では、田畑共六〇～七〇パーセントの増加率を示している。この増加率は、田畑平均でみた全国の五〇パーセント弱、[*71]茨城県の二三パーセント強の数値に比してかなり高い。全国的な傾向でみると、田の増加率が大きいのが特徴であるが（茨城県も同様である）、鉾田村の場合は、田の増加率もさることながら、畑の増加率が七〇パーセント近い有様である。全国六二の改租単位で、畑の増加率が七〇パーセント以上を示すのは、秋田、鶴岡、島根、静岡（駿河および伊豆）の五単位のみである。[*72] また、鉾田村では宅地の増加率も四四〇パーセント強とすさまじいが、実面積はわずかに八町余増である。この数値は、同村が近世期にいわゆる在郷町として発展したことにより、近在からの人口流入によってもたらされたことを示すものであろう。

鉾田村と同じ第一大区一一小区[*73]に属する鳥栖村の場合は、田の増加率が大きい（七六パーセント弱）のに比較して、畑のそれはわずかに二パーセント程度である。こうした傾向は全国的にみられ、畑の新反別が旧反別に比して減少している府県さえある。その原因は、畑から田への地目変更が多かったことによっている。[*74]

印旛県から新茨城県へと管轄替えした、旧総和町域における実地丈量の進捗状況についても一瞥しておく。同町域は一時的（七三年六月～七五年五月）に旧千葉県の管轄下に置かれていたが、同県でもこの作業はほとんど手付かずの状態であったらしい。その後、茨城県庁の下で同作業に取り組むことになる。同町域の上砂井村に残されている「地租改正下調掛日記」[*75]によると、同村の実地丈量は七五年一〇月に着手された。一体に丈量作業は秋の刈り入れが終わった農閑期に行われるのが通常であり、村々の正副戸長や地主惣代等がこれに従事している。同村では、この実地丈量に携わる面々を下調掛と呼んでいた。[*76]

丈量作業は一〇月下旬から始まり、大方は一二月末までに完了したようだが、一部は翌七六年の一、二月まで積み残している。その後、二月の中旬以降から丈量結果を図面として作成し、三月にはこの地図と丈量結果を取りまとめた帳簿を古河町におかれた扱所まで上納しに行っている。さらに、手直しやそのための計算のやり直しなどに手間取ったのか、六月中頃まで取りまとめが続いたようである。「地租改正下調日記」には、六月二五日から地位等級の調査に着手したことが記されていることから、この頃に丈量は竣功したものと思われる。久能村でもほぼ同様の経過をたどり、八月一〇日から等級調査に取り掛かっているので、[*77] 旧総和町域の実地丈量は、七六年の夏あたりに竣功したものと推測しうる。[78]

この間、中央において改租事業に対する方針が早期改租へと転換し、茨城県でもこの方針を承けて、改租事業の迅速なる進展を求めたことは先に述べた通りである。茨城県下全域での丈量が完了したのは、同年九月のことであった。

地租改正による新反別の増加は、農民にとっては既知のことであったが、それがもたらす心理的葛藤には複雑なものがあったと推察しうる。実地丈量によって、先にも指摘したように、土地所有権が公的に保障されるわけであるから、農民がこれを歓迎しない筈はない。しかし、反別増加が丈量によって県庁の掌握するところとなると、今度は地租負担の増加に憂慮することになる。丈量の後に続く地価調査に際して、農民が複雑な心境とならざるをえなかったことは、十分に推測しうるところである。

(3) 等級調査

地租改正がその調査対象とした筆数（個別地片の数）は、およそ八五〇〇万筆余にのぼる。[79] これらのすべてに反当収穫高を設定し、それに基づいて地価を設定することは、たいへんに困難な作業である。こうした地価調査に際して、その便宜の上から等級による土地の区分方法が浮上した。つまり、一村の近傍類地を一括したりしつつをそれぞれ田畑ごとに収穫や地味等を考慮して、一〇等程度に区分する方法である。そして、その等級に応じて反当収穫量を設定する。この方法に従えば、村内すべての耕地に収穫量を査定する膨大な作業が簡略化されることになる。かかる調査の簡便性が、等級制度の導入を必然化した。右にみた等級方式は、村内の耕地を等級によって区分するところから、地位等級と呼ばれた。

この地位等級制度は、しかし、一村内の地租負担の権衡は保証しうるが、他村との間のそれを保つ機能は有していない。そこで、各村間の権衡維持のために、各村々をその村柄に応じて等級に編成してゆく方式があみだされた。これが村位等級である。つまり、一地一筆ごとの収穫量調査の簡便化のために地位等級が、村間の相互権衡のために村位等級が、地価調査の手段として導入されたのである。

これらの等級制度は、七三年に公布された「地租改正法」にはその規定がみられない。改租事業の展開のなかから、府県や村段階における工夫によって生れたものである。もっとも、こうした等級区分は、旧幕藩体制下において行なわれていたものであるから、それらの旧慣がヒントとなったのだろう。現場サイドでの等級方式の採用は、その後、統一的な改租方式として中央に取り上げられ、全国一律にその実施を促されることになる。その劃期が、一八七五（明治八）年七月八日に制定された「地租改正条例細目」であり、その第四章「耕地収穫検査ノ事」[*80]にみられる規定である。

その「細目」では、村位等級に際しては「地味ノ美悪」「収穫ノ概量」等の土地条件を、地位等級の場合については一筆毎の「便否」「沃瘠」等の土地条件を斟酌して、等級の編成を行なうものとされている。地位等級が決定すると、各等級毎に田方は米、畑方は麦の収穫量が配賦される。この収穫量配賦が、「細目」の性格を端的に表明している。それというのも、この収穫量配賦にあたっては、「全管一反歩ノ平均収穫ヲ予算シ調査ノ目的トナスヘキコト」との指示があり、あらかじめ全管の予定収穫量（反当平均収穫量）――地租改正務局員有尾敬重の言に従えば、「達観上の予算」[*81]――を設定し、地租改正局の同意を得て事に臨む段取りとなっており、改租理念の一つである「旧貢租額の維持」を図る手段と化しているからである。

等級方式は、その後、さらに精密化されてゆく。七六年三月に達せられた「関東八州地租改正着手ノ順序」[*82]では、「先ツ各州ノ等級ヲ定メ夫ヨリ毎州中各郡ノ等級毎郡中各村ノ等級毎村中各地ノ等級ト順次ニ之ヲ定メ」てゆくよう規定されている。つまり、ここでの等級の組立ては、州位→郡位→村位→地位という段階的編成によるものと指示されたのである。このことは、「細目」で指定された村段階での「達観上の予算」が、より広い区画においても作成されることとなり、その「予算」の上から下への割当てよって、現実の収穫量調査との乖離を広く平均化させ、「旧貢租額の維持」を実現させようとしたことの表れである。こうして、等級制度を媒介とした「旧貢租額の維持」政策が、中央の指導によって府県へと押付けられるシステムができあがった。その詳細については、次項で取り上げる。

茨城県における等級編成の方式は、右にみた「着手ノ順序」を踏まえつつ、県内巡回を経験した地租改正事務局員によって作成された「茨城県地位等級及ヒ収穫地価調査順序」[*83]（七六年七月）に準拠している。この「調査順序」によると、国→郡→区→村→一筆という手順で等級を組立ててゆくこととされている。つまり、等級は下から段階的に積み上げられて編成されるのではなく、逆に上から下へと順次に組み立てられてゆくことになる。先の「着手ノ順序」と、その構造はまったく同様である。

「調査順序」の手順に準拠して各等級の編成を指示したのが、同年八月二六日の県布達第二七四号[*84]である。国位と郡位については副区長、郡村総代が、小区位は正副区戸長、郡村総代が、村位は各村戸長、小区地主総代が、おのおの投票によって決定する。その期日は、国郡位は九月一五日、小区村位については九月三〇日までと定められた。その等級編成にあたっては、土地の肥瘠・便否、山川の景況、気候の善悪等の因子が斟酌条件として設定されている。

この布達に基づいて、県下一斉に等級調査が開始された。国・郡位は早々にその見込みが立てられ、県庁へと提出された。その見込書によると、国位は常陸国が一等位、下総国が二等位とされ、全管内の郡位は七等級に分かたれ、現鉾田町の大半が位置した鹿島郡は、全一七郡中最劣等位の七等に区分された[*85]。

旧鉾田町域では、鹿島郡第一大区一一小区二〇ヵ村が連合して、村位の組み立てが行なわれた。ここでは、小区内村々の「各村田位比較表」「各村畑位比較表」「各村宅地位比較表」が作成され、さらにそれを総合した「各村等級表」が作られた。表4—5は、右の各表を一覧にしたものである。県庁宛のこの四つの表には、一八七六（明治九）年と

表 4-5　鹿島郡第 1 大区 11 小区村位等級表

等級	田位	畑位	宅地位	村位
1	安房村	白塚村・柏熊村 勝下村・荒地村 玉田村	鉾田村	安房村
2	徳宿村・大戸村	子生村・滝浜村	塔ケ崎村 樅山村・子生村	鉾田村
3	鳥栖村・鉾田村	樅山村・安房村 勝下新田村 鳥栖村	烟田村・安房村 勝下村	鳥栖村・飯名村 秋山村・徳宿村
4	秋山村・飯名村 烟田村	烟田村・鉾田村 柏熊新田村 徳宿村	(安房村)・鳥栖村 勝下新田村 当間村	白塚村・柏熊村 勝下村・子生村 勝下新田村 樅山村・烟田村 大戸村
5	塔ケ崎村 当間村・子生村 駒木根村 玉田村	飯名村・秋山村	徳宿村・飯名村 秋山村 駒木根村	滝浜村・玉田村 柏熊新田村 荒地村 塔ケ崎村
6	白塚村・滝浜村 柏熊新田村 勝下村・荒地村 勝下新田村 樅山村	塔ケ崎村 当間村・大戸村 駒木根村	大戸村・白塚村 柏熊村・荒地村 柏熊新田村 玉田村・滝浜村	駒木根村 当間村

註）明治 9 年「比較表書上ケ扣」（菅井達也家文書，旧鉾田町史編さん室蔵）．宅地等級の原表には，二，三の手違いが見受けられたので，筆者の判断によった．判断不能のものは，（　）を附しておいた．

だけ記されており、その提出月日は不明であるが、これらの等級調査の後に実施された模範地組合の調査結果（後述）を記した「比較表」が、同年一〇月の日付になっていることから推測して、おそらくは県庁の指示した期日内に提出されたものと思われる。

県下全域の調査状況は、しかし、県庁の思惑に反してスムースには進まなかった。県庁ではそのため、九月二〇日付で「等級表」の提出を督促し、あらためて一〇月五日をその期限とした。その際、「右期限ヲ愆リ候以上ハ従前定免検見ノ無差別本年稲作刈入之頃合ニ至リ候トモ暫ラク鎌入之儀一般差止候場合」[*86]もあると、鎌入差止めの恫喝まで加えている。それでも調査の進捗具合は芳しくなく、翌月一五日に至って再び「大急持廻り」と記した督促内容の「廻状」[*87]を発せねばならなかった。

県庁では、「等級表」提出の督促と並行して、次の作業となる地位等級調査に関する細目を作成し、一〇月三日に県布達第三一六号[*88]を公布し、その別紙

「地位等級調査心得書」で詳細な調査方法を指示した。「心得書」にみられる等級編成の特徴は、模範組合村方式を採用したところにある。この方式は茨城県に限らず他の関東諸府県を筆頭として、後期改租の諸府県に共通するものである。「心得書」によると、各村毎の地位等級編成に先立って組合を結成し、その組合のなかから模範村を選定して、まずその模範村の地位等級調査を実施することになる。

組合は小区を単位とするようにもとれるが、必ずしもそれに固執するものではなく、地理の景況に応じて二〇ヵ村程度を連合して一組合を結成する。その組合の中から、各小区正副区戸長、郡村総代、小区総代人の参加によって、一村を模範村として選定する。模範村選定の規準は、「其組合中央ニテ適宜」の村、ないしは「小区ニ跨ル組合ハ其接続ノ村落」とする。茨城県では右にみたように、模範村の選定規準が地理的要因におかれているが、全国的には「村位が標準以上の村」[*89]、あるいは「地種地味にヴァライエティの多い」[*90]村等々が模範村とされる場合もあり、一様ではなかった。

こうして選定された模範村で、まず地位等級の編成が行なわれる。等級の組み立てにあたっては、土地の肥瘠、収穫の多寡、運輸の便否、耕耘の難易等の土地条件を勘案し、九等以内の等級にまとめられる（場合によっては、等外に一、二等を設けたり、各等級内に甲乙の区別を立てることも可）。等級区分の収穫量規準は、等差につき米、麦いずれもおよそ一斗五升（反当）を目安とする。以上の条件を考慮して、副区長、郡村・小区両総代の指示の下に、地主総代、正副戸長の協議によって、模範村内の地位等級が決定する。

「心得書」は続けて、組合各村の一等地比較調査を指示する。この調査は、組合村々の「権衡ヲ比準」することが目的であり、「其組合村々ノ一等地ヲ模範村ノ一等地ニ比準シ其優劣ヲ議定」するものであった。その際、先般の村位に必ずしも拘泥することなく、あくまで「各村一等地ノ優劣」によることとされた。この比準が後の調査の参考とされるので、順序としては、模範村の等級調査に先行することになる。

表4-6　鹿島郡鉾田村模範地組合一等地比較表

等級	田方一等地	畑方一等地	宅地一等地
1	上富田村	安房村	鉾田村
2	安房村・大戸村	勝下村・子生村	烟田村 塔ケ崎村
3	烟田村・安塚村 当間村・鳥栖村 徳宿村	烟田村・安塚村 下富田村	安塚村・当間村 柏熊村・子生村
4	鉾田村 塔ケ崎村 秋山村・飯名村 下富田村 柏熊村・子生村 玉田村・荒地村	塔ケ崎村 鳥栖村・秋山村 飯名村・徳宿村 大戸村・玉田村	駒木根村 勝下新田村
5	駒木根村 滝浜村	鉾田村・当間村 駒木根村 柏熊村 勝下新田村	鳥栖村・秋山村 飯名村・安房村 下富田村 上富田村 徳宿村・大戸村 滝浜村・勝下村 玉田村・荒地村
6	勝下村 勝下新田村	上富田村 滝浜村・荒地村	

註）明治9年10月「鹿島郡鉾田村模範地組合各村田方一等地比較表」，同「畑方一等地比較表」，同「宅地一等地比較表」（田山通夫家文書，前掲）．

以上の「心得書」の調査手順に基づいて、管内では組合が結成され、模範村の選定とその地位等級の編成が実施に移された。もっとも、組合の編成は管内区々の協議にはよらず県庁が適宜区分し、同七日それを布達している。[*91] 旧鉾田町域では、鉾田村外の鹿島郡下二一ヵ村が連合し、鉾田村を模範村とする組合が結成された。鉾田村模範地組合では、まず、組合各村の田畑宅地それぞれの一等地比較調査が実施され、模範村たる鉾田村の一等地に比準して、各村の一等地がそれに連結された。調査は迅速に進んだようで一〇月中には完了し、田畑宅地別の「一等地比較表」が作成されている。この三種類の「比較表」を一覧にしたのが、表4—6である。

この作業の後、模範村と選定された鉾田村の地位等級調査が行なわれた。この検査にもっぱら従事するのは、新設の地主総代である。これは県布達三一五号[*92]でその選挙が指示され、町村毎に一五町歩に一人程度の割合で置かれることとなった。鉾田村では、横田利助、渡辺平兵衛、同久右衛門、黒田吉作、岩瀬幸蔵、大場八郎治、君和田七三郎の七名が選出され、渡辺久右衛門がその世話役となった。これらの地主総代に二名の副戸長（渡辺藤樹、堀米半右衛門）が加わり、小区総代（菅谷源兵衛）、郡中総代（柳川宗左衛門）が彼らを指揮して調査が進められた。[*93]

この検査は一筆毎に等級区分をするのであるから、各村の一等地調査ほど事は簡単に運ばなかった。若干の紆余曲折も生じたのであろうか、鉾田村では翌七七年一月（日付不詳）に入って、当月二五日までの日延願いを県庁に提出しているが、[*94] 延期日までには調査を完了させた。その結果は表4―7の通りである。調査の完了にともない、鉾田村模範地組合傘下の全村が、副戸長、地主総代連印で請書を提出している。このことは、鉾田村の地位等級が規準となって組合村々の地位等級が編成されてゆくため、ここで決定された鉾田村の地位等級に、組合村々が異議のないことを誓約せねばならなかったからである。それは、次の調査たる組合村々の地位等級調査の迅速化と、組合内における権衡、つまりは公平均一の検査を達成するために必要な措置であった。

表 4-7　鉾田村耕宅地等級合計表

等級	田反別	畑反別	宅地反別
1	町 3.0124	町 0.2219	町 5.7010 内 0.1720　官有地
2	1.9714	0.2303 内 0.0019　官有地	4.5403 内 0.2413　官有地 0.1003　民有社地
3	12.7722	1.4713	
4	16.9802	8.4124	
5	25.5601	12.8715	
6	11.4115 内 0.0027　掘揚ケ	13.3323 内 0.0502　官有地	
7			
8	29.9813 内 2.7826 掘揚ケ		
小計	101.7011 内 2.7923　掘揚ケ	26.5607 内 0.0521　官有地	10.2413 内 0.3703* 官有地

註）明治 10 年 1 月「耕宅地等級合計表」（田山通夫家文書，前掲）．
* 小計数値が合わないが，そのまま記載した．

この模範組合村方式は、既述した「関東八州地租改正着手ノ順序」にその規定はない。この「順序」の特徴は、州位→郡位→村位→地位という段階的な等級編成にあり、各段階での相互権衡がもっぱら重視される仕組みとなっている。だが、その権衡を達成するための具体的な方法は示されてはいなかった。「順序」が制定された後に本格的な等級調査へと着手した府県が、おしなべて模範組合村方式を導入したわけは、かかる相互権衡を図る手段としてであった。

模範村の地位等級が確定すると、次に組合各村における一筆毎の地位等級が編成される。鉾田村模範組合の村々では、鉾田村の調査終了後直ちにその編成作業に入ったかは定かでないが、調査開始にあたって「誓約書」を取り交したことが判明する鳥栖村、[*95]樅山村[*96]の両村では、「誓約書」の日付が同年五月初旬となっているので、両村の等級調査はそのころからはじまったとみて差し支えあるまい。この「誓約書」には、地位等級調査にあたっては、「各地ノ比準ヲ取聊権衡ヲ不失様」(鳥栖村「協議誓約書」)、「公平均一ヲ旨トスル」(樅山村「誓約書」)との文言が冒頭に記されており、模範組合村方式の企図する相互権衡重視の理念に忠実であろうとする姿勢が全面に打ち出されている。

組合村々での地位等級の編成は、模範村のそれに準ずることになるが、一例として鳥栖村の場合を取り上げてみよう。鳥栖村では、田方が一〜八等、畑方が一〜九等(等外一等)に区分され、等外を除く等級がすべて甲乙丙に小区分されている。他の事例が定かでないので確かなことは不明だが、他村でも同様な編成が行なわれたものと推測しうる。ここで設定された等級内小区分は、収穫量等差が反当一斗五升とされている以上、精密な等級編成を進める上では不可欠な区分であろう。もっとも、この小区分の採用は、先にみた「地位等級調査心得書」の許容範囲にあるもので、この結果、実質的な等差は反当五升ということになった。

模範組合村方式に基づく等級編成は、これまでにも検討したように、組合内における相互権衡を達成することにあったが、模範組合間の比準、権衡を得る手立てに欠けていた。そこで県庁は、七七年二月二四日、「甲乙模範組合地位比較表調査順序」[*97]を達して、「甲乙模範組合ニ比較村ヲ設置シ彼是ノ権衡其適当ヲ得サシメ偏軽偏重ノ患ヲナカラシメン」ことを期した。これは隣接する組合相互の比較のため、それぞれ接壌村のなかから比較村[*98]を選定してその等級を対比し、相互の権衡を図るというものである。この作業には正副区戸長、郡村小区両総代があたり、地位の肥瘠、収穫の多寡、運輸の便否、耕耘の難易、水旱の有無等を参酌すべきものとされた。

調査対象となる等級は、それぞれ甲乙組合に属する接壌村＝比較村の最上等、最下等地であり、その調査結果が「比較表」として作成された。最上、最下地が取り上げられる理由は、「最上ノ土地収量若干ト適当ノ穫量ヲ概定シ定規ノ開キヲ以テ其中間ヲ計算ナサハ自ラ該村地位相当ノ等級ヲ得ヘシ」[*99]というところにある。こうして、組合間の比準、権衡が図られたが、同様に郡相互の対比にも比較村の調査が利用された。この調査が完了すれば、一等地を媒介として地位等級が全管に連結することになる。

県庁の思惑は、右の調査結果を用いて、全管の一等地に仮収穫量を配賦して、その多寡により全管の平均収穫量を算出し、郡位も設定することで、郡段階での概算を求めることであった。[*100]以上の調査が整えば、郡位、組合村位、地位が全管に連結されることになる。村位についても、同年三月九日の収穫概量見込調査に対する県庁の指示のなかで、「郡内村位ヲ立猶全管内ノ郡位ヲ立ヘシ」[*101]と命じられており、郡位から地位までが段階的に全管連結のシステムへと編入されることとなった。

ちなみに、この県庁指示のなかで、村位決定後に「其村位等級ニ応シ収穫概量ヲ分賦シ毎村収穫仕出シヲ製スヘシ」との指令があり、続けてその額が「全管江合計シ当リ見込収穫ニ適セサル時ハ再調査ヲナス」と断じている。つまりは、県庁の見込収穫に相当しないものは許可されないわけである。この県庁の見込額は、中央の地租改正事務局の圧力によって、「旧貢租額の維持」を全国平均規模で実現しようとして作成された「達観上の予算」に基づくものである。これらのことからも明らかなように、模範組合村・比較村方式に基づく等級編成の方法は、一方で区々村々間の不権衡を是正し、統一的なシステムへと再編成することであり、それは「地租負担の公平」を貫徹させるための相互権衡実現の手段であると同時に、他方で「達観上の予算」を上から押し付けるためのものでもあった。

この点に関していま少し正確に云えば、七七年一月の減租の詔勅により「旧貢租額の維持」という方針は放棄せざるをえなくなったため、税収面からみれば、予定収穫量の確保が死活問題としてこれまで以上に大きな課題として浮上してきたわけである。さらに、関東地方に拡がる軽租地（特に畑地）に対する税の引き上げによって、全国各地との「地租負担の公平」を確保するためにも、不可欠のことであった。

(4) 収穫量調査

地位等級の組み立てが完了すると、その等級に応じた収穫量の調査が開始される。ただし、その収穫量の多寡によって地価―地租の高低が決定されることになるのだから、中央においては、既に関東各府県に対する地租額をあらかじめ概算し、そこから逆算した平均反収を見込んでいた。その見込数値は、はやくも七六年に作成され府県長官へと通達されていた。その際の反応について、松方正義が大久保利通に宛てた二通の書簡によると、「埼玉、栃木両県少々ぐつ〳〵陳述[*102]」、「東京、茨木（ママ）、群馬三県は御安心可被下候[*103]」と記されており、見込額に対する不満を表明した府県長官もあったが、茨城県長官は中央の見込数値を基本的に受け入れる姿勢を示していた。

その後、翌七七年九月には、関東府県官会議が開催され、改正局よりあらためて府県毎の平均反収が指示された。その数値は、前年度のものよりは若干引き下げられてはいたが、府県長官が持ち寄った見込よりは上回っていた（表6―12、二八六頁参照）。ここで注目すべきは、埼玉県の畑地を除けば、茨城県のみが田畑共に改正局の見込額を上回る数値を提示していることである。茨城県長官が一貫して中央よりの立場にあったことは、これまでの記述に照らしてみて、およそ明らかである。

こうして、改正局より指示された見込額を各府県長官は持ち帰って来たわけであるが、その格差に相当苦慮しなければならなかった。等級調査に続く収穫量調査とは、したがって、かかる「達観上の予算」に基づく「押付反米」を、公平の名の下においていかに管内へと配賦するかが焦点となるものにすぎないのである。そのことは、等級調査自体も、上から強制された収穫量を賦課する準備作業として、利用されることになる。本来であれば、同時に進行する筈の等級調査と収穫量調査が分断され、等級調査を先行させたところに、その欺瞞性が隠されていたのである。前項末尾近くで紹介した七七年三月の県庁指示は、右の事態を端的に示したものである。

茨城県では、同年一〇月二四日、「全管内各郡収穫其他調査之儀」全一二条が会議決定され、その第五条で全管の地位等級を連結し、田畑の最上等地は反収二石五升、末等地は同三斗と設定し、「全管内等級一等ヨリ十二等以内ニ止メ以下等外四等迄ヲ極度トシ其開差等内ヨリ等外へ移ル五升以下順次五升劣リ」[*104]と確定した。この地位等級別の反収を一覧化すれば、表4―8のようになる。この会議では、同時に、郡位とそれに対応した田畑の反収目的表も提示されている。この表によれば、田は一～一五等、畑は一～一七等に再区分され（前年度一～七等区分の修正、細分化）、一等豊田郡は田反収一・一四九石、一五等那珂、葛飾両郡は同〇・七九九石と目論まれている。

表 4-8　茨城県地位等級別反当収穫量

田＝米，畑＝麦（単位：石）

等級		反当収穫量	等級		反当収穫量	等級		反当収穫量
1 等	甲	2.05	6 等	甲	1.30	11 等	甲	0.55
	乙	2.00		乙	1.25		乙	0.50
	丙	1.95		丙	1.20		丙	0.45
2 等	甲	1.90	7 等	甲	1.15	12 等	甲	0.40
	乙	1.85		乙	1.10		乙	0.35
	丙	1.80		丙	1.05		丙	0.30
3 等	甲	1.75	8 等	甲	1.00	等外 1		0.25
	乙	1.70		乙	0.95	等外 2		0.20
	丙	1.65		丙	0.90	等外 3		0.15
4 等	甲	1.60	9 等	甲	0.85	等外 4		0.10
	乙	1.55		乙	0.80			
	丙	1.50		丙	0.75			
5 等	甲	1.45	10 等	甲	0.70			
	乙	1.40		乙	0.65			
	丙	1.35		丙	0.60			

註）『茨城県史料』I（前掲）300 頁より作成.

収穫量は、おおよそ次のような手順で決定された。まず、各郡の最上等地と末等地の調査を実施して、表4―8の等級反収に連結させる。あとは既に調査済みの地位等級を同様に連結させ、等級別の面積を乗じて各郡の平均反収を算出し、それに基づいて郡位を決定する。ここで算出された各郡の反収は、先の関東府県官会議で決定された茨城県の平均反収を基に再調整され、最終的に決定される。目的表に記された郡位別平均反収が、それである。こうして各郡の平均反収が決定すると、「右収量毎村へ配賦スルヲ議定」[*105]することになるが、ここでは既に村位等級が編成されているので、それを規準として、村

表 4-9　郡位および平均反収（田）

等級	郡名	平均反収（米）
		石
1 等	豊田	1.195
2 等	久慈	1.114
3 等	新治	1.103
4 等	真壁	1.085
5 等	筑波	1.052
6 等	多賀	1.027
7 等	相馬	1.019
8 等	行方	0.982
9 等	茨城	0.979
10 等	信太	0.974
11 等	結城	0.967
12 等	岡田	0.927
13 等	河内	0.924
14 等	猿島	0.898
15 等	鹿島	0.831
16 等	那珂	0.829
17 等	葛飾	0.778
	平均	1.000

註）『茨城県史料』I（前掲）308 頁.

表 4-10　郡位および平均反収（畑）

等級	郡名	平均反収（米）
		石
1 等	豊田	1.061
2 等	久慈	0.985
3 等	新治	0.983
4 等	真壁	0.958
同	筑波	同
5 等	結城	0.934
6 等	相馬	0.933
7 等	多賀	0.913
8 等	岡田	0.883
9 等	茨城	0.858
同	河内	同
10 等	信太	0.857
11 等	行方	0.839
12 等	猿島	0.833
13 等	葛飾	0.773
14 等	那珂	0.734
15 等	鹿島	0.729
	平均	0.884

註）前表に同じ.

毎の平均反収が割当てられることになる。次いで、「毎村へ収穫量配賦セシ以上地位等級精撰方ヲ議定スル」[*106]段取りとなる。その際、既済の地位等級調査を表4―8にみられるように全管へと連結し、それが見込の反収に合致しなかった場合は、その調査結果を微調整しなければならない。

要するに、これまでに実施された「下から」の調査は、見込による平均反収を中央→県→郡→村へと上から下に振り分けるための事前調査として利用され、それが見込に照応しない場合には再調が命じられたのである。かかる収穫量調査を農民が「押付反米」と呼んだのは、その調査の内実（＝「上から」の強制）を、的確に認識していたからである。

茨城県では、七七年末から翌年初頭にかけて、右のような収穫量調査が進められたが、その過程で齟齬が生じ、七八年二月には、郡位とその平均反収が修正された。その変更後の郡位、反収が、表4―9、10である。この表によると、茨城県の平均反収は、改正局から割り当てられた一・〇四二石（田）、

表4-11　鉾田村組合村々田畑一等甲地収穫表

村名	平均反収（米）	県該当等級
	石	
安房村	1.60	4等甲
徳宿村	1.55	4等乙
上富田村	同	同
大戸村	1.50	4等丙
鉾田村	同	同
安塚村	同	同
下富田村	1.45	5等甲
鳥栖村	同	同
当間村	1.40	5等乙
秋山村	1.35	5等丙
飯名村	同	同
塔ケ先村	同	同
駒木根村	1.30	6等甲
荒地村	同	同
子生村	同	同
樅山村	同	同
玉田村	1.25	6等乙
勝下村	1.20	6等丙
滝浜村	同	同
勝下新田村	0.35	12等乙

註）年月不詳「鹿島郡鉾田村模範地組合村々田畑一等甲地収穫」（田山通夫家文書，前掲）より作成.

表4-12　鉾田村組合村々畑一等甲地収穫表

村名	平均反収（麦）	県該当等級
	石	
当間村	1.65	3等丙
安房村	1.60	4等甲
下富田村	同	同
鳥栖村	同	同
子生村	同	同
玉田村	同	同
勝下村	同	同
徳宿村	1.55	4等乙
荒地村	1.50	4等丙
上富田村	1.45	5等甲
大戸村	同	同
鉾田村	同	同
安塚村	同	同
秋山村	同	同
飯名村	同	同
塔ケ先村	同	同
樅山村	1.40	5等乙
滝浜村	同	同
駒木根村	1.35	5等丙
勝下新田村	同	同

註）前表に同じ.

○・九二七石（畑）に比して、田が一・○石、畑が○・八八四石と若干引き下げられていることがわかる。もっとも、地租改正の最終結果はこの数値がわずかではあるが引き上げられ、田が一・○一六石、畑が○・八八八石となっている。

鉾田村模範組合でも、収穫量調査が実施されたが、その全貌を示す史料は見当たらない。現在、判明しているものは、組合各村の最上等地（一等地甲）に配賦が決定した収穫量のみである。これを一覧にしたのが表4―11、12であるが、田畑共に、そこで決定された等級―収穫は全管内（表4―8参照）に連結されている。例えば、安房村の田地一等甲地は、茨城県管内の四等甲地に該当し、その反収は一・六石ということになる。

両表を一見して明らかなように、旧鉾田町域の最上等地は、田畑共に管内でそれほ

表 4-13　改租適用米・麦価

	米価	麦価
	円	円
岡田・葛飾 結城・猿島 相馬・豊田	4.79	1.51
久慈・多賀	4.05	1.06
茨城・鹿島 信太・新治 河内・筑波 行方・真壁	4.57	1.44
那珂	4.36	1.30

註）『紀要』上（前掲），茨城県の項．

ど高い地位を占めているわけではない。このことは、先に示した郡位表（表4—9、10）をみれば、一目瞭然である。旧鉾田町域が位置する鹿島郡は、田が一七等中の一五位、その反収は〇・八三一石、畑に至っては一五等中最下位で、反収は〇・七二九石にすぎない。茨城県の田平均反収も、千葉、青森県に次いで最下位グループに入っているのだから、旧鉾田町域の平均的な生産力水準は、全国的にみて相当下位に位置することになる。

以上にみた茨城県の収穫量調査は、前項の等級制度と同様に、関東各府県と共通するものであった。遅れている関東改租を一気に竣功させるため、そして、これまでの軽租を否定して増租（「押付反米」）を企図し、画一的な方法を関東諸府県へと適用したのであるから、それは当然の結果と云いうる。こうした増租の強行と画一的な方法による調査は、必然的に農民の不満を生ぜしめることになる。茨城県下の那珂や真壁で起きた大規模な一揆*107とはその内実の異なる嘆願運動が、関東各地で展開していったのである。*108

(5) 地価算定上の諸要素

地価を算出するには、面積、収穫量、米・麦価、種肥代、利子率等々の諸要素が確定されねばならない。このうち、控除部分たる種肥代は一律に収穫の一五パーセント、地租は地価の三パーセント（後に二・五パーセント）、村入費は地価の一パーセントとされている。したがって、既に実地丈量によって面積が、等級—収穫量調査によって収穫量が確定しているので、あとは米・麦価と利子率が決まれば、「地方官心得」第一二章に設定されている地価算定方式（図1—1、四六頁参照）を用いて地価が算出されることになる。

米、麦価は、七五年三月、「改租ニ用ユル米価ハ渾テ三年ヨリ七年迄ヲ限リ此五ケ年間ノ平均相場ヲ用ユヘシ[*109]」との中央からの指令があり、管内二三ヵ所の米、麦価を調査し、その平均相場に若干の斟酌を加えて表4―13にみられるように管内に四つの相場を設定した。旧鉾田町域では、米・麦価ともに管内で二番目に高い相場が適用された。

利子率は、おおむね一律に六パーセントと設定された。利子率がほぼ一律とされた理由は、高地価水準に基づく高地租＝「旧貢租額の維持」を企図した明治政府の思惑にあり、そのために低利子率による資本還元を強要したためである。六パーセントを通常とし、極度を七パーセントと定めた「地方官心得」第一九章の規定[*110]がそれである。この規定は、改租が進行するにしたがってますます厳しくなり、ほぼ一律に六パーセントの利子率が適用されることとなった。茨城県庁でも、こうした事態を反映して、「利子ハ渾テ六朱ヲ用ユルヲ法トス[*111]」と指令している。

こうした利子率の形式化は、しかし、地価決定の上での土地条件を斟酌しえない矛盾を生ぜしめることになる。先にみた等級調査において、さまざまな土地諸条件を参斟したのは、かかる利子率の形式化からくる地価決定上の困難を解消しようとしたからに外ならない。本来であれば利子率で斟酌すべき土地諸条件――地位ノ肥瘠、収穫ノ多寡、運輸ノ便否、耕耘ノ難易、水旱ノ有無等[*112]――が、等級編成の過程でその参斟条件として吸収されたのである。等級編成上の諸因子が複雑化したのは、以上のような理由からである。したがって、「極不便ナル山間之村落等実況止ヲ得サル事故アル部分[*113]」、ないしは「其沿川ノ水害夥多ニシテ随時多費ヲ要スル部分[*114]」のみが、わずかに利子率での斟酌が認められたにすぎない。

5　地租改正の結果

耕宅地の地租改正は、一八七八（明治一一）年に竣功し、ここで決定された新地租は七六年に遡って収税される

表 4-14　新旧地租額の比較（Ⅰ）

単位；円，（　）内%

	地目	新地租額	旧貢租額	差引額（比率）
茨城県	田	766,364	1,187,003	－420,639（－35.4）
	畑宅地	323,513	182,649	＋140,864（＋77.1）
	小　計	1,089,877	1,369,651	－279,774（－20.4）
鉾田村 *	田畑小計	835	1,270	－　435（－34.3）

註）『基礎資料』下巻，［1380］（前掲），明治 9 年 12 月 24 日「無題」（田山通夫家文書，前掲），明治 12 年 2 月，「民費調」（田山通夫家文書，前掲）より作成．

* 鉾田村の比較数値は，直接的な史料が未見のため，二，三の間接史料に若干の手を加えた推計によるものである．推計は，以下の方法によっている．

①新地租額は，前掲「民費調」に記されている 1001.956 円が，他の史料（小島和夫家文書中の「大字ごとの地価地租」）から判断して，地価 3%の数値と推定し，これを 2.5%に換算したものである．

②旧貢租額は，前掲「無題」に記されている 74 年度旧租税，米 273.3035石，金21.355円のうち，現石分を鹿島郡の地租改正使用米価（4.57円）で貨幣形態に換算し，金納分をそれに加算したものである．旧貢租額は，本来であれば，過去数ヵ年分の平均によるべきであるが，今回はその方法がとれなかった．

こととなった。[*115] この新地租額（地価の二・五パーセント）と旧貢租額とを比較すると、表4—14の如くである。茨城県全域の結果でみると、田は三五・四パーセントの減租、畑宅地は七七・一パーセントの増租、両地目を合わせると二〇・四パーセントの減租なる。鉾田村の結果は、地目別の数値が不明であるが、田畑の総計で三四・三パーセントの減租である。

　これらの改租結果を、全国および茨城県の位置する関東地区と対比してみると（表4—15参照）、次のような特質が見出されうる。関東地区との対比では、茨城県の場合、田の増租率が大きく畑のそれは小さい。全体では同県の減租率が関東地区の二倍強を示し、全国的な減租率とほぼ同じである。もっとも、畑宅地に関しては、全国的にみた場合、旧貢租との増減はほとんどみられないに等しいが、同県の増租率は著しく大きい。

　表4—15の数値を見据えながら、以上の検討を総合すると、大略以下のような結論が得られる。田は全国的にほとんどの地区で減租傾向を示し、畑宅地は全国平均では新旧租額にほとんど変化はないが、関東地区では大幅な増租となっている。同地区は地目別にみて畑地が多く、そのため田畑総計でみた改租結果は、全国の数値に比べて減租率が小さくなった。同地区で畑地の増租率が大きかったのは、関東畑永と呼ばれる事実上の安石代化した軽租が広範に存

在していたからである。つまり、改租理念の一つである「地租負担の公平」を名目として、軽租地の地租を引き上げた結果である。先にも指摘したように、政府が関東地区を増租地帯（地価三パーセントの場合）とみなして、改租実施を遅らせていたのは、こうした背景があったからである。

茨城県の改租結果も、関東地区のそれとほぼ同様の傾向にある。ただし、畑地の増租率が同地区のそれを下回っており、田地の減租率がやや上回っているため、全体的には関東地区の八・六パーセントの減租率に対して、同県のそれは二〇・四パーセントという全国平均の結果とほぼ同様の減租率を示している。畑地の増租率が茨城県と関東地区全体とで異なっているのは、次のような事情からである。

地租改正に先立つ七二年九月、政府より安石代、定石代の改正が達せられ[*116]、さらに翌年一月には当該地の貢租は二倍以上の増租とするとの指令があり[*117]、その結果、ほぼ一律に畑永の二倍増租が実施された[*118]。ところが、茨城県の場合は、旧水戸藩領で行われた天保検地の際に、この畑永が既に倍増されていたのである[*119]。旧茨城県庁は――おそらく中央からの指令に基づいてと推察しうるが――、こうした事情を配慮して畑永の七割増租を指令した。これに対して、県下村々ではその増租率の大きいことに反発し、その減額を要求して抵抗したが、県庁の指定した七割増租で押し切られてしまった[*120]。茨城県の畑地が、他の関東府県のそれに比して増租率が二〇パーセントほど低く押えられたのは、したがって、二度にわたる畑永の増租（二倍→七割増）という事情を斟酌したことの結果であろうと推測しうる。

鉾田村の減租率が大きいのは、田地の割合が畑地と比較して大きいためである。これまでにも指摘したように、田は全国的に減租の傾向を有しており、田地割合の

表 4-15　新旧地租額の比較（Ⅱ）

単位；%

	改正反別比率		新旧地租額増減比率		
	田	畑	田	畑宅地	小計
全　国	60.5	39.5	－23.2	－　2.0	－19.5
関東地区	44.0	56.0	－28.2	＋99.6	－　8.6
茨 城 県	46.6	53.4	－35.4	＋77.1	－20.4
鉾 田 村	73.6	26.4	?	?	－34.3

註）本書表 7-2（309 頁）および表 4-4（189 頁），表 4-14（206 頁）より作成．

大きい鉾田村が田畑全体の改租結果で三四・三パーセントもの減租率を示したのは、このためである。したがって、旧鉾田町域全体にこの鉾田村と同様の減租結果がもたらされたわけではあるまい。先の表4—4に記された鳥栖村にみられるような畑地の割合が比較的大きい村などは、かえって増租という結果を示す可能性も考えられうるのである。残念なことに、この鳥栖村の場合は新旧の税額比較を検討する史料に欠けているため、この点に関しては、推測の域を出ていないのであるが。いずれにしても、地目により改租の結果が異なっていることは明らかである。

以上の事実を勘案して、旧総和町域の新旧税額の比較についても推定すれば、おおよそ以下のように云えるだろう。同地域は旧水戸藩領とは異なり、天保検地での畑租増税を経験していないので、比較の対象は関東府県の平均値を使用するのが妥当であろう。とすれば、関東地方の平均以上に畑地の比率が大きい旧総和町域の改租結果は、畑地の大幅増税に加えて、田・畑宅地総計の数値にあっても、旧貢租とほぼ同様の税額水準を示したであろうから、改租後の地租負担は農業経営にとってたいへん大きな障碍になったことが推測されうる。

試みに、地租改正事業によって決定した新反別が判明する旧大堤村の田畑の反別およびその比率をみると、同村の田反別三四・六町（三八・一パーセント）、畑反別五六・一町（六一・九パーセント）である。[*121] 同村の耕地に占める畑の比率は、関東地方や茨城県よりはやや多い。また、だいぶ時代は下るが、同じく旧総和町域に属する旧香取村（旧駒羽根、釈迦、磯部、前林、上砂井、砂井新田、水海七ヵ村が合併して一八八九年に成立）の一九一一（明治四四）年の田畑反別比率をみると、二対八で圧倒的に畑が多い。[*122] 旧総和町域が典型的な畑作地帯であることが、これらの数値から判明する。

地租改正を実施するにあたって、新政府は「地租負担の公平」「旧貢租額の維持」という理念を掲げ、その理念達成のためにさまざまな工夫を凝らしつつ改租事業を進めてきた結果が、以上にみた事実であった。つまり、この二つの理念を実現するためには、旧体制下の貢租負担にみられた軽重を、地租負担の下方にシフトするのではなく、上方にシフトすることで、その理念を達成したのである。[123]ここには、安石代現象の下で既得権化した軽租の権利はまったく考慮されることなく、大幅増租によって剥奪されたのである。旧総和町域の農民は、かかる地租改正の性格を一身に背負わされた典型であった。

地租改正は、その結果として畑作農民に過酷な負担をもたらした。畑勝ち農村である旧総和町域も、おそらくその例外ではあり得ない。ここに一つの事実を示そう。七六年から旧貢租に代わって新地租の仮納が施行されたが、砂井新田ではこの新地租を全額納入することができずに、年賦延納の措置を講じている。その地目別内訳をみると（表4―16）、田に比して圧倒的に畑地が多いことが分かる。このことは、先に指摘したことの当然の結果である。畑地の大幅増租に耐えられず、やむなく延納さざるをえなかったのである。その延納額は総額で三〇円弱にすぎないが、個々の農民にとっての負担は辛いものであった。上砂井村にあっても、七六年度の二八円強、翌七七年度は二〇円強という延納金額が、史料の上から確かめられる。[124]これも多分に畑地に関係すると考えて、大過あるまい。

こうして、「旧貢租額の維持」をその最大目標として掲げた明治新政府による地租改正は、その目的達成にあわせた「達観上の予算」を概算し、それを府県へと押し付けたのであったが、その概算作成が地価三パーセントの地租額によっていたため、七六年末に勃発した改租不服の大一揆に譲歩して、地租を地価の二・五パーセントへと引き下げたことによって、目標額を実現するまでには至らなかった。しかし、七六年には秩禄処分が断行され、財政支出の三分の一を占めていた秩禄負担が解消したのであるから、地租改正―秩禄処分を領有制解体の表裏一体の過程とみなせば、新政府の思惑はほぼ実現したものとの評価を下しうる。

表4-16　1876年地租延納年賦地目別内訳

地目	反別	
	町	%
田	.1907	(1.2)
宅地	3.5710	(22.8)
畑	11.9007	(75.9)
総計	15.6624	(100.0)

註）「明治九年地租延納一筆限帳」（高塚文二家文書）.

結びに代えて

本章では、旧鉾田町域で実施された地租改正の基礎過程を、旧印旛県、旧新治県、新旧茨城県の全体的な改租動向と関連させせつつ考察した。ここでは、改租事業の一般的な進行状況に関しては、およその推移を明らかにしえたと思うが、地租改正の分析は、それだけで事足れりとするわけにはゆかない。改租期における石代納をめぐる租税問題、改租事業に対する農民の思惑とその動向、改租結果の農家経済に与えた影響等々、つまりは地租改正をめぐる農民諸階層の動向を検討する作業が残されているからである。一、二、その事例を示そう。

(1)茨城県では、一八七六(明治九)年から仮納地租が徴収されることになったが、その地租額が設定されるにあたっては、貢米額を貨幣額へと換算せねばならない。その換算基準には、前年度の石代価（米価）が用いられるが、同県の前年度平均相場は五・一五円で当年度の三・二三円弱に比して、相当な高米価であった。かかる事態から生じる負担増しを回避しようとした農民は、換算米価の引下げ、当年相場の使用、正米納等々を県庁に要求した。だが、これらの要求がすべて却下されたため、同年一二月、真壁、那珂郡一帯に大騒擾が発生した。[*125] 騒擾にまでは至らなかったようだが、鉾田村でも納税額の三分の一を米納したい旨を願い出ており、[*126] この間の石代価をめぐる地租金問題は、さらに深く掘り下げる必要がある。

(2)旧鉾田町域では、地租改正の実施過程において、次のような問題が生じている。鳥栖村や借宿村において、地租改正費の負担とその運用をめぐって、改租担当役人に対して土地所有農民から、「元正副戸長差替金百円八銭四厘明細帳之儀如何ニモ曖昧粗漏ニ候間私共一同右金額賦課可致儀承諾相成兼此段御届申上候也」[*127] との、不信が表明されている。右の対立問題に限らず、この間に生じたであろう農民間にみられた対立の背景等の検討は、当時の農民階層の存在形態を確定する上で不可欠の作業である。以上の諸点に関しては、次章で検討する。

註

＊1 「地租関係書類彙纂」――以下「彙纂」と略記――（『明治前期財政経済史料集成』――以下『史料集成』と略記――第七巻、明治文献、一九六三年）三〇八頁。

＊2 これらの外にも、一八七一年から七二年にかけて石代納や米麦輸出の許可などの石高制原理―領主的規制廃絶策が進められた。本文に記した土地規制をも含めたこれら一連の政策は、あらためて云うまでもなく、商品経済の農村への浸透等により近世社会においてなし崩し的に進行してきた質地金融による事実上の土地売買や、同じく事実上の金納租税たる石代納制の進展等々へと対応したものであり、かつ、その全国的一元化を狙ったものでもあった。

＊3 「彙纂」（前掲）三一〇頁。

＊4 同右、三一一頁。

＊5 『茨城県史料』近代政治社会編Ⅰ――以下『茨城県史料』Ⅰと略記――（茨城県、一九七四年）二三二～二三三頁。

＊6 福島正夫は、本文で引用した史料とは別（あるいは、同一告諭の一部か）の印旛県関係の告諭（七二年一〇月公布）を紹介している。それによると、「人民一般其土地ヲ所持スル上ハ則金銭器物ヲ所持スルモノト同一ノ理ニシテ他人ハ勿論政府ト雖トモ猥ニ是レヲ取上ケ又束縛スヘキ謂レ固ヨリアルコトナシ。然ルヲ従前ノ風習動モスレハ土地ハ領主地頭等ノ所物ト紛レ往々曖昧ノ取扱ヒ不尠。因襲ノ久シキ人民モ亦是レヲ怪シムコトナキ真ニ不合ノ習俗ト云ヘシ」（福島正夫『地租改正の研究』増訂版、有斐閣、一九七〇年、二四二頁）、とされ、本文引用史料と同一の論理に従って、土地所有権の保障が謳われている。後者の方がその権利保障の絶対性がより強く訴えられており、そこに他人や政府の介入すべき根拠がないことが強調されている。

＊7 本書一〇六頁以下も参照されたい。

＊8 拙著『地租改正』（中公新書、一九八九年）iii頁。

＊9 「印旛県歴史原稿」。

＊10 「印旛県歴史」。

＊11 同右。

＊12　地租改正資料刊行会編『明治初年地租改正基礎資料』――以下『基礎資料』と略記――上巻、改訂版（有斐閣、一九七一年）、［一四五］。
＊13　七二年九月の「地券渡方規則増補」において、「公有地」という制度があらたに導入された。「預地」と「公有地」に関する詳細は、福島前掲書（五四六頁以下）を参照されたい。
＊14　『基礎資料』上巻、前掲。
＊15　明治六年一月「差上申一札」（高塚俊雄家文書、旧総和町史編さん室蔵）。
＊16　『基礎資料』上巻、［七五］。
＊17　同右、［一五一］。
＊18　「千葉県歴史」。
＊19　「地租改正例規沿革撮要」――以下「撮要」と略記――（『史料集成』前掲）二〇六頁。
＊20　「地租改正報告書」――以下「報告書」と略記――（同右）一二九頁。実際の交付状況は三分の一程度だったとも云われている（有元正雄『地租改正と農民闘争』新生社、一九六八年、一五四〜一五五頁）。
＊21　『府県地租改正紀要』――以下『紀要』と略記――上（明治前期産業発達史資料別冊（9）Ⅰ、明治文献、一九六五年）千葉県の項。
＊22　「彙纂」三二五頁以下。
＊23　『紀要』上、茨城県の項。
＊24　『茨城県史料』Ⅰ、二三七頁。
＊25　同右。
＊26　本書一一二頁。
＊27　有尾敬重『本邦地租の沿革』（お茶の水書房、一九七七年）七八頁。
＊28　『紀要』上（前掲）、茨城県の項。
＊29　『基礎資料』下巻（有斐閣、一九五七年）、［一三七七］。
＊30　同右、［一三七九］。
＊31　同右。
＊32　「彙纂」（前掲）三〇八頁。

＊33　『茨城県史料』Ⅰ（前掲）二三四頁。
＊34　拙著『地租改正――近代日本への土地改革――』（中公新書、一九八九年）iii頁。
＊35　『茨城県史料』Ⅰ（前掲）二三五頁。
＊36　「地租改正報告書」――以下『報告書』と略記――『史料集成』前掲）二一九頁。
＊37　明治六年「県庁第二七九号」（田山通夫家文書、旧鉾田町史編さん室蔵）。
＊38　『茨城県史料』Ⅰ（前掲）二五〇～二五二頁。
＊39　壬申一一月二〇日「地券渡方規則」（小島和夫家文書、旧鉾田町史編さん室蔵）。なお、本稿で利用した旧鉾田町関係の史料の多くは、『鉾田町史　明治前期史料編』Ⅰ（鉾田町、一九九三年）に収載されているので、参照願えれば幸いである。
＊40　明治五年壬申年一一月二五日「御布告留」（鬼沢昭武家文書、旧鉾田町史編さん室蔵）。
＊41　相沢一正『近代農村文書の読み方・調べ方』（雄山閣出版、一九八四年）九三頁。
＊42　『基礎資料』上巻、改訂版（有斐閣、一九七一年）、［四八一］。
＊43　同右。
＊44　同右。
＊45　同右。
＊46　明治六年「県庁第二百七十九号」（田山通夫家文書、前掲）。
＊47　明治七年「県庁第二二号」（茨城県立歴史館蔵）。
＊48　拙著『地租改正』（前掲）六四～六五頁、本書第二編第三章。
＊49　明治七年九月八日「無題」（小島和夫家文書、前掲）。
＊50　明治七年一一月二一日「地租改正実施御説諭」（鬼沢昭武家文書、前掲）。
＊51　丈量が終了した村は、県庁官員の検査を受け大過なければ認可されるが、誤漏が甚だしい場合は再調を命じられることになる。新治県下ではこうした事態が多く生じたためであろうか――もっとも、これらの事情は新治県に限られたことではないが――、「先般実地丈量既済之村江御派出御視検相成候処不都合之廉御座候ニ付尚調振御掲示相成候ニ付而者村々区々無之一轍取調行渉候様致度同僚一統申合左之通」として、地租改正の中心的担い手たる郡村総代が集まり、全一一ヵ条にわたる実地丈量についての申合書を作成している（明治八年一月九日「郡村総代申合書」鬼沢昭武家文書、前掲）。

＊52　「地租改正実施御説諭」（前掲）。

＊53　こうした事実は、なにも新治県に特有なことではなく、全国各地に生じていた。隣接の旧茨城県でも、「地券は税金増加の品」との噂が流れたため、県庁はそれらが浮説、流説の類であることを躍起になって否定し、「地券のさとし」まで作成して管内に配布している（『政治社会Ⅰ』前掲、二三四頁）。新治県でも同様に、かかる巷説は「頑固之小民末々」（「地租改正御説諭」前掲）の誤解であり、「正副戸長ハ素ヨリ重立候者ハ能事ヲ弁知」しておるのであるから、「心得違尚又懇説ヲ加」えよと指示している。もっとも、「薄税之地所ヲ有スル者ハ痴情公平ヲ嫌ス」ような、当然の不満も生じており、必ずしも頑民視された農民の誤解ばかりとはいえない面もあった。

＊54　皇国二五三六年三月九日「出勤日誌」（小島和夫家文書、前掲）。

＊55　明治八年三月「今般三光院ニ於テ各区村々へ御説諭有之候事」（田山通夫家文書、前掲）。

＊56　「彙纂」（前掲）三二五頁。

＊57　（明治八年五月七日）「地租改正ニ付人民心得書」（田山通夫家文書、前掲）。

＊58　地価算定方式が二本立てであったこと、地価について相対立する二つの観念があり混乱が生じていたこと、これらの事情が、七三～七五年中葉にかけての改租事業を停滞させた一要因であったことについては、本書四五頁以下を参照されたい。

＊59　明治八年四月四日「乍恐以書付奉願上候」（田山通夫家文書、前掲）。

＊60　明治八年四月二三日「乍恐以書付奉願上候」（同右）。

＊61　明治九年四月「総計帳」（小島和夫家文書、前掲）。

＊62　明治一〇年一月「耕宅地等級合計表」（田山通夫家文書、前掲）。

＊63　明治八年一一月二七日「以書付奉願候」（鬼沢貞良家文書、前掲）。

＊64　明治九年一月二五日「地券取調日延御願」（同右）。この間、借宿村では、丈量再調査をめぐって紛議が生じている。現歩関渉人（改租担当者）の慎重にすぎる判断で再調ということになったが、再調費用の負担に関して関渉人と再調反対農民との間で対立が生まれ、関渉人が免職を願い出る事態が起こった（明治八年三月三一日「現歩関渉人免役願」鬼沢昭武家文書、前掲）。また同年暮には、関渉人同士の争いも生じており（明治八年一二月一〇日「以書付奉申上候」同右）、こうしたことも丈量遅滞の要因となったのであろう（詳細は次章参照）。

＊65　『基礎資料』下巻（前掲）五五八～五六二頁。

＊66『茨城県史料』I（前掲）二七〇頁。
＊67「撮要」（前掲）二八三頁。
＊68 高橋裕文「地租改正と農民層の動向」（『那珂町史の研究』一一号、那珂町、一九九一年）七八頁。
＊69「出勤日誌」（前掲）。
＊70『紀要』上（前掲）、茨城県の項。
＊71「地租改正報告書」記載の数値から算出（「報告書」前掲、八一頁）。
＊72 関順也『明治維新と地租改正』（ミネルヴァ書房、一九六七年）二四七頁、表4。
＊73 茨城県の大区小区制は、新治県の統合による県域の拡大と、旧県時代の区域面積の相違等のため、新県域の確定後に新たに再編成された（七五年九月）。この改正により、県下は一二の大区と一三三の小区とに区分された。ちなみに、旧鉾田町域の半分以上が第一大区一一小区、一部が同一二小区と第一二大区六、七小区に区分されている。
＊74 関、前掲書、二四八頁。
＊75 明治八年「地租改正下調掛日記」（高塚文二家文書、旧総和町史編さん室蔵）。
＊76 明治八年一〇月二五日「丈量日誌」（同右）。
＊77 明治八年「日記帳」（梅田脩家文書、旧総和町史編さん室蔵）。
＊78 大堤村が実地丈量を完了し、「地租改正反別総計帳」を県庁宛に提出したのも、同年九月のことである（明治九年「地租改正丈量総計帳」大堤区有文書）。
＊79「報告書」（前掲）一四〇頁。
＊80『基礎資料』上巻（前掲）、五五九～五六〇頁。
＊81 有尾敬重『本邦地租の沿革』（御茶の水書房、一九七七年）五二頁。
＊82『基礎資料』下巻（前掲）、［一七二一］。
＊83 同右、［一八八三］。
＊84『政治社会I』（前掲）二七九～二八二頁。
＊85 同右、二八三頁。
＊86 同右。

＊87　同右、二八二頁。
＊88　同右、二八五〜二八九頁。
＊89　拙著『地租改正』（前掲）一一八頁。
＊90　福島、前掲書、三六七頁。
＊91　『茨城県史料』Ⅰ（前掲）二八九頁。
＊92　同右、三二七〜三二八頁。
＊93　明治九年一〇月一六日「議定書」（田山通夫家文書、前掲）。
＊94　「日延御願」（同右）。
＊95　明治一〇年五月二日「協議誓約書」（鬼沢浩之助家文書、旧鉾田町史編さん室蔵）。
＊96　明治一〇年五月四日「誓約書写」（菅井達也家文書、前掲）。
＊97　『茨城県史料』Ⅰ（前掲）二九三〜二九四頁。
＊98　模範組合村に比較村を設置して相互の権衡を図る方法は、模範組合村方式を採用した府県で一般的に行なわれているものである。
＊99　『茨城県史料』Ⅰ（前掲）二九四頁。
＊100　同右、二九九頁。
＊101　同右、二九六頁。
＊102　『公爵松方正義伝』乾巻（明治文献、一九七六年）六一〇頁。
＊103　同右、六〇九頁。
＊104　『茨城県史料』Ⅰ（前掲）三〇〇頁。
＊105　同右。
＊106　同右。
＊107　この点に関しては、拙著『地租改正』（前掲）Ⅳ章ならびに本書二二〇頁以下を参照されたい。
＊108　滝島功「地租改正事務局の基礎的研究」（『中央史学』一六号、一九九三年）表［4］嘆願一覧、同「武蔵野と地租改正」（『関東近世史研究』三五号、一九九三年）。
＊109　「撮要」（前掲）二七三頁。

＊110 「彙纂」（前掲）三二九〜三三〇頁。
＊111 『茨城県史料』Ⅰ（前掲）三〇〇頁。
＊112 同右、二九三頁。
＊113 同右、三〇〇頁。
＊114 『紀要』上（前掲）、茨城県の項。
＊115 もっとも、既に同年より仮地租が徴収されていたので、七六、七七両年度分については、新地租額に基づいてその差額が決済されたわけである。
＊116 「撮要」（前掲）一七一〜一七二頁。
＊117 『基礎資料』上巻（前掲）、［二〇一］。
＊118 本書一〇二頁以下参照。
＊119 『水戸市史』中巻（三）（水戸市役所、一九七五年）八五九頁。
＊120 高橋裕文、前掲論文、七一頁。
＊121 明治九年九月「地租改正反別総計帳」（大堤区有文書）。
＊122 拙稿「近代総和地域の農業と地主制」（『そうわ町史研究』三号、一九九七年）三九頁。
＊123 拙著『地租改正』（前掲）一八七頁。
＊124 「明治九十両年度地租延納台帳」（高塚文二家文書、前掲）。
＊125 拙著『地租改正』（前掲）一七三頁以下、および本書二二〇頁以下参照。
＊126 明治九年一一月「三分一米納願」（田山通夫家文書、前掲）。
＊127 明治一〇年三月「記」（鬼沢弘之助家文書、旧鉾田町史編さん室蔵）。

第五章

地租改正期の地域社会
——動揺する地域社会の実相——

はじめに

明治新政府によって地租改正事業が施行された時期（耕宅地改租は一八七三〜七八年）は、地方制度でみるとほぼ大区小区制期に相当する。それ故、改租事業は大区小区制下の組織を活用して進められ、区戸長層がその中心的な担い手となった。この地方制度は、しかし、新政府による地域編成の試行錯誤の過程で生まれたものであり、いまだ地域の実情にも強く規制され、統一的な地方制度として完成されたものではなかった。したがって、この時期の地域社会にあっては、過渡期としての諸相がさまざまな場面に顕れており、混沌とした状況にあった。

右のような時代背景の下で、新政府は地租改正や徴兵制、学制をはじめとする西欧的な近代化政策を一気呵成に実施していった。そこでは、同時に旧慣禁止令がともなっており、いわゆる開化政策が強権的に推し進められもした。地域編成にみられた試行錯誤に加えて、新たな政策が続々と打ち出されるなかで、地域住民はいかなる対応を迫られたのであろうか。

本章は、茨城県旧鉾田町域[*1]（現鉾田市）に位置する借宿村外二、三の村々を対象として、右の課題へと接近したものである。地租改正事業の実施過程において、これを契機に村内で燻っていた矛盾、軋轢が表面化し、トラブルが多発することになる。その内実に言及することを中心的な課題としているが（第2、3節）、同時に併行して進められた、西欧化政策―近代化・旧慣禁止政策の在地への浸透過程で生じたさまざまな軋轢や農民の動向にも眼を向けながら（第1節）、当時の地域社会の実情に迫りたい。このような動きのなかに、階層分解の進行と新旧支配者層の交替とが重なることによって、事態はますます複雑なものとなってゆく点にも留意しつつ（第2節）、過渡期の地域社会にみられる諸相を、具体的に提示してゆきたい。

1　西欧化政策と民衆

新政府は矢継ぎばやに西欧化政策を遂行したが、ここでは国民国家創出を目指す上での基底的政策とでも云いうる、地租改正と徴兵令および旧慣禁止令に対する農民、民衆の反応を取り上げよう。

(1)　地租改正と農民

地租改正に先立って、一八七二（明治五）年には壬申地券の交付が進められたが、この交付過程において旧茨城県下では「地券は税金増加の品」[*2]であるとの流説が広まった。地券面に記載する地価を申告する上で、その地価が高ければ地租が多となり、安価であれば官がこれを買い上げる、あるいは、「隠田ハ益々隠すを是とし広きは反て狭に紛らしめ」などが、その噂の核心である。改租事業がはじまっても、新治県において「地租ノ改正ヲシテ租税騰貴ノ基礎ナリ」[*3]などの巷説が飛び交い、「薄税之地所ヲ有スル者ハ痴情公平ヲ嫌ス等」の浮説が絶えなかった。右のような流言は、旧茨城県や新治県に限らず、全国いたる所で発生した。

このような事態にあって、県庁などは「頑固之小民」の誤解であるとして、その噂の根絶に努めた。確かに、その多くは地租改正に対する誤解から生じたものであったが、浮説の類の多くが誤解に基づいているとしても、こうした誤解が生じた根本的な要因は、新政に対する農民の不信感であり、そうした不信感を高めざるを得ないような、新政府の一方的、強権的な政策姿勢にあったと云うことができよう。もっとも、これらの流説がすべて誤解であったかどうかは、必ずしも一概に云えるものではない。「薄税之地所ヲ有スル者ハ痴情公平ヲ嫌ス」などの言説は、地租改正の本質をそれなりに突いているものであり、あながち誤解だけに基づくものと云うことはできないようである。

地租改正に関連した農民の動きのなかで、注目に値するのが真壁・那珂一揆である。旧鉾田町域では、この一揆にみられるような大きな騒擾は起きていないが、茨城県の地租改正を語る上では外すことのできない事件であるので、以下に論点のみ指摘しておきたい。

二つの一揆は七六年も暮れかかる頃に勃発した。その契機となったのは、以下のような事情である。改租完了を急ぐ新政府が、七六年末をもって改租竣功せよとの太政官布告を発したため、改租未了の府県も七六〜七七年にかけて旧貢租から新地租への切り替えを実施した。未了府県は仮納地租を徴収した後、新地租額が決定してからその過不足を精算することになった。このため、貢米額を貨幣額へと換算せねばならないが、その換算基準には前年度の石代価が用いられた。茨城県の前年度平均相場は一石当たり五・一五円で、当年度の三・二三円弱に比して相当な高米価であった。この米価換算によれば、農民の負担は前年度のほぼ六割増になる。七六年に生じた地租改正にまつわる和歌山、茨城、伊勢（三重県）の大騒擾は、こうした石代価問題に端を発している。

当時の農民にとっては生死に関わる増税となるため、その負担増を回避しようとする嘆願や要求が相次いだ。同年一〇月には那珂郡上小瀬村（現緒川村）から県権令中山信安宛に三ヵ年賦上納願が作成され[*4]、一二月には真壁郡で集会をもった農民が、田地の税は正米納か当年相場の使用を嘆願している[*5]。しかし、これらの嘆願がすべて却下されたため、真壁・那珂郡一帯に大騒擾が発生した。これらの一揆は、かつて地租改正反対一揆と称されていたが、農民の悲鳴は前年度の高米価による換算がその源であり、彼らが切実に要求したのは、税の三ヵ年分納、正米納、当年相場での換算等々による負担増の回避であった。

その内実は、したがって、石代価引き下げ要求が原点にあるといってよい。農民は地租改正というシステムそのものに反対したわけではなかった。旧貢租から新地租への移行期に、高米価換算を強いられ、それによる負担増に反対したのである。[*6] 嘆願のなかには右の要求の外にも、地価算定方式における肥料代控除率の引き上げ（上小瀬村嘆願書）や、畑方地租の旧税水準への引き下げ、改租費用の官費支出等（真壁郡の集会）の地租改正に関する要望や、学校賦課金や民費・諸雑税の廃止（同右）要求も提示されている。しかし、こうした要求は新政に対する不信感が蔓延するなかで、二次的、副次的に出されたものであろう。ともあれ、この一揆の経過[*7]について簡単に記しておく。

騒擾の先陣を切ったのは、真壁郡の村々であった。真壁郡に対しては、この九月に県から布達があり、一一月の二七～二九日がその納期として指定された。同郡では、一一月の二六日頃から石代金納問題について、農民が集会をもつ動きが活発化した。

翌二七日には、吉間村（現筑西市）の周辺農民が多数（一〇〇〇人、二〇〇〇人、数千人、二〇〇人等諸説あり）吉間神社に集まり、石代金納問題について討議し、その後、五〇〇人ほどが茂田村（同）副戸長宅に強訴をかけた。このような動きに対して、区戸長層は説諭に奔走したが効果なく、二八日には真壁支庁にこの事態を報告した。同庁は、直ちに警官や地租改正御用係を、農民の集合している地域（吉間村や下館近辺の村々）に派遣して説諭を加えた結果、ようやく騒動は収まった。

翌日以降、同様の動きが近在の飯塚村（現桜川市）や塙世村（同）にも起こった。両村は、現今相場か正米での上納を請願することを協議し、そのことを田村・伊佐々村（同）など周辺の村々にも呼びかけた。一二月一日、この呼びかけに応じた一一ヵ村の農民五〇〇人ほどが、町屋村扱所（同）へ嘆願に行く途中、田村の牛子神社に集会し、六ヵ条の「願意」を確認した。
その「願意」[*8]の内容は、正米ないしは現今相場によって地租を上納すること（第一条）、畑方地租を増税前の税額に戻すこと（第二条）、地券入費は官費とすること（第四条）、等々の地租改正関連の要求に加えて、学校賦課金は廃止して官費とすること（第三条）、民費を廃して道路は村普請とすること（第五条）、諸雑税を廃止すること（第六条）等の、新政に対する不満も盛り込まれている。この「願意」からも明らかなように、石代金納問題を契機に起こった農民の不服運動は、維新政府の実施した新政全般に対する不満の一環として生じたものであった。

以上のことはともかく、当日の夜に至り、警官三名が牛子神社に入って解散を命じ、ついに農民と衝突して暴動が生じた。農民鎮圧のために当地に赴いていた権令中山信安の指示で、翌二日、下館藩士族百余名と本庁と土浦の巡査二十数名に加えて、宇都宮鎮台一中隊が町屋村に到着すると、ようやく一揆は収束した。この騒擾で逮捕されたものは、二七ヵ村一六五名にのぼった。

真壁郡騒擾の鎮静後、日をおかずに、今度は那珂郡で地租延納を求める動きがおこった。一二月六日、同郡上小瀬・小舟両村（現常陸大宮市）の農民が愛宕山の鎮守社に集会し、他村とともに延納願を出すことを決定したのを皮切りに、翌七日には、先の両村に加えて氷之沢（現美和村）、長沢・長田・野上（現山方町）、岩崎・上大賀・小祝（現大宮町）各村の農民およそ八〇〇人が小祝村に集合し、太田村（現常陸太田市）警察出張所の警官三名と対峙した際、上小瀬村の農民代表が「前年貢額六分通リ上納ス可キ旨御達有之処当時収穫央殊ニ米価格外ノ下落ニテ即納致シ難キニ付延期嘆願致度集合候旨申立」[*9]たが、警官によって解散させられた。

しかし、翌日から一〇日にかけて農民の行動はエスカレートしてゆく。那珂郡下の農民に武器携帯による一揆参加を要請し、警官殺害・捕縛者解放を唱え、県庁へと向けて進発していった。一〇日には、一揆勢二〇〇〇名は那珂川をわたって石塚村（現城里町）に入り、県庁側（権令が召集した旧水戸藩士族三〇〇名が中核）と衝突したが敗退し

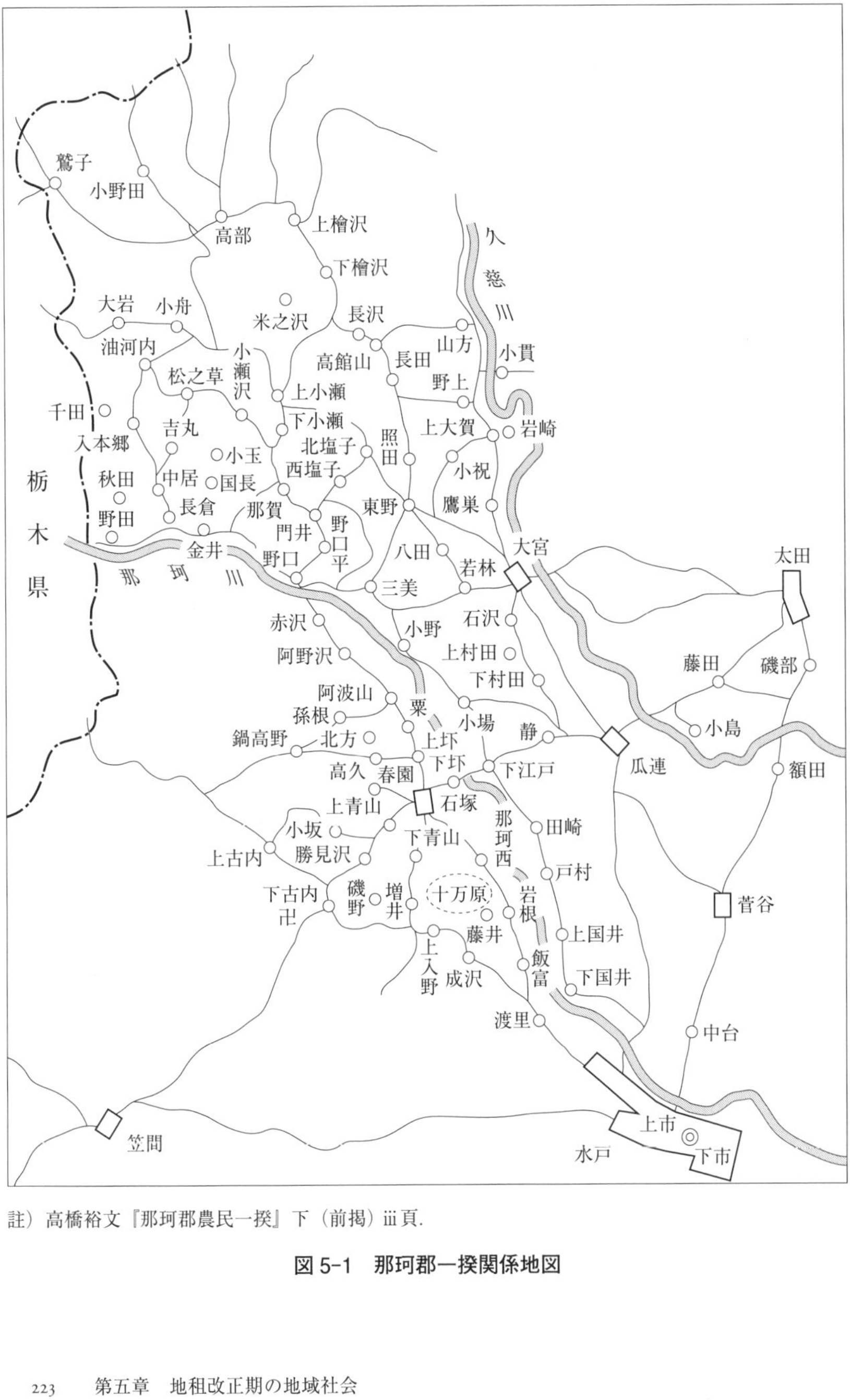

註）高橋裕文『那珂郡農民一揆』下（前掲）iii 頁.

図 5-1　那珂郡一揆関係地図

た。一揆勢二〇〇名ほどは、阿波山（同）で再結集をはかり、藤井村（現水戸市）の十万原まで繰り出そうとしたが、夜半に紛れて、潜入囚人（権令の指示により、脱獄したと称して一揆に参加した六人）により幹部の大町仁左衛門が殺害され、ここに壊滅した。

この一揆の犠牲者は七人にのぼり、処罰者は死刑三人、懲役二四人、罰金一〇六四人、関係村数は二郡三二ヵ村を数えた。権令中山信安は、この騒擾鎮圧の際に武装士族を用いたことや、囚人を解放して鎮圧に利用したことが問題となり、翌七七年一月免官となった。

こうして多くの犠牲を払った改租不服一揆は、権力の弾圧に屈して終息した。だが、不平士族の拠点たる鹿児島の不穏な情勢が伝えられるにつれ、不平士族と新政に不満をもつ農民の結合を恐れた政府は、翌七七年一月、地租率を地価の三パーセントから二・五パーセントへと引き下げ、農民の地租負担を軽減した。改租不服一揆は、多大な犠牲の下で減租を克ち取ったのであった。

この騒擾は、地租改正の竣功を急ぐ新政府が、財政的立場から石代価引き下げ等の配慮をすることなく、強行したことから起きた事件である。新政への不満が充満しているなかで、農民の生活破壊をともなうような政策であったため、騒擾という形態にまでおよんだのであった。

(2) 徴兵制と民衆

一八七二年一一月に徴兵告諭が、翌七三年一月には徴兵令が公布されたが、この徴兵制は国民皆兵主義の理念を掲げているにも拘わらず、よく知られているように、実際には広範な免役事項が盛り込まれており、皆兵原則とはほど遠いものであった。

そこで、農民はこの免役条項を逆手にとって、さまざまな「徴兵逃れ」を企てることになる。二、三男を分家させたり他家へ入籍させたりして戸主とし、あるいは養子に出したりすることで兵役を逃れる算段をしたのである。「兵隊養子」などという言葉が生まれた背景には、このような徴兵忌避の行為が数多くあったからであろう。その他にも徴兵年齢前後に逃亡したり、戸長が関係書類や年齢を作為したりする忌避行為が後を絶たなかった。このような事情であるから、徴兵免役の該当者は相当数にのぼり、七六年度には、二〇歳の壮丁およそ三〇万人のうち、免役該当者が約二五万人（八三パーセント）にもおよんでいる。国民皆兵の原則は、宙に飛んでしまったといってよい。西日本各地を中心に勃発した徴兵反対一揆（血税一揆）などのような農民の実力行動以外にも、このような「徴兵逃れ」の実態があったことは銘記すべきである。

右にみた「徴兵逃れ」の行為は全国各地にみられており、本章が対象とする旧鉾田町域も例外ではない。ここでは、徴兵制施行に対して示した同地域の住民の多岐にわたる行動を取り上げてみよう。新治県にあっても、徴兵令の公布後間をおかず、「朝鮮へ御差向」「幼年之女子共未夕嫁入不致モノハ樺太国へ被移候」[*10]などの浮説が流れ、県庁がその誤解を糺すため各村の正副戸長を動員して根も葉もない噂への規制と、村民「一同安堵営業可致事」の説得にあたるよう指示している。

このような流言は、民衆の徴兵忌避意識の表れであろうが、そこからさらに一歩進んで、ありとあらゆる方法で兵役の負担から逃れようとしている事実が見出せる。当時の旧鉾田町域においては、免役願、徴兵下検査猶予願、身代金御下願等の多岐にわたる徴兵回避の方策が、公然と行われていた。[*11]ここで注目に値するのが、行方郡借宿村（現鉾田市）にみられた身代金御下願である。徴兵該当者（二男）の父親から県宛に提出された嘆願書二通（七三年三、四月）によれば、「極貧男小前之者ニテ御貢未納決済ノ為」、二男は同年一月から一二月までの一年間、年季奉公に出ているとの苦しい実情を訴えた上で、次のような嘆願を記している。

御検査之上皇国保護之為御人数江御編入ニ成頑愚之者ニ而モ御採用ニ相成候儀候ハ、何卒寛典之以御仁憐を……

一家者共御憐助ト思召身代金之儀者御下相成候様幾重ニ茂奉懇願候[*12]

つまり、二男の兵役と引き換えに身代金の下渡を願い出ているのである。これはタフな民衆の嫌がらせではない。その証拠に、一通目の嘆願書には嘆願人の名と共に惣代の連名があり、二通目も同様に戸長代が名を連ねている。初期徴兵制に対する民衆の意識を考える上で、この事実はたいへん貴重なサンプルとなろう。この外にも、徴兵回避のために家出、逃亡した事例もある。鹿島郡鉾田町、行方郡延方村（現潮来市）、同郡借宿村で各二人の徴兵検査喚出に対する忌避者への処罰通知（贖罪科金申付書）が今日に伝えられているが[*13]、その日付は徴兵令公布から幾許も経っていない七三年六月である。徴兵制施行直後から、このような行動がとられていたのである。

また、借宿村では七四年八月に県へと提出された「免役相当人名取調書上[*14]」には、同年の徴兵連名簿に載せられている徴兵該当者全員が名を連ねており、したがって、同村からの徴集該当者はゼロということになる。その理由をみると、二男の他家への入籍、長男「不具ニテ……二男ヲ嫡子に仕度」、体格不良などが挙げられている。徴兵適齢者の調査は戸長役場がその業務にあたり、「徴兵連名簿」と「免役相当者名簿」が作成される。この名簿作成の段階で、戸長の裁量がはたらく余地が残されており、借宿村にみられた全員免役者という事態は、この戸長裁量も関係していたとも考えられる。この戸長裁量は、戸長の人的関係や村政遂行上の配慮に起因する場合もあろうが、新治県はこの時期にも公選戸長制をとっていたから、戸長の人気取り的な側面もあったのであろう。

いずれにせよ、二男以下を嫡子としたり、他家へ入籍させたり、養子に出したりして徴兵を忌避する行為は、この旧鉾田町域に限らず全国的に蔓延しており、先の徴兵免役該当者二五万人のうち、家絡みのそれが九四パーセントをも占めていたことから、もっとも手軽な「徴兵逃れ」の手段として、多くの農民に利用されたのであった。

(3) 旧慣禁止令と民衆

明治新政府による積極的な西欧化政策は、その徹底化を図る上で旧慣禁止令をともなった。これらの禁止令は、府県を通して在地へと通達された。旧新治県下鉾田村の田山通夫家に伝えられている史料群のなかから、それらの幾つかを、以下に列挙しよう。

七二年六月から七三年三月にかけての禁止令では、「多人数集会酒宴ヲ催候」[15]は悪習であると断じて、若者仲間等の悪風を禁止したもの（七二年六月）、「村内若者共相交リ男女混淆職業ウチステ奔走手踊相催候」は「不都合ノ至リ」[16]であるとして、祭礼興業を禁止したもの（七二年二月）、「老幼男女混淆互ニ衣服等ニ美麗ヲ競酒餅ヲ携へ多人数集会所々押歩行候」は「風俗ヲ乱シ甚不都合」[17]として、講を禁止したもの（七三年三月）等々が、挙げられる。

旧慣禁止令に共通するのは、いずれも多人数が集会して酒宴等を催すことが旧い悪習であり、秩序、風俗を乱すので禁止するという点にある。七五年一一月に達せられた「吉凶事有之家々」での酒食、ことに「葬家ニ於テ乱酔」[18]するような行為の禁止令にも、同様の意図が含まれている。西欧的な道徳観に立って、民衆の娯楽や慣習を強く規制したのが、これら一連の禁止令である。こうした政策に対する民衆の反応については、「今以従来ノ悪習ニ拘泥シ居候向も往々有之」として、七六年二月に、再び「葬家ニ於テ飲酒候儀ハ堅ク差留候」[19]と禁止令を達していることからもうかがえるように、たかだか一片の通達類で、民衆は自らの生活基盤に密着した伝統的な慣習や娯楽を、捨ててはいないのである。

禁止令のもう一つのタイプとして、寒参の禁止（七六年一月）を取り上げよう。これは、諸職人が寒参と称して行う神社仏堂での冷水浴や裸体での氷雪踏みを、「元来裸体ヲ以参拝スハ不敬不礼申迄モ無之殊ニ沍寒凛烈ノ際之カ為メ躯体ノ健康ヲ損害候」[20]として、禁止したものである。これは一つに、裸体禁止令[21]と関連するものであろう。西欧的眼差しが「裸体＝野蛮」とみることに対する対応である。二つには、旧慣が健康を損なうとする指摘である。衛生や健康という側面から習俗の転換を迫るのは、新政府による旧慣禁止令の特徴といってよい。[*22]

西欧的な近代化政策の遂行を進める明治新政府は、右のような旧慣禁止令を併行させることで、その効果を上げようと図ったが、それらの政策は必ずしも所期の目的を達したわけではなかった。伝統的な民衆世界の重みは、そう簡単には崩れなかったのである。

2　地租改正をめぐる紛議㈠

――借宿村の場合――

⑴　借宿村の農業・階層構造

一八七六（明治九）年に作成された借宿村の「産物取調書上」[*23]によると、村高七四五・八〇三石、耕地面積は田が四三・八二町、畑が五四・一三町の畑勝農村である。戸数は七一戸、人口は四二三人を数える。

同村の農業生産の動向をみると、表5―1に記されているように、生産価額で米が過半の六四・四パーセントを占め、大麦九・二パーセント、大豆五・五パーセントがそれに続き、その他の小麦（一・九パーセント）・小豆（一・三パーセント）・粟（一・六パーセント）・稗（一・〇パーセント）・大角豆（〇・九パーセント）等を加えた穀類が、全体の八五・七パーセントにも達している。特産物は真木（四・一パーセント）を挙げうる程度である。

同年の営業者人口をみると、質屋業二人、宿屋業三人、煙草小売商二人、蕎麦店三人を数える。[*24]仮にこの営業者がすべて専業であるとし、また、残余がすべて農業従事者とすれば、[*25]それは戸数七一のうち六一戸（八五・九パーセント）となる。典型的な純農村といってよい。ただし、同村は七瀬川と合流して北浦へと注ぐ巴川流域に位置し、その関係で河岸を有していたこともあり、右のような営業種も存在していた。

表 5-1　借宿村の産物構成（1875 年）

産物名	生産量		生産価額	
	石		円	%
米	554.60		2,520.9069	(64.4)
大麦	100.64		359.4257	(9.2)
小麦	31.50		75.0000	(1.9)
大豆	52.00		216.6667	(5.5)
小豆	10.00		50.0000	(1.3)
大角豆	8.00		34.7826	(0.9)
粟	30.50		61.0000	(1.6)
稗	28.10		40.1428	(1.0)
綿	65	（貫）	21.6667	(0.6)
真木	80,000	（束）	160.0000	(4.1)
胡麻	7.90		37.6192	(1.0)
菜種	9.50		31.6667	(0.8)
柿	20	（荷）	5.0000	(0.1)
大根	17,000	（本）	21.2500	(0.5)
鶏	360	（羽）	21.6000	(0.6)
牛房	62	（貫）	6.2000	(0.2)
人参	40	（貫）	20.0000	(0.5)
薩摩芋	275	（俵）	41.5000	(1.1)
蕪菜	10	（駄）	9.3600	(0.2)
筵	1,100	（枚）	27.5000	(0.7)
味噌	1,300	（貫）	156.0000	(4.0)
総計	……		3,917.2873*	(100.0)

註）明治 9 年 3 月「産物取調書上」（鬼沢貞良家文書，前掲）より作成．
* 総計数値は原表に誤りがあると思われるので，訂正した数値である．

表 5-2　借宿村の持高構成（1876 年）

持高	人数（比率）		持高累計（比率）	
	人	%	石	%
50 石以上	1	(0.9)	51.2440	(7.3)
45 ～ 50 石				
40 ～ 45 石				
35 ～ 40 石				
30 ～ 35 石	3	(2.7)	146.7040	(21.0)
25 ～ 30 石	3	(2.7)	234.1435	(33.5)
20 ～ 25 石	2	(1.8)	278.0495	(39.8)
15 ～ 20 石	3	(2.7)	332.6010	(47.6)
10 ～ 15 石	9	(8.1)	444.1300	(63.5)
5 ～ 10 石	16	(14.4)	564.3740	(80.7)
3 ～ 5 石	17	(15.3)	634.5770	(90.8)
1 ～ 3 石	27	(24.3)	685.6755	(98.1)
1 石以下	30	(27.0)	699.2565	(100.0)
	111	(100.0)	699.2565	(100.0)

註）明治 9 年「借宿村惣百姓壱人別高寄帳」（鬼沢貞良家文書，前掲）より作成．
①1 石以下の欄は「潰人」4 人を含む．
②寺社所有地および郷分等の 7 件分．（37.8055 石）は除外した．

さらに、七九年になると、インフレの波に乗ってか二二件の営業鑑札願が行方郡長宛に提出されており、次第に商業従事者が増大する傾向にあった。この内訳は、小売六件、仲買兼小売二件、小売と質屋・飲食・宿泊業の兼業が一三件、仲買・小売兼質屋業が一件である。*26 右の小売業六件のなかには、後に検討する持高五石以下の零細農民による兼業が多かったろうと推測しうる。これらの商業者のなかには、したがって、その後の八一年以降のデフレの過程で、営業を停止してしまう者も多数輩出されていったろう。

次に、農民層の分解状況を、持高構成の面から検討しよう。七六年の持高構成を示したのが、表5―2である。最大の持高所有者は、五一石強を有する鬼沢武兵衛であり、同村では群を抜いている。この鬼沢家は府中藩政下で長く庄屋役を務め、維新後においても七二年から七五年にかけて戸長職に就いている。また、同村最大の地主でもあった。他村の高持所有者が入り込んでいるので、総人数は借宿村の戸数を相当に超過して一一一人となっているが、一五石以上の富裕農民層は、わずかに一二人(一〇・八パーセント)にすぎない。それに対して、五石以下の零細農民は九〇人(八一・一パーセント)にもおよんでいる。このなかには、他村居住者が含まれているとはいえ、農民層の分解は、相当に進んでいるとの評価が妥当であろう。

(2) 地租改正の実施[*27]

七三年七月二八日、地租改正関係法令が公布されると、借宿村の位置する新治県では、その法令の一つである「地租改正施行規則」を管内に布達した。[*28] しかし、実際の調査は、ほとんど進捗しなかったようである。その後、翌七四年二月二二日、前文と全六か条からなる県布達が示された。[*29] この布達前文では、地租改正事業の実施にあたって、まず地押丈量(所有権域の確定と面積の測量)から着手すべきことを指示し、正副戸長の外に三、四名から五、六名の実施担当者を選出することを命じ、この調査が完了すれば「私有之確証ヲ得」られるとの巧みな表現で農民の関心を誘いつつ、早期完了の意図を伝えている。前文に続く箇条の末条には実地丈量の手順が記されており、同県下では、ようやくこの段階から実地調査に着手する方向へと進んだようである。

しかし、改租事業での調査はかつての検地と異なり、すべて土地所有農民が担当することになっており、測量技術に疎い農民の作業は遅々として進まず、実地調査は滞りがちであった。こうした事情に加えて、「地租ノ改正ヲシテ租税騰貴ノ基礎ナリ」[*30]などの巷説が流れ、あるいは、丈量費用の負担をめぐっての苦情や紛議等が生じ、事業の停滞を招いている。次項でみる借宿村の紛議も、この点に絡んで起きたものである。県庁では、実地丈量の伝習会を開催したり、「説諭書」を発して調査の早期完了を督促するなどしているが、七四年末に至っても、「今落成ニ至ラサル十二七八」[*31]といった状態が続いた。改租事業の段取りは、地押丈量→等級調査→収穫量調査→地価決定と順次進められてゆく手筈になっているが、その最初の段階でつまずいてしまったのである。県庁の焦慮が相当に強かったことは、云うまでもあるまい。

したがって、県庁もかなり厳しい督促を行ったが事態は変わらず、翌七五年に入っても事業進展の兆しはみえなかった。このため、県庁は県官を管内各地に巡回させ、いっそうの説諭と督促を繰り返したのである。旧鉾田町域でも、同年三月には三光院において、三大区五小区（借宿村が所属する小区に隣接）村々の正副戸長、関渉人等の改租担当者が強い説諭を受け、早々に丈量完了の予定を立てて申告するように督促された。だが、新治県時代には、県庁の早期完了の思惑にも拘わらず、とうとう実地丈量は完了しないまま、七五年五月七日には茨城県へと統合され、引き続き同県の下で作業が進められてゆくことになる。

(3) 実地丈量・改租入費をめぐる紛議

前項でみた実地丈量の過程で、借宿村にトラブルが生じた。同村では他村に比して比較的順調に丈量作業が進んでいたようで、七五年三月の時点にあってほぼ当該調査が終了しつつあった。ところが、近々県の検査を受けることとなったので、現歩関渉人（借宿村の改租担当者）が、調査に不精確のところもあるので再調査を提案したところ村内で大反対を受け、「一端成功ニ相成候ヲ再調致候様ニ而者入費共重々相掛候間是迄之入費本村内ニ於テ一切不差出」[*32]と拒まれたため、郡村総代宛に関渉人四名が免職願を提出するに至った。県庁の思惑に迎合しようとする改租担当者と、調査費用の負担増加を忌避する村内土地所有者との間で衝突が起こり、それが担当者の辞職願にまで発展したのが、右の事件のあらましである。

この辞職騒動は、辞職を願い出た改租担当者に対する県官の慰留と、不満を訴えた者への説諭もあって辞職にまでは至らなかったが、現状のままでは今後の改租事業の進展はおぼつかないとの村吏の判断から、関渉人の増員を願い出て受理もされた。この時に増員として予定されたのは、先に不満を唱えた者および持高一〇石以上の者から、それぞれ三、四名ずつであった。

ところで、右のトラブルが起きた当時の村吏は、戸長が鬼沢武兵衛、副戸長が二重作五兵衛、二重作勝蔵であり、関渉人には鬼沢貞作、粕尾安之丞、高柳与右衛門、鬼沢多兵衛の四名が就いていた。ちなみに、辞職願を提出したのは、この関渉人四名である。増員後の関渉人は表5―3にまとめた通りである。ここで一気に四名から一六名にまで増員されているのは、それだけ事態が深刻だった証左であろう。この間に鬼沢武兵衛から鬼沢貞作に戸長が交替しているのも、象徴的な出来事である（七五年一〇月）。武兵衛は戸長職から関渉人へと転じ、代わって貞作が関渉人から戸長職に就いている。[*33] この戸長交替劇がどのような状況の下に行なわれたのかは定かでないが、丈量をめぐる紛議となんらかの関係があったものと推測することも可能である。

同村では、同年一二月に入って再び問題が持ち上がった。ここで争論となったのは、丈量と改租費用についてであるから、先の三月の事件は根本的な解決にまでは至らず、その後にしこりを残していたのだろう。この一二月の一件は、関渉人の間に亀裂が生じたトラブルである。関渉人のほぼ半数にあたる七人が改租関係の会議を欠席し、地租改正の入費支払いと請書の調印を拒否した事件である。このため、戸長が先に地券入費（丈量費用）を立て替えていたにも拘わらず、「入費指出ス者モ無之[*34]」き状態となり、また、「今般地券成功御受書之調印ヲ相拒ミ」とあるように、丈量完了の請書提出を拒否したため、丈量完了後に取り組む予定の等級および収穫・地価調査を進めることもできない事態に陥った。このため、戸長がこれらの関渉人に対して郡村総代から説得してくれるよう願い出たのである。

いま少し、この間の推移をみてゆこう。ここでも先の反対派の不満から事が起こった。戸長鬼沢貞作らの云うところによると、丈量の過半が終了に近づいた頃、「御仁恤ノ御趣意畦畔除去ノ御達」[*35]があったので、田畑面積から畦畔を除去する調査を関渉人一同へ通知したところ、先に不満を漏らしていた者たちがこれに応じなかったことから、再び事態が紛糾したのである。

これらの事実から明らかなことは、同村において行なわれた丈量にあっては、田畑耕地面積を測量する際に畦畔面積をもそこに加えていたことである。本来、畦畔は課税地から外されており、したがってまた、田畑耕地面積には算入しないのが原則である。つまり、耕地面積の測量範囲は、「平素畑を耕作するに就いて鍬の先の届く所まで」[*36]ということになる。ただし、畦畔に桑や茶等を栽培してそこから収益があがる場合は、耕地面積に合算することになる。[*37]また、所有者の都合でたびたび畦畔の位置を付け替える場合も、耕地面積に算入するという規定であった。以上の改租原則からすれば、畦畔を耕地面積に合算した同村の丈量は、重大なミスを犯していたことになる。

茨城県庁では、七五年八月一五日付で茨城郡の地租改正総代に宛てた実地丈量に関する達のなかで、「中畔《ママ》之内人民便宜ニ年々附替候畔《ママ》畦ハ生反別ニ加歩数相除候

表 5-3　改租担当者一覧（借宿村）

	1875 年 11 月 27 日現在	1876 年 1 月 25 日現在
関渉人	渡辺貞助	渡辺貞助
	粟野政治	粟野政治
	鬼沢小右衛門	鬼沢小右衛門
	鬼沢藤兵衛 *	鬼沢藤兵衛 *
	二重作茂兵衛	二重作茂兵衛
	二重作蔵之助 *	二重作蔵之助 *
	鬼沢武兵衛	鬼沢武兵衛
	鬼沢仙（専ヵ）助	鬼沢専（仙ヵ）助
	鬼沢作左衛門	鬼沢治左衛門 *
	二重作伊平太 *	二重作伊平太 *
	二重作六右衛門	二重作仙太郎 *
	服部平次 *	服部平次 *
	鬼沢康之助	鬼沢康之助
	高柳与右衛門	高柳与右衛門
	粕尾安之丞	粕尾安之丞
	鬼沢多兵衛	鬼沢多兵衛
副戸長	二重作五兵衛	二重作五兵衛
同	二重作勝蔵	二重作勝蔵
戸　長	鬼沢貞作	鬼沢貞作

註）明治 8 年 11 月「地引帳取調日延御願」，明治 8 年 12 月「以書付奉申上候」，明治 9 年 1 月「地券取調日延御願」（鬼沢貞良家文書，前掲）より作成.
*印は反対派と目される人物．この外に鬼沢俊蔵が加わる．俊蔵は上記史料「以書付奉申上候」（8 年 12 月）には，反対派の関渉人の一人として名が挙げられているが，「地引帳取調日延御願」（8 年 11 月）および「地券取調日延御願」（9 年 1 月）の関渉人の記名欄には，その名が見当たらない．この間の事情は不明である．

儀不相成且従前之畦畔ハ兼而申達置候通歩数相除可申候」[*38]と、畦畔の処理方法を指示している。時期的に考えると、この達が回覧されて借宿村まで届き、これをみた戸長鬼沢が「御仁恤ノ御趣意畦畔除去ノ御達」と判断し、急遽同村での再丈量を実施に移そうとしたという推測も成り立つ。あるいは、この達の文面に畦畔を除いた丈量方法については、「兼而申達置候通」と記されていることから、先の丈量ミスを知り、急ぎ再丈量に取り掛かろうとしたとも考えられる。いずれにせよ、鬼沢貞作個人に責任が帰せられるかどうかはともかく、同村の丈量は適切さに欠けるものであった。

反対派はこれらの事情を知ったことから、戸長鬼沢貞作を咎めたのであろう。先の丈量の際の関渉人の筆頭はこの貞作であり、丈量作業の責任の大半は貞作にあると、反対派のメンバーは判断したと考えられる。貞作本人も、批判の対象が自分自身に向けられていたことを承知していた筈である。それというのも、一連のトラブルが生じて以来、「辞職願」や県庁への「説諭願」は三通現存しているが、いずれも貞作によって提出されたものだからである。しかも、そのうちの一通は、貞作が副戸長の時のものであることが（戸長は鬼沢武兵衛）、そのことを側面から裏付けていよう。

この顛末も、先の事件と同様に県官の説得により鎮静し、反対派も再び丈量調査に出仕することで、ようやく丈量も完了の運びとなった。その後、引き続き地位等級調査に着手したが、この作業中に再々度、トラブルが発生した。この度の紛議は、前戸長鬼沢武兵衛が各村民に割り付けた地租改正費用の徴収にあたって、「村内大高所有之者二三名内実苦情ヲ含ミ更ニ不差出」[*39]、これがため「穏静」な鬼沢武兵衛は、とりあえずそれらの費用を立て替え、その後数度にわたって取り立てを行なったが、多数の未納者を残したままであった。

そこで、武兵衛に代わって戸長となった鬼沢貞作が、立替金を調査して改租調査の従事者に村準備金をもって日当を支払う等の処置を講じた結果、「小高困窮ノ者」の過半は割付金を納付するに至った。しかし、大高持の富裕農民は、相変わらず納付を拒否したままだったので、貞作が未納者を個々に呼び寄せ説諭にあたったが、事態は改善されなかった。このため、戸長武兵衛の時から関渉人、地主惣代として改租事業に従事した者への日当支払いも滞った状態にあった。改租担当者はこれまで無給同様に勤務してきたが、地主惣代のなかには「困民モ有之」り、さらに地位等級調査を進めるにあたっては各地へ出張することも多くなり、このまま日当遅延が続くことは多人の迷惑をかけることになる。貞作は、このため、相当に厳しい督促を行ったようである。

そうしたところ、七七年四月三〇日、同村の二重作仙太郎と鬼沢長平の二人から、鬼沢貞作に対してこれまでの改租入費の詳細を知りたいので諸帳簿類を調査したいとの申し出があり、「此方江出頭之上諸帳簿取調計可致一同罷出候様」にと貞作が応じたが、二人は帳簿を調べに来るわけでもなく、頻りに苦情を訴えるだけであった。

貞作によると、鬼沢長平は、とかく貞作に対して批判的であったらしい。例えば、県官が同村の地租改正事業の進捗状況を調査した折に、たびたび貞作宅に宿泊した事実を挙げ、「御宿泊之義者役宅ニ而相勤不申候共村方ニハ旅店モ有之候間御案内可然」などと中傷して廻ったり、あるいは、「地券入費ハ勿論諸上納筋ニ至迄私江宿意ヲ含」んだ言動で徒党を組み、改租費用の上納も拒み、貞作を困惑させるよう目論んでいるという。これでは村政に差し支えも生じ、かつ、改租事業の進展もおぼつかない。トラブルの張本人は鬼沢長平であり、彼を「御召出シノ上御説諭被下置是迄割付之費差出」させれば、その外の者は苦情も云わなくなるであろうし、改租費用も負担することになろうとの、説諭願を提出している。[*40]

以上が、七五年から七七年にかけての、借宿村で起こった紛議の概要である。その中心的な問題は、地租改正事業をめぐる鬼沢貞作と鬼沢長平を中心とするグループとの対立であるが、おそらくその根は深く、維新期という混乱の時代における村政担当者の新旧交替劇が、そこに介在していたのではあるまいか。

(4) 村内対立の構造

右の点を検討するにあたって、まず、借宿村[*41]における有力農民層を検出しよう。表5―4、5―5、5―6は注記したように不十分なものではあるが、明治初期の村役人を一覧したものである。これによると(表5―4)、同村庄屋役は幕末以来鬼沢武兵衛が踏襲していたが、七二年前後には鬼沢長平に代わったようである。また、同年二月段階では、庄屋役を退いていた鬼沢武兵衛が戸長となっている。

この点については、若干の説明が必要である。七一年四月に戸籍法が公布され、「各地方土地ノ便宜ニ随ヒ予メ区画ヲ定メ毎区戸長並ニ副ヲ置キ長並ニ副ヲシテ其区内戸数人員生死出入等ヲ詳ニスル事ヲ掌ラシムヘシ[*42]」として、戸籍区の編成と戸籍事務を管掌する正副戸長の設置が指示された。各府藩県ではこの法令にしたがい、管内に戸籍区を編成し正副戸長の任命に着手した。この区の規模はおよそ五、六町ないしは七、八村程度と云われている。新治県における戸籍区編成についての詳細は不明だが、廃藩置県後に至ると、各府県長官が戸長に対して、戸籍事務に加えて一般の地域行政事務をも管掌するように指示することが全国的な傾向となり、戸籍区は次第に行政区の相貌を示すようになってくる。この新たな戸籍区の正副戸長は、名主、庄屋等の旧来の村役人が兼職する場合が多かったようである。したがって、正副戸長と旧来の名主、庄屋等は併置されていたわけである。数ヵ村連合的な色彩の強い戸籍区のなかで、旧村役人層と新戸長との間で、行政をめぐる軋轢が生じる事態も現出した。

こうした趨勢の下で、新治県では七二年二月、管内を五大区五一小区に分割し、「一小区毎ニ、副区長一員ヲ置キ」「毎村ニ、戸長副戸長各一員ヲ置ク[*43]」大区小区制を施行するに至った。鬼沢武兵衛の七二年二月段階における戸長職が、戸籍区当時の戸長職かあるいは大区小区制下の新たな戸長職かは判明しないが、その後は大区小区制の戸長職を同八年一〇月まで継続している。いずれにしろ、大区小区制の施行後は、庄屋鬼沢長平と戸長鬼沢武兵衛が併存しており、村政管掌にあたっては、その役割分担が明確化しているとも思えず、複雑な状況にあったろうことが推測され

表 5-4　名主・庄屋・戸長一覧（借宿村）

役職	在任期間	氏名
名主 *	1849（嘉永 2）　～ 1870.11	二重作勝蔵
庄屋	62（文久 2).9 ～ 69.2	鬼沢武兵衛 **
庄屋	72（明治 5).2	鬼沢長平
戸長	72（同 5).2　～ 75.10	鬼沢武兵衛
同	75（同 8).10　～ 76.12	鬼沢貞作
同	77（同 10）	鬼沢武兵衛
同	78（同 11).7　～ 85.11.20	鬼沢貞作 ***

註）鬼沢貞良家文書・鬼沢昭武家文書（前掲）より作成．これは，上記二家の文書群のなかから，筆者の目に触れた範囲で作成した便宜的な表示である．在任期間は当該史料の作成日を採ってあり，したがって，その期間中に他の者が当該職に就いていた可能性もある（後掲の表 5-5，5-6 も同様）．ご教示と後考に俟ちたい．
* 名主役は借宿村内の旗本領に置かれており，同村の「副庄屋」格に相当する役職と考えられる．
** 鬼沢武兵衛は 1862（文久 2）年 9 月 24 日付で，同村の御林守に任命されている（『鉾田町史』近世史料編 I，7 頁）．
*** 鬼沢貞作は，1878 年 7 月から 85 年 11 月 20 日までの期間，借宿村連合戸長・野友村連合戸長・串挽村連合書記等を歴任している．ちなみに，1883 年には借宿村から野友村に戸長役場が移転したようである．

表 5-5　副戸長一覧

1873.4 ～ 8.4	二重作五兵衛 *
75.2 ～ 5	二重作勝蔵
76.11	鬼沢貞作
77.8.10	鬼沢貞作

註）表 5-4 に同じ．
* 二重作五兵衛は，1872 年 11月現在で戸長代を務めている．

表 5-6　人民惣代・農惣代一覧

人民惣代	1871.4.24	二重作茂兵衛
惣　代	73.3.6	粕尾安之丞
農 惣 代	74.8.31	高柳与右衛門
同	76.2.16	鬼沢作左衛門
人民惣代	77.3.14 ～ 7.15	二重作茂兵衛
同	77	粕尾安之丞
農 惣 代	?	鬼沢治左衛門
同	?	二重作倉之助

註）表 5-4 に同じ．

うる。

同年四月、太政官布告一一七号により、「荘屋名主年寄等都テ相廃止戸長副戸長ト改称シ是迄取扱来リ候事務ハ勿論土地人民ニ関係ノ事件ハ一切為取扱候様可致事[*44]」となり、旧来の村役人が廃止され、各府県まちまちに施行されていた大区小区制とその町村吏（正副戸長）が、制度的に法認されることとなったのである。[*45]

前置きが長くなったが、戸籍区の施行とそれに続く大区小区制の実施により、新旧村役人の対立が生じる可能性が高くなった。借宿村では、七二年二月、新戸長に前庄屋の鬼沢武兵衛が選出され、また、同年四月には旧村役人が廃止されており、この時期にようやく村政の中心的な担い手として台頭した庄屋鬼沢長平にとっては、大きな打撃となったことが窺える。新戸長武兵衛は「生得隠静[*46]」なる人物であったから、ここでは表面化するような対立は生じなかったものと思われるが、地租改正期の実地丈量をめぐって、沈潜していた軋轢が顕現化することになる。それが、先にみた再三にわたる紛議である。

鬼沢貞作の村政における台頭が、そのきっかけとなったようである。貞作は丈量期間中に関渉人の筆頭となって丈量調査を指導し、さらに武兵衛に代わって戸長職にも就いている。その後、丈量をめぐるトラブルの影響であろうか一時は戸長職を退き、再び武兵衛が同職に復帰するが、短期間でまた貞作が戸長職に返り咲いている。そして、旧庄屋長平が一貫して批判の対象としていたのは、この貞作である。いってみれば、ポスト武兵衛をめぐる貞作と長平の争いのなかで、いったんは勝利を得たかにみえた長平が、大区小区制の実施により再び武兵衛が戸長として村政の頂点に返り咲き、逆に長平は旧村役人の廃止という憂き目にあって、その影響力を失いつつあったところへ貞作の切返しが成功して村政を掌握し、これに対して長平が巻き返しを図ったといったところが、この間の真相であろう。武兵衛と貞作とは、この一連の動向をみる限りでは、近しい関係にあったものと推測される。

地租改正をめぐる借宿村の紛議の背景には、右のような明治新政府の新たな地域編成期に村政担当者の交替が重なり、そこに地租改正事業もが加わったということがあった。こうした事情が、混乱にいっそうの拍車をかけることとなったのだろう。ここには、たんなる新旧交替劇といった単純な枠組みだけでは理解しえない同村の事情が、介在していたのである。

彼らはいずれも同村の有力農民である。表5—7、5—8を参照されたい。武兵衛は、七六年の持高が五一石強におよび、他を圧倒している。長平も三〇石弱の持高を有しており、村内の有力者であることが分かる。貞作はどのような理由からか不明だが、表5—7には登場しない。しかし、同年の地租額調査をまとめた表5—8によれば、武兵衛に次いで四五円強の地租額納入者である。[*47] また、長平グループに属する関渉人の鬼沢藤兵衛は持高三〇石を有する富農であり、二重作伊兵太は同様に一五石弱の持高を示す上層農民である。戸長制下における一方の有力農民が、彼らである。

ところで、旧茨城県と新治県とが合併し、新茨城県が発足した七五年五月七日に、新管内に向けて「地租改正ニ付人民心得書」が公布されていることからも明らかなように、地租改正は当時における県政の主要課題の一つであった。同様に、地租改正は土地所有農民の利害に大きく関わる事業であり、当時の村政にあっても最重要の業務であった。この事業の実施過程で村内勢力の対立が表面化したのも、当然の帰結である。[*48] もっとも、地租改正期の紛議や係争は、必ずしもこの借宿村にみられたような村内対立に限られるわけではない。強引に改租を進める県官と村との間に、大きな軋轢が生じた場合も多かった。大区小区制という新たな地域編成がはじまったとはいえ、在地の状況は混

表 5-7　持高 10 石以上の農民（借宿村）

氏名	宿組（旧藩領）	須賀組（旧旗本領）	小計
	石	石	石
鬼沢武兵衛	35.529	15.715	51.244
二重作兵右衛門	23.617	10.612	34.229
二重作与左右衛門	3.659	27.339	30.998
鬼沢俊蔵	27.824	2.409	30.233
鬼沢長平	28.2015	1.657	29.8585
二重作五兵衛	21.769	7.627	29.396
二重作六右衛門	27.421	0.764	28.185
二重作茂左右衛門	15.153	7.777	22.930
鬼沢吉兵衛	20.976	…	20.976
鬼沢参之助	19.9075	…	19.9075
鬼沢藤蔵	13.660	3.840	17.500
鬼沢多兵衛	17.144	…	17.144
二重作伊兵太	14.584	…	14.584
粕尾安之丞	13.893	…	13.893
粟野政治	10.214	2.748	12.962
粟野平吉	12.685	…	12.685
二重作定助	12.444	…	12.444
鬼沢金兵衛	11.935	…	11.935
渡辺八兵衛	11.474	…	11.474
粕尾七左衛門	11.118	…	11.118
鬼沢小右衛門	8.202	2.232	10.434

註）表 5-2 に同じ.

表 5-8　地租 10 円以上納入予定者（1876 年借宿村）

氏名	地租額	氏名	地租額
	円		円
鬼沢武兵衛	63.558	鬼沢藤蔵	20.980
鬼沢貞作	45.225	粟野牛太郎	20.979
鬼沢彦五郎	41.382	粟野政治	19.701
二重作勝蔵	40.042	粕尾安之丞	18.841
鬼沢俊蔵	39.011	鬼沢留次郎	18.387
鬼沢参之助	36.718	鬼沢武八郎	15.385
二重作六右衛門	35.017	鬼沢多兵衛	14.835
二重作倉之助	34.176	二重作慶三郎	13.346
二重作徳松	33.535	鬼沢民太郎	10.367
二重作茂兵衛	32.371		

註）「明治九年度百分三地租金帳」（鬼沢貞良家文書，前掲）より作成.

沌としており、また、新政府の急激な西欧化政策が旧来の慣習と衝突もしており、農民は感覚的、情緒的に新政への不満をもっていた。なんらかのきっかけがあれば、いつでも紛議や係争、騒擾が発生する状況にあったのが、この時代の特徴と云えようか。

3　地租改正をめぐる紛議㈡
――鳥栖・鉾田村の場合――

(1)　鳥栖村の立替金不正問題

借宿村から一村を挟んで北に位置する鹿島郡鳥栖村（現鉾田市）でも、地租改正をめぐってトラブルが生じていた。その内容を検討する前に、同村での改租進捗事情を「願書上[*49]」によってみると、「村方地券成功之儀遷延罷在候」とその遅れが目立っており、「下調増員」を願い出ている。ここにいう「下調」人とは実地丈量担当者のことと思われ、この段階で九名の村民が従事していたが、作業の進展が芳しくないことを報告している文面であることが分かる。「願書上」は続けて、五名の増員が認められ「一同昼夜精勤仕候ニ付」、ようやく地引帳絵図面を作成するまでに至ったので、これを提出するに際し、増員の者に対する「下調之名儀」を使用する旨を申請している。「願書上」の日付は一八七六（明治一〇）年七月であるから、このころに実地丈量がほぼ完了したのであろう。ところが、下調人の一人である鬼沢長右衛門が、丈量結果を記した帳簿を勝手に改竄していることが判明し、大きな問題となった。史料の語るところによれば、その実情は以下のようである。

鬼沢長右衛門自由ニ帳簿へ書添張紙等仕候ニ付夫々承リ候処自分所持地之内違同有之申ニ付然者下調ニ而実地丈量仕其上相直シ候様再応申聞ケ候処右長右衛門申分ニ者私共儀者御上様之御検査受ケ可申候間再丈量ニ不及与申

張リ無拠下調之者共ニ而再丈量候処相違茂有之間敷ト存候[*50]

長右衛門が下調係であることを利用して、実地丈量の結果を張紙などで訂正した事実が露見し、他の下調人が問い質したところ、同人の所有地面積に誤りがあったとの回答が返ってきた。そこで、そのような事情ならばあらためて丈量を実施し、その結果を照合して訂正すべきであると諭したが、同人はこれにまったく応じる気配がないため、下調人が再丈量したところ、誤謬は見出せなかった。このままでは、「小前末々之者疑念相生シ迚茂我々共ニ而者不行届候間是迄ニ而」辞職したいと、下調人一二名が連名で免職願を県庁宛に提出している。同村の下調人は九名に五名が増員されて総勢一四名となっていたが、その内の一二名が辞職願に記名していることになる。これに記名しなかった二名の内の一人は、云うまでもなく長右衛門当人である。

この結末についてはさだかでないが、この時期の改租事情をみると、調査の過程で問題が生じその村内での解決が難しい場合、改租担当者が県庁や郡惣代に辞職願を提出し、その圧力をもって事の解決を図ろうとしていたことが多かったようである。前節でみた借宿村にあっても、同様の手段を講じている事実が、こうした推測を裏付けていよう。

以上のことはさておき、鳥栖村では同年秋口には実地丈量が終了し、ついで地位等級の調査へと進む段取りとなった。等級調査にあたる改租担当者は地主惣代である。同職は選挙によって選出するよう県庁より指示が出されており、同村でもその選挙が実施されたが、そこで「行違之義有之」[*51]云々とのトラブルが起こった。行き違いの詳細は不明だが、相次ぐ不祥事の発生は、その後の改租事業の行く末を暗示しているものであった。

実際、同村では重ねて紛議が続出し、七七年三月には「元正副戸長差替金百円八銭四厘明細帳之儀如何ニモ曖昧粗漏ニ候間私共一同右金額賦課可致儀承諾相成兼」[*52]とする立替金不正事件が起きている。この事件は長引き、一〇月に至っても解決の糸口が見出せない状態であった。その間に、村長の鬼沢粂三郎が元正副戸長の言い分を取り上げ、曖味なままに立替金の督促をなしたため事態はますます紛糾し、立替金不正疑惑を指摘した村民は、業を煮やしてこの「三名之もの共速ニ被召出御吟味之上諸帳簿不正之廉々相除キ至当割合相成候様奉願上候也」[*53]と、湊警察署（現ひたちなか市）へ訴え出るに至った。

こうして事態に深刻さが加わっていったが、この頃、鬼沢粂三郎が新たに副戸長へと就任することが決定した。これに対し、村民数名が異議を唱えたためさらに村内が騒然となり、「未タ諸帳簿類等引渡モ無之」[*54]、村内秩序が保たれ難き状況となった。この辺の前後関係は判明しないが、いずれにせよ立替金不正疑惑に端を発して起こった事件であることは、あらためて指摘するまでもあるまい。

詳細については今後の検討課題だが、先にみた借宿村の状況や右の事実から明らかなことは、地租改正期には新旧村役人・改租担当者の対立や総代クラスと一般農民層との対立などが生じており、農村は騒然とした状況におかれていたことである。村入用等の立替金システムは、近世の村役人制度の下で一般化していたが[*55]、大区小区制下においてもこのシステムが受け継がれており、公私の不明瞭性は一般農民層にとって不満の種であった[*56]。また、地租改正では総代制が取り入れられ農民参加が認められたが、総代選挙の権利を有しているのは土地所有者だけであり、小作農は土地、したがって地租改正からも疎外されていた。また、総代に選出された農民の多くは自作上層以上であり、その指導層は豪農・富農層であった。ここにも、対立の構図が見え隠れしている。

地租改正期における大区小区制、総代制の有様は、近世後期に成長した広域行政システムを継承するかたちで展開し、そして、その限りで領主—領民関係のなし崩し的な衰退に大きく寄与したが、その下で生成した農民層の分解とその対立構造を止揚しえず、新たな農村秩序への模索が求められていたのである。それは、まさしく新時代への過渡期の産物といえるだろう。三新法体制（一八七八年）への移行は、こうした混沌からの脱却をも企図していたのである。同時に総代制の導入によって、政治参加への積み重ねとそこからの新たな政治意識が、一部農民層から生じたであろうことにも注目すべきである。地租改正と民権運動との関連を云々するとすれば、その接点はこんなところに求められよう。

(2)　鉾田村における租税直納事件

地租改正をめぐる紛議は全国いたる所で頻発したが、もとよりその事情は一様ではない。先にみた借宿村や烏栖村のように、村内の対立として顕現化した場合もあるし、七六年に県下で起こった真壁・那珂一揆のような、県庁との衝突事件もある。あるいは、かつて筆者が検討した埼玉県比企郡平村における地位等級編成をめぐっての、県庁と農民との間にみられた丁々発止の駆け引きのようなものまで、[*57]さらには減租を企図した豪農層らによる改租の修正プランの提示等々、[*58]改租事業の進捗に対応するかのように、地域の実情や県庁の裁量如何によってさまざまな対立と抗争が続発している。そうした数ある騒擾や事件のなかで、なかなかにユニークな注目に値すべき小事件が、鉾田村で生じている。このトラブルは地租改正の本質を考える上で、貴重な示唆を得ることができると思われるので、ここに紹介しておきたい。

幕藩体制が解体し明治維新を迎えても、直ちに旧体制下の貢租制度が廃止されたわけではないことは、つとに知られているところである。確かな基盤を有していない新政権は、一八六八年八月、「諸国ノ風土ヲ審悉セス、遽ニ新法ヲ設ルトキハ却テ人情ニ乖戻セン」として、「一両年間姑ク旧慣ニ仍[*59]」るとの方針を打ち出し、形骸化した石高制に基づく貢租制度の改革を先延ばしにしていた。廃藩置県後に至っても、「今般藩ヲ廃シ県ヲ被置候ニ付テハ、租税ノ儀一般ノ法則ニ可引直ノ処、因襲ノ久キ一時ニ引直候テハ却テ民情ニ悖リ候儀モ可有之ニ付、当未年ハ悉皆旧慣ニ仍リ可申[*60]」との慎重な態度を崩していない。もっとも、この間に税制改革の気運は高まり、翌七二年からの壬申地券発行へと連なる改革案が、政府内部で熟成しつつあった。

しかし、壬申地券の発行も、市街地地券はともかく郡村地券の場合は、後の地租改正に向けての「各所持地ノ沽券ヲ改メ、全国地代金ノ惣額ヲ点検[*61]」することに主たる目的がおかれていたため、この券面には所有者名、面積、地価額等々は記載されているが、肝心の新地租額は表示されてはいなかった。したがって、税法は旧来の貢租制度がそのままに継承されていたのである。旧税法が廃止されるのは、七三年から始まる地租改正事業の竣功を俟たねばならなかった。

その地租改正の実地調査が行なわれている時期に、鉾田村で小さな事件が起こった。七五年も暮れに近い頃のことである。ことの起こりは、貢租石代金の納期が迫ってきたので、戸長以下の村吏がその取り立ての督促を進めていたところ、Oという農民がさっぱり言うことを聞かず、ついには役宅にまで押しかけ、そこに集合していた村吏一同に対して、「馬鹿ヤロウ彼是暴言悪口言語ニ難尽[*62]」き罵詈雑言を吐き、あげくは町用掛の一人を棒で突っつこうとまでしたのである。

Oは貢租石代金を納めないどころか、「御庁迄罷出自分勝手納可仕旨申断[*63]」、村の役人たちを散々に手こずらせた。つまり、自分で県庁に税を納めると息巻いたのであった。村吏たちは処置に困り、またOは平素から行状に問題のある人物と目されていたので、湊村の警部御出張所に同村御用掛・町用掛・正副戸長連名で「御届書」を提出し、Oを呼び出した上で厳重に注意するよう願い出たのである。

その顚末は、Oが村預けとなった上、「喫酒之上不計茂御役宅江罷出意外ノ失言殊ニ直納可仕旨申上候[*64]」ことを、飲酒の上での失言であったと詫びを入れることで一件落着したのだが、この小事件のなかに、旧い石高制に基づく貢租制度と新しい地租制度との間にある本質的な違いを、垣間みることができる。

幕藩体制下における領主の貢租は、個人ではなく村宛に課せられその総量を村役人が各家に割付け、それを徴収して領主に納めるシステムであった。いわゆる村請制である。明治維新の変革によって、貢租制度に代わる新しい地租制度が導入されるが、この制度は農民の土地所有を個人の権利として国家が認め、その対価義務として地租を課すものであった。そして、その所有の証明として地券を発行したのである。この権利と義務はいずれも個人を対象とするものであったから、地券も個人に交付されたわけである。この地券（改正地券）面には壬申地券と異なり、所有者名、地番、面積、地価額に加えて地租額も記載されている。地租は地価の三パーセント（後に二・五パーセントへと減税）である。

旧い貢租制度では村宛課税だったが、新しい地租制度ではそれが個人へと変更された。ここで、先ほどの〇の言葉が思い起こされる。彼は、貢租を県庁へ直納すると言ったのである。酔った勢いではあったということだが、租税を個人で納めると主張したのである。ここに、租税制度の根幹に関わる問題が示されていると云ってよいだろう。

〇の事件が起きた七五年は、新しい地租制度を導入するための地租改正事業が進められている時であった。この事業の最終目的は、課税標準となる地価の決定にある。つまり、これまでの貢租に代わる地租は、地価の三パーセント（二・五パーセント）とされたのだから、地価額が決まらないことには地租額も決まらないわけである。

この地租改正事業が完了すると、貢租制度から地租制度へと移行することになる。地租改正は政府の主導の下に全国的に実施されたが、その事業主体は府県であった。各府県毎に地租改正が完了次第、新しい地租制度が実施されてゆくことになる。茨城県では七八年に調査事業が竣功し、その年から地租制度へと移行した。旧土地税制の下にあって事実上の農民的土地所有権が前進し、また貢租金納化も地域的な偏差を孕みつつも、石代納の普及によって進展していった。地租改正は、こうした幕藩体制下に成長した日本的な近代化の論理を全国一般に適用したのである[*65]。同時に、収益税という西欧的な論理に基づいて地価を算定し、土地の所有権を個人に保障するとともに、租税は村請制から個人課税へと改変された。

地租改正は、こうして、一方では旧体制下に進展した日本的な近代化の動きを継承しながら、他方で西欧的な論理によってその体系を基礎づけたのであった。[*66] してみると、先ほどの〇の「酔言」には、西欧的な論理に基づく新しい時代を先取りした先見性があったことになる。

4　地租改正の実施体制

地租改正事業の担当部局は、中央にあっては大蔵省租税寮改正局が当初それにあたっていたが、一八七三（明治六）年一一月に内務省が設置され、地租改正に関わる土地と租税の管轄がそれぞれ大蔵、内務に分割されたため、七五年三月、両省の間に地租改正事務局を設置して改租事業の指揮をとることとなった。この事業は府県を単位として実施される。したがって、この調査を統括する事業主体は、地方長官—府県ということになる。県庁内の租税課に改正掛や地券掛が置かれ、これが実務を担当する部局となった。

ところで、地租改正の実施時期の地方制度は大区小区制であり、改租事業を進めるにあたっては、以下に述べるように、この制度が最大限に利用された。旧茨城県では、七二年九月、地租改正に先立つ壬申地券の交付にあたって、租税課に地券掛を設置して管内五郡から二一名を郡中地券掛に任命したが、その際、戸長が過半の一二名、副戸長が四名、名主二名、庄屋・里正・士族各一名が任用されている。正副戸長は、あらためていうまでもなく大区小区制下の官吏である。名主や庄屋がここに入っているのは、旧茨城県では大区小区制に基づく正副戸長制が敷かれた後も、七三年二月までは旧村役人制が廃止されずに存続していたからである。同年二月以降、区戸長制に統一されると、彼らが在地における改租事業の指導者として活動するようになってゆく。

大区小区制は、近世後期以降の村結合を媒介した中間組織やその担い手（郡中議定・組合村、大庄屋制・総代庄屋制等々）によって推進された、広域行政の経験を踏まえて成立したものである。これまでの村の範囲をこえる広域行政の展開は、新政府成立後の直轄県政の下で試行錯誤を繰り返しながらも、七一年一一月の府県の統廃合による地域の再編成の理念にそうものであり、地方における旧習の解体を進める上で積極的に継承され、大区小区制へと結実していったのである。[*67]

地租改正は、右のような大区小区制というシステムの上に乗ってその事業が進められていったが、同時に総代制が導入されて土地所有者による事業参加の途も開かれていた。その制度的端緒は、七四年三月の大蔵省達第二七号で官選の郡中附属地券掛を廃して、新たに民選による地租改正総代人の設置を指示したことに始まる。茨城県でもこの達に基づき、同年四月、同様の措置を施したが、「民撰ヲ以可申付処従来取扱候順序モ有之ニ付是迄之者共地租改正総代申付候[*68]」として、かつての官選地券掛をそのまま地租改正総代に任命しており、総代制が導入されたといっても、この点は割り引いて考えねばならない。この総代人の任務は改租下調の指示、下調結果のチェック等々であった。

その後、等級調査の段階に入ると、各種総代人が選出されそれぞれの役割を分担するようになる。七六年四月には地主総代（後に小区総代と改称）の設置が指示され、各小区から一人が選出されることとなった。その選出方法は、土地所有者による村内選挙で選ばれた投票人総代の互選で決定する。また、同年一〇月には、この地主総代を小区総代と改称し、村内の田畑宅地一五町歩に一人の割合で新たに地主総代を選出することとなった。この選出方法も先と同様に、村内土地所有者による選挙である。被選出者のうち、一人が世話役を務めることになる。この外にも郡村総代などが置かれており、等級調査はこれらの各種総代人によって担われたのである。[*69]

等級編成にかかる分担は、以下の通りである。国位・郡位については副区長（新茨城県では区長を置かなかった）、郡村総代による投票、小区位は副区長、正副戸長、郡村総代が、また、村位に関しては各村戸長、小区総代がそれぞれ投票によって決定することとなった。さらに、等級制度は模範組合村方式を採用し、相互のバランスを維持することに腐心しているが、模範村を選定する作業には、小区内の正副区戸長、郡村総代、小区総代が関与し、その模範村の地位等級編成にあたっては、副区長、郡村・小区両総代の指示の下に地主総代、正副戸長が参加することになっている。

このように、地租改正事業を進める上で、総代制の果たした役割はまことに重要である。この総代制は、一八世紀末以降に畿内を中心に成長したシステムであるが、大区小区制という上からの地域支配方式のなかに取り入れられ、土地所有者の声を代表する機能を担わされたのである。総代制の成長が緩慢な地域にあっては、その後の三新法、市制町村制へと展開する「地方自治」の運営に対して、その訓練と経験の蓄積は大きな作用を与えたであろうと推測しうる。また、模範組合村方式の導入は、これまた近世後期以来の広域行政の経験を継承し、その後の市制町村制へと媒介する役割を担ったと考えることができる。地租改正は、日本における近代的な土地所有関係と租税制度を確立したが、同時に過渡的な大区小区制の不備を補いつつ「地方自治」の経験を創出し、結果的にその後の国民国家を支える広域的な地方制度への橋渡し的機能をも果たしたのであった。

地租改正期における大区小区制・総代制の有様は、近世後期に成長した広域行政システムとして継承され、そして、その限りで領主—領民関係のなし崩し的な衰退に大きく寄与したが、その下で生成した農民層の分解とその対立構造を止揚しえず、新たな農村秩序への模索が求められていたのである。それは、まさしく新時代への過渡期の産物といえるだろう。三新法体制への移行は、こうした混沌からの脱却をも企図していたのである。同時に、総代制の導入によって、政治参加への積み重ねとそこからの新たな政治意識が、一部の農民層から生じたであろうことにも注目すべきである。地租改正と民権運動との関連を云々するとすれば、その接点はこんなところに求められよう。

結びに代えて

明治新政府が成立しても、ただちに在地支配の再編が可能であったわけではない。廃藩置県以前の府藩県三治の時代には、旧来の組合村等にみられる村結合の在り方を利用しながら、そこで蓄積された取締機能や広域行政の経験に期待し、その存続を図っている。その過程で組合村が行政区的機能をも発揮するようになるが、廃藩置県後の府県統廃合によって、その歴史は閉じられることになる。[*70] この後、大区小区制が始まるが、その編成や機能には組合村の性格を継承した面が多分にあり、それだけに画一的、統一的なシステムとはなっていなかった。

地租改正の実施過程においても、関東地方等の後期改租府県では、等級の組立にあたって二〇～三〇ヵ村が連合して模範組合村が編成され、村々の間で不均衡が生じないように、等級の調査が進められている。[*71] この模範組合村と旧改革組合村との関係は、それこそ地域によってそれぞれ異なるが、その構成村の幾つかが共通していることが多い。

ちなみに、借宿村が所属した串挽村改革組合と成田村模範地組合とを対比すると、表5―9のようになる。串挽村改革組合は、府中藩領、松川藩領、旗本領の一七ヵ村から編成されている。成田村模範地組合もこの串挽組合の編成と酷似している。旧府中藩領の高岡、中根、繁昌、吉川四ヵ村が外れ、代わりに旧旗本領の半原、小幡、行戸三ヵ村と、改革組合村の制度が施行されなかった旧水戸藩領の青柳村の四ヵ村が編入されている。いずれも一七ヵ村から構成されているのは偶然だが、ここでは一七ヵ村中の四ヵ村が入れ替わっただけである。地租改正期の成田村模範地組合を結成するにあたって、この串挽村改革組合の編成が参考とされたことは、おそらく疑いのないところであろう。模範組合村の編成は、郡単位レベルで区戸長層を中心に検討されたと思われるが、旧体制下における周辺村々の結合状況が、この編成過程で斟酌されたものと考えられる。

表 5-9　改革組合村と模範地組合村

旧支配関係	串挽村改革組合	成田村模範地組合
府中藩領	串挽村・野友村・高田村 高岡村・中根村・繁昌村 吉川村	串挽村・野友村・高田村
府中藩・旗本領	借宿村	借宿村
松川藩領	小貫村・次木村・両宿村 内宿村・成田村・帆津倉村 金上村・穴瀬村・長野江村	小貫村・次木村・両宿村 内宿村・成田村・穴金帆村 * 長野江村
水戸藩領		青柳村
旗 本 領		半原村・小幡村・行戸村

註）年月不詳「常陸国行方郡成田村模範地組合田方地位等級表」（鬼沢貞良家文書，前掲），柳田和久『幕藩制社会と領内支配』（文献出版，1998 年），『茨城県史』市町村編Ⅲ（茨城県，1981 年）より作成．

なお，高岡村・中根村・繁昌村・吉川村・小貫村・次木村・両宿村・内宿村・成田村・帆津倉村・金上村・穴瀬村・長野江村・小幡村・行戸村は，旧行方郡北浦町域（現行方市）に，その他の村々は旧鉾田町域に属している．
* ここで利用した「地位等級表」（作成は 1877 年と推定される）によると，帆津倉・金上・穴瀬 3 ヵ村が一括されて穴金帆村と記されている。ちなみに，この 3 ヵ村は，1878 年に合併して三和村となった．したがって，穴金帆村という名称が使われている事実は，同年以前に 3 ヵ村が連合形態をとることで，すでに事実上の合併をしていたか，あるいは，近々合併が予定されていたかのいずれかを示しているものと考えられる．

以上のように、廃藩置県後の大区小区制―地租改正期にあっては、在地における地域編成に旧体制期からの連続面が見受けられるのである。[*72] このような過渡期に地租改正事業が実施されたことにより、さまざまな矛盾、軋轢が露呈されることになった。改租を媒介とした対立・抗争の構図が、実に多くの形態を示しているのはそのためである。

本章で取り上げた借宿村にみられた新旧支配者層の村落支配をめぐる抗争や、鳥栖村で生じた立替金をめぐる不正疑惑事件などの一連の地租改正期のトラブルは、したがって、必ずしも地租改正の内実をめぐって惹き起されたものではなく、改租事業はそのきっかけを提供したにすぎないと解釈すべきである。過渡期における村内矛盾が、地租改正という大きな行政的課題[*73]を目の当たりにして、一気に噴出したというのがその実情であろう。このような事例は旧鉾田町域に限らず、全国至る所で発生したと考えられる。[*74] また、地租改正をめぐる紛議と思われている事件も詳細に検討すれば、借宿村や鳥栖村の場合と同様に、地租改正はあくまでもトラブルのきっかけにすぎなかったような事例も存在するのではあるまいか。

以上のことはともかくとして、地租改正期には右にみたような諸問題に加えて、新政府の地域編成にみられる試行錯誤や、西欧化政策—旧慣禁止令の強権的な実施が、地域内部にさまざまな矛盾を生みだし、新政府に対する農民や民衆の不満もが醸成されていったのである。さらに、階層分解の進展が豪農・富農層と貧農層との対立を顕現化させるであろうことなども、予測されうるところである。[*75] ここで取り上げた地租改正期における紛議は、このような過渡期=混沌とした社会状況の産物として発生したのであった。その後、七八年の地方三新法、[*76] 八四年の改正、八九年の市制町村制へと、地域編成の方式が変転してゆくのは、この過渡期からの脱却を求めて、統一的な国民国家体制に照応する地域編成の在り方を模索していった結果である。

註

＊1 旧鉾田町域は、廃藩置県後の一八七一（明治四）年一一月の府県統廃合によって、新設の新治県（現茨城県・千葉県）へと編入され、その後の七五年五月に新治県が廃されると、新茨城県の管轄となった。

＊2 『茨城県史料』近代政治社会編Ⅰ——以下『茨城県史料』Ⅰと略記——（茨城県、一九七四年）二三四頁。

＊3 明治七年一一月二日「地租改正御説諭」（鬼沢昭武家文書、旧鉾田町史編さん室蔵）。

＊4 『茨城県史料』Ⅰ（前掲）五〇五頁。

＊5 同右、三八〇頁。

＊6 拙著『地租改正』（中公新書、一九八九年）Ⅵ章。

＊7 一揆の具体的経過については、高橋裕文『那珂郡農民一揆』上下（筑波書林、一九八〇年）に詳しい。ただし、高橋は「地租改正反対一揆」の視点からまとめており、筆者とはその評価が大きく異なる。

＊8 『茨城県史料』Ⅰ（前掲）三八〇頁。

＊9 同右、四三〇頁。

＊10　明治六年三月「県庁第十三号」（鬼沢貞良家文書、旧鉾田町史編さん室蔵）。
＊11　田村武夫「明治期徴兵制の展開と民衆」（『鉾田町史研究　七瀬』三号、一九九三年）五頁以下。
＊12　明治六年三月「無題」、同四月「徴兵御採用相成候儀候ハハ身代金御下ケ願」（鬼沢昭武家文書、前掲）。
＊13　明治六年六月「無題」（同右）。
＊14　明治六年八月「免疫相当人名取調書上」（同右）。
＊15　明治五年六月「無題」（田山通夫家文書、旧鉾田町史編さん室蔵）。
＊16　明治六年二月「第十一号」（同右）。
＊17　明治六年三月「無題」（同右）。
＊18　明治九年二月「第三拾六号」（同右）。
＊19　同右。
＊20　明治九年二月「第弐拾七号」（同右）。
＊21　裸体禁止令の最初は、一八六八（慶應四）年八月に横浜で出されている。
＊22　今西一『近代日本の差別と性文化』（雄山閣出版、一九九八年）一四九頁。
＊23　明治九年三月「産物取調書上」（鬼沢貞良家文書、前掲）。
＊24　岩下祥子「明治前期の商業活動」（『鉾田町史研究　七瀬』九号、一九九九年）五一頁。
＊25　当時の農民の多くは農業を主としながらも、さまざまな副業に従事していたと考えられる。したがって、本文に記したことは、あくまでも実験室な仮定ということになる。
＊26　岩下「明治前期の商業活動」（前掲）五二頁。
＊27　新治県時代を含めた旧鉾田町域の地租改正の詳細については、本書第二編第四章を参照されたい。
＊28　明治六年「県庁第二七九号」（田山通夫家文書、前掲）。
＊29　明治七年「県庁第二二号」（茨城県立歴史館蔵）。
＊30　明治七年一一月二一日「地租改正実施御説諭」（鬼沢昭武家文書、前掲）。
＊31　同右。
＊32　明治八年三月三一日「現歩関渉人免役願」（鬼沢昭武家文書、前掲）。

＊33　明治一一年九月「免役御願」（鬼沢貞良家文書、前掲）。ちなみにこの「辞職願」は、七六年段階で鬼沢貞作が任じられていた村長職を、持病のために辞職したいと県令宛に願い出たものであり、下書きを含め数点が現存している。なお、ここに云う「村長」とは、もちろん市制町村制実施後のそれではなく、一八七七年九月に副戸長を廃してその代わりに新設されたもので（『茨城県史料』前掲、九〇頁）、この時期のみにみられる茨城県独自の制度である。
＊34　明治八年一二月一〇日「以書付奉申上候」（鬼沢貞良家文書、前掲）。
＊35　（明治一〇年）「無題」（鬼沢貞良家文書、前掲）。
＊36　有尾敬重『本邦地租の沿革』復刻版（御茶の水書房、一九七七年）七五頁。
＊37　小野武夫『地租改正史論』（大八洲出版、一九四八年）一〇六頁。
＊38　『茨城県史料』（前掲）二七〇頁。
＊39　「無題」（前掲）。以下、ことわりのない限り、この史料を典拠とした。
＊40　この「説諭願」は下書きのようである。その宛先は記されていないが、郡長惣代か県庁宛と推測しうる。
＊41　後論の便宜上、借宿村の所轄単位の変遷について触れておく。同村は、旧幕藩体制の時代に府中藩領（宿組、高五五一石七斗九升三合）と旗本領（須賀組、高一九三石七升）との二給支配の下に置かれていた（鬼沢貞良家文書、前掲）。維新を迎えると、この周辺地域の旧幕府領・旗本領は一八六八年七月に上総安房知県事の管轄下に編入された。借宿村の旧旗本領（須賀組）も同様であり、したがって、同村は旧幕期そのままに二分割体制（府中藩＝石岡領と上総安房知県事の管轄）が敷かれていた。上総安房知県事が廃され宮谷県が成立した後も二給体制に変化はなく、そのまま廃藩置県を迎えることになる。問題はこの廃藩置県の結果である。旧直轄県たる宮谷県は継続存置となったため、同村の旧旗本領も宮谷県管轄下となった。石岡藩領もそのまま石岡県管轄下に移行したため、借宿村は相変わらず村としての一元化が果たされてはいなかったのである。廃藩置県によって一村は二県に分断されたわけである。旧幕藩体制下における領有構造の特質を承けた関東地方には、こうした事例が多数存在していた。一八七一年七月の廃藩置県では、右にみたように地域編成の一円化に成功しておらず、また、府県規模についても旧体制と変化はなく、その格差の大きさは統一的な地域編成を進める上で、大きな障碍であった。そこで、新政府は同年の一一月にあらためて府県の統廃合を実施して、三府七二県とした。現茨城県域にあっても、一八県が茨城・新治・印旛の三県に統廃合された結果、右にみた欠陥の多くは改善され、本格的な地方府県体制が成立した。借宿村もこの時に全域が新治県の管轄下に入り、分断体制はようやく解消された。また、旧鉾田町の全域も、この時に新治県へと統合されている。右の事情からも明らかなように、地域にとっては七一年七月

のそれよりも、同年一一月の府県改置こそ、実質的な廃藩置県であったと云うことができる(拙著『明治維新史論へのアプローチ』有志舎、二〇一五年、二二四頁以下)。

＊42 山中永之佑監修『近代日本地方自治立法資料集成1』明治前期編(弘文堂、一九九一年)一〇六頁。

＊43 『茨城県立歴史館史料叢書1』内閣文庫蔵茨城県史料上(茨城県立歴史館、一九九八年)二九四頁。

＊44 山中監修『近代日本地方自治立法資料集成1』(前掲)一三七頁。

＊45 大区小区制が制度的に法認されたとはいえ、多分に府県の実情にそくして運営されており、そのシステムは全国画一的なものではなかった。例えば、新治県と隣接の旧茨城県のそれを対比してみても、戸長の選出方法は新治県が民選なのに対し旧茨城県は官選であり、管轄区域の規模についても、新治県は管内一、二七六ヵ村を五大区五一小区に編成したのに対して、旧茨城県は管内九二六ヵ村を二一大区一三〇小区に区画しており、一小区当たりの村数に大きな開きがあった。また、新治県では区長が設置されず小区は副区長の担当であり、旧茨城県では当初は区長を置かなかったが、その後まもなく小区に区長を設置している。さらに、旧茨城県にあっては、七二年四月に布告された庄屋、年寄、名主等の旧村役人の廃止法令が実施されずに存続し、ようやく翌七三年二月に至って廃止される、等々といった具合である(長谷川伸三・佐々木寛司他『茨城県の歴史』二六九~二七〇頁、山川出版社、一九九七年)。

＊46 「無題」(前掲)。

＊47 表5―7と5―8とは、本来照応する筈であるが、どういうわけか一方のみに掲示される人物が数名いる。この間の事情は不明であるが、両表を利用して検討することにしたい。

＊48 借宿村における地租改正事業の全体像については、紙幅の関係もあり、いずれ稿をあらためて具体的に検討したい。

＊49 明治九年七月一六日「願書上」(鬼沢浩之助家文書、旧鉾田町史編さん室蔵)。

＊50 明治九年七月二二日「御願書」(同右)。

＊51 明治一一年一一月九日「對談為取替証」(同右)。

＊52 明治一〇年一〇月「記」(同右)。拙稿「地租改正と農民」(拙編著『茨城の明治維新』前掲、六八頁)では、筆者の手違いでこの史料を借宿村の事実として利用、記述したが、本章で取り上げたように鳥栖村に関する史料である。お詫び旁々、この機会に訂正しておきたい。

＊53 明治一〇年一〇月二九日「御吟味御願」(鬼沢浩之助家文書、前掲)。

＊54 明治一〇年「御願書」（同右）。

＊55 菅原憲二「近世村落と村入用」（『日本史研究』一九九号、一九七九年）。

＊56 奥村弘「三新法体制の歴史的位置」（『日本史研究』二九〇号、一九八六年）二六頁。高久嶺之介によれば、「維新を迎える時期の近世の村は庄屋等の立替機能は存在したとしても、百姓代の存在など村財政の監査システムは機能していたところが少なくなかった」（「明治期の村落行政をめぐる諸問題」『社会科学』五九号、一九九七年、一二頁）のであって、この時期に多発する区戸長層に対する不正・疑惑事件は、「近世社会からあった庄屋・区戸長の立替機能一般からおきたというよりも近世の村財政の監査システムの動揺や機構変更から起きたのではないかと推測している」（同右、一〇頁）との有力な見解を示した。この点の可否は、今後の研究を通して個別の事例が積み重ねられてゆくことで、その位置づけも明らかになるだろう。

＊57 拙著『地租改正』（前掲）一七八頁以下、ならびに本書一三七頁以下。

＊58 有元正雄『地租改正と農民闘争』（新生社、一九六八年）。有元はこの著書で、新政府の改租プランに対する地主・豪農プランの独自性を指摘しているが（第五章）、「地主・豪農プラン」という呼称やその独自性への過当な評価には多大な疑問が残る。筆者はこのプランに対して、「政府の改租方式に準拠しつつ、地価算定上の因子を調整することで、『旧貢租額の維持』たる改租理念に対抗しようとしたのであって、正確には、改租修正プランと呼ぶべきものであった」（拙著『地租改正』前掲、一七二頁）と論じ、有元の評価とは一線を画した。

＊59 「地租改正例規沿革撮要」（『明治前期財政経済史料集成』第七巻、明治文献、一九六三年）一六九頁。

＊60 「地租関係書類彙纂」（同右）三〇七頁。

＊61 同右、三〇八頁。

＊62 明治八年一二月二六日「御届書」（小島和夫家文書、旧鉾田町史編さん室蔵）。

＊63 明治八年一二月二四日「御届書」（同右）。

＊64 明治九年一〇月五日「差上候御詫書之事」（同右）。

＊65 拙著『明治維新史論へのアプローチ』（前掲）第一編第一章。

＊66 拙稿「明治維新――近代化の第二段階――」（『学習院史学』三六号、一九九八年、後に「歴史のなかの明治維新――近代化の第二段階――」と改題し、拙編著『茨城の明治維新』文眞堂、一九九九年へ収載）。

＊67 長谷川・佐々木他『茨城県の歴史』（前掲）二六七頁以下。

＊68　『茨城県史料』Ⅰ（前掲）三二四頁。
＊69　同右、三二六頁以下。
＊70　高橋実『幕末維新期の政治社会構造』（岩田書院、一九九五年）五五頁。
＊71　本書第一編第二章、第二編第三、四章等。
＊72　維新期の地域行政は、近世社会の特質を色濃く反映しているが、その近世社会はたゆまぬ変化を遂げており、近世領主制支配の実態は大きく変質していたことにも留意する必要があろう。
＊73　当時の府県行政の下で、地租改正事業が最大の課題であったことは、一八七五年五月七日に新治県が廃され新茨城県が発足したその日に、「地租改正ニ付人民心得書」が発布された事実に、端的に表れている。
＊74　一例として、熊谷県（後に埼玉県）幡羅郡中奈良村において、地租改正の実施を契機として、見取畑（無役地）の所有権帰属問題で対立が生じた村内トラブルがある。同村の旧村役人三名が所有権を主張する見取畑に対して、村民百二十数名が村の共有地であると反撥し、四年間にわたる裁判闘争が闘われた事例である（野中家文書、埼玉県立文書館蔵）。この事件も、地租改正による所有権認定をきっかけとしているが、その内実は、旧村役人と村民との軋轢が直接的な要因である。借宿村にみられた村政をめぐる上層農民間の対立とは、その内容を異にしたトラブルである。
＊75　村内外には様々な対立や抗争の根がうごめいており、なんらかのきっかけが与えられさえすれば、いつでもその不満は表面化する。ただし、それらの動きが必ずしも一揆のような形態をとるとは限らないことは、本文でみた通りであるる
＊76　地方三新法は、単純な旧慣復帰などではなく、大区小区制の下で次第に定着しつつあった総代制と広域行政システムの内実を継承したものであるといってよい。多くの府県で三新法施行にともなって連合村体制（連合戸長役場制）が採られているのが、その証左でもある。従来の研究は、三新法による「村の独立」にのみ眼が奪われ、村の連合体制に留意しなかったきらいがある。

第六章

栃木県の地租改正

はじめに

地租改正はその理念の一つとして、地租負担の公平を謳っている。また、財政上の観点から旧貢租収入の水準を確保することを、最大の課題ともしていた。いずれも地租負担の根源に関わる問題である。栃木県の位置する関東地方には、関東畑永と称される旧軽租地が広範に存在しており、地租改正の理念に基づいて大幅に地租負担が引き上げられる予定であった。それは同時に、旧貢租の水準を維持しようと図る施策としても、重要な意味があった。このため、関東改租は他府県とは多少異なる展開を要請されることになる。栃木県も、もちろん同様である。

栃木県における地租改正事業は、その準備階梯ともいいうる壬申地券の交付を完了させたものの、本格的な改租事業の着手時期は全国でも遅い部類に入る。その理由の一半としては、㈠壬申地券の交付事業を完遂することを優先させたこと、㈡関東諸府県に展開する旧軽租地の大幅増租が予定されており、農民の反応を見極めつつ改租事業を慎重に進めてゆく必要があったこと、㈢そのため、関東改租の実情を概観すると、ほとんどの府県で事業の停滞をもたらしていたこと、㈣このような事情からか、栃木県にあっては、一八七四(明治七)年五月に壬申地券の交付を完了させた後も、隣接する関東諸府県の進捗状況を見合わせながら、本格的な改租事業の態勢整備を進めていったこと、等々が考えられる。

本章では、この栃木県における壬申地券の交付過程から筆を説き起こし、地租改正事業下で実施に移された地押丈量、等級調査、収穫量調査、地価決定に至るまでのプロセスを対象とし、栃木県地租改正の特徴的な性格を解明することを課題としている。右の検討を通して浮かび上がってくる小課題についても、以下に記しておきたい。

地租改正は版籍奉還―廃藩置県を媒介として、土地をめぐる領主と領民（農民）の近世的な関係を解体しつつ、新たに国家―国民という枠組みに照応した、近代的な土地関係への編成替えを企図した土地税制の改革である。この改革が、土地制度と貢租制度の双方におよぶのは、解体対象たる領主制が石高制に基づく土地税制をその基礎に有していたことによる。本章では、この地租改正における土地制度改革の側面についても、土地所有権の形成、確立問題として多少の言及を予定している。

ここに云う所有権とは、あらためて指摘するまでもなく、近代社会に特有な権利概念であり、その内容は処分権（売買・譲渡権）、使用権（占有権）、収益権から構成されている。これらの諸権利が地租改正事業とその前後の政策を通して、旧土地所持者の基本的権利として認定されていった過程を段階的に検討することが、地租改正の本質の一端を明らかにすることへと繋がる。

また、栃木県の地租改正事業において、右の推移が府県段階で具体化されてゆく過程をも概括することで、中央―地方を結ぶ地租改正が旧体制の解体と新体制の創出に果たした役割についても、土地所有権問題を軸に多少触れておく心算である。

1　壬申地券の交付

(1)　田畑勝手作と土地永代売買の解禁

近世幕藩制下における土地関係は、領主による貢租徴収権を中心とした領有権と、「所持」と呼ばれる農民（領民）の占有権（使用権）とから成り立っており、土地に対する両者の権利が重畳化していた。したがって、ここには近代社会に特有な一元的、排他的な意味での所有権は存在していなかった。[*1] しかし、一七世紀末あたりを起点として、この原理がなし崩し的に変質してゆくことになる。

その契機となったのが、一七世紀後半以降にみられる農業技術の向上とその結果としての農業生産力の上昇を背景とした地主制の成長である。地主制が拡大してゆくには土地の商品化という社会的趨勢が不可欠である。土地が商品としての価値を有するようになるには、そこから剰余が恒常的に生み出される条件が必要であり、それを可能としたのが農業生産力の上昇であった。これら一連の動きが、共同体成員に対して既成の共同体的論理とは異なる商品経済的論理による行動パターンを生じせしむることになる。

右の事情はまた、領主的規制としての田畑永代売買の禁令や耕作制限（田畑勝手作の禁）をも、なし崩し的に弱体化させてゆく。質地金融を通して事実上の土地売買が展開し、一八世紀以降には全国的に特産物地帯が成立してゆくのは、土地売買の禁令や耕作制限が形骸化していった表れに他ならない。[*2]

近世的な土地関係は、冒頭に指摘したように、一つの土地に二つの権利が重なり合っているのだから、その強弱の動向は双方の力関係如何によることになる。領主的規制が弱体化してゆくことは、したがって、農民的権利が拡大してゆくことであった。ここに、農民の土地占有権が次第に近似的な土地所有権へと移行していった過程をみることができる。石高制に基づく近世的原理のこうような変質は、もちろん全国一律に進展したわけではなく、地域的な強弱を含みながら畿内を中心に拡大してゆき、明治維新を迎えることになる。[*3]

その明治維新期における土地―税制改革の中核は地租改正である。この改革は、土地所有権の公認を理念の一つとして掲げているが、版籍奉還―廃藩置県という領有制解体政策の後を承けて、ようやくその緒につくことになる。まず、改革の地均しとして遂行されたのが、廃藩置県直後の一八七一（明治四）年九月に布告された田畑勝手作の許可である。これによって、旧来の耕作制限が除去された。二つ目は翌七二年二月の土地永代売買の解禁である。この布告で土地の売買、所有が認められた。

勝手作、売買に関する禁令は、先にも指摘したように、地域による偏差を有しながらも次第に形骸化が進んでおり、地域によっては既に死文化していた場合もあった。したがって、この土地関係法令は、近世期を通して培われてきた土地に対する農民的権利の現状追認といった意味があり、版籍奉還―廃藩置県による領有権の解体政策と表裏のものであった。地租改正を実施する上での前提として、形骸化した旧体制原理を否定し、実情にそくした権利関係を国家的―全国的規模で統一的に確認したのが、この解禁二法令なのである。

(2) 壬申地券の交付

土地売買が解禁されたわずか九日後の同月二四日、新政府は「今般地所永代売買被差許候ニ付、今後売買並譲渡ノ分地券渡方等別紙規則ノ通可相心得事」[*4]として、土地の売買、譲渡のたびに地券を交付すると達した。要するに、土地の売買や譲渡によって所有権が移動した際の証明書として地券を交付するということである。土地売買の解禁による現状追認は、幕藩制下で形成されてきた土地に対する農民的権利、すなわち事実上の土地所有権を、国民の基本的権利の一環として保障する方向の前提であった。地券交付はそれをさらに一歩進めて、所有権保障を基本的方針として確定したものであり、その具体的方策であった。

同時に、他方では地券交付事業を通して、「各所持地ノ沽券ヲ改メ、全国地代金ノ惣額ヲ点検[*5]」せんとする政府の意図も、そこに包含されていた。つまりは、所有権保障と財政改革とを企図した来たるべき地租改正事業の準備階梯として、地券の交付が当面の課題として設定されたのである。さらに七月に入ると、二月の達の趣旨をより徹底化するため、売買、譲渡の如何に関わらず、全国一般の土地所持者すべてに地券を交付すべしとする達が出され、ここで地券は、明確に土地所有権の確証手段としての意味を付与されたのである。この布達を契機として地券交付事業が本格化し、各府県を単位として地券交付のための調査が開始された。

地券面には所有者名、所在地、地目、反別、代価等々が記載される。したがって、これらの記載事項がここでの地券調査の対象となる。ただし、この調査は申告制である。また、ここには地租額は表示されていない[*6]。この地券制度の段階では税は旧貢租がそのままに徴収されており、新税制を創出するために「全国地代金ノ惣額ヲ点検」することが、当面の課題とされていたことがその理由である。ここに、この地券制度の過渡的性格が反映されている。つまり、地券は所有権保障の確証手段として機能するが、租税義務の履行手段として位置づけられてはいないのである。

右の点が、地租改正によって交付された地券とは大きく異なるところである。地租改正は、国民の土地所有権（私有財産権）を保障すると同時に、地租（租税）負担義務を課すことを理念の一つとしていた。つまり、国家―国民関係の下での権利―義務関係を、土地税制の面において設定することを企図していたのである。したがって、地租改正下に発行された地券面には新地租額が記載されており、旧地券とは本質的にその性格を異にしている。

このような事情から、二つの地券は壬申地券、改正地券と区別して呼ばれた。七二年から交付が開始された地券は、その年の干支にちなんで壬申地券と呼ばれ、その後に実施された地租改正で交付された地券は改正地券と呼ばれたのである。その最大の違いは、租税負担の履行手段としての機能の有無にあり、加えて壬申地券段階では旧来の村請制に基づく税制であるのに対し、地租改正の結果を俟って交付された改正地券は、村請制の解体に基づく個人課税であることも、両地券の性格を峻別する根本的な理由の一つである。

(3) 宇都宮・旧栃木両県の進捗状況

この壬申地券交付期において、現栃木県域は宇都宮県と旧栃木県とに分かれており、宇都宮県は下野国河内、芳賀、塩谷、那須四郡を、旧栃木県は同じく都賀、寒川、安蘇、足利、梁田五郡と、後に群馬県へと移管された上野国三郡とを管轄していた。

両県における地券交付事業の進捗状況をみると、旧栃木県においては、七二年九月から調査に着手し、翌年六月には旧社寺地等の一部を除く管轄高五二万二千石余、村数にして八一四ヵ村に対する地券交付作業が完了した。[*7] 一方、宇都宮県では七二年一〇月から本格的な調査体制を整えるが、多くの困難に遭遇し事業の進捗状況は停滞ぎみであった。翌七三年三月に入ると、新たな調査方針の下で事業を進めたが、それが中途のままこの年の六月一五日、宇都宮県は栃木県へ合併となった。さらに、同年七月には一連の地租改正法令が公布され、事態は急転する。しかし、新栃木県では、旧宇都宮県の地券交付が未了であることからその事業を継続し、ようやく翌七四年五月に至って地券交付を竣功させた。[*8]

全国的な壬申地券交付状況をみると、本書でもたびたび指摘したところでもあるが、旧宇都宮県に限らずいずれの府県も停滞状況にあり、府県によってはまったく一枚の地券も交付できないところもあった。政府報告によれば、壬申地券の交付は「半ヲ了セサル」[*9]ところで打ち切られ、新たな地租改正事業へと移っていかねばならなかったのである。

壬申地券の交付を完遂した栃木県では、改租事業を実施するに先立って、七五年一〇月、「最前相渡置候地券ハ先ヅ人民所有ノ権ヲ固シ、真改正ノ階梯ニテ……」[*10]と管下に触れ、壬申地券が所有権保障の証明書であり、地租改正の準備過程にあったことを宣言しているが、全国的な交付状況に照らし合わせた場合、政府の思惑は頓挫したと判断せざるをえない。このため、地券が土地所有権保障の証であるとの意味は後退を余儀なくされ、あらためて地租改正事業に取り組むことで、所有権保障の理念が継承されることになる。壬申地券は、したがって、その企図が全面的に貫徹されたわけではなく、その交付は取りあえず仕切直しとなったが、政府の意図した所有権保障方針の宣言としての意味は、十分に有していたと評価できる。[*11]

2　地租改正事業への着手

(1)　地租改正の理念

一八七三（明治六）年に入ると、来たるべき地租改正の実施を見据えてか、地所質入書入規則の制定[*12]（一月一七日）、石高の称の廃止（六月八日）等の、土地関係における新体制創出と旧体制解体のための法令が相次いで布告された。こうした段取りを経た後、同年七月二八日、地租改正関係法令（地租改正条例・地方官心得等々）が公布された。当該法令に盛られた基本理念は、㈠旧貢租額の維持、㈡地租金納制、㈢地租負担の公平、㈣土地所有権の公認などにみられ、この理念の実現を目指して改租事業が実施されていった。[*13]

ちなみに、地租改正における所有権認定の基本原則は、旧貢租負担者を土地所有者とすることにあった。したがって、旧貢租取者であった領主はそこから除外され、近世的な概念でいえば「土地所持者」が土地所有者として認定されることになる。版籍奉還―廃藩置県の論理がここにも貫徹され、イギリスのような領主がなし崩し的に地主へと移行する途は否定された。要するに、質地金融などを通して土地集積を進めた地主と高請百姓（自作）とが、その所有権を国家的に承認されることになったのである。

ところで、先の関係諸法令からその内容を多少具体的にみると、

一、収穫高を課税標準とする旧来の貢租制度に代え、土地収益を基礎に算出した地価の三パーセントの地租を課す（収益税制の導入）

二、豊凶にかかわらず地租は増減せず、固定税とする

三、旧来の米納、現物納、石代納等を廃し、金納とする

四、旧来の貢租負担者を地租負担者とし、その確証として地券を交付する

五、地価算定のための実地調査を行なう

といった点に、特徴を見出すことができる。

右のような理念とその改租内容の意味するところは広く、資本主義と国民国家という枠組みが、全地球的規模で急展開した一九世紀的世界への対応の基底としてあった。より具体的に云えば、近代的国家体制、資本主義的経済体制の導入とその財源確保、それに照応する近代的租税制度の確立と近代的土地所有の体制的公認が企図され、加えて、近代的国民国家における権利と義務の関係の創出を、国家による国民の権利保障（土地所有権）―国民の納税義務（地租負担）、すなわち、徴兵制と同一の論理に基づく国家による国民の生命・財産の保障―国民の兵役義務という、権利―義務関係を新たに創り出してゆくことである。

(2) 改租事業への着手

地租改正関係法令によると、改租事業の実地調査は、地押丈量→収穫量調査→米麦価・利子率調査→地価算定→地券交付という作業順序で進めてゆくことになる。その後、各府県における調査事業の進展にともない等級方式の普及

をみるにあたって、七五年七月の「地租改正条例細目」においてその調査方式を全国的に採用する態勢が整えられ、地押丈量の終了後に等級編成の調査が組み込まれることとなった。

同県では七三年九月、管内に地租改正条例を発布するが、前節で指摘したように、旧宇都宮県で残された壬申地券交付事業を最優先課題として継続したため、新たな改租事業への着手は相当に遅れることとなった。同県がそれに着手したのは七五年一一月のことであり[*14]、全国的にもずいぶんと遅い部類に属す（一一二頁の表3―3参照）。それには、関東諸府県に軽租地であったいわゆる関東畑永が存在していたため、この大幅な新税引き上げが農民の反撥を買うことを配慮して、政府がこの地域の改租を後回しにしたことも、その要因の一つとして挙げられる。もっとも、関東諸府県のなかでも早い時期に改租着手の上申を行なったところもあるが（茨城・千葉両県）、着手後の事業の進捗はままならず、関東の多くは七五年以降に改租事業が本格化することになる。関東諸府県の足並みは、したがって、ほぼ同様の動きとなった。

ちなみに、関東諸府県の改租事業はその着手年代からみて後期に属する。この後期改租府県の特質を旧著から列挙すると、早期完了、旧貢租額の維持、負担の公平が強く意識され、それにともなって政府中央（地租改正事務局）の強力な指導の下に、統一的な調査方法（地租改正条例細目・関東八州地租改正着手ノ順序）が導入されたところにある。模範組合村方式が採用されたことは、その典型的事例といってよい[*15]。

3　地押丈量の実施

(1)　地押丈量の方法

地租改正の実地調査を進める上でまず最初に確認するのが、個々の土地の所有権者確定である。この作業にあたっては検地帳や名寄帳などの旧帳簿類と照合するとともに、これまでに残されていた従来の曖昧さを除去するため、一筆毎に「其所有ヲ判定シ其境界ヲ明断」[*16]にする地押作業と、「反別ヲ量」る丈量作業とが不可欠である。つまり、土地一筆毎の境界区分と測量による土地面積の確定である。地租改正事業はこの地押丈量から開始された。

地租改正には各種の実地調査がともない、かつての検地を彷彿させる面が多々ある。そこで政府は農民の検地忌避感情に刺激を与えないように、この事業はあくまでも土地所有者自らが調査主体となることを強調し、検地との違いを啓蒙した。後述する「改正担当ノ者」を各村の土地所有者のなかから選出させたのも、そのことと深く関わっている。また、当時の地域編成には大区小区制が敷かれていたが、地租改正はこの制度の下で実施体制を創り上げていった。県庁の指導を頂点として大区、小区毎に地主総代を置いて、現地の実地調査を統括させた。本章がもっぱら対象とする芳賀郡旧二宮町域（現真岡市）の属する第二大区六小区では、第二大区の地主総代として五月女貞一郎（河内郡白沢村）と松本宋内（芳賀郡若旅村）を、六小区の地主総代として坂入源左衛門[*17]（芳賀郡茅堤村）と松本大八郎（若旅村）が、それぞれ選挙によって選出された。

丈量にあたっては分間略記という器材をもちいることが栃木県庁から指示され、求積方法は三斜法と呼ばれる測量地を三角形に区分して地積を算出する方法に統一された。[*18]測量単位に関しては、地租改正が全国的事業として実施されたにもかかわらず、初発の段階では統一的な規準が示されてはおらず、各藩まちまちであった竿縄、尺度単位が踏襲されており、「一村中古検新検入交リ竿縄長短アルモノハ合計ノ内、何反ハ何尺竿、何町ハ何尺竿ト記載セシムヘシ」[*19]といった状態にあった。統一的規準が指示されるようになったのは、一八七五（明治八）年六月に至ってからである。地租改正事務局別報第三号達において、「今般地租改正之際総テ六尺竿（一歩ノ砂摺ヲ加フ）ヲ以丈量一反三百坪ト可相改」[*20]とされ、六尺一歩竿の使用と三〇〇歩（坪）を一反とする測量単位の統一が図られた。

ところで、幕藩体制の時代には、土地丈量は検地役人が担当した仕事であり、農民には直接の関わりはなかった。

その検地の多くは、増租という結果をともなっている。地租改正による丈量は、農民にとって検地同様と見做される恐れがあり、農民の検地忌避感情を配慮することは、地租改正の実施にあたっての大きな課題であった。実地丈量を土地所有農民自身に委ねる方針が採られたのは、このためである。

こうして、地租改正では土地所有農民の代表者たる改租担当者が実地調査にあたることになったが、その作業に不慣れなことは否めない。多くの府県において丈量方法の伝習会を開催したり、栃木県などでもその器材の「用方ヲ教授」[21]するなど、県庁による指導や啓蒙が進められたが、そうそう簡単に事が運ぶわけではなかった。疎漏となりあるいは厳密となりすぎて、実地面積の精確な算出はなかなかに困難だったのである。ともあれ、こうして進められた調査の結果は、県庁が書類検査、実地検査の二段階の検査でその適否を決することになる。[22]

実地検査にあたっては、「一村ニテ三、四ケ所竿入様歩イタシ地方官ニテ取調ノ書類絵図面ニ引合セ稍増減アリトモ一反歩ニ付十歩内外ノモノハ可トナシ右以上増減アルモノハ不正ナルモノト看做シ県官へ篤ト申談再調スヘシ」[23]と指示し、測量誤差の許容範囲を一反歩(三〇〇歩)につき一〇歩以内に限定した。つまり、三・三パーセント以内が許容範囲とされたのである。実地検査は一村の耕宅地すべてを対象とするわけではなく、右に引用したように三～四ヵ所を抜き取って行うものであった。しかし、七六年三月の「関東八州地租改正着手ノ順序」によると、三～四ヵ所では適否の判断材料として不十分であるとし、一〇ヵ所以上の抜き取り検査が実施されることとなった。[24]以上のような基本方針の下で、各村々における実地丈量が進められてゆくことになる。この地押丈量が栃木県ではいかなる経過を辿ったのであろうか。以下にその概略を記そう。

栃木県では改租上申をする直前の七五年一〇月、「地租改正ニ関スル注意並用係選挙方」[25]を発して、ようやく事業実施の体制を整える準備に取り掛かった。県庁はこの布達でまもなく実地丈量に取り組むこと、その完了期限は翌七六年四月であること、近々丈量のための「調方心得書」を発布すること、また、「各区戸長副用係」に対しては、地租改正の趣旨を人民に説諭するとともに、一村につき三～一〇人程度の「改正担当ノ者」を選出させること、被選出者名を一一月一二日までに県庁へ届け出ること、等々を指示した。翌一一月九日には、「地租改正ニ付人民心得書」を達して実地丈量の方法を示し、改租事業へと着手する態勢を整えたのである。[*26] その後一二月に「人民心得書」が一部改正され、翌年一月には「地所丈量順序」が達せられ、本格的な取り組みが始まった。

地租改正事業への取り組みが開始されると、県内に一一の回在所（出張所）が設けられ、ここで各地区毎の改租事務全般が取り扱われた。若旅の松本洋一家文書「地租改正人名録」[*27]によると、第二大区の六～一〇小区は祖母ケ井の高宗寺内におかれた回在所の管轄下にあり、出張官員二名、大区地主総代一名、小区地主総代十数名（各区二～五名）が詰め、管轄下の村々を巡回しつつ丈量の指導や実務処理にあたっていた。つまり、県庁―回在所―村という指揮系統の下に、実地調査を進める体制である。これに大区小区制の職制が絡む。栃木県で実地丈量が本格化した七六年の四月、大区小区制の区画が大改正され、県下は四大区五二小区に再編、統合された。これにともない小区は正副区長（旧制は正副戸長）、村は正副戸長（旧制は用掛）と改称され、各小区には区務所も設置された。この時、第六小区の区務所は谷田貝町に置かれた。この大区小区制下の正副区戸長も、その後、地租改正事業の実地調査の担い手となる。ところで、地租改正の事業単位は府県であるが、その末端の調査単位は村である。改租事業の開始にともない、各村々にあっては調査を円滑に進めるべく「地租改正ニ付協議書」などを取り決め、用掛所や県令宛に提出している。[*28]

(2) 旧二宮町域の地押丈量

以下、旧二宮町域における丈量の進捗状況をみてゆこう。同地域では、七五年末～七六年初頭から実地丈量の作業に着手したようである。大和田村では、この年の一二月、村内で「地租改正ニ付協議書」をとりまとめ、地租改正にあたっては、「用係伍長其外小前等ニて担当致」すべしと定め、改租に関する日当や旅費等々の諸費用について詳細な規定を設け[*29]、改租着手の準備を進めていた。他の村々も同様に、この頃から実地丈量へと取り掛かる態勢を整えはじめたもの思われる。

この実地丈量の動向に関しては、具体的な記録として『縉紳録』七の冒頭に「村々巡回書留」という項があり、そこに七六年五月二九日より地主惣代として坂入源左衛門が第二大区六小区（管轄全五一ヵ村。旧二宮町域全域が含まれる）の村々を巡回したという記述がみられるので、この記録を利用して実地丈量の進展具合をみてゆこう。

これによると、例えば大根田村の場合は「田畑丈量済宅地并ニ畦引不済ト云[*30]」とあり、高田村にあっては「田畑丈量済平林残歩詰不済[*31]」あるいは大嶋村の状況については、「同日丈量今五七日も可掛ト云[*32]」と記されている。この段階で丈量がほぼ完了している村、未了の村等、進捗状況は各村によって異なっているが、この三ヵ村の場合はその作業の進展は比較的順調であったと云えようか。翌六月に入ると、一三日には、上谷貝、同新田、砂ケ原、堀込四ヵ村で実地検査が行なわれており、丈量が相当に進んでいることがうかがえる。この日の上谷貝村では田畑五筆分が検査されているが、その結果は下調べの時との間に三一坪強の誤差が生じており、およそ「一反分ニ付八坪余之違[*33]」が指摘されている。またこの頃には、旧二宮町域に属する村々への巡回が頻繁に行なわれ、第二大区六小区における進捗状況が詳細に調査されている。

こうしたなかで、「左之村々不都合有之候間追而再検査之積可相心得様兼而相達置へキ旨被　御申付候事[*34]」と、丈量作業の不備を指摘され再検査を指示された村々もあった。上大曽、太田、程島、境、鷲巣、長島の六ヵ村が、それである。その後まもなく、上大曽、長島、程島の三ヵ村は、「歩詰算入再改不致故歟実地と帳簿不都合之廉々有之」と指摘され、「寛厳之弊無之候様聊ノ差違ト雖モ詳細相改メ精密注意可致[*35]」との注意を受けている。丈量作業もこうして次第に進展していったが、上大曽村や下大曽村のように事業が遅れているところは、七月の半ばに至ると督促を

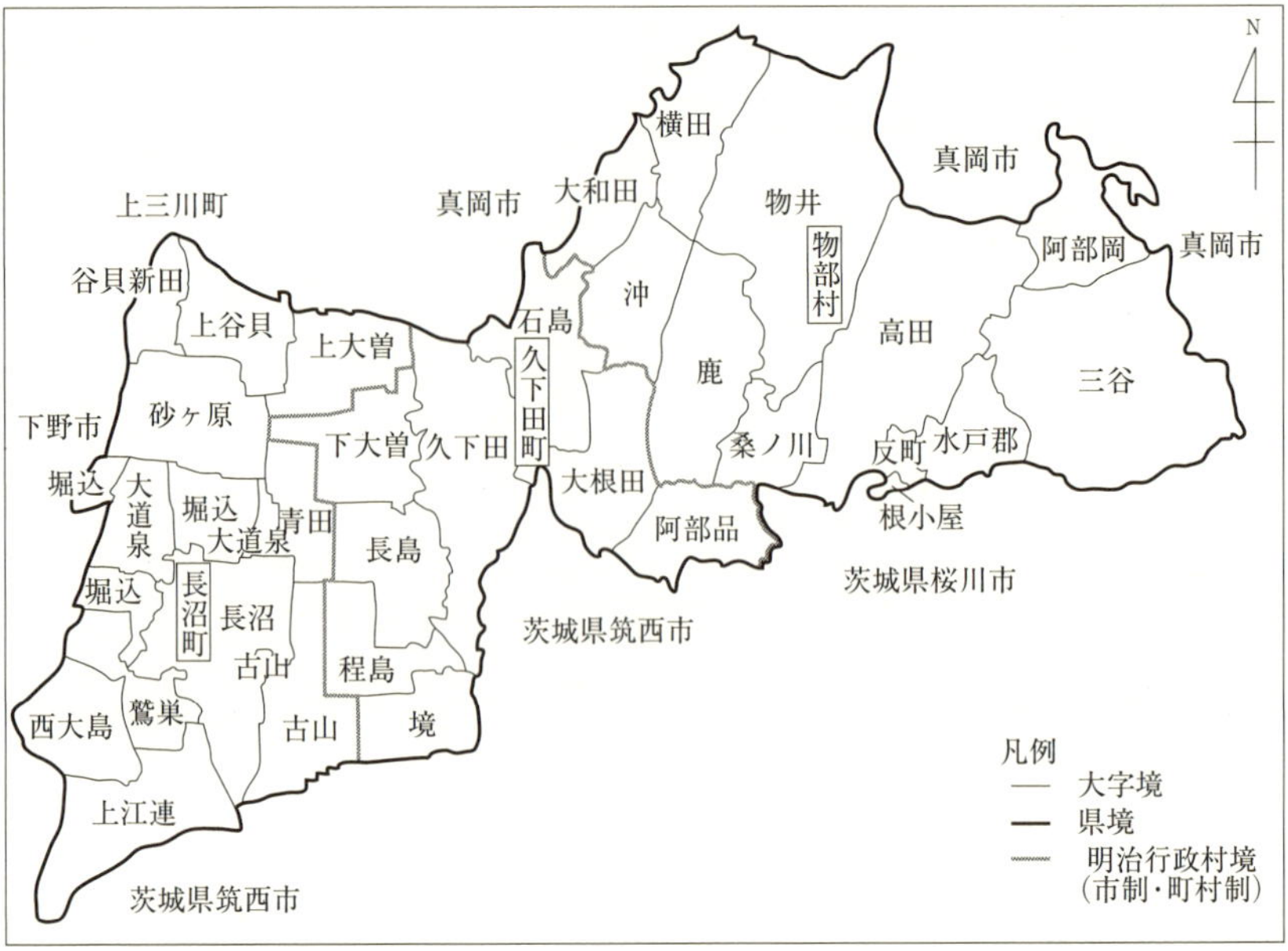

註）大字境および隣接町村名は 2006（平成 18）年 3 月現在のもの．□内の町村名は市制・町村制によって成立した 1889（明治 22）年の町村名．

図 6-1　近現代の旧二宮町域図（旧村別・明治行政村別区画）

受けている。[*36] 八月に入ると、ようやく丈量が完了する村々が増えていった。同月五日には、六小区内の谷貝新田、上谷貝、堀込、境の四ヵ村に県の検査が実施され、「谷貝新田者御採用相成外三ケ村者御手直し被仰付候」[*37] との結果が出て、谷貝新田が当該区中でもっとも早い丈量竣功村となった。

この後の進捗状況を、坂入が作成した七六年八～九月における六小区内の丈量進捗一覧表「各村検査済納済再調及記載之表」[*38] を利用して概観すると、以下の通りである。谷貝新田の欄には、「八月一日納済」「八月二日検査」「八月十七日全納」とあり、一日に丈量結果をまとめた関係帳簿、地図類を提出し、二日に検査を受け、一七日にはその後の修正を経た完成書類をすべて提出している。先の記述と日付が多少異なるが、六小区五一ヵ村のなかで最初に丈量を完了させている。ところが、西大島村の欄には、「八月十七日納済」「九月二日三日検査手直申付ル」「手直シ九月十日迄」「九月廿一日全図未納」と記されており、提出した帳簿類に不備があったのか、検査、手直しを命じられており、九月二一日の段階に至っても関係書類、地図等が未提出であった。[*39]

ちなみに、村々の実地調査の結果は、各村毎に清野帳（調査の時に野外で記載した野帳を清書したもの）、歩詰帳（土地面積の記録簿）、一村総絵図として作成される。これに加えて、清野帳、歩詰帳をもとに地引帳（一筆毎の字名・地番・地種・畦畔・所有者・面積を記載）がつくられる。これらの絵図や帳簿類を官員が検査（書類検査）し、さらに実地検査（一〇筆以上）を実施してその適否を決するのである。不適と判断された場合には再調査が指示される。これらの作業を完了すると、地引帳、絵図と現地とを一筆毎に照合する地押検査が実施され、これに合格すると村の丈量は完了ということになる。[*40]

帳簿類が未提出の村々に対しては、県庁からの厳しい督促が行なわれている。例えば大根田村の場合であるが、九月四日付で左のような督促状が同村正副戸長宛に出されている。

右者過日成頓ニ付帳簿連印之上速ニ納帳之趣申立帰村之後否不申出最早取揃候筈ニ候条此条披見次第早々帳簿及図面共納帳可被致此段相達候也

栃木県

改正係

明治九年九月四日

祖母ケ井回在所

大根田村

正副戸長中[*41]

督促は日増しに厳しくなってゆき、地主総代名による九月下旬（二四日）の高田、大島、阿部岡三ヵ村宛の督促状では、「右村方之義最早成頓可届出之所未タ諸帳簿不差出候ニ付而者此状披見次第早速納帳可致万一調残リ有之候

表6-1　新旧反別比較

村名	地目	旧反別	新反別	差引（増減比率）
		町	町	町　　%
堀込村	田	27	33	+6(+22.2)
	畑宅地	35	38	+3（+8.6)
	小計	63	71	+8(+12.7)
三谷村	田	24	37	+13(+54.2)
	畑宅地	28	44	+16(+57.1)
	小計	51	81	+30(+58.8)
古山村	田	66	79	+13(+19.7)
	畑宅地	31	41	+10(+32.3)
	小計	97	120	+23(+23.7)
栃木県	田	33,369	48,771	+15,402(+46.2)
	畑宅地	66,489	66,118*	−371（−0.6)
	小計	99,858	114,889	+15,031(+15.1)

註）各村の旧反別は，「高反別書上扣」（明治2年，上野信夫家文書），「下野国芳賀郡三谷村高反別小前帳」（明治4年，海老沢雄蔵家文書），「地券御願蝶末」（明治6年，苅部正男家文書），新反別は，「第四十七番模範組合耕宅地平林等級合計表」「第四十八番模範組合耕宅地平林等級合計表」（松本洋一家文書），栃木県の新旧反別は『明治初年地租改正基礎資料』下巻（有斐閣，1957年），［1392］より算出．なお，小計欄で数値が合わない箇所があるのは四捨五入のため．

* 宅地を差し引いた畑の反別は55,026町．

ハ、当回在所元へ「一同」(挿入)罷出可取調者勿論之事ニ候条右之段篤与相心得至急出頭可被致候也」[42]として、正副戸長、担当人等に回在所への出頭を求めている。坂入のメモ書きによると――六小区五一ヵ村のうち一七ヵ村の名が記されているにすぎないが――、九月末の段階で丈量未了の村は、歩詰帳再検を指示された青田村の外、九月の末日から一〇月にかけて「再調再検」が予定されている石島村（九月三〇日）、程島村（一〇月五日）、横田村（同一〇日）の四ヵ村である。栃木県下において実地丈量が完了したのは、七六年一〇月であったと報告されていることから、旧二宮町域においても一〇月頃には一部の未了村を残しつつも、[43]丈量はほぼ終了したものと思われる。

実地丈量の結果を、まず栃木県全域の数値で検討しよう。表6―1の同県欄によれば、新反別は旧に比して田は四六・二パーセントの増加、畑は〇・六パーセント減少となっている。田と畑とでは、その結果に大きな違いが生じていることが分かる。この点について、かつて関順也は「田畑の縄延率の相違ではなくて、畑から田への地種変更が大きかった」[44]と推定している。関の指摘には一理あるが、それだけでは畑の反別減少（三七一町歩）と、田の反別増加（一五、四〇二町歩）の数字の較差を説明できない。平地林、湖沼などの田への開墾、開拓の可能性なども考慮すべきであろう。
さて、旧二宮町域の丈量結果であるが、旧反別が不明の村々が多く町域全体の増減比較は不可能であるが、その数字の判明する堀込、三谷、古山の三ヵ村を取り上げてみよう（表6―1参照）。この三例によると、堀込村の畑宅地の増加率が少なく、三谷村のそれは異常に大きい。古山村も三〇パーセント以上の高い増加率を示しており、堀込村を除けばほぼ増減なしという結果は県の平均的動向とは大きく異なっている。一方、田の動向に眼を転じると、堀込、古山の二村が二〇パーセント前後の増加率なのに対し、三谷村は五〇パーセント以上の増加となっており、高い増加率を示す県平均をも上回っている。このように、丈量結果については、当該町域において一般的な傾向があるわけではなかった。それぞれの村においてさまざまな事情があったことをうかがわせる数値である。なお、模範組合（次節参照）別の新反別は表6―2、3の通りであり、田畑別割合でみると、栃木県の一般的趨勢とは異なり、田の面積が過半を占める結果となっている。

表6-2　第四十七番模範組合　田畑構成比

村名	面積		構成比		
	田	畑	田	畑	計
	反	反	%	%	%
長島	560.4	351.9	61.43	38.57	100.00
程島	581.8	220.6	72.51	27.49	100.00
境	413.8	236.2	63.66	36.34	100.00
古山	788.3	285.1	73.44	26.56	100.00
上江連	223.3	309.6	41.90	58.10	100.00
大島	40.4	280.5	12.59	87.41	100.00
鷲巣	216.3	316.7	40.58	59.42	100.00
大道泉	157.3	28.0	84.89	15.11	100.00
太田	747.5	781.7	48.88	51.12	100.00
堀込	330.7	326.7	50.30	49.70	100.00
青田	542.0	69.8	88.59	11.41	100.00
砂ヶ原	350.1	353.5	49.76	50.24	100.00
下大曽	587.1	310.7	65.39	34.61	100.00
石島	366.5	390.9	48.39	51.61	100.00
谷田貝	442.9	404.4	52.27	47.73	100.00
合計	6,348.4	4,666.3	57.64	42.36	100.00

註）面積は，田畑とも16歩以上は切り上げ，15歩未満は切り捨てた．「第四十七番模範組合耕宅地平林等級合計表（明治10年）」（松本洋一家文書）より作成．

ともあれ地押丈量の結果、所有権のおよぶ範囲（境界）が確定された。このことは、土地所有農民にとって大きな意義をもつ。栃木県では既に壬申地券が交付されており、過渡的な措置として土地の所有権が事実上容認されていたが、この地押丈量によってその所有権保障はさらに具現化され、実質化されることなった。残されたのは形式的な公証手段の整備のみとなる。加えて、課税標準たる地価を算定する際の条件となる土地面積も、ここで正確に測量されたことによって統一性が確保され、地租負担のバランスも保たれることになる。従来見過ごされがちであった地租改正における地押丈量の意味は、これまで以上に注目すべき事柄なのである。

表 6-3　第四十八番模範組合　田畑構成比

村名	面積		構成比		
	田	畑	田	畑	計
	反	反	%	%	%
高　田	758.6	667.9	53.18	46.82	100.00
大根田	947.9	277.7	77.34	22.66	100.00
沖	826.4	168.5	83.06	16.94	100.00
鹿	888.8	801.1	52.59	47.41	100.00
桑の川	249.6	92.8	72.90	27.10	100.00
阿部品	644.0	380.7	62.85	37.15	100.00
根小屋	6.4	4.7	57.66	42.34	100.00
水戸部	85.9	114.4	42.89	57.11	100.00
三　谷	367.6	370.0	49.84	50.16	100.00
反　町	107.7	64.6	62.51	37.49	100.00
阿部岡	145.1	176.2	45.16	54.84	100.00
大和田	197.4	115.9	63.01	36.99	100.00
横　田	921.1	227.3	80.21	19.79	100.00
物　井	1,644.8	1,177.1	58.29	41.71	100.00
小　計	7,791.3	4,638.9	62.68	37.32	100.00
大　島	570.5	724.5	44.05	55.95	100.00
東　沼	823.9	550.9	59.93	40.07	100.00
西　沼	360.0	99.8	78.29	21.71	100.00
合　計	9,545.7	6,014.1	61.35	38.65	100.00

註）面積は，田畑とも 16 歩以上は切り上げ，15 歩未満は切り捨てた．「第四十八番模範組合耕宅地平林等級合計表（明治 10 年）」（松本洋一家文書）より作成．

4　等級調査の展開

(1) 栃木県における等級編成の方法

実地丈量が完了すると、後期改租府県にあっては模範組合村方式を媒介として、各種の等級編成を進める作業に取り掛かることになる。等級には地位、村位、区位（組合村位）、郡位、国位等々の対象を異にする種類があり、それぞれの等級が、田、畑、宅地、山林等々の地種別に詳細な調査を通して編成される。

栃木県では実地丈量がほぼ完了に近づいた一八七六（明治九）年一〇月九日、「地位等級調査心得[*45]」を発して、等級調査についての手順を示した。それによると、「各村毎地地位等級ノ調理ヲナスハ先ヅ各郡ニ連区ノ村位ヲ議定シ、続テ各小区ニ便宜組合ヲ定メ模範村ヲ選ミ、毎地ノ等級ヲ調理シ、官ノ検査ヲ受ケ、然ル後各村一般着手スル者トス」とされており、各村の地位等級を編成するにあたっては、連区の村位等級→組合村における模範村の地位等級→各村における地位等級という順序で、等級の編成を進めてゆくことを指示している。この「心得」には、こういった各種の等級を編成するにあたっての詳細な規定が盛り込まれている。以下、それぞれの等級編成の方法について詳述する。

第一章「連区内村位等級ヲ議スル事」において、管内四つの大区を分割して隣接する小区を連結させ、一五の連区を設定した。この連区内の村位を決定するにあたっては、各小区毎に正副区長、戸長、惣代人等の協議に基づいて執り行なう。その等級区分上の因子は、「土地ノ沃瘠」を基本とするが、「水旱損ノ厚薄」「運輸ノ便否」「耕耘ノ難易」等々をも参酌して「連区ヲ通観シタル村位」を決定する。

第二章「模範村調査ノ事」では、各村々の等級の権衡を得るために「毎小区便宜組合ヲ設ケ」ること、その規模は地勢の景況に応じて一五〜二〇ヵ村程度とすること、組合村内に調査の基準となるべき模範村（模範地）を定めるべきこと、その模範村には「組合中央ニシテ、成丈ケ地種及ビ等級多数之村方」を選定すること、等々を指示している。また、組合村の編成や模範村を決定するにあたっては、正副区長、大小区地主惣代、村々正副戸長および担当人（毎村一両名）による選挙によるものとした。

等級の編成は、まず各組合村における模範村の地位等級調査から着手する。この等級区分はおよそ九等以内とし、格外の瘠薄地があれば等外一、二等を設定する。場合によっては等級内に甲乙の小区分を立てることも可とした。その最初の作業は、当該区の正副区長、大小区惣代人、模範村戸長、担当人等が集まり、「席上ニ於テ闔村内を通観シ、地位ノ優劣ヲ比準考案」した後、実地調査に進む。

実地調査にあたっては、この等級編成が組合村内の村々の基準となるため、「組合村々ハ全クノ一村ト見做シ」、

「比準権衡」を失しないよう多数の眼でみて慎重に審議するよう指示している。具体的には、当該村吏のみならず大区小区地主総代、組合村々の戸長、担当人のうち毎村一、二名、さらに当該模範組合四隣接壌の模範組合から正副区長、小区総代等が出張し協議することで、等級区分の「正確」を確保せよとしている。この等級編成上の諸因子は「土地ノ肥瘠」「収穫ノ多寡」を基本とし、「運輸ノ便否」「耕耘ノ難易」等をも斟酌要因として設定されている。収穫の等級差は米麦反当一斗五升とされた。

第三章「一等地比較調査ノ事」においては、模範村の等級編成が決定した後、「其組合各村ノ一等地ヲ模範村ノ一等地ニ比準シ、其優劣ヲ議定」する。その際、村位等級には関わりなく各村一等地のみの優劣によって比較するものとした。なお、この調査の前提として、組合各村の当該データを事前に提出しておくことが義務づけられている。続けて第四章「組合各村調査ノ事」では、模範村の等級編成が完了し官の認可を得たならば、模範村の調査方法に準拠して組合各村の等級調査に着手せよと指示している。

以上の諸結果を四種の等級表にまとめることで、調査は一段落する。その等級表とは小区内の村位を地目別に編成した「甲号等級表」、模範村の地位を地目別に編成した「乙号等級表」、組合各村の一等地が模範村の何等地に連結するのかを地目別に記載した「丙号等級表」、組合各村の等級を地目別に記載した「丁号等級表」である。

(2) 旧二宮町域における等級調査の内実

右に示した等級編成の方法に従って、それぞれの調査単位で各種等級の調査、編成に着手することになる。先の「地位等級調査心得」には連区村位投票区画が示され、県下第一〜四大区が一五の区画に分割され、[*46] それがさらに八三の模範組合村に編成された。旧二宮町域が位置する芳賀郡第二大区六小区は、同大区七小区とともに祖母ケ井回在所(高宗寺)管下に置かれた。[*47] この二つの小区内の村々が一五〜一九ヵ村毎に五つの組合に編成され、それぞれ第

表6-4　連区（芳賀郡第2大区6，7小区）内の組合編成

第47番組合	長島村模範組合（全15ヵ村） 長島・程島・境・古山・上江連・大嶋・鷲巣・大道泉・太田・堀込 砂ケ原・青田・下大曽・谷田貝・石島（旧二宮町域西部地区の15ヵ村）
第48番組合	高田村模範組合（全17ヵ村） 高田・大根田・沖・阿部品・桑の川・鹿村・根小屋・水戸部・三谷 反町・阿部岡・大和田・横田・物井（旧二宮町域東部地区の14ヵ村） 大島・東沼・西沼（旧真岡市域3ヵ村）
第49番組合	粕田村模範組合（全19ヵ村） 上大曽・上谷貝・谷貝新田（旧二宮町域北西部の3ヵ村） その他（旧真岡市域の村々16ヵ村）
第50番組合	上大田和村模範組合（全18ヵ村）
第51番組合	東郷村模範組合（全19ヵ村）

註）『縉紳録』上（二宮町，2002年）313～315頁．

四七～五一番組合となった（表6―4）。模範村には長島、高田、粕田（旧真岡市）の三村が選ばれている。

七六年一一月一〇日、小区地主惣代の坂入源左衛門宛に次のような達があり、同日から模範村の等級調査が開始された。

同日区務所ヨリ明十一日粕田村十二日長嶋村十三日高田村右村々へ改正掛リ官員出張候間区長一名組合村之正副戸長担当人出頭可致旨報達之写参リ候ニ付一同へ其旨相達ス且模範村等級着手之義者今日ヨリ為致候様之文言有之ニ付粕田村副戸長へ相達ス[*48]

この達書の指示に従って、翌一一日に坂入や改租担当者は粕田村へと向かい、第四九番組合に属する村々から互選された担当人名簿（栃木県改正掛宛の御請書）を預かっている。一二日には長嶋村、高田村に入り、同様に四七番組合、四八番組合の御請書を落手している。こうして改租担当者も決まり等級調査へと着手することになるが、その進捗状況をみると、県改正掛宛の同月一七日付御請書によれば、粕田、長島、高田の三模範村は、田畑、宅地、平林の地位についての席上調査は完了しているようである。[*49]

席上調査の後に模範村における実地調査が開始され、その調査をふまえて田、畑、宅地等の地種別に地位等級が組み立てられる。この編成作業が終わると、次に組合村内の村々の一等地と模範村の一等地とを比較し、模範村の何等地に相当するかが調査される。この一等地比較は、組合村内における比

準権衡を得るための重要な作業であるが、同時にこの結果が個々の村々の地位等級編成に大きな影響をおよぼすことになるため、その協議は慎重をきわめた。一例として、坂入が一二月一日に寺内村（旧真岡市）へ出張した折に、同村の久保三八郎と一等地比準について協議した内容を記せば、以下の通りである。

久保三八郎者四拾七番組長嶋村ノ一等ヨリ弐等上ニ堀込砂ケ原ヲ置夫与粕田者同等ナリト云又拙者ノ異見者粕田ト長嶋者同等歟若一等上ニ有ルベキ歟決而弐等上ニ無之与申……[*50]

このような協議が、そこかしこの村々で繰り返されたのであろう。その積み上げを通して、組合各村の一等地が模範村の等級へと比準されていったのである。高田村模範組合では、一二月の初旬に各村一等地比較表（表6—5、6）が作成されるまでに作業が進展していた。同月二六日には、模範村である高田村の耕宅地平林等級合計表も、坂入宛に提出がなされている（表6—7）。

ところが、長島村模範組合にあっては、「十九日迄之日延ヲ致し今日（二一日——引用者）ニ至リ更ニ捗取不申不都合之段御申聞ニ相成雖然ト弥出来不申候ハ、無拠候得共其旨本省官員へ可申談候間是ヨリ真岡町へ同伴致スベク旨御申聞ニ成ル[*51]」と、その遅延が問題となっていた。その後、二六日の作業で「凡半分程御検査相成[*52]」、翌二七日に至って積み残し部分の調査が完了し、「同日右村方御検査済御達ニ成[*53]」った。こうして七六年も暮れようとする時節に入って、旧二宮町域の一等地比較作業と模範村の地位等級編成は、ようやくその調査を完了させることができたのである。

年が明けて七七年になると、早々の一月八日、県から「各模範組合地位等級精調方[*54]」が発布され、大区惣代七名、小区惣代一〇名（実数一四名）からなる地位等級比準鑑定委員の選出と、県下全郡の田畑一等地比準作業への着手が指示された。県下の各模範組合においてもそれぞれ立会人が選出され、この作業に取り掛かる態勢が整えられると、直ちに作業を開始し四月末までにその調査を終わらせている。

この調査結果を持ち寄って、栃木県全管内の一等地比準の調整が行なわれたのは、五月一日から五日にかけてである。会場は県庁の置かれている栃木町の遙拝所に設営され、六管内の各担当者＝地位等級比準鑑定委員に本省官員、県庁課長さらに出張所職員が出席して、活発な議論が展開された。その焦点となったのは、鹿沼管内一等地の位置づけ（議案＝甲）であった。この時の会議は相当に荒れたようで、坂入は「此時ノ答《ママ》論烈シキヿ未曾有ノ大激論ナリ」[*55]と記している。この激論は二日から四日にかけて続けられ、ようやく投票により、以下のように決定するに至る。

表 6-5　第四十八番模範組合各村田方一等地比較表

物井	大和田	横田	東沼	大島	阿部岡	反町	三谷	水戸部	根小屋	鹿	桑ノ川	阿部品	沖	大根田	高田
一	一	一	一											一	
						一				一		一	一		壱
				壱	壱		一	一	一		一				

註）『縉紳録』上（前掲），208 頁.

表 6-6　第四十八番組合各村畑方一等地比較表

物井	横田	大和田	西沼	東沼	大嶌	阿部岡	反町	三谷	水戸部	根小屋	鹿	桑ノ川	阿部品	沖	大根田	高田
一				壱				壱					壱		壱	
	一	一	壱				壱				壱	壱		壱		壱
					壱	壱			壱	壱						

註）前表に同じ.

表 6-7　第 48 番模範村耕宅地平林等級合計表（高田村）

単位；町

等級	田反別	畑反別	宅地	平林
1	8.1718	1.5315	16.3805	16.3219
2	14.2309	2.3629		90.1427
3	23.9924	7.3215		
4	23.1425	37.7422		
5	4.9728	16.1426		
6	1.3205	1.6903		
合計	75.8520	66.7821*	16.3805	106.4716

註）『縉紳録』上（前掲），245 頁.
* 合計が合わないが，原史料の数値を記載.

表 6-8　栃木県六管調田方一等地比準表

	佐野管調	壬生管調	鹿沼管調	宇都宮管調	祖母ケ井管調	佐久山管調
一級		一				
二級	一	二	一「乙」			
三級	二	三	二			
四級	三	四	三	一	一「乙」	
五級	四	五	四	二	二	一「乙」
六級	五	六	五	三	三	二
七級	六	七	六	四	四	三
八級	七	八	七	五	五	四
九級	八	九	八	六	六	五
十級	九	十	九	七	七	六
十一級	十	十一	十	八	八	七
十二級	十一	十二	十一	九	九	八
十三級	十二	十三	十二	十	十	九
十四級	十三	十四	十三	十一	十一	十

註）『縉紳録』中（前掲），78～79 頁.

表 6-9　同畑方一等地比準表

	佐野管調	壬生管調	鹿沼管調	宇都宮管調	祖母ケ井管調	佐久山管調
「一級」		一				
「二級」	一	二	一			
「三級」	二	三	二			
「四級」	三	四	三	一「乙」		
「五級」	四	五	四	二	一「乙」	
「六級」	五	六	五	三	二	一
「七級」	六	七	六	四	三	二
「八級」	七	八	七	五	四	三
「九級」	八	九	八	六	五	四
「十級」	九	十	九	七	六	五
「十一級」	十	十一	十	八	七	六
「十二」	十一	十二	十一	九	八	七
「十三」	十二	十三	十二	十	九	八
「十四」	十三	十四	十三	十一	十	九

註）前表に同じ.

表6-10　等級の変更・調整

「田」	第二大区六小区	「畑」
半級下り五乙ニ決	伊勢崎村	半級下り五乙ニ決ス
半級上り乙三ニ決	加倉村	元案四ニ決ス
元案乙壱ニ決	粕田村	元案乙壱
元案甲壱	中村	元案甲壱
同	堀込村	同
同	砂ヶ原村	同
元案四	程嶌村	半級下乙弐
半級下五乙	谷田貝村	元案 半級下五甲 〻〻
元案弐甲	大根田村	元案弐甲
半級下五甲	桑ノ川村	半級下四甲
半級下四乙	高田村	半級下四甲
元案三乙	阿部品村	元案弐甲

註)『縉紳録』中巻（前掲），128頁.

依テ鹿沼管ノ元村ハ弐等乙ニ決ス遺憾限リナシト雖モ亦芳賀ノ等級其宜キヲ得タレバ先ツ以宜シキトスベシ実ニ是迄数日脳漿ヲ減シ肝胆ヲ砕キ全郡ノ租税ヲ重ゼント欲スルノ意ヲクジクノ胆力ヲ尽シヌルヤ雖不及ト後世是ヲ熟知スベシ……全郡一等地ノ比準田畑共悉ク相済是ヨリ郡界比準を（ママ）校正スルニ着手スベキノ順段ニ係ルベキ[*56]

会議の最終日である五日は、今後の調査の順序を確認して、ようやく散会となった。なお、この会議で確定された一等地比準表は、表6―8、9の通りである。

等級編成も右にみたような作業を積み重ねるなかで、次第にその体系が整えられてゆき、ようやく比準、権衡を全管轄内において達成するための、組合村の地位等級を県の等級へと連結する最後の局面を残すのみとなった。旧二宮町域を管轄する改租担当者は、この作業へと着手するため、七七年五月一〇日、祖母ケ井回在所に会同して地主総代会議を開いた。その後、六～一〇小区の四三ヵ村について等級比較検査のため、巡回を開始した。旧二宮町域が属する六小区内では、一二ヵ村が巡回対象とされた。

この巡回は五月下旬に完了し、同月二九日には祖母ケ井回在所に関係者が集まって、その比較検査の次第を決定する方法を審議し、翌三〇日には巡回の過程で問題のあると指摘された等級の変更、調整にあたり、等級を確定した（表6―10）。この審議にあたっては、議論の紛糾を防ぎ、時間を節約する必要上から、「一小区毎ニ議長決ヲ取各小区ヲ確定[*57]」する方法がとられた。翌三一日には、この三〇日の「決定ヲ模範トシ其外ノ村々ヲ予定ス[*58]」ることが確約され、組合村々の最終的な地位等級確定に向けての調整作業へと着手することとなった。この作業は迅速に行なわれ、六月四日には高田村模範組合（第四八番組合）で原案を承認、同五日には長島村模範組合（第四七番組合）の等級が確定（程島村、谷田貝町半級下がり）、同六日には粕田村模範組合（第四九番組合）で議論紛糾の後に、各村半級下げとなった[*59]。

5 反当収穫量の配賦問題

(1) 等級再編の経緯

一八七七（明治一〇）年六月に入ると県庁は、等級調査の最終目的である単位面積当たりの収穫量設定を急ぎ、その思惑を以下のように各管調主任に説いている。

抑地位ノ等級タル、名ヲ等級ニ借ルト雖其実収穫ノ調査タル論ヲ俟タズ。然ラバ即チ全管仮令幾級ナルモ末等ノ穫量ヲ相当ニ予定セザレバ、他日局員ト思想相異ルトキ十分弁論モ相立タズ。其概算モ算ス可ラズ。其目的モ必ズ可ナラズ。其旧慣モ標準参考ス可ラズ。依テ明治十年六月五日ヲ以テ密ニ左ノ目的ヲ予定シ、各管調主任ノ腹案ニ供スルモノトス[*60]

ここで内密に示されたのは、一つに末等地の田一坪当たりの収穫量籾二合（反収に換算すると米六斗）、同畑を殻麦一合五勺（同麦四斗五升）として「起算」し、等級間格差を田反収米一斗五升、同畑を麦一斗五升とすること、二つに田の末等地を一四等、畑を一五等とし、それ以下の等級は類外地とすること、の二点である。その後、七月三日に群馬県高崎町において、中央の地租改正事務局員と群馬、栃木両県官との間で両県の等級比準について交わされた議論では、田方等級は群馬、栃木ともに一五等、畑方等級は群馬一七等甲、栃木一六等甲を末等級とすることに変更されている。[*61]

末等級は右のように内定されたが、管内の等級調整については、中央の地租改正事務局員と県官との間でなかなか結論にまで至らず、長期間の協議が続いていた。両者は同月二〇日の午後二時からの栃木県庁内での会議で、最終的な調整を決着させる予定であったようだが、お互いの意見が対立したまま結論は翌日に持ち越された。その後も話はまとまらず連日のように協議が行なわれている。

県の鑑定委員は、二〇日の午後八時に県庁への出頭を命じられたが、その二〇日当日、「本日ハ官ニ内議アルノ間夕追テ沙汰迄ハ可扣トノ〓」が伝えられ、坂入らは「窃カニ怪シム処[*62]」あったが、仕方なく宿舎へと戻っている。その後も出頭通知は一向にくる気配がなく、一週間ほど足止めを喰わされ空しく時を過ごしている。ようやく出頭通知が届いたのは、二六日の午後八時頃であり、そこには翌二七日の午前一〇時に遥拝所仮詰所へ出頭することが指示されていた。この間、鑑定委員たちは周辺の改租担当者らと情報交換を進めるなかで、等級昇級の噂を聞きおよび、官への疑惑を深めていくことになる。その噂の内容を、幾つか掲げよう。

芳賀那那須塩谷ノ一等地半級進ミ且ツ村位大ニ上リ居ル表ヲ官ニ於テ作リ明日可議スノ体ニテ大ニ六ケ敷カランノ由ヲ聞タリ（一九日）

芳賀ノ畑半級那須塩谷ノミ昇級ノ予定アリト聞（二一日）

田方半級上レリ芳賀ト河内ノ間ハ一級ノ差ト成タリ明日午前畑方ヲ決シ午後委員一同エ談ル様ニナルベシトノ咄

シナリトゾ（二四日）

其咄ニ各管調各一等ツ、昇級セルノ見込ニシテ又村々ヲ一等ツ、昇級セシトノ見込ナリシトゾ（二五日）[*63]

七月二七日、ようやく会議に出席した鑑定委員たちは、この間の県官と本局局員との「烈論」を知るところとなる。しかし、現場の等級調査に関わってきた坂入たち鑑定委員からすれば、「嗚呼此以前官民共儀概其等ヲ得又各委員一等地ヲ儀シ決定ノ旨ヲ厚ク民ニ示シ至難ノ矯正ヲ遂ゲタルニ豈図ランヤ今日ノ議アリトハ実ニ至難ノヿト云ベシ[*64]」といったところが、偽らざる感想であろう。

この席上で示された等級の「矯正」内容は、以下の通りである。まず地位等級については、栃木、茨城、群馬の隣接する三県との比準が図られ、栃木県の田方等級は一五等乙、畑方等級は一六等甲までとすることが指示された。ついで村位等級に関しては、噂通りの昇級が明示され、佐野、鹿沼、宇都宮、祖母井の管轄は田半級の昇級、畑は据置、佐久山に至っては田一級、畑半級の昇級であった[*65]。この年、地租率が地価の三パーセントから二・五パーセントへと引き下げられたため、これに対応して中央の局員は等級昇級によってその減収分を多少でも引き上げようと企図した結果であろう。

鑑定委員たちはこの指示を受けて大いに驚き、かつ憤慨した。現地の実地調査を丹念に積み上げ、相互権衡に意を注ぎながら作成された等級体系が、この村位昇級の結果ズタズタにされることになるからである。「委員一同共議此上各人民エ説諭可致ノ手術モナシ此上ハ官ノ見込ヲ以御申付ヲ願ヨリ外無之ト決シ[*66]」たのも、当然である。

中央の地租改正事務局員に対して抵抗をみせた栃木県の県官は、局員への妥協によって決定した等級「矯正」を、今度は鑑定委員に押し付けてきたのである。局員と県官との軋轢、県官と鑑定委員との対立が渦巻くなかで、鑑定委員たちは渋々県側の作成した等級表を持ち帰らざるを得なかったのである。しかしこれで、事が決着したわけではなかった。

(2) 関東長官会議における目標反収の強制

同年八月、地租改正事務局は難題とされていた関東一府六県に対し、平均反当収穫量割当のための長官会議を招集し、具体的な数字を確定する作業へと入った。改正事務局にとっては、地租率二・五パーセントへの引き下げによって「旧貢租額の維持」が不可能となった今、設定目標とする各府県の反当収穫量の確保は最大の課題であり、その実現に向けての原案を作成し、関東各府県へと強引に割り当てようとしていた。[*67]

表6-11 関東長官会議の経過

8月中	関東1府6県の長官を改正事務局へ召集.
～9月3日	各府県長官が改正局と面接，各府県収穫見込提出.
	栃木県は各府県の収穫見込を聴き取り調査.
9月　3日	栃木県令，収穫見込を訂正して上申.
4～18日	改正局，個別に各府県と会見.
	局側の目的額を示し，受諾を迫る.
	以後，数度の呼出し説得が続く.
19日	総裁（大久保利通）から改正局妥協案が提示.
10月　9日	大蔵卿（大隈重信）から長官一同に最終案が提示.

註）大槻功「地租改正関東長官会議における収穫目標」（『土地制度史学』146号，1995年）41頁.

この長官会議の経緯は、表6—11の通りであり、関東各府県へ提示された見込額は表6—12の「改正局見込（一八七七年）」欄に記されているごとくである。

栃木県令の鍋島幹（貞幹）は、他府県長官よりも遅れて上京し九月三日に改正事務局へ出頭した。県令は事前に他府県の見込額を入手して検討したところ、人民調査で積み上げてきた反当収穫量が関東府県のなかで最低であったこともあり、その数値に多少の上乗せをした見込額を九月三日の改正局との面接で上申した。具体的な数値を掲げると（表6—13）、栃木県が当初用意した人民調査に係る反収は田（米）八斗八升八合、畑（麦）八斗四升七合であるが、これを田九斗七升一合、畑八斗六升へと増額したのである。

その後、表6—11に示されているように、改正局は個別に各府県と会合して局の目的額を提示し、その受諾を迫っている。栃木県は同月一〇日に呼び出され、以下のような局の原案を明示された。

頃日差出サレシモノハ局ノ見込ニ適セズ。田米ハ一反歩平均一石一斗一升弐合六勺、畑麦ハ九斗五升三合四勺ノ増額ニ到ラザレバ他県ノ権衡ヲ失ヒ不当ナリ。且末等ハ是非三斗ヨリ起スベキ[*68]

県庁サイドの思惑をはるかに超えた数字が示され、栃木県令は強い反対意志を表明し、結論は持ち越されることとなった。これ以後も改正局との交渉を重ねたが、両者は譲り合うことなく事態は平行線をたどったままであった。しかし、他府県も栃木県ほど強行ではないが、「一府六県の長官も亦た結束して情状の斟酌を希望[*69]」しており、局としても多少の妥協を示さざるをえず、一九日、一府六県に対して数パーセント程度の引き下げ案を提示した。栃木県については、田一石六升八合、畑九斗八升の反収を指示している。

栃木県はこれも受け入れず、一九日以降に先に提出した見込額にさらに増額した、田一石一升二合八勺、畑九斗二合四勺を再申するが[*70]、却下されている。改正局はこの後も府県への説得を続けていたようであるが、翌一〇月九日、一府六県の長官一同を召集し、その席上で大隈大蔵卿から最終案が提示されるに至った（表6―12「改正局決定（一八七七年）」欄）。ちなみに、この最終案は九月一九日に提示されたものと同様である。こうして、栃木県の抵抗

表 6-12　府県別平均反当収穫量の見込み

田＝米，畑＝麦

府県名		中央概算(1876)	改正局見込(1877)	府県見込(1877)	改正局決定(1877)	改租結果(1878)
		石	石	石	石	石
東　京	田	1.400	1.354	1.303	1.300	1.298
	畑	1.100	1.139	1.048	1.085	1.081
神奈川	田	1.300	1.315	1.250	1.262	1.264
	畑	0.950	1.016	0.900	0.968	0.969
埼　玉	田	1.380	1.317	1.168	1.264	1.259
	畑	1.100	1.144	1.186	1.089	1.082
群　馬	田	1.360	1.300	1.094	1.248	1.254
	畑	1.000	1.006	0.908	0.958	1.087
栃　木	田	1.200	1.112	0.971	1.068	1.066
	畑	0.800	0.953	0.860	0.908	0.906
茨　城	田	1.150	1.042	1.043	1.000	1.016
	畑	0.900	0.927	0.941	0.884	0.888
千　葉	田	1.150	1.018	0.943	0.977	0.973
	畑	0.950	0.925	0.850	0.881	0.882

註）関順也「関東地方における地租改正の特色」（『創価経済論集』6 巻 4 号）12 頁，『栃木県史』史料編（前掲）258 頁．

も空しく、改正局原案を多少引き下げた額が押し付けられることとなったのである。「押付反米」と称される所以である。

改正事務局に押し切られた県令は、悲痛な面持ちでこの決定額を県に持ち帰り、これまでの調査で積み上げてきた等級編成と反当収穫量の更正へと着手せねばならなかった。栃木県では一一月以降この対策に追われ、各地域の改租担当者（正副区戸長層を含む）は等級再調整の苦悩を一身に背負わされることになる。この間の経緯については紙幅の関係もあり、ここでは言及を避けるが[*71]、その困難たるや以下に引用する鑑定委員の坂入源左衛門の言葉が、如実にそれを物語っている。云わく、

再調再三調ヲ遂ケ終ニ今日ニ至ルモノヲ何ゾ悉皆破毀シテ此方法ヲ施サントスルヤ嗚呼大至難ノ事件ト云ベキモノカ[*72]

民ノ脳漿ヲ灑キ数月数日ヲ積ンテ今日ニ至ルノ如豈図ンヤ全郡ノ平均収穫米ヲ附シ是迄ノ丹誠泡沫トナルヤ……何ゾ収集スベキモノニナキヲヤ嗚呼如何セン[*73]

表 6-13　栃木県田畑平均収穫量（反収）見込額

	田（米）	畑（麦）
	石	石
改正局案	1.1126	0.9534
人民原案	0.888	0.847
県庁上申	0.971	0.860
県庁再申	1.0128	0.9024
決　定	1.068	0.908

註）『栃木県史』史料編・近現代四（前掲）252 頁以下．県庁再申額は大槻前掲論文 41 頁による．

ここには、現場の改租担当者としての苦悩、焦燥、怒りといった感情が深く滲み出ており、その落胆ぶりは坂入に限らず改租担当者すべてに共通するものであったろう。坂入は本気で辞職まで考えていたことも、ここに付け加えておく。ともあれ、このような混乱状況のなかで、増額された収穫量を管内各単位に割り当てる辛苦な作業が始まった。その際、各等級に配賦する反収も改正局案を受け入れ、田の等級は一五等甲、畑のそれは一五等乙までとし、田の一等は反収米二石四斗、畑のそれは二石四斗七升五合、同様に末等

表6-14　栃木県等級収穫表

田＝米，畑＝麦

等級		田 反当収穫量	畑 反当収穫量	等級		田 反当収穫量	畑 反当収穫量
		石	石			石	石
1等	甲	2.400	2.475	10等	甲	1.050	1.125
	乙	2.325	2.400		乙	0.975	1.050
2等	甲	2.250	2.325	11等	甲	0.900	0.975
	乙	2.175	2.250		乙	0.825	0.900
3等	甲	2.100	2.175	12等	甲	0.750	0.825
	乙	2.025	2.100		乙	0.675	0.750
4等	甲	1.950	2.025	13等	甲	0.600	0.675
	乙	1.857	1.950		乙	0.525	0.600
5等	甲	1.800	1.857	14等	甲	0.450	0.525
	乙	1.725	1.800		乙	0.375	0.450
6等	甲	1.650	1.725	15等	甲	0.300	0.375
	乙	1.575	1.650		乙	…	0.300
7等	甲	1.500	1.575	類外1等	甲	0.250	0.250
	乙	1.425	1.500		乙	0.200	0.200
8等	甲	1.350	1.425	類外2等	甲	0.150	0.150
	乙	1.275	1.350		乙	0.100	0.100
9等	甲	1.200	1.275				
	乙	1.125	1.200				

註）『栃木県史』通史編7・近現代二（栃木県，1982年）112，124〜127頁より作成．

はいずれも反収三斗とした。[*74] この決定を一覧表にまとめると、表6—14のようになる。

改正局決定額は各郡の平均反収（表6—15）↓各組合村の平均反収↓組合内村々の平均反収をそれぞれ順次更正し、最終的に村々の地位等級と反収を確定する段取りで進められた。この過程で、県庁の計算違いによる予期せぬトラブルや土地所有農民からの反撥、あるいは増額を予定された村々からの不満等々が生じたが、それでも多くの困難を乗り越えて、翌七八年四月頃には県域の多くで模範組合内の各村に反収を配分するところまで漕ぎつけたというから、[*75] 翌五月中にはそのすべての配分業務を完了したものと思われる。

ところで、既決の事項が増額という形で修正されるとなれば、土地所有農民の了解を得ることはきわめて難しい。改租担当者の面目は丸つぶれであり、その政治的立場は危ういものとなる。政府への不満や批判が生じるのも当然であろう。改租担当者がことさらに人民の塗炭の苦しみや暴動の危険性を云々したり、時には辞職の意思を匂わせたりするのは、上意下達的な一方通行の当時にあっては、現場管理者のとりうる常套手段でもある。

それにしても、この更正過程において前年度の伊勢や茨城にみられたような大きな暴動が生じなかったのは、なぜであろうか。それはひとえにこの年の一月に地租率が百分の三から二・五パーセントへと引き下げられたからにほかならない。そしてそれにもかかわらず、中央による関東府県への予定収穫量の引き上げプランは提示されていない。前年の七六年に中央が概算して地方長官へと通達した見込額と、この七七年九月の長官会議で示された見込額との間には、減税分を相殺しようとする増額意図は見出されない(前掲表6—12)。ちなみに、長官会議での議論は、どのような意図からかは定かでないが、すべて地租率三パーセントを前提としてなされている点は留意しておく必要がある。

以上のことは、表6—12の改租結果にみられる各府県反収と改正局決定の数値にほとんど異動がないことに加え、その結果として確定された新地租額の最終結果をみれば、一目瞭然である。二・五パーセントの地租率で新旧の負担を比較すれば、関東畑永の問題を抱えていた畑税の増租はともかくも、関東地方の田方は三〇パーセント前後の減租となっており、田地と畑宅地を合わせた数値でも多少の減租という結果を示している(後掲表6—18参照)。したがって、改正局による現場からの積み上げを無視した一方的な見積額の押し付けに対する農民層の不満は、押し付けによる増租ではなく、地租率の引き下げによって減租が予定されていたにも拘わらず、その減租の相当分が無に帰してしまう結果に対してのものだったのである。大騒擾にまで至らなかった所

表6-15 各郡平均予定収穫量

郡名	田(米)	畑(麦)
	石	石
梁田	1.4715	1.415
足利	1.3950	1.148
安蘇	1.3620	1.168
都賀	1.1557	1.0174
壬生管内	1.1540	1.0800
鹿沼管内	1.1540	1.1100
佐野管内	1.1592	0.9880
寒川	1.1800	0.9880
河内	1.0900	0.8280
芳賀	0.9980	0.8180
塩谷	0.9090	0.7530
那須	0.9000	0.7150

註)『栃木県史』史料編(前掲)258頁.

以であろう。

(3) 地価の算定と改租の竣功

等級に配分される反収が決定されると、残された作業は地価の算出のみとなる。地価算定の方式は先に示した図1―1（四六頁）に示されている通りであり、各等級の収穫量が確定すれば、あとは田は米価、畑は麦価をそれに乗じて粗利益を算出し、そこから種肥代（収穫の一五パーセント）と地租（地価の三パーセント、七七年以降は二・五パーセント）、村入費（同一パーセント）を控除し、その数値を利子率で資本還元すれば、地価が算出される。米、麦価は管内一三ヵ所の五ヵ年（七〇～七四年）の時価を平均、斟酌して、四地区にそれぞれの相場を設定した（表6―16）。利子率については、全管平均六パーセントを目途とし、最終的には田は六パーセント余、畑は六・一パーセント余となった。[*76] この地価の算出にあたって、栃木県では七八年二月に出した「地租取調ノ手順算当略法」のなかで地租の簡易計算表を示し、地租率三パーセントと二・五パーセントの地租額を算出するよう指示している。[*77]

表6-16　改租適用米・麦価

適用区域	米価	麦価
	円	円
阿蘇・足利・梁田郡	5.31	1.76
都賀・寒川郡	4.95	1.66
河内・芳賀郡	4.34	1.53
那須・塩谷郡	3.73	1.48

註）『府県地租改正紀要』栃木県の項（前掲）.

ところで、栃木県では七八年三月九日、既に決定していた郡村宅地の地価では予定額に若干不足することが判明し、その修正を取り決めている。そして、その数日後の同月一二日には「地価帳調理ノ順序」を達し、「収穫村賦ノ儀議決シ、各村等級ノ匡正成頓ニ至リテハ地価帳ヲ調理スル」[*78] こととして、地価帳の提出を指示した。これらのことも含めて先に指摘したように、同県では七八年の五月頃[*79]には、各村における一筆毎の等級、収穫量が決定していたと思われる。これらの結果を、村毎に地価帳へとまとめることを指示したわけである。したがって、この段階以降各村の一筆毎の地価の算出が進められ、地価―地租額が確定したものと思われる。地価が決定し各村がこの地価額を承諾すれば、請書を県庁へ提出しその村の改租は竣功することになる。

このような経過をたどって、同年九月、栃木県は耕宅地に関する改租が完了した旨の伺を地租改正事務局に上申し、七六年に遡り旧税法に代わって新地租を収税するよう指令され、ここに、耕宅地改租は竣功した。[*80] 右にみた請書、地価帳の提出は、新地租額に対する承諾を意味することになる。ただし、この新地租額の決定に至るまでは、引き続き旧貢租が徴収されていた関係から、[*81] 請書は村請制の論理にしたがって、村が提出することになる。新地租はこれまでの村請制と異なり個人課税となったが、[*82] 旧体制の原理に照応して、個人ではなく村が新地租の承諾主体となっている。つまり、旧体制はその論理に基づいて最終的に解体されたのである。

結びに代えて
――地租改正の諸結果――

(1) 新旧地租額の比較

地租改正の結果、農民の税負担体系はいかなる変化を示したのか。このことを検討するには、云うまでもなく新旧地租額の増減比較を行なってみることである。

その比較を進めるにあたって、これまでの研究史では、以下の方法が一般的に使用されてきた。すなわち、地価三パーセントの新地租額と新旧同価（地租改正で地価算定する際の換算米価）による三ヵ年平均米価で換算した旧貢租額との比較・対照である（表6―17「A―B」欄）。だが、この他にも、幾つかの比較・対照の方法が考えられる。例えば、同表（A―B′）欄に記した地価三パーセントの地租と年々石代納価による旧貢租との比較がある。当時は、地租のほとんどが石代価換算で納税されていたのであるから、納税者の実質的負担を考慮に入れれば、新旧同価より

表 6-17　栃木県新旧地租額比較（Ⅰ）

	新地租 A (3/100)	新地租 A′ (2.5/100)	旧貢租 B (新旧同価)	旧貢租 B′ (石代納価)	新旧増減（比率）			
					(A－B)	(A－B′)	(A′－B)	(A′－B′)
	円	円	円	円	円　%	円　%	円　%	円　%
田	602,960	502,466	553,157	686,933	＋ 49,803 (＋ 9.0)	－ 83,973 (－ 12.2)	－ 50,691 (－ 9.2)	－184,467 (－26.9)
畑宅地	284,486	237,072	121,989	125,419	＋162,497 (＋133.2)	＋159,067 (＋126.8)	＋115,083 (＋94.3)	＋111,653 (＋89.0)
総計	887,446	739,538	675,146	812,352	＋212,300 (＋ 31.4)	＋ 75,094 (＋ 9.2)	＋ 64,392 (＋ 9.5)	－ 72,814 (－ 9.0)

註）『明治初年地租改正基礎資料』下巻（有斐閣，1957 年）［1392］より算出.

も石代納価による換算数値を利用すべきことになる。

さらに、地租は一八七七（明治一〇）年減租により地価の二・五パーセントへと引き下げられているのだから、この数値で比較すべきであることは云うまでもない。たしかに、七六年より仮納新税が施行され、その折には三パーセントの地租が一時的に課税対象とされてはいたが、それはわずかな期間にすぎない。この期間の負担をどのように位置づけるかは、それなりに考えねばならないが、[*83] 改租の影響の実態をみる場合、二・五パーセントの数値で比較するのが妥当ではあるまいか。[*84] つまり、同表でいえば（A′—B′）欄による対比結果こそが、その実情を反映していることになる。

これまでの研究史が地価三パーセントの数値を利用してきたのは、一つには残された改租関係史料のほとんどすべてが三パーセントの数値を所載していること、二つに地租改正が旧貢租同様の負担を課したという「講座派」や「戦後歴史学」以来の伝統的理解を恣意的に支えるに好都合であったこと、等々による。同表に明示した新旧増減（比率）欄の四つの数字を対照してみれば、この間の事情は明らかであろう。新旧地租額の比較にあたって、この四通りの方法のどれを妥当なものと見做すかは、したがって、地租改正研究にとっての本質的な問題を孕んでいるのである。

さらに、旧来の研究史においては、改租事業の理念とされた「公平」「公正」の原理は、あくまでも政府にあっては建前にすぎず、実際は旧貢租の押し付けであったとの見解が通説的であった。しかし、「公平」「公正」観念は、改租以前の税制改革を模索している段階で既に政府の基本方針となっており、改租にあたってもその理念はくずれていなかった。実際、旧貢租体系のなかで田地と畑地との負担水準の不均衡（田地＝重租、畑地＝軽租）は、地租改正の結果、見事に解消されている。表6―18の「新旧地租額増減比率」欄をみれば、それは明らかである。関東地方は、いわゆる関東畑永の軽租が否定され畑地が大幅に増租になったのに対し、田地は減租（二・五パーセントの場合）もしくは微増（三パーセントの場合）となっている。栃木県も、これとほぼ同様の結果を示している。

ただし、「旧貢租額の維持」をも企図していた政府は、この方針と「公平」理念とを矛盾なく実現するにあたって、旧貢租制度下にみられた負担の軽重を、地租負担の下方にシフトすることではなく、上方にシフトすることによったのである。[*85] この点は、新政府のご都合主義の結果と云いうる。もっとも、この点についても、七六年に続発した改租不服一揆や秩禄処分の断行といった条件によって、二・五パーセントへの減租が行なわれ、全国的にみれば二〇パーセント前後の減租となった事実によって、「旧貢租額の維持」という方針が転換を余儀なくされたことは、十分に銘記されねばならない。

表6-18　新旧地租額比較（Ⅱ）

単位；％

	改正反別比率		新旧地租額増減比率（＊）		
	田	畑	田	畑宅地	小計
全　　国	60.5	39.5	－23.2	－ 2.0	－19.5
関東地区	44.0	56.0	－28.2	+99.6	－ 8.6
茨 城 県	46.6	53.4	－35.4	+77.1	－20.4
栃 木 県	47.0	53.0	－26.9	+89.0	－ 9.0

註）本書表7-2（309頁）および表6-17より作成.
（＊）増減比率は表 6-17（A′－B′）欄と同様の方法で算出したもの.

ともあれ、栃木県下の畑勝ちな農村の場合は改租によって増租となり、地租負担の増大が農民生活に重くのしかかったであろうことは、十分推測しうる。反対に水田中心の村々にあっては改租結果が負担の軽減に繋がり、七七年以降のインフレーションの進行による米価上昇といった経済状況をも勘案すれば、農家経済に多少のゆとりが生まれたであろうことが予測しうる。以上のことを念頭において旧二宮町域の新旧増減状況について検討すれば、旧貢租額を網羅的に把握できないため、新旧の数字による比較は不可能であるが、右にみた傾向から判断する限り、田地の割合が六割前後を占める耕地の在り方から考えて、反当たりの地租が高い田地の減租分は、畑地の増租分を相殺するに留まらず、耕地全体でみて減租という結果になったであろうことは、十分に推測可能である。

(2) 改正地券の交付

地価―地租の決定の後、各村々がそれを承諾した証としての請書の提出によって、農民の地租負担義務が確定する。この負担義務の了解は、同時に土地所有権の国家的公認という意味を有することにもなる。国民の土地は私有財産として国家的保護の対象となり、租税負担の義務も設定された。こうして、国家―国民間における権利―義務の関係が、この地租改正を媒介として確立したわけである。

右の事実は、地租改正の調査結果を記載した改正地券が土地所有者個人へ交付されることで、名実共に認定されることになる。券面には壬申地券と異なり地租額が記載されていることが、改正地券の性格を端的に証明している。所有権保障と地租負担義務の、いわゆる権利―義務関係がワンセットになっているのが、それである。

その地券交付は、栃木県の場合、改租竣功後の七九年五月に「新旧地券交換心得書」を発していることから、遅くとも同年夏場すぎには順次旧地券＝壬申地券が回収されて、新地券＝改正地券が交付されたものと推定しうる。[*86] この地券の発行に合わせて、一村単位で地券台帳も作成された。

ちなみに、地租改正事業は府県が単位となって進められたわけだから、その改租竣功年次も府県によって異なり、旧貢租から新地租への移行、改正地券の交付、地券台帳の作成等の時期も、府県によってそれぞれ年月を異にする。地券の有する効力保障――土地所有権――は、したがって、早期完了府県から次第に浸透してゆくことになる。もちろん、全国的に地券制度が浸透することによって、所有権保障の内実が平準化することは云うまでもない。

このような地券制度に基づいて、土地売買譲渡の際には地券受け渡しが義務づけられた。買い主は売り主と証文を交わすと同時に売り主から地券を譲り受け、後日その書換をすることで所有権移転が完了することになる。その後、耕宅地改租が全国的にほぼ完了した七九年二月には、土地の売買譲渡の際の地券書換は、地券裏書へと改められた。所有権の移転事実を明示する際の手続きを、大幅に簡略化したのである。

田畑勝手作と田畑土地売買の解禁に始まり、壬申地券を媒介として進められた土地所有権の認定作業は、地租改正によって完了した。この改租により地券が土地所有権の証となり、その国家的公認が達成された。そこには、地租負担という国民の義務がともなうことにより、近代国民国家の下における権利—義務関係が相即的に設定されてもいた。こうして、国民の土地所有権は、基本的人権保障の一つとして国家的に承認されたのである。日本における近代的土地所有権が地租改正によって確立されたとの評価は、右の文脈においてのことである。

地租改正に独自な地券制度は、しかし、あくまで土地税制に関わる旧体制を廃して新体制を創出するための、いわば改革手段として考案されたものであり、その点からすれば改革期特有の過渡的な性格を多分に有しているといってよい。残されたその法的整備は、地租改正がほぼ竣功するあたりから進められ、帝国憲法の公布期に完成することになる。しかし、地租改正事業に託された理念そのものは、国民国家という枠内における権利—義務関係を一枚の地券のなかに包含することで、実質的に体現されたものと見做すことができる。[*87]

改租後の法的整備の一端は、八〇年一一月に制定された土地売買譲渡規則に顕れている。この規則によれば、「所有ノ土地ヲ売渡又ハ譲渡サント欲スル者ハ（売買譲渡）証文ニ地券ヲ添ヘ其地ノ戸長役場ニ差出シ奥書割印ヲ受ケ之ヲ買受人又ハ譲渡人ヘ附与スヘシ」[*88]とされており、売買証文とともに裏書地券を戸長役場へ提出し、奥書割印を受けて「奥書割印帳」に登記されることで、土地所有権の移転は完了する。つまり、土地所有権の移転は、戸長役場による公証手続きで行なわれることになる。したがって、土地売買にともなう裏書地券の授受は、土地所有権の移転による地租負担者の変更を明示するにすぎないことになった。ここに、地券の有する土地所有権の公証機能が弱まってゆくこととなり、地券の性格は納税義務を公示する側面が次第に濃厚になってゆく。地租改正が地券に求めた基本的性格は、これを契機として変質を余儀なくされた。
八六年八月、登記法が公布され、地券が所有権保障の証である意味が完全に消失し、また、八九年三月、土地台帳規則が制定され、地租の徴収は土地台帳に基づいて行なわれることになり、この二つの新制度の施行と相俟って、地券制度は廃止された。

註

＊1 このような理解に立てば、旧来から使用されている「封建的土地所有」「近世的（幕藩的）土地所有」といった「所有」概念は、ここでは成り立たないことになる。

＊2 拙稿「歴史のなかの明治維新――近代化の第二段階――」（拙編著『茨城の明治維新』文眞堂、一九九九年）三～四頁。

＊3 拙著『地租改正』（中公新書、一九八九年）Ⅰ章。

＊4 「地租関係書類彙纂」（『明治前期財政経済史料集成』――以下『史料集成』と略記――第七巻、明治文献、一九六三年）三一〇頁。

＊5 同右、三〇八頁。

＊6 地租改正の結果を記した地券（改正地券）には、所有者名、所在地、地目、反別、地価額、地租額等々が記されている。これらの項目は、地租改正事業における詳細な実地調査（反別・等級・収穫量）の結果から得られた数値をを記載したものである。この点、壬申地券期には土地の本格的な実地調査は原則的になされておらず、申告制が採られているのであって、両地券の性格は大いに異なるものがある。

＊7 『明治初年地租改正基礎資料』――以下『基礎資料』と略記――上巻、改訂版（有斐閣、一九七一年）［三五六］。

＊8 『栃木県史』通史編7・近現代二（栃木県、一九八二年）八四頁以下。

＊9 「地租改正報告書」――以下「報告書」と略記――（『史料集成』第七巻、前掲）一二九頁。実際の地券交付状況は三割程度だったとも云われる（有尾敬重『本邦地租の沿革』復刻版、御茶の水書房、一九七七年、六八頁）。有元正雄も「壬申地券発行を終了した県は一九県二島を数える。地租改正条例布告段階で約六〇府県あるのでほぼ三分の一が郡村地券の発行を完了した」（『地租改正と農民闘争』新生社、一九六八年、一五四～一五五頁）と指摘している。

＊10　『栃木県史』史料編・近現代四（栃木県、一九七四年）一七四頁。
＊11　栃木県における壬申地券の意味は、全国的なものとはいささか異なるようである。この点については註（86）を参照されたい。
＊12　地所質入書入規則は旧慣の長期質入（一〇年以上）を否定し、質地期限を三年に短縮した。この規則が土地金融に与えた影響は大きい。この点については、福島正夫『地租改正』（吉川弘文館、一九六八年、一三四頁以下）を参照されたい。
＊13　これらの理念の持つ意味と、その達成のための改租過程おける具体的方策については、本書第一編を参照されたい。
＊14　『府県地租改正紀要』――以下『紀要』と略記――上、（明治文献、一九六五年）栃木県の項。
＊15　拙著『地租改正』（前掲）一一一頁以下、ならびに本書第二編第三、四章。
＊16　「報告書」（『史料集成』第七巻、前掲）一八頁。
＊17　栃木県芳賀郡の地租改正関係諸委員を歴任し、深く改租事業に従事した坂入源左衛門は、改租事業の厖大な記録を『縉紳録』と命名して残している（『縉紳録』上、二宮町、二〇〇二年、「解題・解説」参照）。この『縉紳録』には、六巻（～明治七年二月一三日）と七巻（明治九年五月二九日～）との間に二年余の空白期間がある。この間に記された『縉紳録』が未発見なのか、あるいは、地租改正事業の停滞期にあたるので、『縉紳録』は記載されなかったのか。現時点では判断がつかない。
＊18　『紀要』上、栃木県の項（前掲）。
＊19　「地方官心得」（『史料集成』第七巻、前掲）三三三頁。
＊20　「地租改正例規沿革撮要」（同右）二六四頁。
＊21　『紀要』上、栃木県の項（前掲）。
＊22　「今調査ノ方法ヲ分ツテ二節ト定ム。第一ハ人民ヨリ差出セル書上ニ就キ其当否ヲ検シ、第二ハ実地ニ臨ミ人民言フ所ノ実否ヲ検スルニアリ」（「地方官心得」前掲、三二七頁）。
＊23　「地租改正条例細目」（『基礎資料』上巻、前掲）五五九頁。
＊24　同右、下巻、［一七二二］（有斐閣、一九五七年）。
＊25　『栃木県史』史料編・近現代四（前掲）一七五頁。
＊26　『栃木県史』通史編7・近現代二（前掲、九六、一六一頁）や笛木隆「栃木県の地租改正」（『地域社会と近代化シンポジウム』九号、二〇〇〇年）によると、「地租改正ニ関スル注意並用係選挙方」の発布された七五年一〇月をもって、栃木県地租改正の着手月とされているが、本文に記した内容から考えて、着手月は同年一一月とするのが適当であろう。なお、一一月の根拠として記した註＊

14の史料『府県地租改正紀要』は、地租改正に関する政府の公式記録とでもいうべき「地租改正報告書」の一部である。この『紀要』には、各府県毎に改租事業の概略が整理されており、そこに改租の着手年月も記されている。これらの記述は、各府県からの報告書や伺、上申書等々を資料としてまとめたものであろう。本書が一一月説を採るのも、右のような事情によるものである。もっとも、このことに関しては微妙な点もある。栃木県改租の過程を総括、報告した地租改正事務局宛の「栃木県伺」によれば、「本県地租改正事業ノ着手ハ去明治八年九月ニ起リ方今漸ク毎村ノ結算ニ因リ全管耕宅地集合ノ一段落成シテ茲ニ改租ノ準允ヲ乞フノ期ニセリ」とか、「同年（明治九年――引用者）九月ヲ以テ始テ手ヲ改租事業ニ降ス」（『基礎資料』下巻、前掲、［一三九〇］）などの文面もあり、着手年月について曖昧なところがあることは否定できない。なお、多くの研究者も各府県の着手年代については、『紀要』の記述によっていることも付言しておく。

＊27 松本洋一家文書（旧二宮町史編さん室蔵）。

＊28 旧町史編さん室には大和田村（小幡邦重家文書）と古山村（苅部正男家文書）の二通が残されているが、いずれも七五年一二月付で、県庁が一一月に「地租改正ニ付人民心得書」を発布したことに対応したものであろう。ちなみに、用掛は当時の村の長である。

＊29 『二宮町史』史料編Ⅲ・近現代（二宮町、二〇〇六年）一八七～一八八頁。

＊30 『縉紳録』上（前掲）一〇九頁。

＊31 同右。

＊32 同右、一一〇頁。この大嶋村は距離、順路から判断して、旧東大島村（現真岡市）を指していると思われる。旧二宮町域の旧西大島村ではないようである。

＊33 同右、一二四頁。

＊34 同右、一三一頁。

＊35 『二宮町史』史料編Ⅲ（前掲）一九〇頁。

＊36 『縉紳録』上（前掲）一三四頁。

＊37 同右、一三九頁。

＊38 同右、一六一～一六三頁。

＊39 なお、旧二宮町域のみに限定すると、古山、谷田貝町、大根田、阿部品、高田五ヵ村は、「納済」「検査」「再調」「全納」のすべての項が空欄となっている。実地丈量がいまだに完了せず帳簿類の提出に至っていないのか、あるいは坂入の管轄外のため記載さ

れていないのか、詳細は不明である。

＊40　『真岡市史』第八巻・近現代通史編（真岡市、一九八八年）一〇一頁。

＊41　『縉紳録』上（前掲）一六五頁。

＊42　同右、一六四頁。

＊43　一二月に入っても、六小区内で丈量未了の村が十数ヵ村ほど残っていたようである（同右、二〇七頁）。

＊44　関順也『明治維新と地租改正』（ミネルヴァ書房、一九六七年）二四八頁。

＊45　『栃木県史』史料編・近現代四（前掲）、一八四頁以下。

＊46　『栃木県史』同右。

＊47　調査を統括する回在所は、県下に六ヵ所置かれた。

＊48　『縉紳録』上（前掲）、一七一～一七二頁。

＊49　同右、一七四頁。

＊50　同右、二一九頁。

＊51　同右、二三五頁。

＊52　同右、二四五頁。

＊53　同右、二四七頁。

＊54　『栃木県史』史料編（前掲）一九二頁。

＊55　『縉紳録』中（二宮町、二〇〇四年）六九頁。

＊56　同右、七八頁。

＊57　同右、一二七頁。

＊58　同右、一二八頁。

＊59　同右、一三〇～一三五頁。

＊60　『栃木県史』史料編（前掲）二四七頁。

＊61　同右、二四八頁。

＊62　『縉紳録』中（前掲）一七七頁。

＊63　同右、一七七〜一七九頁。
＊64　同右、一八一頁。
＊65　同右、一八一〜一八二頁。
＊66　同右、一八二頁。
＊67　従来の研究史によれば、地租改正は全期間を通じて「旧貢租額の維持」を目指していたとされているが、一八七七年一月の地租率引き下げ以降、その方針は棄却されたとせねばならない。ただし、関東長官会議などにみられるように、「旧貢租額の維持」を見越した府県への概算割当反収の変更は考えていなかった。むしろ、地租率の引き下げを行なった結果、この反収は是が非でも確保せねばならない目標額となったと云ってよい。この関東長官会議で改正局が強行にこの数値を府県へと押し付けようとしたのは、そのためである。
＊68　『栃木県史』史料編（前掲）二五二頁。
＊69　『公爵松方正義伝』乾巻（明治文献、一九七六年）六二二頁。
＊70　大槻功「地租改正関東長官会議における収穫目標」（『土地制度史学』一四六号、一九九五年）四四頁。
＊71　詳細は『真岡市史』第八巻（前掲）、一〇九頁以下を参照されたい。
＊72　『縉紳録』中（前掲）二九三頁。
＊73　同右、二九八頁。
＊74　『栃木県史』通史編7・近現代二（前掲）一一二頁。
＊75　同右、一一八頁、『真岡市史』近現代史料編（前掲）一一四頁、『芳賀町史』通史編・近現代（芳賀町、二〇〇三年）一三九頁等々。
＊76　『府県地租改正紀要』栃木県の項（前掲）。なお、地価算定上の問題点については、本書第一編第一章第2節⑴ならびに本書第二編第四章第4節⑸等々を参照されたい。
＊77　『栃木県史』史料編（前掲）二一九頁以下。
＊78　同右、二八一頁。
＊79　旧稿「地租改正と土地所有権」（『縉紳録』上、前掲）では、この時期を「明治十一年の初頭」（四〇〇頁）と推定したが、本文のように訂正しておく。
＊80　山林原野に関する改租事業は、この後に本格化した。

＊81　正確にいうと改租未了府県においては、七六年から仮納地租が徴収されるようになるまでが、旧貢租の存続期間ということになる。しかし、この仮納地租は、後に新地租額が決定された際にはその差額が精算されることになっており、また、仮納地租そのものは、旧貢租を基準としてそれを石代納によって収税したものである。したがって、この仮納地租はあくまでも旧貢租から新地租へと移行する上での過渡的な措置と見做すべきであろう。

＊82　改租事業の実施過程において、村内の些細なトラブルから、個人で旧貢租を県庁へと納入することを主張した例が、茨城県鹿島郡のある村にみられた。もっとも、これは飲酒の上での失言ということで落着するが、旧い村請制と新しい地租制度の本質的な違いを考える上で象徴的な出来事である（本書第二編第五章参照）。

＊83　仮納地租の相殺がその後の農民にとって大きな負担とならなかった事例については、本書三一四〜三一五頁を参照されたい。

＊84　奥田晴樹『日本近世土地制度解体過程の研究』（弘文堂、二〇〇四年）は、改租結果の評価に関する問題として、筆者がこれまでに指摘してきた地価二・五パーセントの数値による比較の方法について、「佐々木の提言は以後の地租改正研究が無視することを許されぬ一石を投じた」（一〇六頁）が、「素直に受けとめられず、したがって、維新変革—明治国家・日本資本主義形成の歴史像の中に、正当に位置づけられて来なかった。当然、それが、その歴史像にある種の歪みをもたらしたことは、否めまい」（一一五〜一一六頁）と論じ、筆者の提言に賛意を表明している。

＊85　拙著『地租改正』（前掲）一八七頁。

＊86　なお、同心得書には、旧地券で田畑、平林、荒蕪地等が券面に列記されているものや、山林原野に関するものは、それらの改租が完了次第新地券と交換するので、「夫迄ノ間ハ旧券ヲ以売買代替」（『栃木県史』史料編・近現代四、前掲、一九八頁）せよとの注目すべき指示がみられる。これによれば、過渡的措置ではあるが、栃木県では壬申地券を所有権の証として容認していることになる。壬申地券交付が完了しなかった諸府県では、こうした措置を採れるべくもなかったであろう。壬申地券交付完了県における同地券の積極的意義が、ここから読みとれる。

＊87　神谷智は地租改正期や地券発行後も、土地の売買譲渡に際しては近世的な売買譲渡証文の取り交わしや奥書例があったことを実証して、「土地所有権は、事実上地券に一元化できなかった」とし、一八八九（明治二二）年の地券廃止と土地台帳規則の制定によって、「近代的土地所有権は最終的に確立した」とされる（神谷智「地券発行下の土地売買譲渡について」『名古屋大学文学部研究論集』史学、四五号、一九九九年、一六〜一七頁、後に同著『近世における百姓の土地所有』校倉書房、二〇〇〇年に収載）。同様に奥田晴樹も、「わが近代的土地所有がそれを支える慣習と法意識の十分な社会的成熟の上に法的構築をみたものではなく、導入され

たその制度と不協和音を起こす要素が社会の中に広範に存在していた」。したがって、「わが近代的土地所有を額面通りに受け取って、それで事足れりとするわけにはいくまい」とし、明治二〇年代以降、「土地利用の技術的変容、そしてその背景にある産業革命の進展、それに伴う社会の変化に促されて、定着への非可逆的な途をたどっていく」（奥田晴樹、前掲書、二二〇、二二一、二二五頁）と論じている。両者の議論の核心は、地租改正は近代的土地所有の確立ではなくその出発点にすぎないというところにある。

一方、北條浩は、「地租改正では、土地所有権の確定とこれを権利として明確にし、絶対的なものとする手段が要求される。これが地租改正中における地券発行であり、地券には土地の所有権そのものを示す唯一絶対性が与えられた。この地券は、絶対的な権利性をもつと同時に、地価が記載されるゆえに地租の決定規準となる。地券以外の文書等において土地所有権を立証すべき公簿類に属するものは一切存在しない」「土地売買にあたっては、地券の書替申請が絶対的必要条件になっている」（北條浩『明治初年地租改正の研究』御茶の水書房、一九九二年、七五〜七七頁）と指摘する。筆者も旧著でこれらの点に関して、以下のように論じたことがある。「地押丈量は、地租改正に特有な地券制度存立の重要な構成要素なのである。この制度は、土地所有権の公認と地租負担者の確定という二側面を有する権利—義務の関係を明確に設定したものといってよい。一方では、権利の確証手段として私的所有権の証の意味をもち、他方では、義務の履行手段としての地券税法たる意味をもっていた。日本における近代的土地所有—近代的租税制度の確立は、したがって、地券制度—地押丈量の確立をまって、はじめていえることなのである」（拙著『地租改正』中公新書、一九八九年、六七頁）。後二者の論点は、地租改正で近代的土地所有が確立したということに尽きる。

「地租改正と土地所有権」という問題の枠組みに関しては、今日、右にみた二つの見解が対立しているのが実情である。しかしながら、神谷が指摘している事実、すなわち、地租改正期や地券発行後（地租改正終了後）においても、土地の売買譲渡の際に土地売買証文や奥書が利用されたということは、在地社会にあってもこの段階では、すでに土地の所有権が事実上確定していたということを示すものに外ならない、と理解すべき事柄であろう。事の本質——所有権認定問題の形式と実質——をはき違えてはならない。地租改正はそうした事実を国家的レベルで追認し、地券を媒介として所有権保障を公認したのである。その後の土地所有権保障のシステムからすれば、確かに地券は過渡的な存在であったと云えるが、その所有権保障の効力は慣行手続き（村レベルでの承認）とは異なる本質的意味を有していた。つまり、証文や奥書による権利移転の証明という慣行に加えて、売買時において地券も同時に移動することで、その所有権移転が国家的に承認されるものと理解すべきなのである。在地慣行の存在は地券を前提とすることで、国家的保障に繋がるということを忘れてはならない。加えて、右のような地租改正の論理は、地押丈量による土地境界の確定と面積の決定とによって、現実的に可能となったのである。在地慣行による土地売買手続きの際に、地券の移動がみられなかったのであれば神谷の論も成り立つが、そのような事例が報告されているわけではない。要は所有権保障が地券を媒介手段として国家的に公認された点を、いかに理解するかにかかっていると云えるだろう。

＊88 『明治財政史』第五巻（吉川弘文館、一九七一年）五九五頁。

第三編

地租改正の歴史的位置

第七章 地租改正の諸結果

1 全国の改租結果
――新旧地租額の比較――

改租結果、すなわち新地租額と旧貢租額とを比較することは、すでに多くの研究者によって行なわれているが、その際の依拠資料は各研究者により若干の相違がある。近藤哲生にあっては、全国的な改租結果は「地租改正報告書」にそのまま拠っており、「地方別改租結果」では「新旧税額比較表」[*1]（二、三の県は「新旧税額差引調」[*2]）に依拠している。[*3] 関順也も全国的な改租結果は「報告書」に拠り、「府県別新旧増減割合」は「差引調」に依拠している。[*4] 近藤、関は、「報告書」「比較表」「差引調」の数値を全面的に利用するが、福島正夫、有元正雄の場合はそれらの数値に満足せず、諸々の工夫を凝らして改租結果のできる限り正確な数値を求めようと試みている。福島は耕地・塩田・郡村宅地については「差引調」の数値により、市街宅地・山林原野は推算という方法で修正数値を試算した。[*5] また、有元にあっては「比較表」を中心としながらも、『府県地租改正紀要』「報告書」「府県史料」『日本帝国統計年鑑』『府県統計書』等々をそれに加味することによって、府県別の新旧地租額の正確な数値を得ようとした。[*6] 現時点ではおそらく、この有元の算出した数値が現実の新旧地租額に最も近似していると思われるので、ここでは、有元の算出

表 7-1　新旧地租額比較表（全国）

	新地租額	旧貢租額		新旧地租差引額		新旧地租増減割合	
		新旧同価	年々石代納価	新旧同価	年々石代納価	新旧同価	年々石代納価
	円	円	円	円	円	%	%
福島正夫数値	—	—	—	+ 158,823	− 2,801,168	—	—
有元正雄数値	49,556,778	48,966,278	52,762,461*	+ 590,500	− 3,205,683**	+ 1.2	− 6.1
筆者換算数値	41,297,315	48,966,278	52,762,461	−7,668,963	−11,465,146	−15.7	−21.7

註）①福島正夫数値――『地租改正の研究』増訂版（有斐閣，1970 年）460 頁.
②有元正雄数値――『地租改正と農民闘争』（新生社，1968 年）405 頁.
* 有元は全国総計の数値を算出するとともに，各地域別，府県別のそれも提出しているが，「近畿瀬戸内地区」の旧貢租額中の年々石代納価の総計と各府県の該当数値の総計との間に若干の異同があるため（前掲書，412 頁），ここでは，筆者が訂正した数値を掲げた.
** 同上の訂正数値を利用した差引額.
③筆者換算数値――有元が各府県別に掲げた新地租額（前掲書，406〜413 頁）を地価 2.5%の数値に換算して総計したもの.

した新地租額（地価三パーセントの数値）と、それを筆者が地価の二・五パーセントに換算した数値とを利用して、新旧地租額を比較、対照してゆきたい（表7―1参照）。

有元が算出した地価三パーセントの新地租額と旧貢租額とを比較すると、新旧同価――全国平均の改租使用米価（四・一八五円）で旧租現石形態を貨幣形態に換算したもの――の場合には五九万円（一・二パーセント）の徴増となり、年々の石代納価との比較では三二一万円（六・一パーセント）の減租となる。こうした異なる数値の生ずる所以は、当時の石代納制と急激な米価変動とが結びついたことによる。[*7] それゆえ、新旧地租の増減比較はその数値の使い方によって結果が異なるため、正確な比較、対照は著しく困難なのであるが、ともあれ、地価三パーセントの新地租額に拠った場合には、維新政府の意図した「旧貢租額の維持」という改租理念は、比較的よく果たされたといってよい。[*8]

しかしながら、一八七七（明治一〇）年の減租結果による新地租（地価二・五パーセント）で比較すると、新旧同価の旧貢租に比して七六七万円（一五・七パーセント）の減額、年々石代納価のそれとの比較に至っては、一一四七万円（二一・七パーセント）もの減租という結果が生じる（表7―1――筆者換算数値欄）。つまり、「旧貢租額の維持」という改租理念が実現されないばかりか、一五・七〜二一・七パーセントもの大幅な減租という結果を示すのである。もっとも、七七年減租ということが、維新政府にとっては、いわば不慮の事態に対するため止むを得ず採られた処置であることを考えれば、その予測の当否を云々することは無理な註文ともいえる。とはいえ、改租理念の一つが実現しえなかったことは事実であり、しかも、その事実は、農民の改租不服一揆によってもたらされたものであることは銘記すべきであろう。つまり、農民の果敢な抵抗が、「旧貢租額の維持」たる改租理念の実現を阻止したのである。

この改租理念たるや、その実現の可否に国内体制の整備・安定―万国対峙をなしうるか否かという、維新政府の死活がかかっている重大なものであった。それにもかかわらず、改租不服一揆に対して逸はやく減租という対応をなしえたのは、七六年に秩禄処分を断行したことによって、士族への秩禄支給の負担を解消することが可能となったからである。[*9] したがって、減租によって地租収入の絶対額が大幅に減少した点からみれば、「旧貢租額の維持」という意図は失敗に終わったといえるが、註＊9に記したように、地租改正―秩禄処分を一連の政策体系として一体化したものと見做せば、減租による地租収入の減少は、秩禄処分による支出の減少によって補われており、国内体制の整備・安定―万国対峙の財源確保のために立てられた「旧貢租額の維持」たる改租理念は、形式的にはともかくも実質的には実現されたといってよい。

次に、もう一方の改租理念たる「地租負担の公平」が実現されたか否かの検討に移ろう。その検出方法としては、地区別、地目別に新旧地租額の増減を検討し、旧来の地区別および地目別貢租負担の軽重が、地租改正によっていかなる是正がなされるに至ったかという観点から考察してゆく。表7―2は、地目別に新旧地租額が判明する「新旧税額比較表」に依拠して、[*10] そこに記された府県毎の田、畑宅地における新旧地租額の増減額を地区別に集計したものである。この数値を素材として、地区別、地目別の新旧地租の増減状況を通観すると、以下のごとくとなる（地価一・五パーセントの場合による――A欄参照）。

表 7-2　地区別・地目別新旧地租額比較表（全国）

地区	改正反別割合			新旧地租額増減割合（A）			同左（B）		
	田	畑	宅地	田	畑宅地	小計	田	畑宅地	小計
東北	57.2	36.7	6.2	−19.4	+27.3	−11.9	− 3.3	+ 52.7	+ 5.7
関東	40.1	51.0	9.0	−28.2	+99.6	− 8.6	−13.9	+139.5	+ 9.7
北陸	72.7	21.0	6.3	−14.9	−27.8	−25.0	+ 2.1	− 13.4	−10.0
東海	54.1	38.1	7.8	− 2.8	−18.8	− 7.6	+16.6	− 2.6	+10.8
東山	50.0	42.6	7.3	− 9.1	−13.0	−10.3	+ 9.1	+ 4.4	+ 7.6
近畿	72.9	20.5	6.7	−24.8	−27.6	−25.3	− 9.8	− 13.1	−10.4
山陰	67.6	26.0	6.4	−32.3	+ 6.9	−27.5	−18.7	+ 28.3	− 13
山陽	64.1	29.7	6.2	−16.3	−20.1	−14.0	+ 0.5	− 4.2	+ 3.2
四国	59.1	33.6	7.4	−24.2	−20.9	−23.5	− 9.1	− 5.1	− 8.2
九州	50.4	42.8	6.8	−32.9	−14.8	−29.2	−19.4	+ 2.3	−15.1
全国	56.1	36.7	7.1	−23.2	− 2.0	−19.5	− 7.8	+ 17.6	− 3.5

註）①「新旧税額比較表」『基礎資料』上・中・下巻，有斐閣，1953〜57，71 年）より作成．
②新旧地租額増減割合の A 欄は地価 2.5％の新地租，B 欄は地価 3％の新地租を用い，それぞれ旧貢租と比較したもの．
③北陸地区の新旧地租額増減割合中の田・畑宅地には，石川県（加賀・能登両国）・旧石川県（新川郡）の分は含まれていない．ただし，新旧地租額増減割合中の小計および改正反別割合には，両地域の分が含まれている．
④山陽区における広島県分も上記③と同様．
⑤全国総計の処理方法も上記③と同様．
⑥近畿地区の和歌山県の屋敷地は田の項に含まれている．
⑦山口県は除外した．
⑧ここで使用した「比較表」における旧貢租額の田・畑宅地小計数値は，ほとんどが 1872〜74（明治 5〜7）年の 3 ヵ年平均の地租米を改租使用米価で換算する方法（新旧同価）が用いられているが，田・畑宅地別の旧貢租額には必ずしもそうした統一的方法が貫かれているわけではない．若干の誤差が生じる所以である．
なお，「比較表」「新旧税額差引調」に記された数値の性格については，福島正夫による『基礎資料』（上巻）の解題（25〜32 頁）を参照されたい．

田地はすべての地区で減租となっているが、とりわけ減租率の大きいのが関東以北の地区と近畿以西および北陸地区である。東海、東山の中部地区は、他地区に比して減租率が小さいのが特徴と云える。畑宅地の場合は、東北、関東、山陰の三地区が増租となっているが、山陰地区の増租率がわずかなのに対して東北、関東地区のそれが著しく大きい。殊に関東地区の場合は、一〇〇パーセント近い増租率を示している。また、畑宅地の反別に占める割合の大きい東山、九州の二地区の減租率が、他地区に比して小さいという特徴がみられる。

さらに、田、畑宅地を合わせた小計欄によると、これもすべての地区が減租となっているが、その減租率は各地区によって著しく異なっている。まず、畑宅地の増租率の大きかった東北、関東の二地区をみると、両地区共に田地が二〇～三〇パーセント近くもの減租となっているにもかかわらず、畑宅地の増租率が大きいため全体としては一〇パーセント前後の減租という結果を示し、他地区に比してその減租率は小さい。殊に関東地区は畑宅地の反別割合が大きいため、田地の大幅減租が相殺されてしまい、東北地区よりも小さい減租率となった。また、東海、東山の両地区の場合は田地の減租率が他地区に比して相当に低く、かつ畑宅地の減租率もさほど大きくないため、全体としての減租率は小さい結果を示している。[*11]

全国統計では田地は二三パーセント強の大幅減租、畑宅地は二パーセントの減租で旧貢租とほとんど変化がない。両地目の合計ではおよそ二〇パーセントの減租となり、農民の負担は改租によってある程度は緩和されたということになる。[*12]もっとも、東北、関東の畑作中心の村々や山間部では、改租の結果、その負担が相当に重くなっているのは、無視できない事柄である。

以上、地租改正の結果を地区別、地目別に検討したが、そこで判明したことは、旧畑方貢租に安石代、定石代、畑永等々の旧慣が存在し、その負担の軽かった地区が増租となっており、反対に旧貢租の重かった地区および田地は減租となっていることである。このことは、旧貢租の負担が軽かった地区の地租を引き上げ、その負担の重かった地区の地租を引き下げることによって全国的な地租負担を平均化し、改租理念の一つである「地租負担の公平」を図ろうとした現れであろう。[*13]こうして、負担の公平という理念はほぼ貫かれたといってよいが、後に一部の地域で地価修正問題が惹起したことなどを考えると、地租改正事業の拙速主義や実施過程における改租担当者の思惑等の例外的な事実があったことは、銘記されねばならない。[*14]

最後に、地押丈量の結果についても簡単に言及しておく。耕宅地の新反別（約四八五万町歩）は旧反別（約三二六万町歩）に比して五〇パーセント近い増加となった。[*15]このような大幅な反別増加の意味するところは、通説のように、維新政府が躍起となって厳重な調査を実施し、課税対象の増加を目論んだというよりは――そうした傾向のあったことを全面的に否定はしない。「欺隠田糧律」を振りかざしての隠田畑、切添、切開等の厳しい摘発はそれを物語っているが、それすらも脱税に対する処分としての色彩が強い――、本書の各章でも述べたような精確な調査の結果なのであり、[*16] それは旧石高制下における検地の杜撰さと、生産力の発展に対応できえぬ石高の固定的性格からくる旧反別の不精確性の反映である。地租改正はこのような不正確な土地面積の在り方に対して、全国統一的な尺度単位を用いて、精確な数値を算出するための厳重な測量を実施したのであった。

2　地租改正と農民層の分解

かつての研究史的枠組みによると、地租改正の結果、一八八〇年代中葉（明治一〇年代後半）に農民層の分解―地主制の発展が急速に進んだとするのが大方の見解であるが、その際の論拠として挙げられる事実は、㈠地租改正によって旧来の現物納から金納へと地租の支払い形態が変更されたため、農民は地租納入のための貨幣を得る必要から強制的に商品経済と接触させられ、その結果として農民層の分解が進んだこと、㈡新地租が旧貢租同様の負担であり、それが農家経済に対して強い圧迫を加えたため、農民層の分解が進行したこと、の二点が主要なものである。[*17] 通説的見解はこうした論拠を前提とすることによって、地租改正が農民層の分解に多大なる影響を与えたと結論を下すのであるが、それは、しかし、まったく根拠の薄弱な俗説にすぎない。以下、この点について検討してゆく。

まず㈠の論拠であるが、ここで問題となるのは、地租金納化という事実が、地租改正によって初めて実行に移されたのではないということである。本書第一編第一章においても指摘したように、すでに旧幕藩体制下において石代納という形態で実質的な金納化が進行しつつあり、そうした歴史的趨勢を受けとめた維新政府は、その成立当初から石代納を基本的には承認する姿勢を示していた。そのため、石代納は強制ではないにもかかわらず、地租改正事業がはじまったばかりの一八七四(明治七)年度の全国の地租収入中に占めるそれの割合は、九六パーセントにもおよんでいる。[*18] したがって、地租改正によって地租金納化が全国統一的に確定されたとはいっても、そのため農民が強制的に商品経済へと包摂され、その結果として農民層の分解が進んだと主張するのは、あまりにも強引な論理という外ない。

石代納の進展という事実は、地租改正前に、既に農民が商品経済の洗礼を多かれ少なかれ受けていたことを想起せしめるものである。もっとも、丹羽邦男によると、この地租金納化の進展が、「米の農民による販売の一般化を意味するものでは必ずしもな」く、「農民にとって米穀販売、石代納はたんなる形式にすぎ」ないものとされ、そこに前期的資本による独占的な貢米取引きの存在が指摘される。[*19] しかしながら、石代納の比率が九六パーセントにまで至っている事実を、単に「形式」にすぎないと評価するのはどうであろうか。確かに、丹羽の主張するように、そこには商人資本による農民からの収奪が存在していようが、それだけを強調するのは一面的すぎる。九六パーセントという数字の意味するところは、農民にとっても、この時期に至っては多くの貨幣支出が現実化し、それに対応するため積極的に貨幣収入を要求していたことの反映と考えた方が、より自然なのではあるまいか。かかる農民の動向こそが、商人資本による収奪の格好の対象とされたのであろう。なお、丹羽の数値に対して、有元正雄は一八七三年度貢米(第七期歳入)中に占める石代納の比率を七七パーセントと推定している。[*20] 丹羽のそれとは多少の開きはあるが、有元の推定数値も、当時の地租金納化の普及を明らかにするに足るものと云いうる。

次に、(二)の論拠の検討に移る。前節において算出したように、地租改正の結果を旧貢租と対比すると、地価三パーセントの新地租の場合には新旧同価との比較で一・二パーセントの増租、年々石代納価とのそれでは六・一パーセントの減租となり、また、地価二・五パーセントでは新旧同価との比較で一五・七パーセントの減租、年々石代納価のそれでは二一・七パーセントもの減租となっている。ところで、旧来から地租改正の成果を論ずる際には、周知のように地価三パーセントの数値が用いられるのが常であり、二・五パーセントのそれはまったく無視されるか附随的に記されるかにすぎなかった。世の多くの論者が、改租の結果を旧貢租とほとんど変化がないものと論断したのも当然である。[*21]

しかしながら、現実の農民の地租負担は、七七年以降は地価の二・五パーセントの地租額になるのであるから、地租負担の軽重を三パーセントの数値のみで論ずるのは正確ではない。地価二・五パーセントの数値では、すでに述べたように一五〜二二パーセントの減租となっており、その負担は旧貢租に比してそれなりに軽減されている。さらに云えば、実質的な地租負担を問題とする場合、新旧同価との比較よりは石代納価とのそれの方が現実をよく反映していると思われるが、この石代納価との比較によると、二二パーセント近くもの減租という結果が示される。これに民費負担を考慮しても、当時の物価上昇——殊に米価の——がそれを相殺したであろうから、地租改正による農民負担は、実質的には旧貢租と同程度の負担か、ないしは若干の軽減となったと考えられる。以上の検討からも明らかなように、通説的見解のように、地租改正を契機として地主制が体制的に創出されたとか、農民層の分解が急激に進行したとかは簡単に結論づけられないのである。

以上の謬説の一例として、近藤哲生の所説を具体的にみてゆこう。愛知県上条村の改租結果を分析した近藤は、「地租は、田で三八%強もの増加(明治九年)になっているのに対し、畑・宅地ではかなりの減少となり、全体として約二五%の増租となっ[*22]」た事実に基づいて、次のような結論を導出する。「地租改正による地租の金納化ととりわけ田における増租は、米の商品化をまったく急激に進展させるとともに、この村の農業生産の基盤をなす米作の発展とそれにもとづく農民経営の前進にたいして阻止的に作用することによって、農民層の地主的分解を急激におしすすめるものとなったであろう。さきにみた地租改正以後の農民層分解の急激な進行は、まさにそのことをしめしている[*23]」、と。

かかる近藤の理解には、地租改正と農民分解との相関関係を論じるにあたっての、問題設定そのものにまず疑問が生ずる。近藤は、改租結果について七六年度の新地租額（地価三パーセント）を利用して新旧地租額の比較を行ない、その結果としての増租を強調するが、これはあまりに恣意的な方法である。なぜなら、先にも指摘したように、新地租は七七年以降は地価の二・五パーセントに引き下げられているのであるから、比較の対象とすべき新地租額は、一年限りの七六年度分は妥当ではなく、恒常的に徴集されるようになる七七年度分に拠るべきなのである。近藤は、上条村の改租結果を表にまとめた際に、新地租は七六、七七両年度の数値を掲げ、その旧貢租との増減割合を算出しているにもかかわらず、近藤が本文で強調する結論を導き出すにあたっては、七六年度分の数値のみに依っている。ちなみに、近藤がまとめた上条村の改租結果表によると、七七年度の新地租の数値と旧貢租のそれとの比較では、田で一五・一パーセントの増租、畑宅地は三二・二パーセントの減租、全体では四・六パーセントの徴増となっている。この程度の増租は、しかし、七七年以降のインフレによる農家経済の上昇を考えあわせれば、それによって相殺されてしまう程度のものであろう。近藤が強調される程には、農民層の分解に影響を与えたとは考えられないのである。

もっとも、改租竣功を待たずに七五、七六年を中心に全国各府県に対して新税施行指令が出されたため、ほとんどの府県が新地租の仮納をすることとなり、新地租が決定された後にその過不足の差額分を決済するにあたって、多額の追納を課された府県も多く存在するため、上述したようには一概に云えないが、その追納方法は表7―3のごとくに、相当長期にわたる年賦延納が認められており、農民にとってはそれほど大きな負担増とはならなかったと思われる。

右の具体的事例を一つ挙げよう。埼玉県大里郡下熊谷宿の農民が、八九年三月、「延納年賦上納願」[*24]を県庁へと提出し、一九〇〇年まで認められている地租延納金の残額を、一括して納入したい旨を願い出ている。ところで、この八九年という時点は、八〇年代中葉の不況から脱却し企業勃興のピークを示す時期ではあるが、農民の所得水準は七〇年代末の水準までには回復せずに停滞している時である。[*25] そうした状況下において、いまだ一〇年以上も延納期限が残されている残額を、一括して上納したいと農民が要望している事実は——これは単なる一事例にすぎず、また、ここで願い出た農民の経営規模も明らかではないが——、仮地租と新地租との差額が、農民にとってそれほど極端な過重負担とはなっていなかったことを推察せしめるのである。この追納金が農民層分解に与えた影響も、したがって、個々についてはともかくも、全体的にみればさほど強調するにはあたらないであろう。[*26]

以上の指摘からも、地租改正と農民層分解とを直接的に結びつけることはきわめて乱暴な議論であることが分かるが、この点をより積極的に立論するために、地租改正前後における農民層分解—土地所有状況の実態を観察しよう。このテーマに関する全国的資料は、自小作別の耕地面積統計——ないしは自小作別の農家戸数統計（この資料からは、継続的な数値は得られない）——に限られている。したがって、ここでは、小作地率の動向を手掛かりとして農民層分解の動きを探るほかに術はないのであるが、さらに資料上の制約として、自小作別の耕地面積の全国統計は、

表 7-3　地租追納金年賦延長期限

追納割合	年賦延納期限
〜 3 割未満	5 ヵ年
3 割以上〜 5 割未満	10〃
5 割〃〜　1 倍〃	15〃
1 倍〃〜　2 倍〃	20〃
2 倍〃〜　3 倍〃	25〃
3 倍〃〜　5 倍〃	30〃
5 倍〃〜 10 倍〃	35〃
10 倍〃〜 20 倍〃	40〃
20 倍〃〜 30 倍〃	45〃
30 倍〃〜	50〃

註）『明治財政史』第 5 巻（吉川弘文館，1971 年）464 頁．

一八八三、八四年を初出とし、改租前のそれに関する資料が存在しないことである。このため、従来より資料の残存する八〇、九〇年代の統計数値を利用して、そこから改租前の小作地率を推定するという工夫が凝らされてきた。かかる推計方法によると、改租前の推定小作地率は、論者により多少の違いはあるが、およそ三〇パーセント前後であるとされている。すなわち、野呂栄太郎の約二〇パーセントという推定値を除くと、平野義太郎が三〇・六パーセント、[*28] 下山三郎が二八・九三パーセント、[*29] 古島敏雄が二七・四パーセント、[*30] 丹羽邦男が三三パーセント[*31]と推定されたごとくである。

こうした推定小作地率の算出については、今日ではその妥当性を欠くとして疑問視するむきも多い[*32]が、一応の目安としてこの数値を利用する研究者も、また少なくない。[*33] 確かに、この推定値の算出については、その推計方法や依拠資料に十全性を期しえないため、[*34] 多々の疑問も生ずるが、大まかな目安として用いることは、当時の農民層分解の状況を知るうえで、それなりの有効性を発揮しうると考えられる。とは云え、従来の算出方法にも疑問がないわけではない。そこで、従来の方法を再検討しつつその矛盾点を摘出し、それに代えうる比較的妥当と思われる算出方法を提示したい。

改租前の推定小作地率について最初に言及したのは、野呂栄太郎である。野呂によると、一八八三、八四、八七（明治一六、一七、二〇）年の小作地から「推算する時は明治初年の小作地率の面積は最大限度全耕地の五分の一に達せざるべく……[*35]」と論ずるごとく、明治初年の小作地の比率をおよそ二〇パーセントと推定した。だが、この推定の際に、八三、八四年から八七年にかけての数字を利用したところに、野呂の方法的欠陥があった。この時期は、よく知られているように、もっとも農民層分解が急激な時であり、したがって、また、小作地率の増加も著しい時期である。それゆえ、ここで得られた小作地の増加率から明治初年の小作地率を逆算した場合、その比率が不当に低く算出されることとなってしまう。それは、八七年から九二（同二五）年にかけての、農民層分解が比較的緩慢な時期の年増加率との平均をもって推計することが必要であろう。

平野義太郎は以上のような考えに基づき、次のように推計を行なった。「明治一六、一七年から二〇年までの平均一ヶ年増大率〇・八〇六%と、明治二〇年から二五年までの増大率たる〇・一三%とをさらに平均してえた〇・四六八%をもって、最も平均的な一ヶ年増大率とみなし、明治二五年の三九・九九%より明治五年……の比を逆算すれば、同年（明治五年——引用者）における小作地の全耕地に対する百分率は三〇・六%となる[*36]」、と。かかる平野の推計も、しかし、技術的には一応妥当であるとしても、その八三、八四年度の数字が『第五回日本帝国統計年鑑』

に依拠しているため、資料的な不備を免れない。つまり、『第五年鑑』における小作地率の被調査府県が八三年度の一八府県（京都・大阪・新潟・埼玉・栃木・三重・岐阜・長野・宮城・福島・福井・富山・鳥取・広島・山口・和歌山・高知・大分）、八四年度の一六府県（東京・神奈川・長崎・群馬・千葉・愛知・山梨・滋賀・山形・秋田・島根・岡山・愛媛・佐賀・熊本・宮崎）の合わせて三四府県のみであり、青森・岩手・茨城・石川・静岡・兵庫・徳島・福岡・鹿児島（奈良は大阪に、香川は愛媛にそれぞれ含まれている）の九県のデータが欠如していることである。かように、『第五年鑑』は資料的に充分なものとはいえず、ここから全国平均値を算出するには、やや無理が生じうる。

このような資料的不備は、後に下山三郎が各『府県統計書』を活用するにおよんで、その欠陥はカバーされる。下山は、「統計年鑑以外に各府県統計書を調査し年鑑を合せて八三（明治一六）年―二七県・八四（同一七）年―三五県の数を得」、その小作地率を八三年―三四・五三パーセント、八四年―三六・九九パーセントと算出した。次いで、この数字を基礎にして両年度の全国平均を八三年―三五・五三パーセント、八四年―三六・九九パーセントと推定した後、七二（同五）年の小作地率を二八・九三パーセントと推計した。[*37] 同様に、古島敏雄は山口和雄が各『府県統計書』によって算出した八三、八四年度の自小作別耕地面積とその構成比を利用し、「明治六年推定は各府県別の一六―二〇年、二〇―二五年の増加率の平均率で増加したものとして、各府県比率を出し、明治一六年各府県別耕地面積を基準に加重平均」することによって、七三（同六）年―改租前の推定小作地率を二七・四パーセントと推定した。[*38] その際、同年の推定値を三三パーセントと算出した丹羽説に対して、「各県の比率の単純平均をとったために高くあらわれた」[*39]との、批判をも加えている。

以上のように、下山、古島によって、平野にみられた統計資料上の不備が補完されるに至ったが、この二人に限らず、推定小作地率を算出したすべての論者に、改租前を一律に一八七二、七三（明治五、六）年に設定するという共通した欠陥が存在する。しかし、改租事業は府県を単位として実施され、その改租竣功は府県毎にそれぞれ年

表 7-4　明治前・中期における小作地率の動向（Ⅰ）

府　県　名	改租前（推定比）	1883年（実数比）	1884年（実数比）	1887年（実数比）	1892年（実数比）
青　森（76）	14.78	?	25.6	30.4	35.1
岩　手（76）	11.82	18.4	?	26.0	24.3
秋　田（77）	28.15	35.6	38.0	42.7	46.5
山　形（76）	36.43	?	36.3	35.5	37.5
宮　城（74）	13.63	23.2	25.5	29.9	32.4
福　島（77）	9.10	14.1	15.2	17.8	21.7
東　京（78）	37.43	41.1	43.3	48.5	45.4
神奈川（78）	43.28	?	42.7	43.5	39.4
千　葉（78）	32.38	?	39.4	43.4	47.6
埼　玉（78）	49.46	42.9	42.9	34.9	38.5
茨　城（78）	21.32	27.7	27.0	32.3	35.0
群　馬（78）	22.58	?	27.5	28.4	37.7
栃　木（78）	15.62	25.4	23.6	35.3	30.5
新　潟（80）	51.44	47.7	53.9	51.6	51.5
富　山（78）	49.37	51.1	57.2	59.6	57.9
石　川（76）	?	?	?	40.6	38.2
福　井（79）	32.65	33.8	39.2	40.4	42.1
山　梨（76）	46.62	48.2	47.9	50.7	47.4
長　野（76）	26.67	32.7	31.8	37.1	36.0
岐　阜（76）	30.30	37.5	?	41.1	47.1
静　岡（80）	39.02	40.9	40.0	41.5	44.9
三　重（77）	27.09	32.4	32.8	36.5	38.6
愛　知（77）	39.52	?	42.3	43.6	45.1
滋　賀（76）	41.66	39.3	36.3	35.6	33.9
京　都（77）	33.46	38.0	36.4	40.6	40.3
大　阪（77）	35.21	39.4	48.2	56.1	57.2
奈　良（76）				44.8	40.4
兵　庫（79）	40.64	?	44.5	48.4	46.1
和歌山（76）	26.72	34.3	41.2	45.9	46.8
徳　島（79）	?	?	?	38.5	40.7
愛　媛（79）	45.58	49.0	49.0	53.8	46.3
香　川（78）					63.3
高　知（80）	24.20	26.2	?	30.5	29.7
岡　山（76）	30.10	38.3	39.3	45.1	46.1
広　島（79）	26.56	29.8	32.3	35.2	38.3
山　口（73）	23.68	31.6	?	36.5	37.8
鳥　取（76）	41.39	48.3	48.7	54.4	53.6
島　根（77）	44.80	?	47.7	49.2	50.5
長　崎（78）	28.96	?	34.7	37.8	41.8
佐　賀（79）	32.80	?	36.7	41.4	36.1
熊　本（79）	44.95	47.4	42.1	45.5	42.7
福　岡（76）	?	?	?	47.4	47.5
大　分（76）	16.97	26.6	?	32.4	39.1
宮　崎（80）	31.58	?	30.5	29.6	28.7
鹿児島（80）	?	?	?	30.3	26.7
全国平均	32.16	35.39	38.00	39.50	40.18

註）①改租前の小作地率は推定比．他は実数比（計算の都合上，各府県の百分比は 83 年度以降は少数第 2 位を四捨五入した）．

②百分比を算出した際に依拠した資料は以下の通り（沖縄・北海道を除く）．

（イ）1883･84 年度は各『府県統計書』（明治 16～21 年）による．ただし，83 年度の埼玉・長野・広島および 84 年度の東京・滋賀・秋田・岡山・愛媛・宮崎の各府県は，『第 5 回日本帝国統計年鑑』（東京プリント出版社，1963 年）86～88 頁による．

（ロ）87 年度は『第 8 年鑑』（同上）94～96 頁による．

（ハ）92 年度は『第 13 年鑑』（同上）396～398 頁による．

③府県名の右横の（　）の数字は，当該府県の改租完了年代を示す＊．この改租完了年代を改租直前の状況を示すものとみて，推定小作地率の算出年代とする．

＊福島，前掲書，405 頁．この福島の著者には旧府県名で掲げられているが，資料および推定の都合上現府県名に直した．なお，大阪・奈良，愛媛・香川の改租完了年代は，それぞれ 77 年，79 年とする．

④改租前の推定小作地率の算出方法は以下の通り．

（イ）83，84 年度のうち，83 年度のみあるいは 84 年度のみが判明する諸県は，83～87 年または 84～87 年の 1 ヵ年平均増大率に，87～92 年の 1 ヵ年平均増大率を加えてそれを平均した数値を，改租前～92 年の 1 ヵ年平均増大率を見做し，この数字を基にして 92 年度の小作地率から改租前の小作地率を逆算した．

（ロ）83，84 両年度が判明する府県は，83～87 年，84～87 年の両増加率を加えて 7 ヵ年の増加率と見做し，この数値を 7 で除すことによって 83，84～87 年の 1 ヵ年平均増大率とした．その他は（イ）の方法と同様．

（ハ）改租前の全国平均の百分比は，各府県の推定小作地率と 83 年度（83 年度の不明な府県は 84 年度）の耕地面積を基準として算出した数字を改租前の小作地面積と見做し，この数字を基にして算出した．

代が異なる。こうした改租完了年代の府県別差異を無視して、一律に「地租改正法」の公布年代（七三年）を基準として改租前の年と見做せば、その推定数値は必然的に低くならざるをえない。ここでは、かかる推計方法の欠陥を考慮しつつ、以下のような方法で改租前の小作地率を推計してみた。各府県の改租完了年代を、改租直後でもありその影響はほとんどなかったものと考え、その年度を各府県の改租前の年と見做し、下山の方法を踏襲しつつ九二（明治二五）年―改租前の一ヵ年平均増大率を算出し、その数値を基礎にして九二年の小作地率から逆算して改租前のそれを導き出す。

次いで、八三、八四（明治一六、一七）年度の耕地面積をとりあえず改租前の耕地面積と同様と見做し、この数字を基にして各府県の改租前の小作地面積を算出し、しかる後に、全国平均の小作地率を計算した（算出方法の詳細については、表7―4の註④を参照されたい）。この結果、表7―4のように、改租前の推定小作地率三一・一六パーセント[*40]という数値を得た。

ところで、表7―4にみられる改租後の八三、八四（明

表 7-5　明治前・中期における小作地率の動向（Ⅱ）

年度	小作地率
改租前	32.16 ＊
1883 年	35.56 ＊
84 年	36.86 ＊
87 年	39.50
92 年	40.18

註）＊印は推定比，他は実数比．

治一六、一七）年両年度における小作地率は、与えられた統計資料による限られた被調査権（八三年度―二八県、八四年度―三四県）の平均数値であり、これを全国平均のそれとするにはあまりに早計にすぎる。そこで、下山の推定方法[*41]に依拠しつつ、この八三、八四年の数値を基礎にして両年の全国平均値を推計すると、八三年度―三五・五六パーセント、八四年度―三六・八六パーセントという小作地率が得られる。以上のような推定作業の結果、表7―5にみられる小作地率の推移傾向を獲得した。これによれば、小作地率は改租前の三二・一六パーセントから、改租を経た八三年の三五・五六パーセントへと、変化、上昇している。改租完了年代の全国平均が七七（同一〇）年であることから、各府県によってその差はあろうが、改租後のおよそ六年ほどの期間に三・四パーセントの小作地増加があったことになる。これを年平均増加率に換算すれば、〇・五六七パーセントという数値を示す。この数値は農民層分解のもっとも激しかった八三、八四年から八七（同二〇）年にかけての年平均増大率〇・八八～一・三パーセントと比較すれば、その動きは相対的に緩慢であったといいうるが、八七～九二（同二〇～二五）年にかけての年平均増大率〇・一三六パーセントと比すれば、その増大率の大きさに注目しないわけにはいくまい。したがって、ここに表現された数値から判断する限りでは、改租後の七〇年代末以降（明治一〇年代前半）にも農民層分解が進行したとする通説には、それなりの根拠があることになる。ましてや、下山、古島によって提出された過小な推定小作地率二七～二九パーセントを基準とすれば、それはいっそう有力な発言となろう。ここから、地租改正が農民層分解に決定的な影響をあたえたとの見解が流布することになるのである。[*42]

だが、以上の通説的結論は、その導出の仕方においてあまりに短絡的である。その理由の一つは、下山、古島等にみられる推定方法に若干の配慮が欠けていたために、その推定値が過小に算出されざるをえないこと、二つに、その矛盾を修正して算出した筆者の三二・一六パーセントという数値もあくまで推定値にすぎず、一応の目安としてのものであること、等々である。第一の理由は、既に指摘ずみであるので、ここでは、第二の理由について簡単に言及しておこう。

それは、改租後の七〇年代末～八〇年代初頭（明治一〇年代前半）をとりまく経済状況の問題である。この時期が、政府紙幣と国立銀行券の濫発によるインフレーションの昂揚期であったことを、農民層分解を考える上では勘案せねばならない。つまり、このインフレの進行が、殊に米価の急激な上昇という現象を随伴していることが、自作農以上の金納地租負担を軽減させる結果をもたらしたことである。加えて、七七（明治一〇）年減租により、農民の地租負担は、旧来のそれよりはおよそ二〇パーセント前後の負担減となっている事実をも考えあわせれば、七〇年代末以降における地租負担は、通説が強調するほどには重圧となっていなかったと推察されるのである。この時期には、それゆえ、地租の重圧に基づく農民の没落→農民層分解の進行という事態は、いまだ顕在化してはいなかったのである。[*43]したがって、ここで算出された推定小作地率三二・一六パーセントという数値以上に、改租前の小作地率は大であったと推測しうるのであり、改租後の七〇年代末～八〇年代初頭における小作地率の増加―農民層分解の進行は、従来から漠然と考えられていたほどには激しいものではなかったのである。[*44]

ところで、地租改正前の小作地率三二・一六パーセント＋αという数値は、改租着手以前においても相当に農民層分解が進行していたことを想起せしむるに足る充分なデータである。このことは、改租後の農民層分解の進展よりはむしろ、改租前のそれに注目すべきことを暗示してはいまいか。[*45]こうした農民層分解は、一九世紀前半以降の経済発展と、幕末開港による世界市場との接触により顕著となったのであろうが、その起点は一七世紀後半にはじまる農業生産力の上昇とそれにともなう商品経済の飛躍的発展、質地地主制の生成等々に求めることができるであろう。ここでは多くを語りえないが、以上の行論から、地租改正前の農民層分解をあまり軽視すべきではないとの結論を下すことは、早計ではあるまい。[46]かかる見解は農民層分解に与えた地租改正の影響を云々する、通説的過大評価を戒めることにもなろう。

次いで、地租改正後における農民層分解―土地所有状況の検討に移る。ここでは、農民層分解の最も激化した時期といわれる八三、八四（明治一六、一七）両年度の小作地率が判明する諸府県における、小作地率の動向と改租結果とを比較・対照し、それらの事実が必ずしも連結していないことを明らかにしておきたい。

表7―6がそれであるが、ここから二つの傾向が判明する。第一に、地価三パーセントの新地租によって増租となった一一府県のうち、八三～八四年の間に小作地率が増加しているのは、六府県と過半にすぎない。また、この六府県のうち、地価二・五パーセントの新地租でみると、東京府を除いてすべてが減租となっている。第二に、減租にもかかわらず小作地率が増加しているのは、地価三パーセントの数値で八府県、二・五パーセントのそれでは一三府県にもおよぶ。この二点からも、地租改正と農民層分解とが直接的に結びついていないことが明らかであろう。さらに、小作地率の動向を田、畑別にみると（全国平均）、八三～八七（明治一六～二〇）年における一ヵ年平均増大率では田で一・一二三パーセント、畑で〇・八九四パーセントと、[47]地価三パーセントおよび二・五パーセントともに減租となった田地の小作地率の増加が大きく、増租（地価三パーセント）乃至は新旧租トントン（同二・五パーセント）という結果を示す畑地の増加率は小さい。[48]ここからも、改租結果がそのまま農民層分解の動向に直接反映していないことが判明する。[49]

以上、通説的見解にみられる地租改正と農民層分解との相互関連説の二つの論拠について簡単に検討したが、ここでの結論は、地租改正が農民層の分解に対して「直接的」な影響を与えたとは云いがたいことであった。一八八〇年代中葉（明治一〇年代後半）における農民層の分解は、したがって、地租改正の「直接的」影響のもとに進行したというよりは、むしろ松方デフレ下における経済的諸条件――それぞれの地域社会の特質をも含む――によって惹き起

表 7-6　改租結果と小作地率の動向

府県名	改租完了年	反別割合		新旧地租額増減割合		小作地率	
		田	畑	A	B	1883 年	1884 年
秋　田	1877	74.6	25.4	−19.5	−3.4	35.57	38.03
宮　城	74	68.2	31.8	−7.5	+11.1	23.21	25.52
福　島	77	60.1	39.9	−12.1	+5.3	14.06	15.22
東　京	78	43.2	56.8	+49.3	+79.2	41.36	43.31
埼　玉	78	41.1	58.9	+1.3	+21.6	42.90	42.90
茨　城	78	46.5	53.5	−20.9	−5.0	27.74	21.98
栃　木	78	47.0	53.0	−9.0	+9.2	24.33	23.59
新　潟	80	72.5	27.5	−4.9	+14.1	47.47	53.88
富　山	78	90.1	9.9	−31.6	−17.9	51.14	57.16
福　井	79	79.7	20.3	−24.0	−8.8	33.83	38.74
山　梨	76	43.0	57.0	−14.9	+2.1	48.18	47.86
長　野	76	48.9	51.1	−13.9	+3.4	32.66	31.84
静　岡	80	57.2	42.8	−11.1	+6.6	40.86	39.97
三　重	77	75.7	24.3	−25.3	−10.4	32.41	32.82
滋　賀	76	86.4	13.6	−27.1	−12.6	39.30	36.30
京　都	77	75.5	24.5	−23.7	−8.4	37.98	36.41
大　阪	77	75.6	24.4	−17.7	−9.0	39.37	48.18
和歌山	76	72.7	27.3	−28.9	−14.7	34.30	41.23
岡　山	76	69.4	30.6	−11.3	+6.4	38.31	39.29
広　島	79	67.5	32.5	−16.3	+0.4	29.81	32.32
鳥　取	76	77.1	22.9	−34.4	−21.3	48.33	48.70
高　知	80	67.5	32.5	−47.1	−36.5	26.16	29.75
熊　本	79	47.1	52.9	−32.3	−18.7	47.43	42.12

註）①反別割合・新旧地租額増減割合は「地租改正報告書」（『明治前期財政経済史料集成』第 7 巻）より算出（なお，富山・鳥取両県は「報告書」ではそれぞれ石川・島根県に含まれているため，「新旧税額比較表」より算出した）.

②小作地率は各『府県統計書』（国会図書館蔵）より算出．ただし，1883 年度の宮城・埼玉・長野・京都・広島，1884 年度の秋田・東京・滋賀・岡山の諸府県は『府県統計書』では不明のため，『第 5 回日本帝国統計年鑑』（前掲）より算出した．

③新旧地租額増減割合の A 欄は地価 2.5%の新地租額を，B 欄は地価 3%の新地租額をそれぞれ旧貢租額と比較したもの．

こされたとみるべきである。地租改正の影響は、そこではあくまで「間接的」に作用したにすぎないのである。地租改正の過大評価は厳に戒められねばならない。

註

＊1　『明治初年地租改正基礎資料』上中下巻（有斐閣、一九五三〜五七年――上改訂版、一九七一年）。
＊2　同右。
＊3　近藤哲生『地租改正の研究――地主制との関連において――』（未来社、一九六七年）一一二頁以下。
＊4　関順也『明治維新と地租改正』（ミネルヴァ書房、一九六七年）二八一頁以下。
＊5　福島正夫『地租改正の研究』増訂版（有斐閣、一九七〇年）四五七頁以下。
＊6　有元正雄『地租改正と農民闘争』（新生社、一九六八年）四〇五頁以下。改租結果の数値を検討する上での史料批判については、とりあえず、同書四〇五頁を参照されたい。
＊7　有尾敬重『本邦地租の沿革』（御茶の水書房、一九七七年）一二六頁。
＊8　改租予測と改租結果とではその貨幣額に大きな開きがあるが、これは使用米価の相違によるものであるから、本文のように結論づけて差支えあるまい。また、年々石代納価との比較では六パーセント余の減租となるが、この程度の減租ならば、理念の実現という評価を与えてもよかろう。
＊9　秩禄処分以前は、地租収入によって士族への支給を可能とし、それ以後は、士族に対する支出の削減を基礎として減租を可能とした。かかる事実は、維新の変革において、地租改正と秩禄処分が表裏一体化したものとして存在し、その変革過程――幕藩制的領有制の解体と近代的諸制度の創出――の、いわば対面をなす基底的な政策としてあったことを物語っている。
＊10　「比較表」の検討だけでは不充分なことは否めないが、およその傾向は察知できよう。
＊11　なお、北陸地区と山陰地区は、その自然的、社会的条件が比較的似かよっているにもかかわらず、北陸地区では田地が一四・九パーセントの減租率を示しているのに対し、山陰地区のそれは三二・三パーセントもの大幅減租となっている。畑宅地の場合は田地とは反対に、北陸地区が三〇パーセント近い減租率を示しているのに対し、山陰地区は七パーセント弱の増租となっている。この対蹠性はいかなる事情によるものであろうか。興味ある問題と云える。
＊12　従来の地租改正研究者の多くは、地価三パーセントの数値を用いて改租結果の検討を行なってきた。もちろん、地価二・五パーセントの数値を提出される論者も存在するが、それはあくまで付随的に触れられるにすぎなかった。それによって、新地租が旧貢租同様の重い負担を農民に課したという「事実」を不当に強調し、地租改正の半封建的性格を云々する通説の論拠とするのである。この点、あまりに意図的すぎる感が強い。

＊13　以上のことは、地租改正の実施担当者として精力的にその事業を進めていった有尾敬重の、次のような述懐からも明らかである。

負担の均衡を図ると云ふ目的は可成達し得たと思ひます。今其結果に就て、極く大体を観察して見ますと、旧幕府領の土地は、旧税は概して安かったかと思はれる。之に反して大藩の内で長州、金沢、福岡、土佐、和歌山、鳥取の七藩は、改正の為めに負担の減り方が余程多い、減が多いと云ふ事は、即ち旧租が酷であったものと見做すことが出来るやうな訳で、此等七藩の人民は、以前には重税の為め相当に難渋をして居たものと思はれる……（前掲書、一二九頁）。

＊14　筆者は旧著（『日本資本主義と明治維新』文献出版、一九八八年）において、地租負担の理念は「全面的に貫かれた」（四二九頁）との評価を下したが、高村直助によって「地価修正問題が残されたことを考えると……『全面的に貫かれた』といい切るのは勇み足ではなかろうか」（書評・佐々木寛司著『日本資本主義と明治維新』」『社会経済史学』五四―六、一九八九年、一〇六頁）との貴重な指摘を受けた。ここでは、この教示に基づいて本文のように訂正しておきたい。

＊15　「地租改正報告書」（『明治前期財政経済史料集成』――以下『史料集成』と略記――第七巻、明治文献、一九六三年）八一頁。

＊16　正確な調査は当然のこととして厳重な調査をともなう。しかしながら、多くの地租改正研究者は、その厳重な調査を殊更に強調してきた節がある。私があえて正確な調査を強調した所以は、本書第一編第一章等にも述べたように、所有権確定の際の地押丈量の劃期性を指摘したかったからであるが、かつての通説の場合は、厳重な調査を専制権力の証しとして強調することによって、維新政権を絶対主義権力と規定しようとするのである。地押丈量をめぐる通説と卑見との相違は、維新政権の性格をいかに理解するかという、より基本的発想の差異が反映したものと云いうる。

＊17　こうした見解をとる論者としては、山田盛太郎（『日本資本主義分析』戦後改版、岩波書店、一九四九年、一九三頁）、平野義太郎（『日本資本主義社会の機構』戦後改版、岩波書店、一九六七年、二二頁）の戦前「講座派」の論客を代表例として、関順也（前掲書、三九五頁）、近藤哲生（前掲書、二〇三、二五三頁）、有元正雄（前掲書、六二頁）、中村政則（「日本資本主義の諸段階と地主制」、永原慶二・中村政則・西田美昭・松元宏『日本地主制の構成と段階』東京大学出版会、一九七二年、五〇六頁）等、枚挙にいとまがない。

＊18　丹羽邦男『明治維新の土地変革――領主的土地所有の解体をめぐって――』（お茶の水書房、一九六二年）二〇七頁。当時の維新政府も、七三年には「金ヲ以テスルモノ十ノ八九に居レリ」（「地租改正例規沿革撮要」『史料集成』第七巻、一七五頁）と石代納の普及を言明している。

＊19　丹羽、前掲書、二〇七～二〇八頁。なお、この時期の巨大商人と米穀市場の問題については、本書三三五頁を参照されたい。

＊20　有元、前掲書、一二三～一二四頁。

＊21　新地租の負担が旧貢租のそれとほとんど変わらなかったことが、農民層の分解に決定的な影響を与えたといわれるが、新旧租ともに同程度の負担であるならば、旧貢租の時代にも農民層の分解が進行していたはずであり、殊更に地租改正の影響を云々すること自体が、論理性を欠くことになりはしまいか。こうした筆者の疑問に対して、通説はそれなりに首尾一貫しているようである。すなわち、先にみた地租金納化の問題と旧貢租同様の高額地租を結びつけ、さらに、旧貢租時代における田畑永代売買の禁をそれに結合させることによって――質地地主制の不安定性の極端な強調！――、地租改正の農民層分解―地主制の発展に対する影響の過大評価を準備するのである。だが、地租金納化にしろ事実上の土地売買の進行―農民層の分解にしろ、通説そのものが成り立たないことはすでにみた通りであるとすれば、結局のところ、新地租の負担の軽重をいかに理解するかが、地租改正の農民層分解に与えた影響に対する評価の分かれめとなる。

＊22　近藤、前掲書、二〇二～二〇三頁。

＊23　同右、二〇三頁。

＊24　旧熊谷宿戸長役場文書（熊谷市立図書館分館蔵）。

＊25　林健久『日本における租税国家の成立』（東京大学出版会、一九六五年）第七四表。

＊26　もっとも、八〇年代中葉の深刻な不況下にあっては、少額の貨幣支出ですらも農民にとっては大きな負担となったであろうから、この追納金をも含めた地租負担が農民経済の重圧となったことは否めない。通説はそうした事実を直接に地租改正の影響として論じるのであるが、それはあまりに皮相的理解である。農家経済衰退の基本的原因は、あくまで当時の不況に求められるべきであり、それが地租改正の重圧を現出させたものと判断すべきであろう。つまり、不況をその基礎においたところの相乗作用の結果なのである。

＊27　野呂栄太郎『日本資本主義発達史』（岩波文庫旧版、一九五四年）六七頁。

＊28　平野、前掲書、四七～四八頁。

＊29　下山三郎「明治一〇年代の土地所有関係をめぐって」（『歴史学研究』一七六号、一九五四年）三頁。

＊30　古島敏雄「地租改正後の地主的土地所有の拡大と農地立法」（同編『日本地主制史研究』岩波書店、一九五八年）三三三頁。後、同『資本制生産の発展と地主制』お茶の水書房、一九六三年、に再録、一九一頁）。

＊31　丹羽邦男「地主制の成立」（『日本歴史講座――近代の展開――』5、東京大学出版会、一九五六年）四七頁。

＊32　丹羽邦男『形成期の明治地主制』（塙書房、一九六五年）一四頁、近藤、前掲書、一五五～一五六頁、山崎春成「地租改正と農業機構の変化」（『講座・日本資本主義発達史論』I、日本評論社、一九八六年）五二～五三頁等々。

＊33　『綿谷赳夫著作集――農民層の分解――』第一巻（農林統計協会、一九七九年）三頁、大内力『日本における農民層の分解』（東京大学出版会、一九六九年）三八～四〇頁、中村、前掲論文、五一七頁、旗手勲『米の語る日本の歴史』（そしえて、一九七六年）一五〇頁、石井寛治『日本経済史』（東京大学出版会、一九七六年）一〇八頁他多数。

＊34　推計方法、依拠資料の不充分性もさることながら、推定小作地率の非妥当性を強調する論者は、地租改正に先行する旧幕藩体制下における領主的支配関係の差異に基づく地主制の地域的異質性（丹羽『形成期の明治地主制』前掲、一三～一八頁）、地主制発展の地域的不均等性（近藤、前掲書、一五七頁）等々を、その論拠として挙げている。かかる地主制の地域的異質性、不均等性が地租改正期にあっても同様に存在し、それが平準化されていくのは八〇年代中葉以降の過程だと理解するのである。ここから、質的に異なる地主制―農民層分解の実態を、数量的に表現する方法は妥当性を欠くと批判するわけである。確かに、幕藩体制下におけるその地域的異質性、不均等性の問題[※]は、それを全面的に無視するのはあまりに乱暴であるが、土地占有権の事実上の所有権への移行が急速に進行していた事実、さらには、商品経済の進展にともなう市場の拡大現象―国内市場の形成が進みつつあった動き等々を考慮すれば、同質化、平準化の動向はもう少し早い時期――一九世紀前半から遅くとも幕末期――に設定しうるのではなかろうか（地主制の同質化、平準化の方向がその端緒として示されつつあったとはいえ、地域社会独自の論理に規定された類型的差異までをも否定するものではない）。かかる趨勢が顕在化したのが、八〇年代中葉以降の過程ではなかったのか。

（※）もっとも、丹羽、近藤にあっては、その差異性を極端に強調しすぎるむきがある。その背景にあるものは、これまた質地地主制の不安定性という論理への強い信仰であろう。

＊35　野呂、前掲書、六七頁。

＊36　平野、前掲書、四七～四八頁。

＊37　下山、前掲論文、三頁。

＊38　古島、前掲書、一九一頁。

＊39　同右。

＊40　旧稿「地租改正研究史上の陥穽と今後の研究方向」（『日本歴史』四三九号、一九八四年）七〇頁では、今回とほとんど同様の手

続きで得た三一・六パーセントという推定小作地率を公表したが、その折には、各府県別のデータを算出する手間を省いていたために、その手続きを踏まえた此度の推定値三二・一六パーセントに訂正しておきたい。

＊41　下山の推定方法は、次の通りである。「（明治）一六年、一七年、二〇年共に小作割合の判明している二三県の一六―一七年、一六―二〇年等に於るそれぞれの増加割合を一応平均的なものと見て、これを利用して一六、一七年に於る不明の諸県の実数を推定し、これと判明している諸県の分とを合わせて両年の全国平均を推定」（前掲論文、四頁）するものである。

＊42　もっとも、地租改正が農民層の分解に影響を与えたとする通説的見解は、八〇年代中葉（明治一〇年代後半）についてのそれを語っているわけであるが、かつてのデータを基にしてそれらの事実を論じている以上、七〇年代末～八〇年代初頭（明治一〇年代前半）における農民層分解の進行をも含意していることになる。ましてや、地租改正の直接的影響を探る場合には、改租完了時点からさほど時間の経ていない七〇年代末～八〇年代初頭が妥当な期間であってみれば、それは尚更のことであろう。「改租後の七〇年代末以降（明治一〇年代前半）にも農民層分解が進行した」とする見解を通説として論じあげたのは、如上の脈略においてのことである。

＊43　かかる動向が表面化するのは、八〇年代中葉の不況期においてであるが、そこでの農民層分解は、後述するように必ずしも地租改正の「直接的」影響によるものではなく、当時の経済不況が地租の重圧を生ぜしめたのであって、地租改正と不況との相乗作用の結果が、農民層分解をもたらしたと理解すべきである。農民層分解に対する地租改正の「直接的」影響を考えるのであれば、時期的には七〇年代末～八〇年代初頭を対象とすべきであろう。改租によって畑税が大幅増租となった関東地方などの畑勝ち農村や山間部では、この増租が農民層分解に影響を与えたであろうことまでも否定するものではない。

＊44　山崎春成は平野以下、下山、丹羽、古島の推定した小作地率を取りあげ、「これらの推定値には、根本的な問題点がある」と指摘しつつ、「一八八〇年代の激動の主要な根拠を松方デフレの作用に求めるとすれば、そして、それ以前のインフレ期には農村の好況を伝える資料が多くみられることを考慮すれば、明治一六、一七年以前の仮定された小作地増加率は高きにすぎ、したがって地租改正着手前の推定小作地率は過小推定されているのではないか」（山崎、前掲論文、五二～五三頁）との疑問を呈示しており、本書と同一の認識にあることが確認される。

＊45　大内、前掲書、四〇頁。

＊46　地租改正後の農民層分解の進展を過大視する論者は、必然的に、それ以前の分解状況を軽視する論理に繋がることになる。

＊47　各『府県統計書』明治一六～二一年（国立国会図書館蔵）、『日本帝国統計年鑑』第五、八回（東京リプリント出版社、一九六三年）

より算出。

＊48　田畑別の新旧地租額の比較数値は、表7―2を参照されたい。

＊49　この点については、不況下におかれた農民の貧窮状況が著しく深かったために、より大きな貨幣を得られる田地の方を積極的に売買したであろうことが推察されようし、また、中小地主の没落により、大地主へとその土地が移動した事実も広汎化しているようでもあるから、その結果、地主経営により適合的な田地の集積を進めていた中小地主の土地（田）が、大地主へと移動したことも考えられうる。

第八章

地租改正の財政史的位置

1　税制改革としての地租改正

はじめに

明治新政府が成立した当初の財政基盤はいたって脆弱であり、西欧諸国に対峙し新たな国家―社会体制を創出する上で、領有制を解体するとともに税権を中央に集中して財源を確保し、かつ継続を余儀なくされていた旧領有体制に固有な禄制を廃止することによる支出削減は、新体制の存亡にかかわるきわめて重要な課題であった。

この一連の過程は、版籍奉還による大名領主の地方官化、廃藩置県の断行を劃期とした領有体制の解体と税権の統一的掌握、地租改正の竣功による近代的税制への改革、秩禄処分による禄制の最終的解体として実施に移されていった。

この節では、右に記したプロセスを踏まえつつ新政府が実施した地租改正を軸にこの問題へと接近し、近代的な財政制度の確立へと向かう過程を概観し、維新期における税制改革と禄制廃止のもつ財政史的な位置を確認しようとするものであり、さらにその独自な実施方法が、近代的資本の創出機能をも果たしたことにも少しく言及するものである。

(1) 地租改正の研究史

明治新政府が実施した税制改革は、旧貢租制度の廃絶─地租改正のみに限定されるものではないが、その中核的位置にあったことは研究史の示すところである。また、地租改正についてもその意味を論じるにあたって、税制改革の側面とともに土地制度上の改革としても長い論争が行なわれていたが、ここでは、地租改正の竣功によって徴収された地租が、いかなる性格を有していたのかという側面から研究史を振り返ってみたい。

明治初年に創設された地租制度の性格について、一九三〇年前後から七〇年あたりまでの研究史を鳥瞰すると、それを絶対王政下の封建地代、[*1]集中地代、[*2]ないしは半封建貢租と見做す立場と、[*3]近代国家の下における近代的租税として位置づける見解とが鋭く対立しており、[*4]前者の立場が通説として支持されていた。[*5]その後、地租改正研究は停滞期を迎えるが、九〇年代以降は対立的な地租改正研究の前提となっていた歴史認識の方法が凋落し、一転して地租改正の近代性が自明のごとくに語られるようになり、今日に至っている。

地租を封建地代等としてら捉える立場は、地租改正によって創出された土地所有の性格を半封建的土地所有と理解し、その論脈から地租を地代論として展開したことが特徴的である。この方法の誤りについては、次節「租税国家と地租」において論じてあるので、ここでは紙幅を節約したい。

右の論法と同様に、地租改正後の土地所有の性格が地租の性格規定を確定する上で深く関連することは云うまでもないが、ここ二十数年来の研究史の動向は、それを近代的土地所有と理解する動向が大勢を占めるようになった。[*6]地租の性格づけに関しては、筆者が積極的に近代的租税と規定する他はほとんど言及がないため、地租の位置づけが不明であるが、近代的租税としての性格を暗黙のうちに諒解しているように推測されうる。

(2) 明治初期の租税政策——租税負担の公平と石代納制——

近世幕藩体制下における土地制度上の特質のひとつとして、土地をめぐる領主と領民の権利関係が領有権（貢租徴収権他）と農民の占有権（耕作権）とに分割され、かつ、質地金融等を通して事実上の土地売買が進行し、農民の土地に対する権利がなし崩し的に所有権化していったことが挙げられる。[*7] この変質は質地地主の形成がはじまる一七世紀末以降緩やかに進行してゆき、次第に領有権の衰退をもたらすことになる。この動きに加えて貢租の金納化も活発となり、近世領主制の変質はここからも促進された。貢租金納化は、もちろん、幕藩体制の当初から内包されているものもあり、それぞれが内容を異にしているが、時代の経過とともに近世領主制の原理からの乖離を大きくしてゆくことになる。

その金納制は石代納と称され、状況に応じて金納を請願する「願石代」、換算基準の石代価が固定している「定石代」、換算値段が低廉な「安石代」などの他、畑勝ちな関東地方に広く普及していた「関東畑永」と呼ばれる「定永納」等々があり、各地域においてさまざまな名称で呼ばれていた。[*8] 定石代やその一種といいうる関東畑永は、幕末期の激しい米価騰貴を背景に事実上の安石代と化し、これらの慣習が普及している地域では貢租負担の軽減化が進み、田方貢租と比較して農民間の負担の不均衡があからさまになってゆく。

領主制下における種々雑多な土地税制と相俟って、米納と石代納、そして石代納にみられるさまざまな徴収形態の在り様は、農業生産力の向上に対して臨機応変に貢租額を変更し得ない石高制特有の固定的性格とも絡んで、旧来の土地税制を引き継いだ明治新政府の政策担当者からすれば、土地税制—貢租制度は大混乱に陥っているとの現状認識をもつことになる。[*9] 領有制特有の割拠体制が右のような現実を生み出したことを、強い危機意識をもって受け止めた明治新政府は、しかし、ただちにその抜本的改革へと取り組むことは避け、当面は拙速を嫌い「一両年間ハ姑ク旧慣ニ仍[*10]」る方針の下に、まずは混乱した貢租制度を米納制による統一に求めた。

表8-1　石代納制の採用から安石代・定石代の廃止過程

1868.10	大豆石代正納を廃し米納制による統一を企図
11	漆・菜種の正納を永代納に改める
69. 5	蝋・櫨・藍・漆等の正納を年々の所相場で永納
70. 2	十分一大豆金納制を廃し米納とする
7	三分一金納制を廃し、田方はすべて米納、畑方はすべて石代納とする
71. 2	雑税の金納化
5	社寺上地村々の田方石代納を許可
8	田方石代納を全面的に許可
72. 8	田畑貢米・雑税の石代納許可
9	安石代・定石代の廃止

註）本書38頁以下から作成.

一八六八（明治元）年一〇月には、関東方面の大豆石代納、正納を廃して米納とし、七〇年二月には関西諸国の十分一大豆金納制を廃止して米納としている。こうして、畑方貢租まで米納を強制するような旧法を敷いたが、同年七月に至ると、三分一金納制を廃止対象としつつも、田方はすべて米納、畑方はすべて石代納とし、畑方貢租までをも米納へと改めることは思いとどまっている（表8―1）。

同年一一月には、「各府県旧来種々ノ名称ヲ以テ石代金納其他不公平ノ慣習アルモノハ向後実地允当賦税ノ目的ヲ以速ニ開申スヘシ」[*11]と指示していることからも明らかなように、石代納の制度が普及するなかで貢租負担の「不公平」が各地で生じていることを租税担当者は十分に承知しており、それが畑方にまで米納を命じた理由でもあろう。つまり、畑方に普及していた関東畑永などにみられる低廉な定額石代換算による軽租地の存在が、幕末以降の物価騰貴により負担の不均衡をさらに増幅させていたことへの対応である。「新穀始（ママ）テ成ルノ時、米価必ス賤シ。石代納概ネ其時ノ価ニ由ル」[*12]、あるいは、いわゆる張紙値段の換算米価が石代相場を相当に下回っている現況に鑑み、定租雑税のうちで定式金納すべきものに対して、増租の上げ幅に考慮しつつ換算米価の引き上げを図りつつ全国統一相場を設定するなど[*13]、低米価換算を改善していった事情もこれに加わる。負担の公平と財政収入の増加を企図しての目論見である。

したがって、米納制による統一と石代相場の引き上げを基調とした成立当初の新政府の施策方針は、貢租負担の公平化と税収増加とをリンクさせつつ、後の統一税制創設に向けての足掛かりを設定したものであって、米納制はその一環であり、決して旧法への回帰ではなかった。廃藩置県により課税権を掌握した後は税制改革が強く意識され、石代納制の全面的許可、安石代・定石代の廃止を俎上に乗せ、地租改正実施に向けての前提条件の整備が進められてゆく。七一年二月、雑税の金納化、同五月、社寺上地村々における田方石代納の許可、同八月、田方石代納の全面的許可、同九月、安石代・定石代廃止の太政官達等々の一連の施策が、それである。この結果、安石代・定石代は一律二倍に増額されて廃止となった。

以上のような新政府の租税政策が実施された背景には、次のような社会状況の進展があった。領有制下の藩体制時代には、貢租負担が藩内においてそれなりの公平が保たれていれば、他藩領等との比較による苛税負担などに対する不満が表面化することは少なかったが、新政府発足当時の混沌とした社会情勢を背景に、農民の意識は隣接する直轄県との負担比較を媒介に、苛政への不満を訴えるような事態が生じている。六九年八月、高崎藩領村々の農民が岩鼻県との「租法が均からざるを訴へて沸騰した」[*14]事件が、それである。あるいは、村内においても支配者層である名主・肝煎などの無役地に対して、六八年一〇月、北会津・大沼二郡において「百姓一様税納を公平に」[*15]せよ、との要求も起こっている。

関東地方に多く散在する旗本領相給村における貢租平均化の事例についても、言及しておく。政府直轄の宮谷県（現千葉・茨城県）では、一村内において各領主毎に貢租率が異なっており、徴税においての困難が生じ、七〇年には相給村を一村として取り扱い、貢租率を平均化して徴税の簡略化を図った。県はこの方策を進めるために、三年から五ヵ年間の検見取を命じている。この徴税方法に対する村方の反応は、年貢の平均化については「相互ニ損益」があってもこれを受け入れる姿勢を示しているが、その方法として命じられた検見取には反対を唱え、従来通りの定免にしてほしいとの要望を訴えている。[*16] 事は直轄県レベルにおける徴税困難の打開策として提示された施策であるが、村方の反応はその検見取には反対しつつも、貢租平均化については「損益」を度外視して賛意の姿勢をとっている点は、おおいに注目すべき事柄である。貢租負担の公平という観念が、この情勢下で一気に吹き出してきたことを、背面から物語る事例と云えよう。

加えてもう一点、石代納の進展という事情が背景にある。この件に関しては、研究史からみると、明治初年における米穀市場の未成熟を反映して、地租改正前の石代納や地租改正期における政商、巨大商人等による徴税請負的性格を強調する見解が有力であった。[*17]

廃藩置県後は新政府によって税権が統一され、米納の場合は東京や大阪、京都に回漕することになっていたが、この費用と労力は甚大なものであり、石代納が普及する一因となった。その際に、三井、小野、島田組などの政商や各地の巨大商人等による徴税請負的な活動が普及したとするのが、通説の主張である。

もっとも、巨大商人等による右のような活動が知られている地域は、今日までの研究では限られたものであり（山形、登米、白河、浜田、若松諸県）、「旧幕時代から米穀商業が発達していた」東海道、関東地方などでは巨大商人の活動の余地はなかった[*18]との指摘もあり、加えて、小岩信竹よれば巨大商人による活動も地方市場にあって米の商品化機構が存在していたからこそ可能であったとされ、東北、中国地方等において米の商品化が遅れていたために実施されたというよりも、当該地方にあっても商品化機構が存在していたから可能であったとの解釈も示している。[*19]

明治初年における米穀市場の成熟度は、それぞれの地域によって較差があったことは当然であり、その成熟度に応じて地域レベルでの米穀商品化の実態は異なったであろうし、遅れていた地域はこれを機会に全国的に平準化の途を進み、統一的な市場へと再編されていくことになろう。いずれにしても、政商や巨大商人等による徴税請負的活動を一般化し、これを過度に強調することは戒めねばならない。地租改正前後をめぐる米穀市場の具体的な有様とその再編過程の解明は、今後の課題として残されている。

(3) 地租改正——定額金納税制への方向——

一八七三（明治六）年七月に公布された一連の地租改正関係法令によって、「公平画一」な土地税制への改革が謳われ、負担の公平を旨とする新税法の施行が明示され、旧来の貢租を負担していた農民の土地所有権を法的に保障するとともに、その土地所有者が新地租の負担者として設定された。

この改正がイギリスのように貢租徴収者たる領主の土地所有権を認める方向とは反対に、旧貢租の負担者であった農民に土地所有権を保障したのは、先述したように明治維新に先立つ幕藩体制下にあって、農民の土地に対する権利がなし崩し的に占有権から所有権へと移行しつつあった趨勢と、その裏面として領有権の弱体化が進行していたという歴史的な背景があったからである。

新たに認定された土地所有者が負担すべき地租は、統一的な地価算定方式に基づいて算出された地価の三パーセントとされた。地価を課税標準とする定額金納地租制度が、ここに誕生したのである。この地租には、維新草創期の逼迫した財政事情のなかで近代国家―社会の建設を急がねばならなかった新政府の思惑が絡んで、旧貢租と同水準の収入を見込んでおり、農民の不満や反撥が生じるであろう問題点を当初からを抱え込んでいた。新地価算定をめぐる改租事業が、関係法令公布後もなかなか進捗しなかったのは、そのためである。

地租改正によって土地が私有財産として法認され、基本的人権のひとつとしての所有権保障の基礎が築かれ、土地所有者の義務として地租の負担が課されるというのが、この地租改正の眼目であった。つまり、地租改正を媒介として国民と国家との間に権利（所有権保障）と義務（租税負担）との相互的関係の創出が目指されたのである。

ところが、七三年七月に地租改正関係法令が公布された時期は、征韓をめぐって政府部内での対立が激化し、ついには政局分裂という危機が生じた状況にあり、その後も征韓参議の下野、不平士族の反乱、台湾外征等々が続き、改租実施体制も十分に整備されぬまま、二年近くを経過しても改租事業は停滞が余儀なくされていた。

　国内政治情勢の混乱が改租事業の遅滞に影を落としていたわけだが、七五年に入ると大阪会議などによる収束などもあり、改租実施体制の整備もようやくその条件が整い、会議後の三月には地租改正事務局が設置され、同五月から活動を開始することになる。改租竣功を急ぐ政府は、同年八月、太政官達において「明治九年ヲ以テ各地方一般改正ノ期限ト定ム依テ精々尽力其成績ヲ奏スヘシ[*20]」との早期の改租竣功を強く指令した。

(4) 地租米納化の諸問題

　ところで、地租改正の実地調査の竣功に至らず新地租が確定しない期間は、これまで通り旧貢租を納入することとされており、その大部分は石代納により納められていた。改租事業は府県単位で進められるが、七五年段階にあってもいまだ多くの府県が実地検査に取り掛かり中であり、新地租が確定した府県はわずかであった。そこで同年一二月に至ると、新地租未定の者については前年七四年度の貢租額を基準とし、事業の状況を勘案して石代納をするように達し、新地租確定の折にはその過不足を精算することとして仮納額を概算したものを収納することが命じられた。

　翌年一月には、これまでの一月、三月、五月までの三分納制を廃して、当年七～九月、一〇～翌年三月の二分納とし、換算米価は前年度米価を用いることとされた。石代納の場合、米価相場の趨勢が負担の軽重を決定づける。前年の七五年米価は比較的高水準にあったが、七六年のそれは大きく下落したため（表8―2）、農民は低米価で収穫米を換金し、高米価で貢租を換算納入しなければならず、極端な負担増となった。農民は正米納や当年米価によ

表 8-2　地租改正期の全国平均米価（1石に付）

年	円
1872	3.91
73	4.80
74	7.28
75	7.28
76	5.01
77	5.55
78	6.48

註）「明治年間米価調節沿革史」『明治前期財政経済史料集成』第 11-1 巻，699 頁.

る換算を望んだが政府はこれを受け入れなかったため、「各府県孰レニモ滞納者続出ノ状態」[*21]となった。

右にみたような収税方法の一部変更は、新政府が財政的に逼迫した状況におかれていたことを示すものだが、変更の結果は滞納者の続出となり納税者（農民）の不満や反撥も生じる事態に立ち至った。このような農民との軋轢を回避する手段として、新政府は窮余の策として一時的に貢租額の三分の一までを「納金引当預リ米」（「税金抵当米」「貢金抵当預リ米」）として一種の代米納を認めることとしたのである。この措置は云うまでもなく農民への妥協の産物であるが、同時に滞納者続出の事態に対する地租の実質的確保を図ったものでもあろう。

このような対応策を試みたが、七六年には全国各地でいわゆる「地租改正一揆」が頻発した。この一揆の本質は、旧税制から新地租制度へと移行する過程での石代納制に対する不信であり、そこにおける前年度の高米価換算による徴収方法への強い不満であった。この一揆はこれまでの通説（地租改正反対一揆）が指摘しているような地租改正そのものに反対したわけではなく、換算米価を前年度の高米価から当年度の米価へと変更すること、あるいは正米納や年賦納の要求にあり、その眼目は旧税制から地租改正へと移行する過渡期に生じた石代納制によって生じた矛盾に対し、その石代価引き下げを要求した一揆であった。[*22]

この農民一揆に対して新政府が示した具体策は、翌七七年一月の減租（地価の三パーセントから二・五パーセントへの地租の引き下げ）であったことはよく知られているが、六分の一の減収を背負ってまでも、新政府は米納制への回帰を採ることなく金納地租制度を固守する姿勢を保ったのである。この新制度への政府の期待が、いかに大きかったかを物語る事態と云えようか。

とはいえ、このことは地租改正理念（旧貢租額の維持）の一部変更とも云いうるもので、さらに七七年一一月には、[*23]農民からの要望もあって米納請願者に対しては田方に限り地租金の半額を当該府県の改租使用米価で換算し米納することを認め、また、地租金の半額以内で地租納入の抵当として上米を預かり、預かり期限の後にこれを競売して地租金の過不足を精算するという預米の制度も導入された。同年、この預米は全国で三五万石を数えたが、それの地租に占める割合は三パーセント程度にすぎなかった。米価が低落したその後は出願がなく、八三年には米価低落により一一万石弱にのぼったが、以後は米価低落にもかかわらず減少し皆無となり、八九年九月には廃止された。[*24]

地租改正は田畑、宅地に関しては七八年にほぼ竣功し、各府県も旧貢租から新地租への切り替えが完了した。こうして定額金納の地租制度が全国的に確立したわけだが、西南戦争後のインフレと財政赤字が進行する局面が続くと、この主要因を地租の金納化に求め米納へ戻すべきだとの意見が政府部内に生まれ、一八八〇年に入ると、またぞろ地租米納論議が喧しくなってくる。米納論者の主張は、米価騰貴がインフレの元凶であり、地租金納を米納に戻せば諸物価も低落しインフレが収束すること、米価騰貴が農民の富を増大させ奢侈に流れる風潮を生み出しているので、米納にすることによってその収入を削減すれば、輸入の減少にも繋がり実貨の流出という事態も防ぐことができ、紙幣価値の下落に歯止めがかかる、というものであった。[*25] しかし、米納復活論は取り入れられることなく、紙幣銷却―緊縮財政の方向に転換することになる。

こうして、定額金納制をその理念として出発した地租制度であったが、その改租事業の途上においてさまざまな問題が浮上し、竣功にいたるまでには定額金納の原則に反するような事態も一部に生じ、また、米価騰貴の折には米納復活論が提起されるなどの混乱があったが、新政府は地租定額金納制を廃止することなく固守した。加えて、改租過程にあった七五年には、種々雑多な一五〇〇余種にもおよぶ雑税を廃止することで、地租制度を名実ともに統一的、体系的な定額金納租税の制度として創出、定着させていったのである。

(5) 地租改正の諸結果

本節では財政史―租税史的な観点から地租改正を検討したこともあって、定額金納制としての地租を分析の軸として議論を進めた。新政府が地租改正を実施するにあたって、その理念を定額金納制に設定したことは、資本主義経済に適応する租税としての役割を期待したからであり、米納制における米価変動の影響を遮断し不十分ながらも近代国家における予算—決算制度の導入を企図したからに外ならない。

地租改正によって日本の領有体制特有の石高制が廃止され、不均衡な税負担は全国統一的な租税制度の下で公平画一な負担へと改善された。すべての国民の租税負担が公平化されたわけではないが、少なくとも新政府が財源と期待した農業に関与する農民層の負担は、この地租改正によって負担の均衡が図られた。改租の結果をみると、旧来の重租地は減租、軽租地は増租、また地目別では田地が減租、畑地が増租という傾向が明瞭に読み取れる。

同時に、土地が私有財産として認定されたことにより、かつての貢租負担者は土地所有者としてその所有の権利を保障され、租税—地租負担の義務を負うこととなった。領主と領民との身分的支配関係は、権利—義務関係としての国家と国民との関係に編成替えされ、国民国家体制の基礎が創出された。

財源が乏しい当時にあって地租の租税収入に占める比重は大きく、改租直後には七〜八割にも達している。安定した地租収入が確保されたことで、新政府の財政基盤を支えたのである。地租改正が近代日本における租税国家の原型を創り出したのであり、租税史における地租改正の意味は殊更に重要であった。

右にまとめたように、制度の変更は同時にその内実をも変化させたが、定額金納地租の制度が敷かれてからは、土地所有農民はインフレ—デフレの経済変動の影響を直接受ける事態にさらされることになった。一八七八年以降のインフレ期には、水稲耕作中心の自作農や水田所有率の高い地主層が、インフレの恩恵を受けた。逆に一八八〇年代のいわゆる松方デフレ期にあっては、固定地租の圧迫を受けて土地所有農民（中小地主・自作農）への打撃は大きく、なかでも畑勝ちな地域の自作農民は地租改正による増税のあおりもあり土地喪失を余儀なくされた。

結びに代えて

新政府は財源不足と多額の家禄支給を抱えるなかで、各種の政府紙幣や公債の発行により当面の財政難に対処してきたが、安定的な収入確保の目的から地租改正を実施し、地租が租税の中核として位置づけられ、また冗費の整理として秩禄処分が断行されたことで、抜本的な財政制度改革が可能となった。さらに、「商工」税や「消費」税等々の導入も図られ、予算─決算制度の整備も並行して実施に移されてゆく。新政府発足以来の課題としてあった財政整備は、ここに一段落を迎えることになる。

この前後の過程を含めて財政・金融政策の面からみれば、試行錯誤とも云いうるような金札（太政官札）をはじめとする各種の政府不換紙幣や公債の濫発に始まり、国立銀行券の不換化と発行制限の緩和も加わって、いわゆる大隈財政へと至る資金創出とその社会への大量撒布を経て、松方財政による紙幣整理へと展開する局面である。

右の路線は、領有体制の解体と近代国民国家創出にそのまま重なる。版籍奉還─廃藩置県─地租改正─秩禄処分の総過程は、表裏の関係にあると同時にその基底的な場面であった。ここでは、領有体制解体の道筋が近代的な財政制度の創出に繋がる方向へと展開する、一連の改革事業として推し進められていった。

さらに附言すれば、地租改正によって定額金納地租の将来にわたっての確保が可能となり、そのことによって近世領有制─身分制特有の家禄制度を秩禄処分という方法で公債へと置き換えることを可能とし、その公債による国立銀行への出資を通して、地租─公債の銀行資本への転化が用意された。[*26] また、地租は政府の殖産興業政策を媒介として、その一部が工業資本へと振り替えられることとも相俟って、地租改正─秩禄処分という領有制解体政策は、同時に農業部門から生じた剰余価値の一部を近代的な資本へと転化させる直接的な契機ともなったのである。

2　租税国家と地租

はじめに

第一次世界大戦の最末期に、近代国家を「租税国家」範疇を用いて明示的に総括した古典的労作、シュムペーター著『租税国家の危機』[*27]が出版された。その後、半世紀近く経過した一九六〇年代の中葉に至って、この視点を受け継ぎ日本の明治維新に適用した注目すべき研究が現れた。林健久『日本における租税国家の成立』[*28]がそれである。だが、このような試みは当時の学界の関心を得るまでには至らなかった。

明治維新を「租税国家」範疇で捉え返すにあたっては、地租改正の検討が不可欠となるが、一九六〇年代までの当該研究の内実は、戦前「講座派」や「戦後歴史学」の特有なアプローチに深く影響されており、国家論・戦略論から引き出された「明治維新＝絶対主義の成立」説の結論に基づいて地租の性格を規定したり、原理論・本質論を日本へ直接的に適用（マルクス『資本論』体系の機械的適用）する方法から免れていなかった。[*29] かかる視座から導出される地租の性格規定は、封建地代（野呂栄太郎『日本資本主義発達史』）、集中地代（近藤哲生『地租改正の研究』）＝封建地代のたんなる形態転化（生産物地代→貨幣地代）、あるいは半封建貢租（平野義太郎『日本資本主義社会の機構』・有元正雄『地租改正と農民闘争』）といった結論が大勢を占めることとなった。[*30]

九〇年代以降になると、地租の性格規定を正面から取り上げる研究は影をひそめたが、地租改正の近代的性格、ないしは地租改正後の土地所有を近代的土地所有と理解する趨勢が一般化した。[*31] しかし、地租改正によって認定された土地所有の性格も、当然のことながら地租の性格規定と分かちがたく結びついており、この土地所有を近代的土地所有と理解する研究者は、地租の性格も暗黙のうちに近代的なものと見做していることになる。

今日では、地租改正の半封建的性格を云々するような理解はほぼ姿を消し、地租改正の性格を近代的なものとして認識することが研究者の共通見解となっている。つまり、地租に「地代」や「貢租」といった概念を付与する旧来の研究から解放された自由な発想で議論が展開されるようになったのである。地租が近代的性格を有するということになると、それは近代国家に特有な租税概念で総括することが必要不可欠となる。本節はかかる視点から地租の性格に焦点を充て、その研究史の陥穽をも振り返りながら、あらためて地租の性格を近代的租税の一つとして位置づけつつ、学界の関心がきわめて薄かった「租税国家」論のもつ積極的意味を確認することを課題としている。

(1) 租税と地代――『資本論』への視座とも絡めて――

マルクス『資本論』第三巻第四七章「資本主義的地代の生成」[*32]は、地代論のいわば補足的位置にあると云えるが、旧来の経済史学（「講座派」「戦後歴史学」）からは異様と思えるほどの着目をされてきた。それというのも、この章において労働地代、生産物地代、貨幣地代が分析対象とされ、それが歴史過程における現実的展開として認識されたからに外ならない。

マルクス主義系の経済史学は、この章の展開を現実の歴史過程に重ね合わせるかのように、資本主義に先行する封建社会の分析へと適用したのである。ところが、マルクスが当該章で企図したことは、必ずしも地代の歴史的展開過程を現実にそくして検討することではなかった。農業経済学者である渡辺寛によれば、いわば純粋原理的に規定された資本主義的地代を前提として、「それに先行する諸地代形態のなかから、『資本主義的地代』成立の前提をなす利潤発生の契機を探り出すことにあった[*33]」とされている。

と同時に、ここで取り上げられた三つの地代類型は、労働地代→生産物地代→貨幣地代と段階的に展開してゆくプロセスを示したものでもない。その分析基準とでも云うべきものは、個々の地代諸形態のうちに、「利潤成立の契機があるか否か」、つまり、「剰余労働から利潤が分離することによって発生する資本主義的地代の成立の契機があるか否か」[*34]を論理的、抽象的に論述しているのであって、決して歴史具体的に検討している訳ではないのである。

もちろん、当該章が「資本主義的地代の生成」と題している以上、それに先行する歴史的社会が抽象化の対象とされてはいるが、あくまでも「身分的制約関係の強弱という一定の視角から、類型的に整理されたもの」[*35]であって、三つの地代形態がその内部矛盾によって順次に転化しつつ、資本主義的地代へと展開するといった論理構造を採用しているのではない。

旧来の経済史学は、右のような文脈で「地代の生成」章を読み込んではおらず、「歴史と論理の一致」を前提としつつ、三形態の地代序列を歴史的転化の過程として受け止めたのである。つまりは発生史論的な認識である。この理解が通説化されるとともに、地租の性格解明へと適用されたことで、地租改正研究は隘路へと入り込み、そこからの脱出には多大の時日を労することになった。

右の様な研究傾向が生じた背景には、マルクスの側にも多少の問題があったように見受けられる。純粋原理的な資本主義的地代にあっては、資本家と土地所有者とは身分的に対等な関係において契約を結ぶことが大前提となっているのに対し、マルクスがこの章で資本主義的地代の生成を論理的に検討する際には、前資本主義的な社会を想定せざるを得ないため、身分的な従属関係が導入されることになる。かかる条件の下で議論が展開されたため、あたかも領主制下における地代の段階的転化と誤解される側面があった。

加えて、この「生成」章で用いられる地代概念は、「資本主義的地代」を歴史過程に投影したものであり、一種の類推概念である。本来であれば領主制下の貢租とすべきなのであろう。領主は本来的な意味での土地所有者ではなく、領地、領民を独占した武力を擁しつつ支配し、「経済外的強制」によって領民から剰余労働を収奪する存在である。領主を土地所有者に擬することも、貢租を地代と置き換えることも、いずれも資本主義的原理からの類推的方法と云うべきであろう。[*36] このような方法が、「生成」章の理解に混乱をもたらした一因でもあった。[*37]

(2) 貢租と租税

資本主義社会以前に実現される剰余価値の収奪を、地代範疇で捉えることが大きな混乱を招いたことは右に述べた通りである。そこで、この地代範疇として把捉されていたものを領主制下の貢租と読み替え、かつ、その後に展開する資本主義社会における公権力によって徴収されるものを租税と設定し、その両者の区別をこの節で論じておきたい。その上で地租の歴史的性格に言及すれば、事の本質がみえやすくなるであろう。

資本主義社会に先行する領主制の下では、領主は土地（領地）と人民（領民）とを支配するが、その経済的基盤は領民からの貢租収入にある。この場合、土地を媒介とした領主と領民との関係は経済的な貸借関係にあるわけではない。領主は領地経営の一環として領民を身分的―政治的に支配しており、領民の多数は直接生産者として、「彼自身の生産手段を、彼の労働の実現と彼の生活手段の生産とに必要な対象的労働条件を、占有している。彼は、彼の農耕をも、それと結合された農村家内工業をも、独立に営[*38]」んでいる。つまり、領民は独立した農業経営を営んでおり、必要労働部分は「自主的に独立して行われ得る[*39]」ということになる。

マルクスは「生成」章においてこの領主を「名目的土地所有者[*40]」と呼び、ここでの剰余労働の収奪はただ「経済外的強制」によってのみ可能であると指摘している。この「経済外的強制」をマルクスは、「人的従属関係が、程度の如何を問わず人的非自由が、そして土地の付属物として土地に緊縛されていること」、したがって「直接生産者が非自由者として現われざるをえない[*41]」ものと規定している。これを端的に云えば人格的な支配―隷属関係であり、領主の独占する強力がそれを保証している構造である。

領主によって徴収される貢租とは、この「経済外的強制」に基づいて収奪される剰余労働のことであり、領主制に特有な割拠性がその分散性、不統一性、不公平性を特色づけている。さらに領主制固有の恣意性が、それに加わる。右のような貢租を中心とした領主の収入体系とそれらによって蓄積された財、つまりは領主の「諸権利の総計」[*42]が家産と呼ばれる。かかる領主制が衰退してゆく場面は、同時に資本主義の基礎をなす商品経済的な諸関係が成長してゆく過程でもあった。これに対外的危機などが加わることで領主に「共同の困難」[*43]が生じ、近代的統一国家の成立契機となる。

領主制下の貢租の性格に対して、資本主義社会に特有な租税の特質は、それとは対極的な統一性と公平性にあることは周知のところである。資本主義が経済活動の自由と私有財産権の保障とをその体制原理とすることは、領主制にみられるような私的性格を払拭した公権力の成立が要請されることになる。そこに私有財産から分離された「無産国家」成立の背景がある。近代統一国家は、こうして「無産国家」の装いを基に組織されたのである。

その「無産国家」が国土防衛、治安維持の活動を恒常的に営むにあたっては、「資本家的生産の外に立ち、私有財産の果実に公権力的に参与することによってえられる収入、すなわち租税収入によって自らを維持する」[*44]ほかはない。そこでは、地方的に分散した割拠体制下の不統一な貢租や、身分的な差別に基づく不公平な課税等々を廃絶して、国民に対して統一的で公平な課税原則に基づいた租税制度を樹立する必要があった。「租税国家」は、こうした歴史的条件の下で創出された。したがって、シュムペーターが指摘しているように、「『租税』は『租税国家』という表現がほとんど重複語ともおもわれるほど、深く国家と関連」[*45]しているのであって、近代国家を租税の観点からみれば「租税国家」そのものであると総括しうるのである。

近代国家の下における租税の特質に関しては、アダム・スミスが四つの一般原則を指摘している。㈠公平であること、㈡確実であること、㈢支払いに便宜があること、㈣徴収費が少なくてすむこと、がそれである。[*46]諸領主が恣意的に徴収する貢租とは異なり、統一国家の枠組みのなかで国民に対して公平に課税されることが、その最大の特徴と云えよう。日本においてこの貢租から租税への転換は、地租改正を通して達成されたと云ってよい。そして、そこに租税国家の成立をみるのである。その転換を支えた客観的条件は、土地所有権が社会的に成熟していたことにあった。ここに云う所有権とは処分権（売買・譲渡権）、利用権（占有権）、利益権の三つの根源的要素から成り立っており、本来的に排他的、一元的な特性を有しているものである。このような所有権が土地において広汎に発生することが、領主制を解体し資本主義社会へと移行する基本的な条件となる。次項においてこの点を日本の近世に探りつつ、その終結点としての地租改正の性格について言及したい。

(3) 貢租から地租へ

日本の近世社会における領主と領民（直接生産者）の支配―従属関係は、土地を媒介として成り立っており、一つの土地に対して領主の領有権と領民の占有権とが、重畳化しているのが一般的であった。この重畳的関係が変質しはじめる契機は、一七世紀後半から顕著になる農業技術の向上とそれにともなう農業生産力の増大であった。それは農業内部における剰余の成立を可能とし、次第に恒常的な剰余の実現をみることになる。かかる条件の下で、土地は剰余を生むものとして利殖の対象となり、地主によるその集積が進められることになる。

近世における土地の権利移動は、土地売買の禁令に規制されているため質地金融として展開していったが、これが事実上の土地売買と同様の機能を果たすことで、直接生産者と生産手段（土地）との分離が進行していった。このことは、直接生産者（領民）による土地の処分と同義であり、土地に対する直接生産者の権利が占有権から所有権へとなし崩し的に移行している事実を示すものであり、他面からみれば領有権の後退を象徴しているものでもあった。同様のことは、一八世紀以降に具現化する特産物地帯の形成という動向のなかに、穀作強制にみられるような耕作制限が形骸化し、直接生産者による土地利用の範囲が拡がり、そこから商品生産を見据えた農業が広汎化してゆくことになる。いずれも、「経済外的強制」に基づく領有権の後退を示す事象であると云ってよい。

このような傾向に加えて、動態的な農業生産力の上昇を石高制特有の静態的、固定的な石高では現実的に掌握できないという領主側にとっての矛盾が、時代の進展ともに大きくなってゆく。さらに、領有体制にとっての根幹ともいいうる貢租収入も、例えば幕府のそれなどは一八世紀中葉にピークへと達し、その後は停滞、減少の方向に進んでゆくことになる。多くの諸藩も同様の傾向にあったろうことが推察しうる。この事実の意味するところは、領有権に基づく貢租収奪の弱体化であり、その裏面としての農民的土地所有権の前進である。[*47]

右のような動きを背景として、農民の土地占有権が次第に近似的な土地所有権へとなし崩し的に移行していった。石高制に基づく近世的原理のこのような変質は、一七、一八世紀の交わりあたりから一九世紀後半へと至る長い期間にわたって、かつ地域的な強弱を孕みながら畿内を中心に次第に拡大してゆき、明治維新の地租改正へと到達する。このような視点からみれば、近世後期の貢租は近代的租税の前史としての過渡的租税の性格を色濃くもつようになったとの評価も可能であろう。

幕藩体制から明治維新への転換は、石高制原理に基礎づけられた領主制から国民国家体制への移行であった。その内実は、領主—領民の身分的支配関係が、権利—義務関係を根幹とする国家—国民の近代的関係として編成替えされたところにある。その原点に位置するのが、国民の基本的権利たる所有権保障の対象を土地に設定するとともに、地租を土地所有者の納税義務として規定した地租改正であった。

その地租改正の基本理念は、旧貢租額の維持、地租負担の公平、地租金納制、土地所有権の公認の四点である。第一に掲げた旧貢租額の維持が改租理念として設定された理由は、あらためて説明するまでもないことだが、西欧諸外国との対峙を通して統一国家体制を創出する上で、かつ、資本主義システムの導入財源として、是が非でも確保せねばならない水準であった。第二に記した地租負担の公平は、藩の割拠体制と身分制を消滅させ、四民平等政策による国民創出に対応する租税負担の公平を企図したものであり、第三の金納制は前代からの商品経済の進展の流れに即応すると同時に、新たな資本主義システムに照応させるものであった。第四の土地所有権の公認は、前代ですでに広く形成されていた事実上の土地所有権を、法的に追認するという性格を有している。

右のような理念に支えられて一八七三（明治六）年七月以降実施に移された地租改正は、従来の貢租負担者を土地所有者へと横すべりさせ、その所有者に地租負担の義務を課したのである。したがって、土地所有者の認定に関しては、一部を除いて比較的スムースに事が運んだ。金納制も地租改正を待たずに事実上の金納たる石代納が大勢を占めるに至っており、[*48]金納制の機は熟していたと云ってよい。

地租改正に託された現実的な政策課題は、したがって、旧貢租収入の水準確保と地租負担の公平という二つの理念を同時に達成させることにあった。数年間にわたる全国的な地租改正事業の困難は、ひとえにこの点に集中した。つまりは、地価―地租額の決定作業である。この課題克服のために採られた方式が、各種の等級を段階的に編成する方法であった。地位等級からはじまり、村位、組合村位、郡位等々の等級編成を行なうことで、旧貢租額の維持を図るための概算とそれを基に算出された平均反収を県単位に割り振り、負担の公平に斟酌しつつそれを確定してゆく作業が、二〇〜三〇ヵ村を連合させた組合村を中心として進められていったのである。ここでは、右の課題達成のために、郡→組合村→村→一筆といった順番で上から等級が編成されてゆくこととなった。

地租の課税標準は土地収益を資本還元した地価であり、当初はその三パーセントと設定された（七七年以降は二・五パーセントに軽減）。地価の算出方法は図1―1（本書四六頁）に示されている通りであり、不十分な点はあるにしても近代的な収益税としての性格を有していると云ってよい。[*49]この地価が決定されるまでには、個別地片を対象とした地押丈量、各種の等級調査、収穫量調査が実施され、地域毎の米麦価等も調査される。この調査結果を用いて地価が算出されるわけである。

表 8-3　歳入に占める租税・地租の割合

	歳入総計	租税収入	地租収入
	千円　%	千円　%	千円　%　%
第 1 期（1868）	33,089（100.0）	3,157（9.5）	2,009（6.1 ／ 63.6）
第 6 期（1873）	85,507（100.0）	65,015（76.0）	60,604（70.6 ／ 93.1）
1879 年	62,151（100.0）	55,580（89.4）	42,113（67.8 ／ 75.8）
1887 年	88,161（100.0）	66,255（75.2）	42,152（47.8 ／ 63.6）
1892 年	101,462（100.0）	67,168（66.2）	37,925（37.4 ／ 56.5）

註）「各期・各年度別歳入歳出決算表」（『明治財政史』第 3 巻，吉川弘文館，1971 年）より作成.

旧稿「租税国家と地租」（近代租税史研究会『近代日本の形成と租税』有志舎，2008 年）では，『明治大正財政史詳覧』より算出した林健久『日本における租税国家の成立』（前掲）の各表から註出したが，『明治財政史』と照合したところ，若干の異同が認められたので，このたびは後者の数字に依拠した.

改租事業の過程で全国各地に大小さまざまなトラブルが生じながらも、耕宅地に関しては七八年にほぼ竣功し、山林原野も含めれば八一年にすべての改租が完了する。この間、七六年にはいわゆる秩禄処分の断行があり、財政支出の三割を占めていた家禄等への政府負担が消滅したが、七七年の地価三パーセントから二・五パーセントへの地租減税を実施したため、旧貢租額の維持は断念せざるをえなくなった。[*50] これらのことを踏まえて、地租改正の結果をみると、前章に掲げた表7―2（本書三〇九頁）の通りである。

地租負担の公平という理念に基づいて改租事業が実施されたことを承けて、旧貢租の重い地域は新地租の負担が軽減され、反対に旧軽租地域は負担が引き上げられた。地目別にみても、旧来の田地は畑地に比して貢租負担が過大であったが、地租改正の一般的な結果は田地の減税、関東畑永等の畑方軽租地は大幅増租となった。いずれも、負担の公平を企図した結果である。表7―2の数値からは、以上のような傾向を読み取ることができる。

土地所有権の保障については、地租改正に先立つ田畑勝手作の解禁（七一年）、田畑土地永代売買の解禁（七二年）にはじまり、壬申地券の交付（同年～）を媒介として進められ、改租竣功によってその認定作業は完了した。地租改正により地券が土地所有権の証となり、その所有権は国家的に公認された。地券面には土地所有者が負担すべき地租額もが記されており、義務（地租負担）と権利（土地所有権）の関係が相即的に設定されているのが、特徴である。

この点についてさらに補足すれば、地租改正事業に託された理念そのものは、国民国家という枠内における権利―義務関係を、一枚の地券のなかに包含することで、実質的に体現された、と云うことができようか。

新たな国家体制の建設に必要な財源が極端に不足している新政府にとって、地租改正は土地―租税制度の改革であると同時に、旧貢租に匹敵する地租収入を確保する手段としても重要な施策であった。表8―3をみれば明らかな通り、地租収入が歳入全体に占める比率は、第一期（六八年）は戊辰内乱期の混乱を反映してわずかに六パーセントにすぎないが、地租改正直前の第六期（七三年）には七〇パーセント強をも占めている。七七年の減税の結果を承けた耕宅地改租が竣功している七九年には、およそ六八パーセントとなっている。地租収入の重さが伝わってくる数値である。[*51]

結びに代えて

旧貢租負担者をスライドさせて新地租負担者とした地租改正は、財源が農業に頼らざるをえない当時の状況のなかでの選択であり、西欧諸国への対峙を迫られた国際環境からの圧力によるものであった。そうしたなかで、国民国家体制と資本主義システムの導入を企図していた新政府は、旧貢租制度を換骨奪胎して新たな租税制度の核として地租を設定したのである。

そこには、近代的な租税制度の原則とでも云うべき性格が附与され、統一的で公平な負担が資本主義に照応した金納という形態で創出された。同時に地租改正の結果は、安定した租税収入の確保という課題にも応えうるものであった。その意味で、地租改正が近代日本における「租税国家」の原型を創り出したのであった。租税史的な観点からみても、地租改正のもつ意味はたいへん大きなものであったと云うことができる。

地租を地代ないしは貢租概念で総括するかつての視点からは、右のような枠組みを読み取ることは不可能である。

地租を租税の一種として積極的に捉えなおす解釈こそが、地租の歴史的本質を見分けることを可能とするのである。そして、その租税であるが、表8―3に眼を戻すと歳入総額に占めるその割合は、改租後の七九年には九割近くにもおよび、その後も八〜七割台を持続している。明治維新がなかんずく地租改正が、日本における「租税国家」の成立に深く関わっていたことは、この点からも明らかであろう。

註

＊1 野呂栄太郎『日本資本主義発達史』(岩波文庫旧版、一九五四年)。
＊2 近藤哲生『地租改正の研究』(未来社、一九六七年)。
＊3 平野義太郎『日本資本主義社会の機構』(戦後改版、一九六七年)、有元正雄『地租改正と地主豪農層』(新生社、一九六八年)。
＊4 楫西光速他『日本資本主義の成立』Ⅱ(東京大学出版会、一九五六年)、長岡新吉「改正地租の性格をめぐる若干の問題」(『歴史学研究』二七八号、一九六三年)、林健久『日本における租税国家の成立』(東京大学出版会、一九六五年)、拙稿「明治維新論争の今日的地平」(『日本史研究』三一七号、一九八九年、後、佐々木『明治維新史論へのアプローチ』有志舎、二〇一五年)。
＊5 前掲拙稿。
＊6 拙著『日本資本主義と明治維新』(文献出版、一九八八年)、奥田晴樹『日本近世土地制度解体過程の研究』(弘文堂、二〇〇四年)。
＊7 拙著『地租改正』(中公新書、一九八九年)、拙稿「明治維新の歴史的位置」(明治維新史学会編『明治維新史研究の今を問う』有志舎、二〇一一年、後、『明治維新史論へのアプローチ』前掲)。
＊8 『大日本租税志』中篇(思文閣出版、一九七一年、複刻版)六〇七頁。
＊9 拙著『地租改正』(前掲)。
＊10 「地租改正例規沿革撮要」『明治前期財政経済史料集成』――以下『史料集成』と略記――第七巻(明治文献、一九六三年)一六九頁。
＊11 同右、一七〇頁。
＊12 『大日本租税志』(前掲)六〇八頁。
＊13 本書三八頁以下。

＊14　『明治初年農民騒擾録』（勁草書房、一九五三年）四二頁以下。
＊15　同右、六〇頁。
＊16　伊藤陽啓「相給村落の終焉と直轄県」（『房総の郷土史』一五号、一九八七年）一一頁。
＊17　加藤俊彦「地租金納化と米穀の商品化についての覚書」（宇野弘蔵編『地租改正の研究』下巻、東京大学出版会、一九五八年）、渋谷隆一「原蓄期農村における徴税請負的制度の性格」（『農業総合研究』一二―四、一九五八年）、長野暹「明治初年における石代納と地域商人」（『佐賀大学経済論集』二九―一、二号、一九九六年）。
＊18　加藤俊彦、前掲論文。
＊19　小岩信竹『近代日本の米穀市場』（農林統計協会、二〇〇三年）二八～二九頁。
＊20　「地租関係書類彙纂」『史料集成』（前掲）三四一頁。
＊21　「明治年間米価調節沿革史」（『史料集成』第十一巻ノ一、一九六四年）六四一頁。
＊22　拙稿「地租改正と農民」（拙編著『茨城の明治維新』文眞堂、一九九九年）。
＊23　拙稿「税制改革と禄制廃止」（『講座 明治維新』第8巻、有志舎、二〇一三年）――筆者担当部分（九〇頁）――では、この代米納制度が許可された年を七六年と誤記したので、ここで訂正しておきたい。
＊24　福島正夫『地租改正の研究』増訂版（有斐閣、一九七〇年）四二六頁。
＊25　猪木武徳「地租米納論と財政整理」（梅村又次・中村隆英『松方財政と殖産興行政策』東京大学出版会、一九八三年）一〇七頁以下。
＊26　国立銀行政策の特質については、拙著『日本資本主義と明治維新』（前掲）第二章を参照されたい。
＊27　シュムペーター『租税国家の危機』（原著、一九一八年／訳書、勁草書房、一九五一年、岩波文庫、一九八三年）。
＊28　林健久『日本における租税国家の成立』（東京大学出版会、一九六五年）。本書に先立って、武田隆夫・遠藤湘吉・大内力『再訂近代財政の理論』（再訂版、一九六三年）のなかで、「租税国家の成立」という用語が登場している。ところで、この「再訂版はしがき」には「林健久君に多くの助力を仰いだ」とのコメントがあるので、この用語が林のアイディアで本書に導入されたと推察して差し支えあるまい。
＊29　拙著『歴史学と現在』Ⅰ二およびⅢ六（文献出版、一九九五年、後に拙著『明治維新史論へのアプローチ』前掲、に収載）。
＊30　本書第四編第一〇章参照。
＊31　近年の研究では、奥田晴樹『日本近世土地制度解体過程の研究』（弘文堂、二〇〇四年）、同『明治国家と近代的土地所有』（同

成社、二〇〇七年）が、その代表である。なお、拙稿「書評・滝島功『都市と地租改正』」（『日本史研究』五二〇号、二〇〇五年、本書第四編第一一章に収載）をも参照されたい。土地所有の近代的性格に関する筆者の見解の一端は、拙著『日本資本主義と明治維新』（前掲）、同『地租改正』（中公新書、一九八九年）、近年のものでは拙稿「栃木県の地租改正」（『二宮町史研究』四号、二宮町、二〇〇七年）等々を参照されたい（『地租改正』以外はすべて本書に収載）。

＊32　マルクス『資本論』第三巻第二部（向坂逸郎訳、岩波書店、一九六七年）九七八頁以下。

＊33　渡辺寛「『資本論』第三巻『第四七章　資本主義的地代の発生』小考」（『経済学批判』9、社会評論社、一九八〇年）一四二頁。

＊34　同右。

＊35　宇野弘蔵編『資本論研究』Ⅴ利子・地代（筑摩書房、一九六八年）一三五〜一三六頁。

＊36　さらに云うならば、資本主義的地代に先行する本源的地代（労働地代、生産物地代、貨幣地代）は、厳密な意味での経済学上の概念としては成り立たない。そもそもこれらの「地代」が徴収される時代には、一元的、排他的な土地所有権が形成されておらず、土地に対する権利は領主による領有権と、直接生産者に慣習的に分与されている占有権とに分離しており、ここでは地代が発生する根拠が存在していない。したがって、いわゆる「経済外的強制」に基づいてのみ、その実現が可能なのである。それ故、ここに云う「地代」とは、厳密には「貢租」と呼ぶべきものなのである。

＊37　この「生成」章に限らず、マルクスが『資本論』で展開した歴史分析章は、旧来の経済史学が全面的に依存した箇所であるが、そこにはいろいろと問題点も多い。たとえば、「分業とマニュファクチャ」（第一巻第一二章）における「本来のマニュファクチャ時代」論、「いわゆる本源的蓄積」（第一巻第二四章）で展開された「自己の労働に基づく私有の自己分解」論、「商人資本に関する歴史的考察」（第三巻第二〇章）にみられる「二つの途」論等々、がそれである。右のごとき「歴史分析」章におけるマルクスの史実認識の誤りや論理的不整合などが十分に検討されることなく歴史過程に適用されたことが、無用の混乱を生じさせるもととなったのである（拙著『明治維新史論へのアプローチ』第一編第一章参照、前掲）。なお、マルクス『資本論』を歴史過程へと機械論的に適用する方法の問題点については、同右書第二編附論三を参照されたい。

＊38　マルクス『資本論』前掲、九八八頁。

＊39　『宇野弘蔵著作集』第八巻（岩波書店、一九七四年）七一一頁。

＊40　マルクス『資本論』前掲、九八八頁。

＊41　同右。

＊42　シュムペーター、前掲書、一六頁。
＊43　同右、二二四頁。
＊44　林健久、前掲書、三三六頁。
＊45　シュムペーターは、「中世では、公法は私法的契機によって貫徹されていたとか、あるいは、一般に私法だけが存在していたとかいうような表現の仕方は、逆の主張と同様、われわれの思考過程の、許すことのできない過去への投影である」と論じて、「国家の概念は、当時の状態には適用しえないものである」（前掲、一八頁）との、注目すべき発言をしている。
＊46　アダム・スミス『諸国民の富』Ⅱ、大内兵衛・松川七郎訳、（岩波書店、一九六九年）一一八六～一一八八頁。
＊47　貢租金納化の進展なども、これら一連の動きと大いに関係しているところである。以上の諸点については、拙著『明治維新史論へのアプローチ』第一編第一章（前掲）、拙著『地租改正』Ⅰ（前掲）、拙稿「明治維新―近代化の第二段階」（『学習院史学』三六号、一九九八年、後に拙編著『茨城の明治維新』文眞堂、一九九九年に再録）等々を参照されたい。
＊48　丹羽邦男『明治維新の土地変革』（御茶の水書房、一九六二年）二〇七頁。
＊49　『大内力経済学大系』第七巻（東京大学出版会、二〇〇〇年）一二五頁、林、前掲、一九〇頁。
＊50　この間の経緯については、本書第二編第六章を参照されたい。
＊51　イギリス、フランス等の西欧先発資本主義国における租税構造を、日本の明治維新期のそれと比較した林健久によると、イギリスでは消費税と関税が租税収入の中心であったが、名誉革命後の一八世紀には地租の比重が高まった。それでも消費税と関税の地位は高く、また、地租収入は時代とともに減少してゆく。フランスでも消費税、関税の収入が主柱をなしたが、革命後は地租収入が歳入の半ばを占めるにいたる。しかし、革命政府の主要な収入はアッシニヤ紙幣にあったとされる。プロイセンの税収も関税、生活必需品への間接税が大きく地租の比重は小さい、と日本との違いを対比的に総括している（林、前掲書、六七～七〇頁）。日本における租税国家成立の実情は、先にも指摘したように担税者を農民に求める他に術がなかったという、後発資本主義国がおかれた国際的条件によるものである。

第九章 明治維新と地租改正

地租改正は、なによりもまず税制改革であった。地租改正を実施するにあたって打ち出された政府の改租理念が、それを端的に物語っている。この改租理念は、これまでに本書で検討したように多少の課題を残しはしたが、ほぼその実現をみた。この理念の意味するところを概括すれば、以下のごとくである。

「旧貢租額の維持」について。これは一八七七（明治一〇）年減租からみる限りでは失敗に終っているが、秩禄処分による財政支出の削減が減租分を補うことを可能としたのであるから、国内体制の整備・安定―万国対峙のための必要最低限の財源はそれなりに確保されたことになる。その限りでは、実質的な成功と評価しうる。この結果、日本の資本主義的発展の礎石も与えられることとなった。かつての見解では、この「旧貢租額の維持」こそ、維新政府の絶対主義的性格の証左であるとして強調されていたが、この理念の実現の成否に先進諸列強からの政治・経済的圧迫をはねのけ、近代資本主義国家―社会として、対外的にも対内的にも自立しうるか否かがかかっていたのであるから、その意味からすれば、日本が後進資本主義国たるがゆえに、却ってその近代的革命の理念としてあったとも云えよう。

「租税金納制」について。石代納の進展という形で事実上の租税金納化が広汎化していたが、地租改正によって統一的な方法に基づいて算出された地価を課税標準とし、その三パーセント（後に二・五パーセント）を貨幣で徴収する制度の確立によって、この理念は実現された。こうした金納地租の制度化は、商品経済の進展―資本主義化に対応するためのものであることは云うまでもない。旧社会の体内において醸成された商品経済の高度な発展は、必然的に私的土地所有権と地租の金納化を生みだしたが、この地租改正によってそれは制度的に確立されるに至った。

「地租負担の公平」について。「租税負担の公平」は、近代―ブルジョア的租税制度の原則の一つであるが、地租改正によってもたらされたのは、この「租税負担の公平」ではなく、市街地税の新設と地区別・地目別の旧貢租負担の軽重を是正した「地租負担の公平」にすぎなかった。つまり、農業部門（ないしは土地所有者間）の租税負担の不公平が是正されたにすぎず、農・商工部門間のそれまでもが改革されたわけではなかった。

周知のように、地租改正以後においても、農業部門の租税負担は商工部門のそれとは比較にならぬほど重かった。このことは、しかし、かつての通説で云われていたような地租改正の半封建的性格を物語るものではない。日本が急速に資本主義国家―社会として自立するためには、商工部門の育成が必要とされたことからも明らかなように、その部門に多額の租税負担を課せられなかったことによるものである。[*1] 農業部門は、日本のそうした発展のための財源と見做され、その犠牲の上に立ってのみ、日本の資本主義国家―社会としての発展がありえた。したがって、近代―ブルジョア社会の原則たる「租税負担の公平」を「地租負担の公平」としてしか実現しえなかった点に、むしろ後進資本主義国としての日本における明治維新変革の特質を見出しうるのである。

ところで、この「地租負担の公平」のもつ意味であるが、新地租は比例課税方式が採られているため、「公平」の内容はすこぶる形式的であり、低収入者層ほどその負担が重くなるという「矛盾」を有している。このことは、種肥代を一律とすることや、地位等級に配賦される収穫量格差がすべて均一となっている点にも現れている。だが、資本主義の基本原理に照らしてみれば、それらの事象は必ずしも「矛盾」とは云えない。その形式性こそが、資本主義社会の本質なのである。それは、資本主義社会における「自由」「平等」なる諸権利が本来形式的にすぎないものであるのと、まったく同様である。[*2] こうした形式的な「自由」「平等」「公平」の保障こそが、その後のプロレタリアート

――すなわち、生産手段から解放された無産者層――を創出する一つの基盤ともなる。その意味で、以上のような諸権利を形式的に保障することこそ、「ブルジョア」革命あるいは近代的革命にふさわしい役割といいうる。権利保障の実質性という観念が発達し、国家がそれを実現しようとする姿勢を一応みせはじめるのは、資本主義の矛盾が全面的に露呈し、社会主義勢力が抬頭しつつある時代になってからのことである。すなわち、「社会権」の問題である。近代社会は、本来、そうした諸権利の実質性を保障するものではなく、あくまで資本主義社会に適合的な形式性において権利保障をなしうるにすぎない。[*3] それの実質的保障のみられないことから、明治維新の近代性を否定する理論は、イギリス革命やフランス革命を美化し、その役割を過大評価するところからくる近代主義的謬見に外ならない。

　以上の検討から、地租改正はその財政改革の側面からみた場合、近代的な租税制度の基底を創出した改革であったとの結論を導き出せる。それはまた、日本のような後進資本主義国が「上から」の資本主義化をなすにあたっての重要な資金源となるものであった。地租改正が原蓄政策の一環を構成するのは、まさに、この点においてである。旧来の理解は、地租改正が「労働者を労働諸条件の所有から、分離する過程」、すなわち、「農業生産者からの土地収奪」[*4]の直接的契機となったことを強調し、そこから地租改正を原蓄政策の基底として位置づけるという本末転倒した考えであった。日本のような後進資本主義国にあっては、一九世紀後半の自由主義末期から帝国主義への移行期という段階に世界市場へと強制的に編入され、その促迫の下に資本主義的自立を達成せねばならない条件下におかれていたがゆえに、その自立の基礎ともなるべき資金の創出が急がれたのである。維新政府による「上から」の資本主義化政策は、まさにその典型であった。その基調は、今も述べたように資金の創出にこそあり、その政策の基底として地租改正があった。したがって、地租改正は、維新政府による後進国型原蓄の政策体系＝資金創出のメカニズムの重要な構成要素としてあったと位置づけることが可能となる。[*5]

　地租改正は、以上のように維新政府の存立の鍵をにぎる重要な税制改革であったが、同時に、すぐれて土地改革でもあった。改租理念の一つに「土地所有権」の公認が挙げられていることからも、それがうかがえる。旧幕藩体制下における禁令をかいくぐって、すでに事実上の土地売買や勝手作が進行していたが、七一年九月、田畑勝手作が、翌七二年二月、田畑永代売買の解禁が布達されることによって、かかる社会的趨勢は法的に追認されるに至る。こうした措置は、地租改正による土地所有権の保障と所有権移動の自由化を見据えてのものであったことは、言を俟つまい。したがって、このための手段たる地券には、「日本帝国ノ人民土地ヲ所有スルモノハ必ラス此券状ヲ有スヘシ……日本人民ノ此券状ヲ有スルモノハ其土地ヲ適意ニ所有シ又ハ土地ヲ所有シ得ヘキ権利アル者ニ売買譲渡質入書入スルコトヲ得ヘシ」[*6]との土地所有権保障とその所有権移動行使の自由化の文言が記載されている。こうして土地改正の地券制度によって、土地所有権とその売買譲渡質入書入の公証手段が実現した。[*7]加えて、私的所有地の担保制度の法令化を企図した維新政府は、七三年一月、地所質入書入規則を制定し、土地担保金融の途を拓いた。この規則によると質入期間は旧慣の一〇年が三年とされ、従来あまり広汎化していなかった書入を活性化する等々の制度化が図られた。これら一連の土地法令とその後の諸整備とによって、土地所有権の法制的基盤が確立されたのであった。

如上の法的措置と結合して、改租事業の一環たる地押丈量によりすべての土地の所有を明確にする境界の確定と、土地面積の正確な測量とによって、土地所有権の制度的保障が実現された。この結果、領有―占有という重畳的な土地に対する権利関係は解体し、代わって一元的な土地所有関係―土地の私有財産化が法認されることとなった。つまり、地租改正によって、近代的な土地所有関係が制度として確立したと云いうるのである。もっとも、地租改正後の土地所有を近代的土地所有と見做すことは、次章の研究史的総括のなかでみるように、数多の反対者がいる。かかる反対者の論理は、寄生地主的土地所有の本質を半封建的土地所有と捉える点にあるが、これは、その土地所有に関する理解の仕方に原因がある。そこで、以下においては、「封建」社会における土地所有―占有の形態と、資本主義社会における土地所有の形態とを、概念的に峻別しつつその特質を検討することで、「半封建的」論者の誤解を解きたいと考える。

「封建」社会における土地に対する権利関係は、「封建的」領有—占有関係として重畳的に存在している。ここでは、領主の領有権と農民の占有権とが対立しているが、農民は「経済外的強制」によってその土地に緊縛されており、領主は、土地と農民とを一体化して支配している。つまり、領主と農民は対等な関係にあるのではなく、世襲的な身分的支配—隷属関係を基礎としており、領主は「経済外的強制」の発動を通して農民から貢租を徴収し、これによって自らの権力基盤を維持、存続させていた。

そこで、この「経済外的強制」についてであるが、それはマルクスにあっては次のように規定されている。直接生産者が「彼自身の生産手段を、彼の労働の表現と彼の生活手段の生産とに必要な対象的労働条件を、占有して」、独立に生産を行なっているような「条件のもとでは、名目的土地所有者のための剰余労働は、ただ経済外的強制によってのみ強奪されえ、これがいかなる形態をとるかを問わない。これを奴隷経済または植民地大農業から区別するものは、奴隷はここでは他人の生産条件をもって労働するのであって、独立に労働するのではない、ということである。したがって、人的従属関係が、程度の如何を問わず人的非自由が、そして土地の付属物として土地に緊縛されていることが、本来の意味における隷農制が、必要である[*8]」とされ、云うところの「経済外的強制」の内容とは、人的従属関係、直接生産者の土地への緊縛、したがって移転、職業の自由の制限等々であると規定されている。こうした「封建」社会に特有なる「経済外的強制」は、形骸化しつつあるとはいえ日本の近世期にも存在したが、それは土屋喬雄によれば、移転自由の制限、営業・作付に対する制限、衣食住に対する制限、土地処分に対する制限、等々としてあった[*9]。以上の素描からも明らかなように、「封建的」土地領有制下にあっては、領主の「経済外的強制」に基づく農民支配が、その基礎に存在しているのである。

次に近代的土地所有であるが、これは、「特定の諸個人が一切の他人を排除して、地体の特定部分を、彼らの私的意志の占有部面として支配する」[*10]という土地所有の形態であり、私有財産制の最終的完成である資本主義社会に適応する土地所有である。ここでは、もはや「経済外的強制」は必要とされない。この土地所有には、次の三形態を考えることができる。

A　資本家的土地所有[*11]

土地所有者の所有する土地が農業資本家に提供され、資本家はそこで生産された剰余価値の一部を地代として土地所有者に支払うという土地所有の形態。

B　農民的土地所有

耕作者＝農民が自らの耕作地を所有する土地所有の形態。

C　地主的土地所有

この土地所有形態には二通りの型が考えられる。一つは、地主がともかくも耕作者＝生産者として機能し、幾人かの雇傭労働者を使用して農業経営を行なういわゆる豪農経営（＝幕末・明治年代の手作地主）の型と、地主がまったくの不生産者となり、土地を小作に出し、完全に小作料に寄生する寄生地主的な型との二つである。

資本家的土地所有と農民的土地所有とを近代的土地所有の一形態と見做すことには、「半封建」論者にも異論はなかろうが、（寄生）地主的土地所有をもそこに含めることに対しては、この土地所有が「経済外的強制」に基づいていると理解している限り、「半封建」論者が納得しないことは承知のことである。そこで問題は、果たして地主―小作の関係に、かつての「封建」社会に特有なる「経済外的強制」が存続していたか否かということになる。だが、既に指摘したように、地租改正は、一元的な土地所有を法認し、領有権を全面的に廃絶したのであるから、この結果、「封建」領主の存立基盤は解体したことになり、「経済外的強制」の発動は、いまやまったく不可能となったはずである。ましてや地主は領主ではなく、身分的―人格的には小作人と対等な関係に立っているのであって、彼らは、あくまで私人間の契約を通した関係を保持しているにすぎない。したがって、高率小作料についても、それは「経済外的強制」に拠っているわけではなく、あくまで、私人間の経済的諸関係によって形成されたものと見做さねばならない。とすれば、（寄生）地主的土地所有を、かつてのごとくに半封建的土地所有と規定する根拠はまったく存在しないことになる。

さらに附言すれば、近代的土地所有とは、端的にいって、完成された私有財産制を基礎とする資本家的生産様式――商品経済が一社会の根底まで浸透することによって、その社会が商品生産を原理として存立しうる一歴史的社会を基礎とする生産様式――に対応して、土地が私有財産化され、かつ土地の商品化が行なわれる土地所有の形態をいうのであって、土地の所有者が「誰」であろうとその本質には変わりはない。（寄生）地主的土地所有も、その限りでは同様である。したがって、地租改正によって確認された土地所有の形態は、地主的土地所有というよりは、むしろ近代的土地所有と呼んだ方が正確であるとともに、農民的土地所有の確認が形式的であって、結局は地主的土地所有を創出したということも、正しくは農民的土地所有と地主的土地所有とをともに確認したというべきである。

以上の検討から、地租改正によって、近代的租税制度と近代的土地所有とが、体制的に創出、確認されたことが明らかとなったが[*12]、私有財産制を基礎とする近代国家にとって、かかる租税制度と土地所有の在り方が、その基底を構成することは云うまでもあるまい。地租改正を中軸とする一連の維新の変革は、その意味で日本が近代国家として出発する礎石を築いたと云いうるのである。

地租改正という土地税制改革に関してみれば、この明治維新という歴史的変革期に先立つ旧体制下の先進地域を中心として進行していた、領有制の衰退―農民的土地占有権（所持権）の事実上の所有権化という趨勢が背景としてあり、つまりは日本的近代化の進展が前史として展開していることが歴史的前提となる。地租改正はそのような動向を全国画一的に実態化することを目指した改革であった。したがって、近代化という視点から論じれば、地租改正の実施された明治維新とは、旧体制下に生まれつつあった近代的な諸関係を全社会的なレベルでの導入を図ったものであり、その歴史的位置は近代化の第二段階に相当すると評価しうるのである。[*13] イギリスやフランスについてもその歴史的傾向は同様であり、一七世紀末のイギリス革命、一八世紀末のフランス革命の前後に近代化の第一段階と第二段階とを画することが可能と考えられる。

地租改正が果たした歴史的な役割は、右の他にも幾つかを挙げうる。既に本書の各章でも論じたように、地租改正によって出発した地券制度を媒介として所有権保障─租税負担という権利と義務の関係が設定され、国民国家体制の枠組みが創出された。さらに、新しい地租が政府収入の中核となり、「租税国家」としての原点ができあがった。地租改正は、このように明治維新という変革期における基底的な政策として機能したのである。これらの事実が、日本における近代化の第二段階の内実を構成しているわけである。

註

＊1　先進諸列強から強制された外国貿易においても、その力関係から関税自主権を有せず、そこからの関税収入に多くを期待しえなかったがために、地租収入に頼るほかはなかったという事情も、新地租が旧貢租と同様の収入を担わざるをえなかった要因の一つとして挙げられる。ここにも、後進性ゆえの農民に対する過重負担が現れている。

＊2　資本主義社会における商品は、抽象的人間労働の支出量如何という形式性においてその価値の大いさが決定され、特有なる使用価値をつくる具体的有用労働という実質性は、そこでは捨象される。かかる価値法則の下にあっては、私的所有者同士の商品交換に必要な条件は、「相互に相独立せる個人として、たいすること」（マルクス『資本論』第一巻、向坂逸郎訳、岩波書店、一九六七年、一一五頁）だけである。マルクスによって明らかにされた資本主義の基本原理たるこの価値法則こそ、資本主義社会における諸権利──「自由」「平等」「公平」──の形式性の理論的根拠となる。

＊3　かつての通説的見解によれば、地租改正によって農民の土地所有権が公認されはしたが、地租の負担が重いため農民経営の正常な発展が阻害されたのであるから、実質的にみればそれは半封建的土地所有であると云われている。だが、資本主義社会の各段階

における諸権利の在り方——形式性と実質性——の変遷をみれば、通説が誤りであることは明らかである。

＊4　マルクス、前掲書、八九七頁。

＊5　拙著『明治維新史論へのアプローチ』第一編（有志舎、二〇一五年）。

＊6　「地租改正例規沿革撮要」（『明治前期財政経済史料集成』第七巻、明治文献、一九六三年）二一一頁。

＊7　地券制度については、福島正夫「近現代」（北島正元編『土地制度史』Ⅱ、山川出版社、一九七五年、二五七頁以下）を参照されたい。

＊8　マルクス、前掲書、第三巻、九八八頁。

＊9　土屋喬雄・小野道雄『近世日本農村経済史論』経済学全集第五十九巻（改造社、一九三三年）第一部第一章第三節「封建的諸制限」（五三〜七〇頁）からの要約。

＊10　マルクス、前掲書、七七五頁。

＊11　この資本家的土地所有なるものは、資本主義の原理的規定を対象とするいわゆる「経済学原理論」のなかで展開される「超過利潤の地代への転化」論（マルクス『資本論』第三巻第六篇）において想定されるいわば純粋型である。この資本家的土地所有を前提として、すなわち、「『農業を資本のもとに従属させる』資本家的土地私有制を前提として始めて」、地代法則は理論的に規定される。（『宇野弘蔵全集―経済原論Ⅱ―』第二巻、岩波書店、一九七三年、一三〇頁）なお、日本のような後進資本主義国においては、資本家的土地所有の一般的展開はみられなかった。

＊12　地租改正は、まったく新たな制度によって土地―租税改革をなそうとしたわけではなく、すでに旧体制において——殊に先進地域において——進行しつつある事実に基づいて、それをより近代的形態へと改良しつつ全国統一的に実施した点が多々ある（土地売買の進行、貢租金納化の進展等々の事実）。もっとも、かかる地租改正の性格から、その劃期性を否定するのは早計である。却って、既成の事実を全国統一的に体制化したところに、地租改正の意義も見出しうるのである。

＊13　拙著『明治維新史論へのアプローチ』（前掲）第二編第六章。

第四編

地租改正の研究史

第一〇章

一九八〇年代までの地租改正研究

はじめに――地租改正研究史の諸問題――

戦前の「資本主義論争」下にその端を発した地租改正研究は、その後、戦後の実証的研究の進展により一大成果を挙げたかのようである。事実、一九六〇年代に入り、福島正夫『地租改正の研究』（一九六二年）・『地租改正』（一九六八年）の二著を筆頭に、丹羽邦男『明治維新の土地変革――領主的土地所有の解体をめぐって――』（一九六二年）、関順也『明治維新と地租改正』（一九六七年）、近藤哲生『地租改正の研究――地主制との関連をめぐって――』（一九六七年）、有元正雄『地租改正と農民闘争』（一九六八年）の諸著作が相次いで刊行されたこと、および、地租改正研究に関する厖大な論稿の出現等々が、雄弁にそれを物語る。加えて、研究史の整理も進み、長岡新吉[*1]、大石嘉一郎[*2]、加藤幸三郎[*3]、暉峻衆三[*4]、丹羽邦男[*5]、有元正雄[*6]、中村政則[*7]等々により、多々の問題点が指摘されもした。こうして、この六〇年代には、地租改正研究の最盛期が現出されたが、その翳がみえはじめたのも、また同年代であった。その後の七〇、八〇年代に至っては、散発的な個別研究のほかは、田村貞雄[*8]や筆者[*9]による研究史の整理が二、三試みられたにすぎず、地租改正研究は著しく停滞してしまった。

かかる研究史の基本的趨勢（殊に五〇年代前半までの時代）は、「明治維新＝絶対主義の成立」説たる戦前「講座派」の理論的枠組から自由でありえず、そこに「戦後歴史学」の限界を内包していたため、後に数多の問題を残すこととなった。したがって、かつての通説的理解の基底にある「講座派」理論の批判的検討なくして、地租改正研究の総括はありえない。そこで、以下においては、日本近代の後進性を誇大に解釈し、その本質を半封建制と見做すこの「講座派」理論が、地租改正研究にいかに具体化されていったのか、はたまたその問題点は奈辺に存するのか、加えて、五〇年代後半以降における「講座派」とは異質な見解の大量出現は、研究史上いかなる意味を有するのか、といった論点を中心として、地租改正研究史をふり返ってみることとしたい。

1　戦前の地租改正研究

周知のように、「講座派」にあっては、明治維新が「絶対主義の成立」であって、「ブルジョア革命」ではないことが強調され、地租改正の理解もこの議論と密接に関連して追求された。地租改正の本質を半封建的と捉える視座が、それである。他方、明治維新を「不徹底なブルジョア革命」と見做す「労農派」の場合は、地租改正に近代的性格を見出そうとする。地租改正の理解をめぐる根本的な対立はここにあるといってよいが、事態はそれほど単純なものではなく、「講座派」陣営の主張は、個々人において微妙なくい違いを孕んで展開されていった。このくい違いは、特定の論者を除いてあまり意識されることなく、「地租＝封建地代」説、「地租改正＝半封建的土地所有としての寄生地主的土地所有の創出」説が、「講座派」の地租改正論であるとの認識が流布した観がある。[*10] ここでは、かかる「講座派」内部にみられる奇妙なズレと、しかし、それにもかかわらず、そこに共通した認識がその基底にあることを明らかにすることによって、その矛盾点を抉り出してゆくことにする。

「講座派」理論の基調は、云うまでもなく日本資本主義の後進性の極端な強調にある。それは、「三二年テーゼ」にみられる二段階革命戦略に呪縛されていたことを意味するが、「講座派」の先覚者たる野呂栄太郎の諸説には、その先覚者たるがゆえに、必然的に陥らざるをえなかった二律背反的な矛盾が随所に散在している。その最も注目すべき論点は、当初の「明治維新＝ブルジョア革命」説の立場から、その修正による「ブルジョア革命」説と「明治維新＝絶対主義の成立」説との混合、不調和への転換である。この修正は、野呂の「日本資本主義発達史」（第一論文）から「日本資本主義発達の歴史的諸条件」（第二論文）にかけて表面化するが、その背景には、「二七年テーゼ」（二段階革命戦略）による影響が多分に働いているようであり、上山春平、鈴木博・日高晋等によって、つとにその「政治主義」が指摘されるに至る。[*11] それはともかくとして、この明治維新に対する評価の変更が、地租改正理解についてもその修正を余儀なくさせることになる。

野呂の第一論文によれば、地租改正によって、「封建的所有関係そのものだけは革命的に根本から覆へされ、資本主義的所有関係が之れに代[*12]」わり、「資本家的地主の存在を可能ならしめ[*13]」、地租は「一種の資本利子税[*14]」となったとされ、明治維新の革命性を高く評価する見解と同一の視座から、その近代性に注目していた。ところが、第二論文以降になると、その明治維新理解にみられた動揺が地租改正評価にも波及し、地租の近代性を一面では認めながらも、そこに封建地代としての性格を附与するようになり、最終的には、「国家＝最高地主」説が提示され、地租を地代概念で捉える視角が前面に打ちだされるに至る。加えて、「地主は封建領主に代って全剰余価値」を「依然として封建的『経済外的強制』」に拠りつつ「小作農から搾取することになった[*15]」、「地租は、不可避的に、農業生産に於ける剰余価値の大部分又は少くとも重要なる部分を強権的に奪取すると云ふ点に於て、封建地代とその実質を異にするものではなかった[*16]」との、後に「講座派」理論として固定化される「全剰余労働収奪」「経済外的強制」等々の日本資本主義の後進性を修飾する概念が導入され、明示的には記されていないが、土地所有関係における封建制ないしは半封建制という規定が生みだされる要因をつくった。

野呂にみられる以上のような明治維新や地租改正理解に対する、一方でその近代性を評価しながら他方でそこに封建的特質をもみる見解は、「講座派」理論の完成者たる山田盛太郎によって一面的に後者の認識が継承され、日本資本主義の後進性が過大に評価されることになる。その山田によれば、地租改正は次のように把握される。

地租改正（明治六年）は軍事的半農奴制的型制創出上の基本的な一過程として、その基柢について、土地所有関係における一応の再編成を構成する。即ち。旧幕藩を基調とする純粋封建的土地所有組織＝零細耕作農奴経済から軍事的半農奴制的保塁をもつ半封建的土地所有制＝半農奴制的零細農耕への編成替へ[17]

であるとし、これらの根拠を、

土地所有者たる資格の圧倒的優位。利潤の成立を許さぬ全剰余労働吸収の地代範疇。即ち。小作者を隷農制的＝半隷農制的従属の関係におき、土地所有者を依食化し、自作者を特殊型ならしむる所の、かくの如き地主資格＝地代範疇なるものは、畢竟は、二層の従属規定によって、与えられた所に外ならぬ。即ち。一は、総収穫高の三四パーセントを徴収する地租の線、二は、総収穫高の六八パーセントを徴収する地代の線、如何なる零細片の土地所有も、右の二層の従属規定から免れることを得ない。この二層の規定を確保するものが、公力＝〔経済外的強制〕、その相関、である[*18]

というところに求めている。したがって、地租改正によって創出された「土地所有は、ブルジョア的土地所有でなく、半隷農主的寄生地主的特質の半封建的土地所有である[*19]」と結論される。

こうして、野呂にみられた地租改正の近代性をそれなりに評価する立場は、山田によって全面的に否定され、もう一方の封建的側面を指摘する方向のみが一面的に継承され、固定化されることになる。その中心論点が、「地租改正＝半封建的寄生地主的土地所有の創出」説であることは、もはや言を俟つまい。かかる野呂と山田との間にみられる見解のズレは、次に取り上げる平野義太郎の主張のなかに、混在化して継承される。

地租改正は、農民の全剰余労働生産物を直接的に人格隷属関係において領有する旧租法を根本の基礎として、これが金納化をはかったものであって、（中略）改正地租の基本的基礎が、もっぱらまったく旧租法であって、ただこれを全国的規模で平均せるにすぎないことは、「先ヅ旧来ノ歳入ヲ減ゼザルヲ目的トシ」たこの地租改正の根本方針に照しすこしも疑いをいれぬところである。（中略）このゆえに、旧租の全国的平均をおしなべて四公六民（中略）としても、（地租に——引用者）附加税たる町村税、村協議費を合計する場合、まさに四公六民となるのであって、かかる収斂の形態がひとりその量的関係においてのみならず、その本質においても旧貢租の性質を継承しつつ、資本の本源的蓄積の強力な槓杆として近代的租税形態の複合化の下に発展し、かかる本質の上に、現実に耕作に従事する小農民にのしかかったのである。地価およびそれによる課税は、それ自身全剰余労働生産物が直接的に汲みとられ労賃部分までも喰い込むところの半封建的貢租の性質を有する形態なのであった。[*20]

以上、戦前「講座派」の代表的論客たる野呂、山田、平野の地租改正理解について引用したが、そこには、微妙にくい違う三者の見解が表明されていた。すなわち、㈠地租を地代概念で捉えようとする野呂の方法は、山田、平野には見当らないこと、㈡野呂、平野にあっては、「経済外的強制」に基づいて地租が徴収されており、それは「全剰余労働収奪」におよぶものとされ、そこから地租の性格を「封建地代」（野呂）、「半封建貢租」（平野）と規定したが、山田の場合、地租の本質規定に対する言及を慎重に避けていること、㈢地租改正の近代性をそれなりに認める場合は、野呂、平野[*21]にみられるが、山田はまったくそれを否定していること、㈣山田、平野は、地租改正によって創出された寄生地主的土地所有を半封建的土地所有と規定しているが[*22]、野呂にあっては、「国家＝最高地主」説の立場に立っていること、等々がそれである。

一方、共通する認識としては、(a)新地租を旧貢租同様の負担と見做していること（野呂、平野の「全剰余労働収奪」説、山田の「地租改正＝隷農制的・半隷農制的従属関係の再出確保[*23]」説が、これに相当する）。(b)地租改正が農民層分解―寄生地主的土地所有創出の直接的契機となったこと、の二点である。[*24]

野呂、山田、平野による地租改正の理解は、おおよそ以上に記したごとくであるが、これらの諸見解が混在一体となって、戦後の地租改正研究者に継承されてゆくことになる。そこで、戦後の研究史を取り上げる前に、この「講座派」に代表される地租改正評価が、果たして妥当なものか否かを検討しておくことが、後論の便となろう。

「講座派」にみられる如上の地租改正理解は、おそらく、次のような思考過程を経て導出されていったものと思われる。一九二〇、三〇年代の現状分析から導き出された当時の日本を絶対主義と規定（二段階革命戦略の正当性）→したがって、その絶対主義成立の劃期を明治維新にみる→この明治維新における土地改革＝地租改正は、それゆえ、絶対主義の一方の経済基盤でもある半封建的特質を有する寄生地主的土地所有の創出起点となる（→明治維新に先行する幕藩体制社会は純粋封建制であり、そこにおける土地所有関係も、したがって、純粋封建的土地所有である）[*25]等々。つまり、一九二〇、三〇年代における二段階革命戦略（二七、三二年テーゼ）[*26]の立場から、そこにおける論理整合性に即して、地租改正の半封建的性格が要請されたのであった。本書の性格上、かかる多岐にわたる論点のすべてに言及することは不可能であるが、筆者はすでに別著[*27]において、明治維新に先行する幕藩体制の経済史上における位置を概観しているので、ここでは、「講座派」的思考経路とは逆に、幕藩体制下の土地所有関係から地租改正への歴史を迹づけることで、「講座派」的見解にひそむ矛盾を摘出してゆくこととしよう。

「講座派」によれば、その表現に微妙な違いがみられるとはいえ、地租改正に半封建的特質を附与した結果、必然的に先行する土地所有関係を純封建的土地所有と把握することになる。だが、別著でも指摘したように、在地領主制の欠如にともなう土地領有権の脆弱性を原理的に内包している幕藩体制の下にあっては、それを純封建的土地所有と見做すことはできない。事実、その土地領有権の脆弱的在り方が、農民の土地所有権の強化という方向に繋がる。この占有権の強化こそが、地主制成長の基底にあったことは、既に論じておいた。商品経済の発展が在地領主制を桎梏と化し、それが領有権の後退と占有権の強化とを生ぜしめ、さらに、農業生産力の上昇に基づく商品経済のいっそうの発展が、占有権の事実上の所有権への転化を推し進めていったのであり、重畳的な土地領有―占有という「封建的」関係は、一元的な土地所有―近代的土地所有関係へと事実上の推転を遂げつつあった。したがって、「講座派」によって、あくまで論理的に要請されたにすぎない「純封建的土地所有」説自体が成り立ちえないのは、ここに明らかであろう。かかる土地所有関係の進展こそが、資本家的社会形成の基盤をなす。私人間の競争原理に基づく資本家的蓄積の一般的展開は、自然的に制限された富としての土地の私人による所有こそ、現実の世界においては前提となるべきものであろう。理念的に抽出された「土地国有」論を除けば、それゆえ、私的土地所有者の存在しない資本家的社会はまったくの架空のものとなる。上記㈠㈣に記した野呂の「国家＝最高地主」説とその論理的帰結たる「地租＝封建地代」説は、したがって、歴史学的には到底成立しがたい議論となる。

ところで、領有権の衰退と土地占有権の事実上の所有権化の進行は、「封建的」土地領有制に特有なる「経済外的強制」の形骸化をも必然的に随伴するものであり、その「経済外的強制」に基づいて収奪されていた直接生産者の剰余労働部分たる貢租は、私有財産者に課する租税への事実上の転化を余儀なくされる。明治維新期における一連の「封建的」諸制限の廃絶措置と、地租改正による土地所有権の保障は、かかる歴史的趨勢の法的追認であった。このことは、㈡に示した野呂、平野にみられる「『経済外的強制』に基づく地租収奪」説が成り立たないことを示している。

云うまでもなく、地主―小作関係の下における小作料も、「経済外的強制」によって確保されたわけではない。小作料は、あくまで形式上対等な諸個人による契約に基づくものであって、そこに「経済外的強制」の入り込む余地はない。ましてや、地主は領主ではないのだから、「経済外的強制」を発動することなどは不可能である。山田、平野は、この地主の「経済外的強制」が公力によって保障されたと主張するが、[*28]公力が保障したのは、私人間における経済的な契約関係そのものにすぎない。この契約関係が地主に有利であるのは、「経済外的強制」を公力によって保障されているからではなく、近代社会における経済的自由権の一環としてその私有財産権が公的に保障されていることによるのである。現代的な社会権を近代社会に逆投影する「講座派」的方法が、如上の過ちを犯した要因である。

以上のことと関連して、(a)地租は旧貢租と同様の重い負担であり、(二)全剰余労働収奪におよぶものであるとの見解がある。それが地租を「封建地代」(野呂)、「半封建貢租」(平野)と規定する理由となっている。その発想の根底にあるものは、「封建」貢租は「経済外的強制」に基づいて直接生産者の全剰余労働の収奪を本質とする、という教条的見解である。確かに、「封建」領主による恣意的収奪は、全剰余労働収奪にまでおよぶ場合も多々あろうが、果たして全剰余労働収奪という概念は、実証可能なそれであろうか。なにをもって、その基準とするのか。農民の悲惨な生活を対置するだけでは、あまりに曖昧にすぎる。したがって、この全剰余労働収奪なる概念も、多分に論理的に要請されたものであるとの観を拭いきれない。ましてや、幕藩体制下の貢租が全剰余労働の収奪にまでおよぶものであったならば、そこに地主制が発生する余地も生じなかったと云わねばなるまい。

また、地租が旧貢租同様の重い負担であるとの認識から、その重税たるがゆえに半封建貢租であるとの指摘もみられるが、税の軽重がその本質を規定するとの思考は、あまりに短絡にすぎよう。確かに、「封建制」下の貢租はそれなりに重税といってよいが、それすら先述したように、全剰余労働収奪体系が全面的に貫徹していたわけではなく、ましてや、金納地租制度の下にあっては、米価の騰落が地租負担の軽重を変化させることになるのであって、経済変動如何によってその負担の軽重が変化する地租に対して、どうして半封建的と規定できようか。さらに、より本質的なことを附言すれば、本書の各章において詳しくみたように、地租は必ずしも旧貢租と同様の負担水準にあったわけではなく、およそ二〇パーセントほどの減租になっているのである。この事実からも、先の諸説の誤謬は明らかであろう。

以上のような地租改正の半封建的側面を強調する「講座派」の見解が、(四)にみられる地租改正後の寄生地主的土地所有の本質を、半封建的土地所有とする根拠となっていた（先の論拠に、高率小作料の問題が加味されることによってこの理論が展開されるのであるが、「高率」であることが、「封建」制の証左となるわけではないことは、地租の場合と同様である）。したがって、すべての論拠が消失してしまえば、この「半封建的土地所有」説が成立する余地はなくなるわけである。ところで、この「半」という語のもつ意味の不鮮明さは、如何ともしがたい。果たして本質的概念として「半」という語が成り立ちうるのか。つまり、「説明」概念としての使用に耐えうるのであろうか。[*29] 論理的にいえば、この「半」という用語は、あくまで「記述」概念としての使用に限られるべきではあるまいか。このことは、「封建的」土地所有（正確には領有と呼ぶべきである）と近代的土地所有とを概念的に検討すれば、自ずと明らかになるはずである（本章第三編第九章参照）。

最後に、(b)にみられる地租改正が農民層分解―寄生地主的土地所有創出の直接的契機となったとする見解の検討に移る。ここでは、地租改正による重税と金納化によって、農民層の没落が進行したということがその論拠として示され、一八八〇年代中葉における農民層分解が説明される。だが、この点も本書第三編第七、八章で詳細に分析したように、新地租は旧貢租と比して減租となっていること、地租改正を俟たずに、既に地租の石代納化率が九〇パーセント以上にも達していること、この二つの事実が、重税と金納化の農民層に与えた影響の「講座派」的過大評価を戒めるものとなろうし、また、八〇年代の松方デフレ下における農民層の分解も、必ずしも地租改正の影響のみによるものではなく、地租改正後のインフレ→デフレという経済変動によるところが大きいという事実をも勘案すれば、「地租改正による農民層の分解―地主制の発展」説は、否定されて然るべき見解となる。

以上、野呂、山田、平野に代表される「講座派」の地租改正理解を検討したが、そこには、実証研究の不備もさることながら、理論的にも多くの矛盾が介在しており、到底首肯しうる内容ではなかった。そのつまずきの石が「半封建制」論にあったことは、今までみた通りである。もっとも、㈢のように、野呂、平野には、地租改正の近代性をそれなりに認める視座も存在したが、野呂にあっては、第二論文以降その論理はトーン・ダウンしてゆき、平野の場合も、その本質規定としては「半封建制」論に立脚しており、地租改正の近代的側面は基本的には否定されていたといってよい。かかる「講座派」的見解に対して、その近代性により注視したのが、冒頭で指摘したように「労農派」であった。以下。この「労農派」の地租改正理解を取り上げよう。

戦前の地租改正研究の水準にあって、極めてその実証面において秀れた業績をあげた「労農派」の一人小野道雄によれば、地租改正は、次のように二重の性格を有していたとされる。

> （地租改正は――引用者）貨幣流通の一定程度の発展の上にその必然性の基礎を有った点に於て、土地永代売買解禁、土地分割制限の撤廃等を始めとする幾多の土地に対する封建的制限の廃止と近代的土地所有の法的確認を前提として行はれた点に於て、又とにかく収穫税法を改正して地価といふ媒介を通じての収益課税法とした点に於て、就中紛雑混乱を極めた封建割拠的、地方的な税法を一応全国的に統一し、物納制を変じて金納制とした点に於て、近代的租税制度の第一歩であったことを否定することは出来ぬ。第一歩であったればこそ、米価の騰貴を通じてにせよ、次第に「余剰価値の標準的形態」たる封建的地代の特性を解消して、そのまま近代的租税に発展し得たのである。[*30]（中略）新地租が封建的貢租をそのまま平均的に、ただ統一的規模で継承したものにすぎなかった。[*31]（中略）かくして余剰価値は勿論、直接生産者の労賃部分にまで食込むことによって再生産の基礎を危くする。[*32]（中略）茲に新地租は近代的租税としての性質と共に封建的地代の刻印を深く刻まれたものとして、すなわち「近代性」と「封建制」との二重的存在として出現する[*33]

以上の引用からも明らかなように、地租の近代性の証左として、「封建的」制限の廃止、近代的土地所有の確認を前提として、収益税、統一税制、金納制が実施されたことを挙げ、他方、「封建」制の証明として地租の旧貢租同様の重課と、その全剰余労働収奪の側面を指摘している。後者の主張は先の「講座派」の誤謬に等しいが、ここで肝心なことは、この重課の本質を封建制と理解した「講座派」とは異なり、小野の場合は、それを本質的に「封建」的なものとは捉えていないことである。したがって、小野にあっては、「封建」制なる用語は「記述」概念以上の意味はもちえず、地租の本質を近代性に求めていることになる。この点は、「労農派」の一方の雄でもあった土屋喬雄の次の主張にも、明瞭に示されている。「封建的か否かを決定するものは額の高低でなくて、如何なる仕方に於て余剰価値が吸収されるか、にある。……身分制は制度上廃除《（ママ）》され、土地への緊縛は解かれ、売買譲渡抵当の自由は許され、経営に対する封建的諸拘束は除かれ、土地の私有権の確認の上に立てられた新地租は、封建的金納年貢そのものではあり得ないであろう」[*34]と論じ、「それが如何に高率であらうとも、高率の点のみについて封建的と形容し得るとしても、本質的に封建的であったと云ふ根拠は存しない」[*35]と言明するごとくである。

このように、「労農派」にあっては、地租の量的側面に封建的性格を看取しうるにしても、その本質は近代的租税であるとの理解に立っているのである。もっとも、その近代性については「過渡的性質」[*36]（土屋）、「近代的租税制度の第一歩」[*37]（小野）等々の限定句を施していることも、その理論的特質の一つとして挙げておく必要があろう。[*38]なお、地租改正後の土地所有の性格も、「講座派」のように「半封建的土地所有」説ではなく、「近代的土地所有」説を唱えていたことは、先の引用句から明らかとなろう。

次に、地租改正が農民層の分解に与えた影響についての、「労農派」の主張を聞いてみよう。小野は地租改正を「二重的存在」と見做す立場から、地租改正の農村分解に対する影響を論じている。すなわち、近代性を通じての農村分解の論拠として地租金納化を挙げ、これが「半封建農村」への貨幣—商品経済の侵入の道をひらき、商業、高利貸資本の土地収奪を結果すると説く。[*39]他方、「封建」制を通じての農村分解に関しては、過重地租が農民の「地租不納による所有地の強制処分か、然らざれば高利貸資本の借金奴隷と化し終局に於て土地から引離されるか、何れかであった」[*40]と論じ、一八八〇年代中葉以降の急激な農民層分解を、その結果として位置づける。同じ「労農派」に属する岡崎三郎も、根本的には小野と同様の見解を示している。云わく、「いま地租改正が農民経済に及ぼした変革的作用を考察するに、その最も重要なものは、地租徴収上の必要に基く官民所有地の区分による農民用益地の喪失、改正地租の高率なことによる農民層に対する圧迫、地租金納化による商品・貨幣経済の促進、またこれら諸方面の作用による農民層の没落の事実であらう」[*41]。かかる見解は、すでにみた「講座派」系の主張とまったく同一の謬説によっていることは、言を俟つまい。

2　戦後の地租改正研究

「戦後歴史学」の大勢は、地租改正研究の分野に限らず、基本的には戦前「講座派」の理論的枠組を継承してきたと云ってよい。それは、「講座派」的仮説をいわば実証的に証明しようとする方向として展開された。したがって、戦後の研究は、戦前「資本主義論争」段階における研究水準に比して、実証の面においては数段秀れていることは云うまでもない。かかる実証研究の深化は、しかし、その意図とは逆に、「講座派」的理論の誤謬が明らかとなる過程でもあった。このため、良心的な一部の研究者にあっては、この「講座派」理論との格闘を余儀なくされ、その修正を図る動きも顕在化しはじめる。だが、その修正もあくまで「講座派」理論の枠内での修正にすぎず、それ以上の新しい方向への踏み出しは困難であった。地租改正研究においても、事態は同様である。したがって、戦後研究史の問題点は、周到な実証研究の成果を、研究者自らがどれだけ活かしえているか――通説的見解の位置を獲得した「講座派」理論に対する教条主義的態度からいかに脱皮しえたか――にある。以下、戦後の特に一九六〇年代の研究史を、如上の視点から概観してゆくこととする。

一九五四（昭和二九）年度の歴史学研究会大会における「寄生地主制」を対象とした大会討論[*42]を画期とする「寄生

地主制論争」の開始こそ、ある意味で戦後の地租改正研究の前史と云えるかもしれない。[43] その後——五〇年代後半——、福島正夫と丹羽邦男によって領導されてきた地租改正研究は、六〇年代に入って最盛期を迎えることになる。[44]だが、六〇年代の研究史に取り組む前に、五〇年代における代表的な地租改正論を簡単にでも取り上げておくことがその順序であろう。

まず、堀江英一の議論である。堀江によれば、「地租改正は現物貢租と代金納貢租を固定貨幣貢租に転化したが、それは単なる形態転化にすぎ[45]」ず、幕藩領主的土地所有の国家的封建土地所有への統一の過程であるとされる。この論理は、野呂の見解の継承であると云ってよいが、堀江の独自の議論は、次の段階設定に顕現化される。すなわち、幕末期以降における土地所有形態が、幕藩領主的土地所有→国家的封建土地所有→農民的土地所有→寄生地主的土地所有と段階的に展開したとし、[46] 地租改正との関連で云えば、「それ（地租——引用者）が貨幣価値の下落とむすびついたときには、それは相対的に下落し、地租改正当時収穫の三四パーセントをしめていた地租が明治一八年には一六パーセントに半減してしまった。つまり地租は全剰余生産物の一般的形態でなくなり、農民的土地所有は胚芽的利潤をかなりもつ土地所有として確立されたわけである。明治一〇年代後半には、農民的土地所有の確立というかたちで、これまでの基本矛盾は解決された[47]」との主張が、それである。

さらに、この農民的土地所有の分化から生じたのが寄生地主的土地所有であり、それらは「幕藩領主的土地所有を排除してうまれた農民的土地所有からうまれたものであり、その意味では『ブルジョア的発展の所産』であるが、だからといって、「寄生地主的土地所有がブルジョア的土地所有であることにはならない。それは半封建的土地所有である[48]」と述べ、「講座派」による「半封建制」論の「半」が、「念仏」にすぎないことを批判する。[49] つまり、「講座派」には、農民的土地所有という概念が存在しないために、寄生地主的土地所有の本質を半封建的と規定するにもかかわらず、それが文字通りの「半」として使用されてはいないのであって、本質的には封建的であるとの理解となっていることへの批判である。

堀江がいわゆる「マニュファクチュア論争」に参加した際に、「幕末・維新＝小営業段階[*50]」説を唱えたことは、あまねく知られているところであるが、ここでは、その当否を詳しく検討する余裕もなく、また、当面の議論（「地租改正＝国家的封建土地所有の統一」説）に限っても、すでに前節において、その原点ともいいうる野呂の「国家＝最高地主」説の矛盾を指摘しておいたので、以下においては、この堀江の研究の史的位相を確認するにとどめる。[*51]

堀江が、寄生地主的土地所有を「ブルジョア的発展の所産」であることを強調することによって、「講座派」的な「停滞性」論を退けた視点は、戦後の新しい研究方向の一翼を担ったものであり、[*52]古島敏雄等の「幕末＝ブルジョア的発展の挫折[*53]」説とは、その見解を異にするものであった。いわば五〇年代の寄生地主制研究の一翼にみられる「停滞性」論的な通説に真っ向から対立する見解であったと云いうる。この堀江の主張は、後に関順也によって継承、発展されてゆくことになる。[*54]一方、古島等にみられる寄生地主制研究の到達水準を地租改正研究へと導入したのが、丹羽邦男の「地主制創出の政治過程について[*55]」である。丹羽は、「明治維新の政治過程のなかに前期的資本、特権商人的地主の動向の反映を求めていた[*56]」古島の研究視点を受け継ぎ、明治維新と地租改正を「地主制創出の過程」として分析したのであった。

かかる地租改正と地主制との連関を本質的なものと捉える戦前「講座派」的視角が、五〇年代の地租改正研究の通説的見解であったと云いうるが、他方、地租改正を近代的租税と近代的土地所有の体制的創出とみる楫西光速等の見解[*57]、「地租改正と地主制との本質的連関」説を実証面から批判した永井秀夫、暉峻衆三の論稿[*58]等々も発表され、地租改正研究に新しい動きがみられるようになる。こうした動向は次節であらためて取り上げることとし、以下においては、六〇年代の研究史に筆を進める。

六〇年代における最大の成果は、福島正夫氏の『地租改正の研究』の刊行であろう。[*59]福島はこの大著において、福島自身が丹羽邦男の助力を得つつ編纂した『明治初年地租改正基礎資料』に収載されている厖大な資料に加えて、全国の地方文書をも多数利用しつつ、地租改正の全過程を法制史的に整理された。このことに関する評価にはやぶさかではないが、ここでの問題は、かかる周到な実証的成果の上に立っての地租改正の本質的理解の如何にある。当該書では、その点に関する積極的な発言が控えられているため、別の著作から福島の主張を引用しよう。

> 地租改正により、日本の農地は封建的領有から、農民は直接の封建的拘束から、ともに解放された。けれども、それによって「耕やす者がその土地を有する」という農民的土地所有は実現されなかったのである。その反対に、（中略）農民階層の急激な分化に、地主的土地所有の発展に確固たる軌道を敷設した[*60]

ここでは、地租改正は農民的土地所有を実現したのではなく、地主的土地所有の発展への途を拓いたものとして理解されている。かかる理解の背景には、「天下ノ諸税悉ク之ヲ大蔵省江納メ公理ヲ尽シテ以テ財路ノ源ヲ豊ニシ天下ノ諸費悉ク之ヲ大蔵省ニ仰[*61]」ぐとする岩倉具視の意見を、財政における絶対主義的統一[*62]と認める理解からもうかがえるように、明治維新を絶対主義の成立であるとする認識がある。このことは、必然的に――福島は明示してはいないが――、地主的土地所有の本質を近代的土地所有とは別の範疇としていることになろう。[*63]

以上の福島の見解は、近藤哲生の論述において、次のごとくにより強調されることになる。

> 地租改正は、農民の所有権の確認をとおして、実質的には地主的土地所有を確認したのであり、地主的土地所有に依拠しようとしたのであった。とするならば、地租改正は、地主的土地所有の確認の政策[*64]（中略）より正確には、地租改正を地主制の確認＝「創出」政策として把握すべきであろう[*65]

ここでの近藤の議論は甚だ曖昧であるが、おそらく云わんとしていることは、「農民の土地所有権の確認」ということが、すなわち近代的土地所有権の確認に通ずるわけであるが、地租改正はそれを形式的に確認したにすぎず、その発展の可能性は閉ざされたままであって、実質的には半封建的特質を有する地主的土地所有の確認として歪曲化され、地租改正は地主制の確認＝「創出」政策として機能したということであろう。[*66] 次の近藤の主張が、その証左となる。「地租は、その小作料の一分岐形態であると同時に、第一に、地租収奪における国家権力の作用が地主の小作料収奪をバック・アップしていること、第二に、地主・小作の直接的関係のそとにおかれている自作農民の剰余労働の一部分を地租として収奪することによって、自作農の土地所有の発展を阻止し、地主的土地所有を補強する作用をなすこと、によって、小作料の補完物となる」「この自作農の存在自体が、地主的土地所有の半封建的性格の指標のひとつである」[*67] 云々。かかる論理は、自作農を「半隷農的」存在と見做し、それ自体を「特殊型」と捉える山田盛太郎の見解[*68]の全面的継承であることは、言を俟つまい。

かくして、近藤の主張が、地租改正は地主制「創出」の政策であり、その土地所有の本質は半封建的土地所有であるとする「講座派」的見解の戦後版であったことが確認された。ただし、近藤にあっては、その当初から明治政府と地主制との結合関係が存在してはいなかったとの指摘がなされており、[*69] この点は、維新政府と地主制との連関を強く主張する「講座派」的見解とは異なる観点であり、戦後の実証研究の成果の一面である。[*70]

次に、地租は以下のように規定されている。

地租は、旧貢租が中央政府に集中されたものであり（E・A・コスミンスキーのいう「集中地代」）、そのかぎりでは封建地代の形式転化にほかならない。しかし、地租改正によって領主的土地所有が解体「廃絶」されたかぎり、地租はもはや直接的には封建的土地所有の経済的実現形態ではありえないし、それゆえに、剰余労働の支配的形態とはなりえない。領主的土地所有の「廃絶」のうえに地租改正によって確認・「創出」された地主的土地所有のもとで、寄生地主によって小作人から収奪される小作料こそが、剰余労働の支配的形態である。地租は、その小作料の一分岐形態である[*71]

ここには、野呂栄太郎にみられた地代概念によって地租を説こうとする立場が表明されているが、「地租改正は、領主制＝領主的土地所有のたんなる再編成ではなかった。それは、農民の土地保有の事実上の土地所有への前進にたいする承認＝譲歩のうえに、そしてさらに、先進資本主義諸国の促迫による領主的土地所有の明確な『廃絶』のうえに、なされたものであった」[*72]との、地租改正に先行する幕藩体制下における「封建的土地所有」の解体―事実上の農民的土地所有の前進を高く評価する立場が貫かれており、「講座派」的な「封建的土地所有の再編」説には否定的態度を示している。だが、コスミンスキーが一四〜一五世紀のイギリスを対象として抽出した「集中地代」なる概念を、一九世紀の日本に適用する方法は、あまりに極論すぎる。この見解は当時のイギリスが絶対主義国家であり、一九世紀の日本も絶対主義国家であったとのア・プリオリな前提から類推した短絡的思考の結果であることの外にも、長岡新吉が正しく指摘しているように、「日本の場合は、地租改正により領主的土地所有そのものがまさに『廃絶』された」のであるから、「改正地租はいかなる意味でもコスミンスキーのいわゆる『集中地代』ではない」[*73]ことによっても、否定されよう。近藤が地租改正によって領主的土地所有が廃絶されたことを認めている以上、そこに地代概念を適用することは、論理的に不可能なのである。

　最後に、地租改正の結果について、一言だけ触れておく。近藤は、地租改正の目的が「旧貢租水準の維持・継承」にあり、こうした政府の目的は「全国的規模において、実現された」[*74]と理解している。かかる見解の誤りについては、すでに前節の「講座派」批判において指摘したものであり、また本書第三編第七章において詳述したところでもある。

　次いで、『地租改正と農民闘争』と題する七〇〇頁にもおよばんとする大著を発表した、有元正雄の所説の検討に移る。有元は、「地租改正を明治維新の階級闘争の深さにおいて把握する」[*75]べきであるとの問題意識に支えられつつ、「農民的・地主豪農プラン」と「絶対主義的政府プラン」との基本的対抗として地租改正を捉えるが、この点は、すでに大石嘉一郎によって、「農民的・地主豪農プラン」が「政府プランを前提とし、そのもとで地価決定の諸因子の量的査定の変更を求めることは、租税軽減運動にとどまるもので、独自の改正プランたりえない」[*76]との本質的な批判があり、ここでは詳述しない。以下においては、有元の確定せる地租改正の歴史的意義についての主張に限定して、取り上げてゆくこととする。

> 地租改正はまた近代的土地所有の成立、すなわち分割地農民を創出したのではない。（中略）領主に代わって地主が残存し、半封建的地主制がそこから体制的に拡大されるのである。（中略）領有制は解体しつつも、その代償としての高率貢租と、共同体諸関係の存在、前期的資本の優位下に私的所有権を付与された隷細農耕は、国家の地主制創出政策によって必然的に半封建的土地所有関係にくりこまれる。地租改正はこのような半封建的土地所有関係の体制的創出起点である
>
> 一は、新地租の課税対象となる地価決定における経済外的強制の発動と共同体的な地価「村請」制において配分されたものであり、二は、封建的旧貢租水準を継承し、小農民の再生産基底を破壊しつつある点においてであり、三は、地主制下の半封建的現物地代の一分岐形態たる点においてである。われわれは、このようなものとしての改正地租を「半封建貢租」と規定しておく
>
> 地租改正は以上の性格をもつものとして、明治絶対主義政府の強行した自己の財政基盤の編成であり、日本資本主義創出のための本源的蓄積としての半封建的＝租税改革であった[*77]

ここにおける有元の結論部分である「明治絶対主義政府の強行した」「地租改正は半封建的土地所有関係（＝半封建的地主制―引用者）の体制的創出起点であ」り、改正地租の本質は「半封建貢租」であるとの主張は、すでに論じておいた「講座派」や近藤の見解とまったく同趣旨である。問題は、改正地租を「半封建貢租」と規定した理由である。[*78]ここに、「講座派」的理解に新たな視点を導入した指摘がみられる。もっとも、その理由づけの一つである、地租を「封建的旧貢租水準を継承」した「高率貢租」であるがゆえに、「半封建」的であるとする見解は、云うまでもなく「講座派」の視角を受け継いでいるものであり、また、地租は「地主制下の半封建的地代の一分岐形態たる」が

ゆえに「半封建貢租」であるとの指摘は、論理的に釈然としないが、これも「講座派」と同様の理解である。したがって、有元が新たに附加した主張は、「新地租の課税対象となる地価決定における経済外的強制の発動と共同体的な地価『村請』制」を「半封建貢租」説の根拠として指摘したところにある。この点に関する有元の具体的発言は、次のごとくである。国家は地租内示額を村に提示し、「内示額の受諾においてのみ土地にたいする『私的所有権』を保証したのであ[*79]」って、「その受諾への暴力発動＝経済外的強制の実態を、明治絶対主義国家の、国家権力自体の性格の帰結と考え[*80]」、かかる事態を生ぜしめるような「『徴税権』が私有財産を尊重しないところに近代的租税の成立はありえない[*81]」、と。確かに維新期にあっては議会主義の伝統も弱く、財政における立憲主義は未成熟であり、かかる転倒した徴税が行なわれた場合もあったろうが、このことのみをもって地租の近代的租税としての側面を全否定されるのは、あまりに極論とは云えまいか。かかる事実は地租改正の一面たるにすぎず、それを本質論まで拡大してしまったために、地租改正を総体としてみる視座を喪失した認識結果という外ない。

　有元の第二の問題点は、先の引用文からも明らかなように、共同体的諸関係の存在と前期的資本の存在とを「封建」的諸条件として捉えているところにある。かかる発想は、近代資本主義社会は農民層の両極分解による共同体の解体と、生産者の産業資本家への成長による前期的資本の排除によってこそ成立するものであるとする大塚久雄の所説を、暗黙のうちに前提としている。だが、このいわゆる「大塚史学」の方法にあっては、商人資本――大塚云うところの前期的資本――の歴史的認識がまったく等閑に附されてしまい、それの「封建」社会解体への影響、および資本の社会的蓄積の積極的側面が正当に評価されていないのである。そのため、商人資本は前期的資本という範疇におとしこめられ、近代資本主義を真に担うものは生産者型の農村マニュ経営であるとされてしまう。ここでは、資本主義成立期における資本の蓄積のメカニズムが、「誰」が資本家になったのかという資本家の系譜――「生産者型」か「商人型」かという二類型論――の問題にすりかえられてしまっているのである[*82]。

また、共同体的諸関係の存在という指摘にしても、「大塚史学」のように、共同体が完全に解体しない限り真の意味での資本主義ではないとしたのでは、世界史上ほとんどの国が資本主義とは云えなくなってしまうであろう。先進国――特にイギリス――はともかく、後進国が資本主義化するにあたっては、先進諸国の圧力によって「上から」の資本主義化を強行せざるをえないのであり、そのためには、農業の近代化を犠牲にしつつ課題を遂行しない限り、先進諸国に対峙することはできない。そのためには、利用できるものはすべて利用してゆくのであり、共同体的諸関係もその限りで再編成されてゆくわけである。したがって、共同体的諸関係の存在が後進資本主義にとっては不可欠の存在としてその重要な意味をもつこともなんら不思議なことではない。日本の場合は、そうした傾向が特に著しかったと云えよう。だから、「大塚史学」のように、共同体が完全に解体しない限り資本主義は成立しないという理論[*83]は、少なくとも日本のような後進資本主義国の分析には通用しないのである。

以上のように、有元はその根源的発想の次元において「大塚史学」に足をすくわれてしまった。有元が「農民的・地主豪農プラン」に注目したのも、その意味で当然ではある。

この節の最後として、丹羽邦男の見解を取り上げる。丹羽『明治維新の土地変革――領主的土地所有の解体をめぐって――』は、先の福島の『地租改正の研究』ときびすを接して刊行され、一九六〇年前後に活発となった明治維新期における「国際的契機」の視座を導入することによって日本における領有制解体の特質、具体的には地租改正・秩禄処分の政治過程を取り上げた労作であるが、「国際的契機」説が得てして陥りがちな「国内的条件」――なかんずく商品経済の発展に基づく地主・小作的分解、「農民経済発展」[*84]――の軽視が問題となろう。地租改正（一八七三年）に先行する時期におけるこの「農民経済発展」の過小評価は必然的に、そこにおける領有制の解体度をも軽視することに連なり、明治維新政府の絶対主義的性格を強調することになる。ここでは、しかし、この点についての詳細に触れる余裕はないので[*85]、以下においては、丹羽による新地租の性格と、改組後の土地所有の性格についての規定のみに限定して検討してゆく。まず、土地所有の性格について。

地租改正は、旧来の一般農民所持地に私的所有権を付与し、かつそれに賦課されていた貢租を、地主の作徳米を保証する定額金納地租に切換えることによって、以後における地主的土地所有の全国的発展の基礎を創り出した。[*86]

この政府の強化措置は、土地の私的所有権の内容を、前章でみたように所有の利用にたいする絶対的優位、すなわち、具体的には土地利用者＝小作人にたいし土地所有者＝地主は恣意的に土地引揚げをなしうるといった絶対的な優位を有するとの認識にもとづくものであり、したがってこの強化措置はいづれも特殊に地主・小作関係の強化、地主的土地所有の展開を保証するものなのである。[*87]

みられる通り、丹羽にあっても、地租改正を地主的土地所有の創出とする点は、既に検討してきた多くの研究者とまったく同様である。だが、丹羽の特徴的な点は、地主的土地所有が恣意的に小作地引揚げをなしうるかどうかに、その成熟度の基準をおいているということにある。そして、この地主―小作関係の本質を「封建」的なものと理解する。しかしながら、丹羽の云うように、小作地の恣意的な引揚げ権――すなわち、占有権に対する所有権の絶対的優位ということが、果たして本質的に「封建」的なものと云えるのであろうか。勿論、否である。所有権の絶対的優位ということは、私有財産制を前提とした近代＝ブルジョア法の基本原則であって、地租改正はそうした原則の前提である私有財産制を体制的に確認したものなのであり、外見的には地主の横暴とみられる小作地の恣意的な引揚げも、近代＝ブルジョア法によって保障――個人の私有財産を維持・保障するという意味での――された行為なのである。そこには、「封建」制の一片も存在しない。「持つ者」が「持たざる者」よりも強いのは階級社会の原則である。丹羽は、そうした矛盾的存在をも「封建」制としてしまったのである。だが、資本主義も階級社会である以上、かかる矛盾を体制的に有しているのであって、「持たざる者」への過酷さは前社会と同様存在する。こうした過酷さまでをも封建制と規定することはできまい。丹羽の発想は、それゆえ、ややもすれば〝近代〟の美化意識へと繋がりかねないのである。

ところで、新地租の性格に関する丹羽の主張は、「地租改正によって新たに設けられた地租は、当初における政府当局者の意図いかんにかかわらず、旧貢租＝現物地代の貨幣地代へのたんなる形態変化ではない。しかし、地租を、新たに創出されていく租税形態のなかから単独に抽き出して（あるいは、その国税部分のみを租税体系のすべてと誤認して）、これを近代的租税とすることも正しいとは思われない。明治政府によって創出されたこの租税体系を総体として捉え、とくにそのなかで占める地方税部面の大きな比重とその性格に注目するとき、少なくともここで当面、分析の対象とした明治前半期までにおいては、近代的租税体系とはとうていみることはできないのである」[*88]とし、地租についての積極的な性格規定は試みてはいないが、「近代的租税」説に対しては否定的な見解をとっている。

以上、「講座派」的見解を継承し、その修正ないしは「発展」を企図した戦後の地租改正研究を概観したが、その共通する見解は、明治維新は絶対主義の成立であり、したがって、新地租は半封建貢租としての性格を有し、地租改正は農民的土地所有の形式的確認の上に、実質的には地主的土地所有＝半封建的土地所有を創出したという立場にあることが理解された。こうして、多くの実証的研究を労してなされた戦後の地租改正研究は、結局のところ、戦前「講座派」の理論水準を超えるまでには至らなかったのである。

3　地租改正研究の新しい動向

戦前「講座派」理論を継承し、あるいはその修正を企図した戦後の地租改正研究の動向は、その内容に幾つかの対立的見解を孕みつつも、五〇～六〇年代の通説的立場としての地位を保守してきた。一方、それとは別の視座による地租改正理解——形式的にいえば「労農派」的見解たる「地租＝近代的租税」説、「改租後の土地所有＝近代的土地所有」説——も、一つの潮流として存在していた。その代表的論客が大内力である。大内は「明治維新＝ブルジョア革命」説を標榜する論客として、「講座派」理解とは一八〇度異なる日本農業論、日本資本主義論を展開したがために、「戦後労農派」の刻印を押されるに至るが、そこにおける結論部分が戦前「労農派」と近似性があるとはいえ、そこにはいわゆる「宇野経済学」に基づく独自な方法論——段階論認識——が基底にあり、「労農派」とは一線を画する高度な理論を有していた。

大内は、戦後まもなく発表した『日本資本主義の農業問題』（一九四八年）において、戦前「講座派」とその戦後の継承者による日本農業の「半封建」説に対して、「高率地代」や「経済外的強制」の理解の仕方について体系的な批判を展開し、また、『日本経済論』上（一九六二年）においては、日本資本主義の史的過程を解明し、「講座派」的理解とは大きく異なる日本資本主義像を描くことに成功した。ここでは、その大内と楫西光速・加藤俊彦・大島清との共著『日本資本主義の成立』Ⅱ（一九五六年）における地租改正理解を取り上げることとする。その理由は、この共著が地租改正について比較的多くの頁を割いているというあくまで便宜的な理由からに過ぎないが、加えて、この『日本における資本主義の発達』シリーズの農業部門の執筆担当者が大内と容易に推定しうること、戦後の「講座派」的理論の継承者が、この『成立』を批判の対象として取り上げることが多い、等々のことによる。

『成立』によれば、地租改正は、「一方においては、近代的土地所有制を確立し、他方においては、そのことを基礎として封建的貢租を近代的租税に転化し、それによって資本主義の発達とそれに対応した近代国家の確立をもたらした」[*89]とされており、「講座派」的理解を全面的に否定する。ここでは、地主的土地所有は当然のように「近代的土地所有」の一形態と見做され、近代的土地所有の内実を、「資本主義の成立と発展に適応し、かつそれを許容しうる形態になった土地所有」[*90]と規定し、その内容を概略、以下のように展開する。

近代的土地所有にとって必要なことは、一方では農民が土地から切りはなされて、二重のいみにおいて自由なる存在になる、ということであり、他方では土地がそれ全体として――いいかえれば、農民が附属物としてそれに緊縛されることなしに――一個の私有財産となり、特定の人間によって独占的に支配される、ということである。資本主義の成立にとって最小限必要なことはそれだけである[*91]

かかる理解に立てば、地租改正によって発行された「地券は、土地私有権の確立と、その商品化の完成をもたらしたのであり、土地がそれ自体として私有財産となり商品となる、という近代的土地所有の本質は、ここに実現された[*92]」との結論は容易に首肯しうるものとなる。

ついで、改正地租の高率性を封建貢租の証左とする「講座派」的見解についても、以下のような批判を投げかけ、その近代性を強調する。「それが量的には封建貢租をうけついでいる、という点であるが、それも地租の封建的本質の証拠とはならないであろう。なぜなら問題はたんに量的に封建貢租と同じである、というだけでは、その質的な同一性を証明したことにはならないからである。そしてその質的な面についていえば、全国的統一的に土地の収益価格を算定し、あらかじめ定められた定率の金納地租を課する、という形態をそなえたこの地租は、しかも上述のように近代的土地所有権を前提とし、所有権者から徴収されたこの地租は、私有財産権を前提として、公平に、明確に、かつ便宜に租税を徴収する、というブルジョア的原則をほぼ実現しているといいうるであろう[*93]」。こうして、「講座派」以来の「地租＝半封建貢租（ないし地代）」説、「改租後の土地所有＝寄生地主的土地所有＝半封建的土地所有」説を全面的に退け、それとは明確に異なる見解を対置したのであった。ただし、史実認識において「講座派」との同一性がまったくないわけではない。それは、「地租も旧貢租とほとんどかわらないほどに高率なものとなった[*94]」という点であるが、この認識の誤りについては、すでに指摘したとおりである。

大内はまた、地租改正と地主制の発展――農民分解との関連についても、厖大な地主制―農民層分解に関する研究史と全国的資料とを整理、検討しつつ、一八八〇年代における農民層分解の五つの類型――㈠先進型（大阪・瀬戸内・愛知）、㈡後進型（太平洋岸の東北・高知・南九州）、㈢中間型A（関東・中国）、㈣中間型B（日本海岸の東北・山陸・山陰）、㈤中間型C（北関東・東山の養蚕地帯）[*95]――を設定し、かかる分解の型は「徳川期にしめされた分解の型と……基本的には一致して」[*96]おり、「むしろ地租改正前の農民層分解のいちじるしい進展と、その後の分解の不徹底さ、緩慢さ」[*97]を強調することで、通説的見解に重要な修正をせまる提言を示した。

暉峻衆三は「地租改正における地価算定をめぐる問題」[*98]において、検査例第一則と第二則の適用問題を取り上げ、かつて「講座派」が地租改正の「地主制擁護」説の根拠としてきた検査例第二則が、改租の実施過程において全面的に否定されたことを克明に実証し、いうところの「地主制と明治政権との結合関係」[*99]説を却けた。また、「さいきんの地租改正研究の成果をめぐって」では、福島、丹羽両者の大著に評価を加えるなかで、地租改正は、「本質的には、封建的土地所有制度の廃棄と近代的土地所有制度（形態的には資本主義的土地所有ではないが）の創設」[*100]であり、明治維新はブルジョア革命であったと主張した。かかる観点は、しかし、暉峻著『日本農業問題の展開』㊤において、「維新改革を契機として成立する日本の土地所有は、制度的には基本的に近代的であるにしても、それが現実にふまえた生産諸関係との関連では『前近代的』・『半封建的』性格を色こくもっていたという意味で、封建的土地所有と『近代的・資本主義的土地所有』とのあいだに介在する過渡的存在諸形態の一つ」[*101]であるとの、いささかトーン・ダウンした規定が与えられるに至る。

有元によって、「『講座派』理論の継承を装いながら」[*102]改正地租を近代的租税とみると評された長岡新吉も、新しい研究動向を担った一人である。ただし、有元の表現は、長岡評価に対してはあまりに不適切である。長岡が「改正地租の性格をめぐる若干の問題」[*103]で企図したことは、「講座派」内部にひそむ理論的混乱を、そのテキスト・クリティークの側面から明らかにし、「地租＝封建地代」説や「地租＝半封建貢租」説が論理的にも成り立ちえないことを立証しようとしたものであり、長岡にとっては、「講座派」理論を装う意図も必要も存在しはしないのである。長岡にとってはあくまで論理整合的に検討した結果が、「地租＝近代的租税」説となったまでのことである。長岡はこのほかにも、「地租改正の歴史的性格」[*104]「地租改正」[*105]で地租改正の研究史を丹念に整理し、また、「三重県一農村における地租改正過程」[*106]では、地租改正の実施過程を個別農村を対象として詳細に跡づけ、地租改正と地主制との関連を直接的なものとする「講座派」的見解を実証レベルで却ける成果を生んだ。

林健久はその著『日本における租税国家の成立』において、「近代国家＝租税国家」[*107]説の立場から、後進資本主義国日本における「租税国家」の形成過程を分析の対象とし、明治前期における租税体系―財政構造の一環として地租改正を取り上げた。そこでは、地租改正によって近代的土地所有が確立し、地租は収益税としての近代的租税としての性格を有し、この地租こそが明治前期の租税体系の中核を担っていた点を強調し、「地租改正の成功がすなわち租税国家の成立」[*108]となると指摘した。ここから、「地租を土台にし、てこにして近代的な租税国家をつくりだしたのは、日本資本主義の後進性にもとづく特殊性である。そしてそうであるだけに、日本の地租は先進諸国にみられるよりはるかに統一的であり、負担も公平であった」[*109]と評価し、地租改正の性格を日本の後進性、特殊性から導出したのである。この林の論究は、明治維新が後進国型のブルジョア革命であったことを、租税の側面から明らかにしたものであるといってよい。

かねてより「講座派」的見解とは相容れない研究姿勢を示していた関順也は、六〇年代の後半に『明治維新と地租改正』をまとめて、「封建」制処理の側面から地租改正へと接近する視角をとりつつ、さらには、地租改正の実施過程に関して、『府県史料』を駆使しながら全国的な改租事情を鳥瞰し、そこに地域的な差異が相当にあることを克明に描きだした。

関はかつて、山口県の地租改正を取り上げた際に、地租は「単なる封建地代の形態転化（貨幣地代）ともいいきれない租税的性格」を有していること、「地租改正は農民的土地所有の確認を前提としたもので[*110]」ある等々の指摘をしたが、本書ではかかる視点をよりいっそう推し進めて、地租は「近代国家における私的土地所有者の負担すべき租税として編成されている[*111]」こと、「地券交付は封建的諸制限の撤廃を前提とする私的土地所有の確認[*112]」であることを再説した。この後者にいう「私的土地所有」とは、関によれば、「幕藩体制下に事実上の土地所有に転化しつつあった農民の土地保有権が地租改正を契機に土地所有権として法認され[*113]」たものを指している[*114]。したがって、地租改正後の土地所有の本質は「農民的土地所有」ということになる。では、この「農民的土地所有」と、「講座派」云うところの「寄生地主的土地所有」とは、一体いかなる関係にあるのか。この点について、関は次のように主張する。

> その土地所有権の売買を通して土地所有の両極分解が進行し、大土地所有者の寄生地主的支配が確立していく。したがって、寄生地主的土地所有の成立基盤は農民の土地所有権であり、農民の土地所有権が充分成熟していないために地主制にも種々の封建遺制をみることはあっても、封建的領有権による封建的土地所有やそれを背景とする半封建的なものとは基本的に異なるといえよう。封建的土地所有に基本的に対立するものは農民的土地所有であり、寄生地主的土地所有はその農民的土地所有の分化形態の一ではあっても封建的土地所有の形態転化ではない[*115]。

こうして関は、かつての「講座派」的見解を全面的に却けたのであるが、ここで留意すべきことは、地租を近代的租税と評価しつつも、改租後の土地所有に対しては「近代的」との表現を用いずに、「農民的」と規定している点である。ここには、「封建的な土地所有や支配体制は排除したが、共同体的規制にはなお制約されている農民的な商品生産や土地所有もありうる——というよりもそれが『資本制的』と区別される『農民的』概念の一般的形態なの[*116]」であるとの、土地所有についての認識がある。関によると、「封建地代が経済外的強制をともなう封建的土地所有にもとづくものであることはいうまでもないが、近代的租税もそれが国家権力により強権的に賦課されるかぎり経済外的な強制をともなうことは否定できない。したがって、幕藩領主の徴収する年貢と明治政府の賦課する地租を比較する場合に、経済外的強制の有無のみを基本にすることはナンセンスであり、まず土地所有の性格いかんを検討することが必要である」[*117]とされているが、ここでは、幕藩領主――すなわち、「封建」領主――によって徴収される年貢が「経済外的強制」に基づいているとする場合の、したがって、マルクスが固有の意味で用いた封建社会に特有なる「経済外的強制」と、近代国家によって発動される租税徴収の際の経済外的強制とを同一視している点に問題がある。これは、マルクスの「経済外的強制」論に対する誤解というほかない。

また、この文章の前で、「封建地代」と「近代的地代」とを区別する基本は「経済外的強制」の有無にあるとも指摘しているが、かかる概念使用は、――関に限らず日本の学界に一般的な使用方法であるが――、「封建地代」、またその前提としての「封建的土地所有」という概念自体が、あくまで原理的な意味における「資本制地代」「資本家的土地所有」からの類推概念なのであって[*118]、かかる使用方法が多くの混乱を生ぜしめることになる。ここの例でいうと、「幕藩領主の徴収する年貢」、つまり「封建貢租」と、「封建地代」とは同一なのかあるいは別範疇なのかが不明確となる。歴史学的概念の再検討とその統一は、したがって、今日の歴史学界に課された重要なる課題であるといってよい[*119]。

戦前「講座派」の「地主制擁護」説や「半封建制」論は、戦後（五〇―六〇年代）の丹羽邦男等の研究に再生産され学界の通説的地位を得るに至ったが、この間、上述したような新しい地租改正理解も多数発表され、また、実証研究の進展が深まるにつれ、「講座派」的な明治政府と地主制との直接的結合論は否定されてくる。山形県村山地方の地租改正を分析対象とした永井秀夫は、地租改正は「直接には明治政府の財政的必要なのであり、これをただちに地主制擁護の性格をもつとは言えないであろう」[*120]と論じ、維新政府の地価算定方針の変化を取り上げた暉峻衆三は、「地租改正期については明治政権と地主制との結合関係をあまり強調することはできないと考える。この時期には地主層はまだ明治政権の能動的な体制支持層にまでなっていなかったことはもちろん、安定した基礎の上で体制に吸収されてもいなかった」[*121]と指摘し、近藤哲生は「地租改正を総体において把握するならば」「地主制確認＝擁護の立場・側面が副次的であることを、しめしている」[*122]と主張し、有元正雄は「地租改正が農民的土地革命のみならず、地主豪農的土地租税改革をも圧殺して、絶対主義官僚による上からの半封建的土地租税改革であった」[*123]と断言したごとくである。こうして、「地租改正を専ら土地制度――有体に言えば寄生地主制――に係わらしめてその意義と性格を問題にしてきた戦後の地租改正研究に特徴的な研究視角のもつ限界」[*124]が強く意識されるに至り、「地租改正と地主制の相互規定的な関係をめぐる論争は、終」[*125]りを告げたのである。

「地租改正と地主制」という問題構成が終焉したことは、とりも直さず地租改正研究が衰退の方向にむかうことでもあった。七〇年代以降の研究状況が、それをよく表している。そうしたなかにあって、地租改正の新しい研究動向を継承する立場から、次のような二、三の発言がみられた。

筆者は、七〇年代以降、埼玉県の地租改正研究に集中的に取り組むと同時に、地租改正の理論的諸問題に関しても若干の発言を行なってきた。そこでは、「明治維新＝後進国型ブルジョア革命」説、「地租＝近代的租税」説、「改租後の土地所有＝近代的土地所有」説の立場に拠りつつ、改租結果は必ずしも「旧貢租額の維持」には成功しておらず、一五〜二〇パーセント程度の減租となったこと、[*126]地租改正が農民層分解に「直接的」影響を与えたとはいいがたく、したがって、地租改正を原蓄政策として捉える場合、それは後進国型原蓄の特質たる資金創出の一環として位置づけるべきであること、[*127]等々を指摘し、「講座派」的見解を全面的に否定した。また、寄生地主的土地所有を半封建的土地所有と見做す理解に対して、近代的土地所有の一形態であるとの見解を対置する際に、近代的土地所有の範疇に入るものとして、「資本家的土地所有」「農民的土地所有」「(寄生) 地主的土地所有」の三形態があることをも指摘した。[*128]

六〇年代に山口県の地租改正研究を精力的に推進した田村貞雄は、その著『地租改正と資本主義論争』において、半世紀にもおよぶ地租改正の研究史の整理を行なった。本書は戦前の「戦略論争」「資本主義論争」、さらには「戦後革命論争」との関連の下に地租改正の研究史を追跡するという構成がなされているが、ここでは、地租改正研究史に限定して、田村の結論を紹介しよう。[*129]

天皇制権力を絶対主義として把握するかどうかという国家論の問題は、その天皇制権力の物質的基礎として寄生地主的土地所有を措定する問題とは、全く別の次元の問題であった。(中略)天皇制と農村を結びつけているのは、農村の共同体的関係や、明治政府のイデオロギー対策であって、(かつて考えられたような――引用者)寄生地主的土地所有ではないようである。(中略)こうして地租改正研究は、戦略論争、日本資本主義論争から与えられた過度な期待と任務を解除され、ようやく近代日本農業史、農村史における歴史的意義の究明という本来的課題に立ち戻りつつある[*130]

「講座派」的問題構成が終了したことを確認した発言と云ってよいが、一つ疑問に感じるのは、最後の文脈で述べられている地租改正の近代日本農業史、農村史における意義の究明が、果たして地租改正研究の本来的課題なのであろうかということである。地租改正研究の一側面として以上の課題が設定されねばならないことには同感であるが、地租改正の明治維新における意義の重要性を考える時――「講座派」系理論にみられるような地租改正への過大評価という意味ではなく――、やはり地租改正研究からする維新変革のもつ意味の究明も、決して軽視すべき事柄ではあるまい。

最近では、中村哲が「明治維新＝ブルジョア革命」説を主張するようになり、その基底にある土地変革たる地租改正によって、「旧来の土地所有制度・貢租制度は完全に廃止され、近代的土地制度・地租制度がつくりだされた」[*131]との見解を打ちだし、「地租＝近代的租税」説、「改租後の土地所有＝近代的土地所有」説の立場に立つに至っている。なお、中村の注目すべき発言として、「地租改正は、寄生地主制の発達をも促進したが、重い地租は一面地主制発達の阻害要因であり、朝鮮・台湾と比べると地主の利害は重視されず、資本主義化政策に従属したのである」[*132]との指摘がある。「資本主義化政策に従属した」との意は、「重い地租は資本主義化のための負担」[*133]の謂であることは附言を要すまい。

以上、「講座派」理論を継承した戦後歴史学の通説的見解とは異なる新しい地租改正理解を紹介してきたが、今日では、かかる新動向からする発言が重要視されるようになりつつある。それは、「明治維新＝ブルジョア革命」説の再評価と同様の傾向にあると云ってよい。だが、六〇年代末以降の現状は、当の地租改正研究の衰退が激しく進行してゆく趨勢に陥った。かかる方向は、一体なにに起因しているのか。次節において、その問題を取り上げることとしたい。

4　低迷する地租改正研究の現状と今後の課題

地租改正研究の停滞が叫ばれて久しい。かつては、明治維新、地主制—土地所有の性格規定をめぐる研究の過程で、それらの基底にあるとされた地租改正への関心が高まり、その特質が近代的なものなのか半封建的なものなのかをめぐって熾烈な論争が展開されていた。ここでは、そうした豊富な研究蓄積の存在にもかかわらず、現在、大きな壁に突きあたっている地租改正研究の諸問題をえぐり出し、今後のあるべき研究方向を模索せんことを課題とするものである。

戦前の「資本主義論争」下にその端を発した地租改正研究は、その後、戦後の実証的研究の進展により多大な成果を挙げ、地租改正の全体像が克明に描き出されるまでに至ったことは既にみたところである。ところが、六〇年代も後半に入ると、当時の地租改正研究の方法に対して多くの研究者から疑問が呈示され、その停滞が叫ばれはじめた。

それらの指摘の幾つかを紹介すると、以下の通りである。

㈠「地租改正」を明治政府の新たな税体系樹立の一環として把えることの必要性である（丹羽邦男、一九六五年[*134]）

㈡地租改正を、個別的地域における地主制や農民層の動向との関連からだけでなく、それをわが国原蓄期の全機構的連関の中に位置づけ、先進資本主義国の促迫による後進国の原蓄過程の歴史的特質を解明するという角度からいま一度検討しなおしてみることの必要性が痛感される（長岡新吉、一九六六年[*135]）

㈢地租改正の歴史的意義をたしかめるためには、このような実施過程の実証的分析のみならず、（中略）明治一〇年代の烈しい経済変動とそこにおける金納地租の果した役割を検討することによりはじめて地租改正の歴史的意義は全面的に把握される（関順也、一九六七年[*136]）

㈣戦前の日本資本主義論争が残した最大の成果である地租改正を通じて、国家権力の性格解明を志向し、日本資本主義発達のための資本の本源的蓄積として位置づけること、および地租改正を明治維新の階級闘争の深さにおいて把握することの必要性が、個々の研究者に必ずしも充分認識されていたとはいえない（有元正雄、一九六八年[*137]）

㈤「自立した地租改正研究」の枠をとりはらって戦前の「論争」のごとく日本資本主義論・日本国家論の一環として当該研究を位置づけなおす必要がある（中村政則、一九六九年[*138]）

㈥地租改正それ自体の全体像をえがきだすことは、比較的容易になったが、その反面、冒頭に指摘した総体的・全機構的把握の視点が、問題意識においてはともかく、少なくとも分析結果においては、戦前にくらべてより希薄になってきている。そのことが、現段階では、研究のよりいっそうの発展・深化をおしとどめ、停滞の原因をつくっている（近藤哲生、一九七〇年[*139]）

以上の諸提言からも明らかなように、一九五〇～六〇年代における実証的研究の進展が却って問題意識の希薄化を生み、地租改正の歴史的位置づけが欠落するという、ないしはその位置づけに研究の深化がみられないという研究状況への反省から、六〇年代後半以降の地租改正研究に上述の要請が課せられたのである。それを一言で云えば、戦前「資本主義論争」段階の鮮烈な問題意識を継承しつつ、地租改正の歴史的位置を確定せよということであろう。すなわち、地租改正が明治維新において占める位置と、一八八〇年代の本源的蓄積に対して地租改正の与えた影響、ひいては日本資本主義―地主制の生成・発展過程における地租改正の位置の確定[*140]等々が要請されたのである。こうした六〇年代後半に提起された課題は、しかし、その後の七〇年代における研究の停滞[*141]により、解決されるまでには至らなかった。

この七〇年代における研究の低迷要因は、ひとえに五〇年代後半から六〇年代前半における地租改正研究の進展にあったといってよい。この逆説の意味するところはこうである。つまり、五〇～六〇年代における実証的研究の成果を取り入れた地租改正自体の全体像の解明の一応の完成は、地租改正研究者に地租改正それ自体の研究の終焉を悟らせるか、あるいはいまだ解明されていない地域における地租改正の実施過程の個別・実証研究へとむかわせるという二つの志向を生みだしたからである。このため、ある研究者は地租改正研究から離れてゆき、また、ある研究者は六〇年代とまったく同様の視点で個別・実証研究を進めてゆくという形に分化した。このような状況の下では、七〇年代における地租改正研究の前進は期待されようもない。したがって、六〇年代に提起された研究課題は、そのまま八〇年代における研究が担わねばならない課題として厳存しているのである。

ところで、その諸課題を仔細に検討してみると、そこには、長岡、関、田村を除いて、明らかに問題提起者の前提に「講座派」以来の発想が見受けられる。その一つは、地租改正の明治維新史上に占める位置を確定することによって、維新の性格解明を行なうという点にある。この場合、明治維新が日本における絶対主義の成立であったことは、すでに自明の理とされているのであるから、問題はいかなる特質をもつ絶対主義であったかを究明することに主眼が置かれていると思われるが、この点は地租改正の評価と同様に、明治維新の性格についてもまだ全面的な解決がなされているとは思えないので、自明の理とされている「絶対主義」説自体をあらためて検討しなおす作業が必要である。もっとも、この問題提起は、戦前の単純な二者択一的発想――「絶対主義」か「ブルジョア革命」かという――の地平を超えた新たな視座としての評価はしうる。したがって、「絶対主義」説の立場を否定し「ブルジョア革命」説に立つ場合にも、明治維新がいかなる特質を有するブルジョア革命であったかを明らかにしない限り、論争の新次元での展開は望むべくもない。

第二に、地租改正が本源的蓄積に果たした役割を究明することが挙げられる。ここで問題となるのは、地租改正は地主制創出の起点であり、一八八〇年代後半の農民層分解に多大なる影響を与えたとする「講座派」的見解の是非についてである。問題提起者はこの通説を前提とし、その分解のメカニズムの具体的究明を課題として提起したのであろうが、果たして通説のように、地租改正が八〇年代の農民層分解にそれほど直接的な影響を与えたかどうかは、少なからず疑問の残るところである。[*142]

この点を、問題提起者の発言を通して具体的にみてゆくと、そこでは、農民からの土地収奪の側面に視点を据えつつ、地主―小作関係の展開を論じ、それこそが日本における本源的蓄積の特質であることを強調しているところが注目される。例えば、有元正雄による地租改正研究史の整理に、「地租改正の本源的蓄積としての意義」[*143]と題する一項が設定され、上にみた視点から研究史が整理されているのが、その証左である。事実、研究史も有元の指摘したように推移している。有元自身も、「われわれは地租改正を中核とする本源的蓄積が、広範な農民からの土地収奪を現象していることを確認した」[*144]と論じて、研究史の見解を継承している。先に掲げた関の主張も、その典型と云える。

ところで、(二)(六)に示した長岡、近藤の指摘――近藤の云う「総体的・全機構的視点」とは、「地租改正研究が、明治維新にはじまる過程――天皇制の確立過程と日本資本主義の形成過程（＝本源的蓄積）との重畳的過程――の総体的・全機構的把握のうえに、まさにその一環として行なわれなければならない」[*145]ということの意である――においても、本源的蓄積過程に占める地租改正の役割を解明することを課題として掲げているが、それをいかなる視点から具体化するのかという点が、甚だ不鮮明である。

以上のように、地租改正をめぐる「講座派」的見解の継承者からの問題提起には、それなりの意義も大いにあるが、にわかに賛同しがたい点もまた多々ある。以下、それらの問題点について、要点のみを記しておきたい。

㈠明治維新に占める地租改正の位置の確定、そこから導き出される明治維新の性格解明について。

ここでは、既に指摘したように、「明治維新＝絶対主義の成立」説を暗黙のうちに前提とし、それをいっそう豊富化させてゆくことが課題とされているわけであるが、「絶対主義」説自体に大きな陥穽があり、[*146] その前提を取り払わない限り明治維新論の新たな前進は期待しえない（「ブルジョア革命」説も同様の課題を負っていると云うべきか）。この点は、本書において、地租改正の理念とその現実化の過程——すなわち、政策意図とその機能——を対象としつつ、その側面から明治維新変革の歴史的位置づけについて検討しておいた。[*147]

㈡一八八〇年代後半における農民層分解と地租改正との関連、ひいては本源的蓄積過程における地租改正の果した役割について。

ここでの問題は二つある。第一点は、先にも述べたように、八〇年代後半における農民層の分解が、はたして地租改正の直接的影響によるものか否かということである。通説的見解に従えば、地租の重圧が農民層の分解を促進し、地主—小作関係が急成長を遂げたとされるが、この時期における農民層分解の要因は、地租改正そのものにあるのではなく、あくまで当時の深刻な経済不況の結果なのではないかということである。本書では第三編第七章において、この当否を検討している。

第二点は、マルクスに拠りつつ、本源的蓄積の基礎過程として農民からの土地収奪が急激に進行したという事実を、直接的に日本に適用して八〇年代後半の地主—小作的分解を説明し、いうところの「農民層の両極分解」に基づく産業資本家とプロレタリアートが直接的に創出されなかった事実を、日本における本源的蓄積の特質として強調する視角が、果たして妥当なのかということである。日本のような後進資本主義国における本源的蓄積の特質は、通説に云われるような地主―小作的分解にその本質を認めるのではなく、先進資本主義国の促迫から自立するための資本主義化政策の基底たる資金の創出にこそ、その本質を見出すべきなのではあるまいか。すなわち、本源的蓄積過程における地租改正の果たした役割を、研究史はまったくはき違えているということである。この点についてはここで具体的に触れる余裕はないが、註＊146に記した拙著第一編において、その基本的認識の方向性を示しておいたので参照されたい。＊148

註

＊1　長岡新吉「地租改正の歴史的性格」（歴史学研究会編『明治維新史研究講座』第四巻、平凡社、一九五八年）、「改正地租の性格をめぐる若干の問題」（『歴史学研究』二七八号、一九六三年）、「地租改正―その研究史と問題点―」（『社会経済史学』三一―一～五合併号、一九六六年）。

＊2　大石嘉一郎「地租改正をめぐる問題点――一九六〇年度土地制度史学会報告を中心として――」（『土地制度史学』一一号、一九六一年）。

＊3　加藤幸三郎「明治前期農業史の研究動向――地租改正の研究を手掛りに――」（『社会経済史学』二七―一、一九六一年）。

＊4　暉峻衆三「最近の地租改正研究の成果をめぐって」（『歴史学研究』二八〇号、一九六三年）。

＊5　丹羽邦男「地租改正」（『日本歴史』二〇〇号、一九六五年、後、日本歴史学会編『日本史の問題点』吉川弘文館、一九六五年に収載）。

＊6　有元正雄「地租改正研究の成果と課題」（『地租改正と農民闘争』新生社、一九六八年）序章、同「戦後の地租改正研究」（『地方史研究』五〇号、一九六一年）。

＊7　中村政則「地租改正研究の現段階」（『経済研究』二〇―二、一九六九年）。

＊8　田村貞雄『地租改正と資本主義論争』（吉川弘文館、一九八一年）。
＊9　拙稿「地租改正研究序説」（『学習院史学』一〇号、一九七三年）、「地租改正研究史上の陥穽と今後の研究方向」（『日本歴史』四三九号、一九八四年）。
＊10　この点に関しては、「講座派」＝封建地代説という整理が「不当な単純化」にすぎないことが、逸はやく長岡新吉によって指摘されている（長岡「改正地租の性格をめぐる若干の問題」前掲、四〇頁）。
＊11　上山春平「思想における『平和的共存』の問題」（岩波講座『現代思想』第一一巻、岩波書店、一九五七年）、鈴木博・日高普「野呂栄太郎」（日高普・林健久・桜井毅・渡辺寛・降旗節雄・鈴木博『日本のマルクス経済学――その歴史と論理――』上、青木書店、一九六七年）。かかる学問における「政治主義」が、「講座派」の特質の一つを形成することについては、拙著『明治維新史論へのアプローチ』第二編附論三（有志舎、二〇一五年）を参照されたい。
＊12　野呂栄太郎『日本資本主義発達史』（岩波文庫旧版、一九五四年）六九頁。
＊13　同右、六八頁。
＊14　同右、九七頁。
＊15　同右、一四九頁。
＊16　同右、一六〇頁。
＊17　山田盛太郎『日本資本主義分析』戦後改版（岩波書店、一九四九年）一八三～一八四頁。
＊18　同右、一九三頁。
＊19　同右。
＊20　平野義太郎『日本資本主義社会の機構――史的過程からの究明――』戦後改版（岩波書店、一九六七年）一八～二〇頁。
＊21　平野にあっては、先に引用した句のほかにも、「地税が封建的貢租の性質をも継承し、その性質を揚棄しなかったことは、必ずしも地租の近代的租税に転化しつつあった複合的性質を否定しない」（前掲書、一八頁）云々との表現がみられる。
＊22　山田、前掲書、一八八頁、平野、前掲書、三八頁。
＊23　山田、前掲書、一八八頁。
＊24　この後者については山田説を除いてその典拠を提示しなかったので、ここに野呂、平野両者の見解を引用しておく。「明治維新の変革に依り、就中土地改革の結果、多くの中小農が耕地を失ひたる反面において、僅か十数年間に少くも百万戸の小作農の増大し

たこと……」（野呂、前掲書、六八頁）、「重税と商業と高利貸とが、地租改正直後の約二十年足らずの間に、如何に深刻に我が小農民を収奪して、彼等をプロレタリア又は準プロレタリアの階級層に突き落とした」云々（同右、一六六頁）。「地租町村税の金納制度が、地租改正の結果によって遂行されたのであるから、この金納制への強行的実施はいちじるしく、小農民を窮乏に追いやることを促進した」（平野、前掲書、一二一頁）、「地租改正を枢軸とする政府の地主擁護政策と相応じて確保された直接生産者への半封建的隷属の強化」云々（同右、二七頁）。

＊25　かかる「講座派」の幕藩体制理解は、云うまでもなくマルクスの次の規定、「日本は、その土地所有の純封建的な組織と、その発達した小農経営とをもって、多くはブルジョア的偏見によって書かれた、われわれのすべての歴史書よりも、はるかに忠実なヨーロッパ中世の像を示す」（『資本論』第一巻、向坂逸郎訳、岩波書店、一九六七年、八九九頁）に導かれていることは、想像にかたくない（野呂、前掲書、一二四頁、山田、前掲書、一八三頁、平野、前掲書、二二七頁等々を参照）。もっとも、野呂の第一論文では、幕藩体制は純粋封建制としてではなく、崩壊期封建制として位置づけられてはいる（野呂、前掲書、四四頁以下）。

＊26　石堂清倫・山辺健太郎編『コミンテルン・日本に関するテーゼ集』（青木文庫、一九六一年）。

＊27　拙著『明治維新史論へのアプローチ——史学史・歴史理論の視点から——』（有志舎、二〇一五年）第一編第一章。

＊28　検査例第二則にみられる「三四パーセントの地租徴収と六八パーセントの地代収入とを包括する二層の従属規定は、公力＝〔経済外的強制〕、その相関、によって確保された」（山田、前掲書、一九三頁）、「地租の源泉たる小作料搾取を公権的に確保」（平野、前掲書、二三頁）、「地租改正を枢軸とする政府の地主擁護政策」（同右、二七頁）等々の「地租改正＝地主制擁護政策」説が、それである。だが、山田が強調する検査第二則にみられる六八パーセントもの高額小作料の保障は、この検査例があくまで「検査例」にすぎず、既に本書の幾つかの箇所でも指摘したように、改租事業の進行にともないその適用が全面的に否定された事実からすれば、それを地主制擁護の論拠とすることはできないはずである。

＊29　事実、多くの「講座派」研究者にあっては、「半」は文字通りには用いられておらず、本質的に封建的なものと理解されている。

＊30　土屋喬雄・小野道雄『近世日本農村経済史論』経済学全集第五十九巻（改造社、一九三三年）三二六頁。

＊31　同右、三七七頁。

＊32　同右、三八七頁。

＊33　同右、三七六頁。

＊34　土屋喬雄・岡崎三郎『日本資本主義発達史概説』（有斐閣、一九三七年）六〇〜六一頁。

＊35　同右、六一頁。
＊36　同右、六三頁。
＊37　土屋・小野、前掲書、三二六頁。
＊38　かかる理解が、明治維新を「不徹底なるブルジョア革命」と見做す議論と符合するものであることを、指摘しておく。
＊39　土屋・小野、前掲書、三三三頁。
＊40　同右、三九五～三九六頁。
＊41　土屋・岡崎、前掲書、一九九頁。
＊42　歴史学研究会編『歴史と現代――歴史学研究会一九五四年度大会報告――』（岩波書店、一九五五年）。
＊43　この年には、福島大学経済学会の編集による寄生地主制を特集テーマとした『商学論集』（二三―五）が発表され、それが翌五五年に、お茶の水書房より『寄生地主制の研究』と題して刊行されたことも、ここに附言を要しよう。
＊44　一九六〇年には、土地制度史学会が地租改正を大会特集テーマとして組んだことが、この間の地租改正研究の盛行を明示していよう。ここでの報告者とその報告テーマは、丹羽邦男「わが国領有制の解体とその特色について」、近藤哲生「地租改正と地主制」、有元正雄・太田健一「地租改正と地主豪農層――岡山県地租改正反対闘争を中心として――」の三本であり（後に、『土地制度史学』一一号、一九六一年、に掲載される）、この報告者の丹羽、近藤、有元は、ここでの報告を基幹として後にそれぞれ一書をまとめ、六〇年代の地租改正研究の一翼を担った。
＊45　堀江英一『明治維新の社会構造』（有斐閣、一九五四年）一九九頁。
＊46　同右、一九六頁以下。
＊47　同右、一九九頁。
＊48　同右、二〇五頁。
＊49　同右、二〇六頁。
＊50　堀江英一「封建社会における資本の存在形態」（『堀江英一著作集』第2巻、青木書店、一九七六年）。
＊51　堀江の議論に対しては、次のような有元正雄の有力な批判がある。「明治一八年『公租諸掛』が全生産量の一六パーセントに低下したことをもって、明治一〇年代後半に胚芽的利潤の成立→農民的土地所有の確立というが、一〇年代後半は紙幣整理デフレ期で、生産力の急激な上昇がない段階に同一地租率でありながら、なぜインフレ期の一〇年代初めに農民的土地所有が確立しないの

か、理論的に納得できない」「このことは農民的土地所有の分裂＝寄生地主的土地所有確立の時点の不明確とあいまって、氏の理論の欠点である」（有元正雄『地租改正と農民闘争』新生社、一九六八年、七〇～七一頁）云々。加えて、堀江の理論に従えば、「国家的封建土地所有」説は、そこに法律的実態がともなわない曖昧な概念であるとも指摘している。かかる有元の堀江批判に、さらに本質的な批判を附言すれば、堀江は検査例による収穫の三四パーセントを地租とする一例を現実のものと錯覚した山田盛太郎と同様の誤りを犯し、それを理論展開の前提としているのみならず、この三四パーセントという仮定数値も、地価の三パーセントを地租とする当初の規定によっており、一八七七年の減租結果からすれば、その仮定比率はいっそう低くなることを看過していることも、堀江の議論の難点となっている。

＊52　藤田五郎の「豪農」論も、その一方の雄であった（『藤田五郎著作集――近世封建社会の構造――』第三巻、お茶の水書房、一九七〇年、他）。

＊53　古島敏雄・永原慶二『商品生産と寄生地主制』（東京大学出版会、一九五四年）他。

＊54　関順也『藩政改革と明治維新』（有斐閣、一九五六年）、同『明治維新と地租改正』（ミネルヴァ書房、一九六七年）。

＊55　歴史学研究会編『明治維新と地主制』（岩波書店、一九五六年）。

＊56　田村、前掲書、二二〇頁。

＊57　楫西光速・加藤俊彦・大島清・大内力『日本資本主義の成立』Ⅱ（東京大学出版会、一九五六年）。

＊58　宇野弘蔵編『地租改正の研究』上下（東京大学出版会、一九五七、五八年）。本書には、「講座派」的通説とは異なる立場から地租改正を捉えようとする意欲的な論稿が多数収載されており、研究史上大きな意義があったと評価しうる。その収載論文を以下に掲げると（地租改正そのものを対象とした論稿に限定する）、宇野弘蔵「地租改正の土地制度」、大内力「地租改正前後の農民層分解と地主制」、永井秀夫「地租改正と寄生地主制――山形県村山地方を中心として――」（以上、上収載）、暉峻衆三「地租改正における地価算定をめぐる問題」、永原慶二「地租改正と農民的土地所有権」、加藤俊彦「地租金納化と米穀商品化についての覚書」、遠藤湘吉「地租改正と地方財政」、武田隆夫「イギリスの地租と日本の地租」（以上、下収載）等々であり、次節において、このうちの幾つかを取り上げる予定である。

＊59　「この書は今日においてもまず座右に置くべき価値をもっており、全篇を通じて博引旁証されており、個別の問題についての評価もほぼ穏当である」（田村、前掲書、二四七頁）との田村貞雄の評価は、ほぼ正鵠を得ているといってよい。

＊60　福島正夫『地租改正』（吉川弘文館、一九六八年）三〇五頁。

＊61　『岩倉具視関係文書』第一（東京大学出版会、一九六八年）三五六頁。

＊62　福島正夫『地租改正の研究』（有斐社、一九六二年）二二頁。なお、引用頁は増訂版（一九七〇年）による。

＊63　福島の最近の論稿によると、地租改正によって保障された「所有権を幕藩体制下の持主の所持権とも、また近代的土地所有権とも区別して、私はこれを地券的所有権とよびたい」（「近・現代」、北島正元編『土地制度史』Ⅱ、山川出版社、一九七五年、二六〇頁）とし、この「地券的所有権の意義は、従来の封建的束縛をとりのぞきつつ地主的所有権をうちたてることにあり、地券はそれを成立発展させる用具だったのである」（同右、二六一頁）との所説からも判断しうるように、地主的土地所有、あるいは地券的所有権は、福島によれば、近代的土地所有とは範疇的に別個のものと考えられているのである。福島が地券的所有権なる概念を提出したのは、地租改正の地券制度が日本独自のものであったところから、その独自性を表現しようとしたためであろうが、かかる独自性のなかに貫徹する一般性を抽出しえなかったか、との疑念が残る。

＊64　近藤哲生『地租改正の研究――地主制との関連において――』（未来社、一九六七年）一四七頁。本書は、愛知県下の郡村を対象とした個別実証研究を通して、地租改正の本質に迫ろうとしたものである。

＊65　近藤哲生「地租改正」（歴史学研究会・日本史研究会編『講座日本史――明治維新――』5、東京大学出版会、一九七〇年、一九二頁）、および、前掲書、一四八頁。

＊66　後に取り上げる予定の丹羽邦男の次の見解は、この近藤の主張の原型とも云いうるものである。いわく、地租改正は「土地領有権の私的土地所有へのなしくずし的な移行を排除しつつ、農民保有権にそのまま私的所有権を認めるものであった」（「明治維新と地租改正」、古島敏雄編『日本地主制史研究』岩波書店、一九五八年、二九二頁）が、しかし、「地租改正において政府の認めたものは、農民の土地所有一般ではなくて、地主的土地所有に他ならぬ」（同右、三一〇頁）。

＊67　近藤、前掲書、三三六頁。

＊68　山田、前掲書、一九一、一九三頁。

＊69　近藤、前掲書、一四八頁。

＊70　維新政府と地主との連係が、その初発から存在していたのではないことは、後にみる永井秀夫、暉峻衆三、有元正雄等によって明らかにされている事実である。この点は、戦後の実証研究の「正」の面として注目すべき動向である。

＊71　近藤、前掲書、三三五～三三六頁。

＊72　同右、一四六頁。

＊73　長岡「改正地租の性格をめぐる若干の問題」（前掲）四四頁。
＊74　近藤、前掲書、一四五頁。
＊75　有元、前掲書、七七頁。
＊76　大石、前掲論文、四九頁。
＊77　有元、前掲書、四二四〜四二五頁。
＊78　有元は、かつての太田健一との共同報告「地租改正と地主豪農層――岡山県地租改正反対運動を中心として――」（前掲）では、「地租は封建的領有権の廃絶に伴う償却代価である」（同右論文、四三頁）との提言をしていたが、「地代形態ないしは租税形態として、その性格を規定する際には不正確である」（有元、前掲書、七三頁）との理由でこれを撤回し、「半封建貢租」説を打ちだすに至った。
＊79　有元、前掲書、二八五頁。
＊80　同右、二八九頁。
＊81　同右、六八頁。
＊82　「大塚史学」の近代主義的本質を鋭く突いたものとして、大谷瑞郎『資本主義発展史論』（有斐社、一九六〇年）第一章、同『経済史学批判』（亜紀書房、一九六九年）、鈴木博「戦後の講座派思想」（日高普編『講座・戦後日本の思想――経済学――』2、現代思潮社、一九六二年）等々がある。
＊83　かかる発想の根底にあるのは、共同体を「封建的」な存在とみ、「共同体的規制」と「封建」社会に特有なる「経済外的強制」とを同一範疇として認識する視座である。だが、共同体は「封建」社会以前にもまたその以後にも存在しうるし、「共同体的規制」は、かかる共同体が存続する限り、共同体の生産、秩序の維持機能を担うべくその内部に根をおろしているのである。ところで、この「共同体的規制＝経済外的強制」説は、戦後における「大塚史学」の隆盛にともない、学界の通説的地位を獲得するに至るが、近年ではこの両範疇を別個のものとして理解する認識も有力となってきた。以下、それらの代表的な考えを二、三紹介しておく。
楫西光速等の共著になる『日本資本主義の成立』Ⅱ（前掲）は、五〇年代の戦後版「講座派」「大塚史学」全盛の時代にあって、「講座派」の主張する「経済外的強制」について、明治維新の一連の「封建的」諸制限の撤廃によって消失されたと説き、農村に厳存する「共同体的規制（強制）」を「経済外的強制」と同一視する見解に対して、次のように批判を加えている。「共同体的強制には、それ自体が封建的に固有のものではないし、封建領主が農民を支配するために、このような共同体的強制が一定の役割をは

たしたとしても、それ自体が固有のいみでの『経済外的強制』であるわけではない。こういう共同体的強制は、自然的諸条件にたいする人間の支配力がじゅうぶん強大でないばあいには、自然の利用をめぐってかならずあらわれるものであり、したがって小生産者にはとうぜんともなう性質のものである。そしてそれはまた、いろいろな支配力によって利用されうる可能性をもっており、商人でも資本家でも、ばあいによってはかかる共同体的関係を利用するであろう。したがって共同体強制自体はむろんのこと、地主がそれを支配のために利用しているということも『経済外強制』の証拠とはなりえないであろう」（同右書、三二四頁）。なお、中村吉治『日本の村落共同体』新民俗文化叢書四（ジャパン・パブリッシャーズ、一九七七年、初版は一九五七年の刊行）も、当時の通説的見解とは相異なる理解を示した古典的労作である。

近年では、「たしかに明治期あるいはそれ以降の農村においても地主の支配力は大きい。しかし、そのような支配力は、封建的村落共同体の再編によってもたらされたものではなく、むしろその解体後、資本の論理にもとづく新たな社会秩序として構成されたものとみるべきである」（岩本由輝『明治期における地主経営の展開』山川出版社、一九七四年、三頁）との岩本由輝の見解や、近世的共同体の「機能分化、拡散による規制力の弱化をこそ共同体の解体過程の進行の現実の姿とみるべきである」（八木明夫『封建領主制と共同体』塙書房、一九七二年、二六七頁）との視角から、その内実を検討した八木の研究がある。また、晩年の守田志郎にあっても、「共同体は、封建的社会構成あるいはそれ以前の社会構成の基礎となる社会関係であるという、今日少なくも日本ではひろく常識とされている認識」（『日本の村』朝日新聞社、一九七八年、一八頁）には、「水利用における部落的な規制、その他の農業生産上の規制関係、集団栽培や協業経営などの新しい組織的方向への制約性、生活における部落的規制、あるいは村八分、あるいは合議制、こういった部落のもつ共同体的な性格が浮き彫りにされるというわけで、その結果これらのすべてが農民の生産と生活にとっての阻止要因であり、ひいては日本の社会発展にとって阻止的である」（同右、二二頁）という共通の理解が、近代日本の部落（農村）の本質を見誤ったものであることを強く批判している。玉城哲も同様に、近代の「部落は、人間の本来の集団である古い共同体そのものではなく、商品生産や私有財産制度など総じて社会構成の歴史的展開によって変形をうけた共同体的な社会関係」（玉城哲・旗手勲『風土――大地と人間の歴史――』平凡社、一九七四年、四三頁）であったが、「このような共同体的枠組みの根強い存続を支えた直接の原因は、農業生産そのものにおける個々の農民の自立性の弱さであった」（同右）、それは、日本の農村が稲作社会であったことに基づいており、「水利――灌漑と排水――における共同関係」（同右）が、「農民の稲作にとっての一つの絶対的前提として存在していた」（同右）のであって、かかる共同体の存続を捉えて、「日本の社会の西欧に対する『後進性』を示すものだといいきることはできない。大地とのかかわり方における歴史的構造の相違の帰結としてとらえることなしに、正当な理解を獲得することは不可能なのである」（同右、四三〜四四頁）と指摘し、伝統的共同体論に反意を表明している。

＊84 丹羽邦男『明治維新の土地変革――領主的土地所有の解体をめぐって――』（お茶の水書房、一九六二年）二四五頁。

＊85 丹羽の見解の紹介とそれに対する批判については、暉峻、前掲論文、原口清「明治初年の国家権力――丹羽邦男氏の近業によせて――」（『法経論集』一六号、一九六三年）、有元、前掲書「序章」、丹羽前掲書の骨子ともなった「わが国領有制の解体過程とその特色について」（前掲）に対する大石のコメント（前掲論文）、等々がある。

＊86 丹羽邦男「地租改正と農業構造の変化」（楫西光速編『日本経済史体系――近代上――』5、東京大学出版会、一九六五年）二六五頁。

＊87 同右『形成期の明治地主制』（塙書房、一九六五年）一六七〜一六八頁。

＊88 同右「地租改正と農業構造の変化」（前掲）二六七〜二六八頁。

＊89 楫西他『日本資本主義の成立』Ⅱ（前掲）三〇六頁。

＊90 同右、三二〇頁。

＊91 同右、三一九頁。

＊92 同右、三〇三頁。

＊93 同右、三二七頁。

＊94 同右、二九九頁。

＊95 大内力「地租改正前後の農民層分解と地主制」（宇野編、前掲書、上）。後に、大内力『日本における農民層の分解』（東京大学出版会、一九六九年）に収載、五〇頁、引用頁は後者のものを示す。

＊96 同右、一二九頁。

＊97 同右、一三〇頁。

＊98 宇野編、前掲書、下。

＊99 同右、一二二頁。

＊100 暉峻「さいきんの地租改正研究の成果をめぐって」（前掲）六三頁。

＊101 同右『日本農業問題の展開』(上)（東京大学出版会、一九七〇年）六一頁。

＊102 有元、前掲書、六七頁。

＊103 『歴史学研究』二七八号、一九六三年。
＊104 歴史学研究会編『明治維新史研究講座』第四巻（平凡社、一九五八年）。
＊105 『社会経済史学』三二―一～五合併号、一九六六年。
＊106 同右、二六―三、一九六〇年。
＊107 林健久『日本における租税国家の成立』（東京大学出版会、一九六五年）三頁。
＊108 同右、三三八頁。
＊109 同右、一九〇～一九一頁。
＊110 関『藩政改革と明治維新』（前掲）一七〇頁。
＊111 同右『明治維新と地租改正』（前掲）五頁。
＊112 同右、三九四頁。
＊113 同右、一〇頁。
＊114 ここにみられるように、明治維新に先行する幕藩体制下において、「事実上の農民的土地所有」の成立と貢租の「事実上の租税化現象が進んでいるとの史実認識（関、同右、六頁）が、関の地租改正理解の基底にある。
＊115 関『明治維新と地租改正』（前掲）一〇頁。
＊116 同右、一一～一二頁。
＊117 同右、五～六頁。
＊118 大谷瑞郎『幕藩体制と明治維新』（亜紀書房、一九七三年）一八頁。
＊119 歴史学的概念の混乱が、歴史像の歪みを生ぜしめることについては、拙著『日本資本主義と明治維新』（文献出版、一九八八年）附論「二」を、地代概念の問題に関しては本書第三編第八章を参照されたい。
＊120 永井「地租改正と寄生地主制」（宇野編、前掲書、上）一七六頁。
＊121 暉峻「地租改正における地価算定をめぐる問題」（前掲）一二二頁。
＊122 近藤、前掲書、一四七頁。
＊123 有元、前掲書、四三八頁。
＊124 長岡「改正地租の性格をめぐる若干の問題」（前掲）四六頁。

＊125　田村、前掲書、二六一頁。

＊126　拙稿「地租改正と明治維新」（『日本歴史』四〇四号、一九八二年）九四頁、改稿して本書各章に収載。

＊127　拙稿「地租改正研究史上の陥穽と今後の研究方向」（『日本歴史』四三九号、一九八四年）六五頁以下、改稿して本書各章に収載、同「本源的蓄積の二類型——日本的原蓄の理論的諸前提——」（『歴史評論』四二七号、一九八五年、拙著『明治維新史論へのアプローチ』（前掲）に収載）。

＊128　拙稿「地租改正研究序説」（『学習院史学』一〇号、一九七三年）五二頁、改稿して本書各章に収載。

＊129　当該書に関する筆者の感想は、「書評・田村貞雄著『地租改正と資本主義論争』」（『図書新聞』一九八一年四月一一日号）に記しておいた。

＊130　田村、前掲書、二六六〜二六七頁。

＊131　中村哲「領主制の解体と土地改革」（歴史学研究会・日本史研究会編『講座日本歴史——近代1——』7（東京大学出版会、一九八五年）一六二〜一六三頁。

＊132　同右、一六七頁。

＊133　同右、一五八頁。

＊134　丹羽「地租改正」（前掲）二九九頁。丹羽は、この自らの提言をその後の研究において具体化している（「地租改正と農業機構の変化」前掲、「明治前期における租税の性格について」㈠〜㈤、『商経論叢』八—二、三・四、九—一、三、四、一九七二〜七五年）。

＊135　長岡「地租改正——その研究史と問題点——」（前掲）一一二頁。なお、長岡はこの総括論文の五〜六年程前（一九六〇年）に、当時の地租改正研究の現状について次のような発言をしていた。「地租改正の本質は、たんに特定の村における地租改正事業の経過を明らかにすることによって把握できるといったものではない。だが、他面特定地域における地租改正の具体的進行過程を詳細に追求していくことなしには、たとえ地租改正における中央政府の方針は官庁資料によって相当程度解明できるとしても、評価は決して充分なものとはならないであろう。地租改正に関する個別・実証的研究が今日とくに要請される所以である」（「三重県一農村における地租改正過程」前掲、九〇〜九一頁）。この二つの長岡提言の違いが、六〇年代における地租改正研究の進展——殊に、その実証的研究の深化——を明瞭に物語っている。

＊136　関『明治維新と地租改正』（前掲）三九二〜三九三頁。

＊137　有元、前掲書、七七頁。

＊138　中村、前掲論文、一七四頁。
＊139　近藤「地租改正」（前掲）一七九頁。
＊140　これらのことと関連して、かつて筆者は次のように述べたことがある。「地租改正研究の方法論的進展のためには、日本資本主義の生成・発展を基底においたところの地租改正・地主制分析を行うという視点の確立が必要である。戦前『講座派』以来の発想は、まったくその逆で農業を基底においたところの分析視点に基づいており、それゆえにこそ、『半封建制』なる概念が導出されることになるのである。したがって、今後の地租改正研究は、分析視点の転回を促す方法論の確立をも射程におさめつつ開始される必要があろう」（「地租改正研究序説」前掲、五四頁）。
＊141　もっとも、注目すべき、二、三の研究がみられないわけではない。例えば、地租改正を歴史的全体像の中に位置づける試みとしては、丹羽の前掲論文、福島の近代土地制度史研究（北島正元編『土地制度史』Ⅱ、前掲、第二編）、および地租改正の理念——「旧貢租額の維持」「土地所有権の公認」「租税金納制」「租税負担の公平」——の持つ意味を検討することによって、明治維新の性格解明を意図した拙稿「地租改正と明治維新」（前掲）があり、また、地租改正をその政策的担い手の側面から解明した、大島清・加藤俊彦・大内力による『人物・日本資本主義——地租改正——』1（東京大学出版会、一九七二年）、静岡県を対象としつつ、地租改正と農民層の動向を民会の動きと関連させて追求した旧稿を、大幅に敷衍、改稿した原口清の『明治前期地方政治史研究』上（塙書房、一九七二年）、同様に旧浜松県を対象とした渡辺隆喜の「地租改正と遠州民会」（中村雄二郎・木村礎編『村落・報徳・地主制——日本近代の基底——』東洋経済新報社、一九七六年）等々がある。その外にも、六〇年代末—七〇年代には法制史家からの近代的土地所有に関する発言（宮川澄『日本における土地所有権の形成——明治初期における土地所有と近代的所有権——』（御茶の水書房、一九六九年）、篠塚昭次『土地所有権と現代——歴史からの展望——』（日本放送出版協会、一九七四年）、日本土地法学会編『近代的土地所有権・入浜権』（有斐閣、一九七六年）、同会編『土地所有権の比較法的研究』（有斐閣、一九七八年）、熊谷開作『日本土地私有制の展開』（ミネルヴァ書房、一九七六年）、戒能通厚『イギリス土地所有法研究』（岩波書店、一九八〇年）、原田純孝『近代土地賃貸借法の研究』（東京大学出版会、一九八〇年。さらに、経済史の側面から近代的土地所有論へとアプローチした椎名重明『近代的土地所有——その歴史と理論——』（東京大学出版会、一九七三年）等がある。なお、近年の研究状況については、岩本純明「近代的土地所有と地主的土地所有——最近の論義をめぐって——」（『農業経済研究』五〇—三、一九七八年）、牧原憲夫「『近代的土地所有』概念の再検討——最近の西欧近代地主制研究を手がかりに——」（『歴史学研究』五〇二号、一九八二年）が詳しい。また、最近では農民闘争からのアプローチ（斎藤康彦「地租改正をめぐる耕作農民の闘争——神奈川県での諸闘争を中

心に――」、津田秀夫編『解体期農村社会と支配』校倉書房、一九七八年、奥田晴樹「地租改正をめぐる農民闘争――和歌山県那賀郡――」、津田秀夫編『近世国家の解体と近代』塙書房、一九七九年、他)、さらに、地租改正自体の個別研究ではあるが、重要視されるわりにはその解明の遅れていた等級制度を対象とした拙稿「地租改正の等級制度」(『学習院史学』一三号、一九七七年)等々もみられるが、いまだ新たな視座を切り拓くまでには至っていない。

＊142 八〇年代の農民層分解と地租改正との相関関係を否定する研究の代表として、大内力『日本における農民層の分解』(前掲)、山崎春成「地租改正と農業構造の変化」(川合一郎・木下悦二・神野璋一郎・高橋誠・狭間源三編『講座・日本資本主義発達史論』Ⅰ、日本評論社、一九六八年)がある。

＊143 有元、前掲書、五七頁以下。

＊144 同上、四三七頁。

＊145 近藤、前掲論文、一七七頁。

＊146 大谷瑞郎『世界史のなかの日本史像』(亜紀書房、一九八一年)、同『近代史研究序説』(時潮社、一九七七年)他。今日では「絶対主義」概念に加えて「ブルジョア革命」なる概念も、歴史学会では使用されることがまれになった。現在の筆者の明治維新理解は、「近代化の第二段階」という位置づけである。この点に関しては、別著『明治維新史論へのアプローチ』第二編(前掲)を参照されたい。

＊147 ところで、「明治維新＝ブルジョア革命」説には、これまで政治史的アプローチがまったく欠けていたが毛利敏彦の明治六年政変の研究により、多大な成果がもたらされた。巷間、毛利のこの研究は、かつての六年政変理解を一八〇度転換させる新たな解釈として、その所説に共鳴するにせよしないにせよ、大きな注目を浴びた。しかしながら、有斐閣版『明治六年政変の研究』(有斐閣、一九七八年)はともかくも、中公版『明治六年政変』(中公新書、一九七九年)――殊にその前半部分――は、単に有斐閣版の新書レベルでの再説に留まらず、明治六年政変を素材としつつ、それへと至る過程を克明に分析することによって、維新変革期の一局面を政治史的に描きだすことに成功したほとんど唯一の労作である。おそらく、毛利自身もその点を強く意識していたのではあるまいか。その隠された意図を読みとるべきであろう。

＊148 なお、本章では取り上げえなかった地租改正に関する個別的な論争問題は、本書各章の当該箇所において随時言及してある。なお、ここでの総括と課題設定は一九八八年当時のものであり、近年のそれについては「終章」を参照されたい。

第二章

一九九〇年代以降の地租改正研究

1 書評・北條浩著『明治初年地租改正の研究』（御茶の水書房、一九九二年）

明治初年に実施された地租改正に関する研究は、戦前の資本主義論争下にその端緒をみ、戦後の福島正夫の実証的に精微な研究をきっかけとして、五〇～六〇年代に一斉開花したものである。その研究の中心テーマは、地租改正自体が土地と租税の両面にわたる改革であったことを反映して、耕地改租がもっぱら取り上げられることとなった。本書は、かかる研究動向からは外れてしまった耕地以外の土地所有問題を、詳細かつ執拗に検討したものであり、六四八頁にもおよぶ大部の研究書である。その分析視角の特徴は、著者自らが述べているように、「法制史的・法社会学的」観点にあり、分析の中心は地租改正における耕宅地とは異なる入会地・水路・池沼・墓地・林野等々の土地所有の問題におかれている。その構成は、以下の通りである。

第四部　林野地租改正
第五部　村持地・村支配地と所有
　あとがき

(1)

第一部は全四章からなる。第一章「地券制度と土地所有権」は、明治初年における地券制度の究明にあてられる。ここでは、地租改正に先立って実施に移された地券制度が、土地所有権を確定する政策であったことが強調され、地租改正はこの地券制度を踏襲すると同時に、税制改革としての側面をもそこに附与することで、「地券は所有権そのもの」(八八頁)であり、「絶対的な権利をもつと同時に、地価が記載されるゆえに地租の決定規準」(七五頁)ともなると論じ、地券制度は、所有権確定と新しい租税制度の両面を兼ね備えるに至ったとしている。

第二章「地券発行にともなう諸帳簿」では、地券制度をいわば側面から支えた三種類の帳簿(地券大帳・一筆限帳・地引絵図)のもつ意義が検討される。

第三章「公有地の成立と解体」は、地租改正に先立つ壬申地券期に成立した公有地が、その内容上、地価が定め難い村持地、村支配地、入会地、官有地で払い下げの予定地等々の、幾つかの原理的に異なる土地態様が一括されたことで混乱が生じ、地租改正期に至ると、明治七年一一月の「地所名称区別」の改定によりその区分は消滅し、官有地と民有地とに大別されるまでの過程を、所有規準に照らし合わせて分析したものである。ここで注目されるのは、公有地制度の解体は、その結果からすれば官有地の増大に繋るが、地租改正事業を担当した租税寮や地租改正事務局が、当初から「官有地創設を目論で」(二三七頁)いたわけではないことが指摘されていることである。

このことは、第四章「地券制度・地租改正と官有地」においても力説されている。いわく、「官有地については、きわめてはっきりとした規定が設けられていることに注意すべきである。無制限に官有地の存在を主張していないのである。つまり、結果として官有地が拡大する方法がとられただけである」（二六三頁）。

第二部も全四章からなっている。第一章「地券制度・地租改正における水路敷地の所有権」では、水田耕作中心の日本農業に不可欠な水利関係地の所有問題を取り上げ、旧幕期以来、慣習として確立されている水に対する権利が、水利関係地の所有者によって否定されるべきものではないことを実証し、「地券制度・地租改正において決定した土地所有権の帰属は、水の権利について、その帰属を決定するものではない」（三一八〜九頁）ことを明らかにした。

第四章「池沼の土地所有権」も、第一章同様の結論が導出される。すなわち、池沼においても「所有と慣行とが完全に分離されて」（三九四頁）おり、入会権や慣行水利権は、土地所有からは独立して保護されたことである。また、地租改正によって多くの池沼が民有地となったが、その判定規準は、「利用の状況、保護・管理の状況、慣行によるものであ」（三九七頁）ったことが明示されている。

前後するが、第二章「地価湧出地の所有権」では井戸と温泉地の、第三章「水面下の土地所有権」では海に面した開墾地の、いずれも特殊な、しかし、地租改正当時はその所有権帰属に紛糾がみられなかったとされるテーマが取り上げられる。

第三部は二章構成である。第一章「団体的墓地所有」では、著者が寺院墓地以上にその存在が多かったと推測される寺院以外の墓地が取り上げられ、それらが地租改正の結果、民有地として認定されそのほとんどが無税地となり、村持、部落、共有、共有代表者、個人等の各名義で地券が発行されたこと、そして、この「地券状にあらわれた名義は必ずしも実質を反映したものではないが」、「土地所有の形式的な名義よりも、墓地存在の実質的な内容が維持された」（四七五頁）ため、墓地の所有認定には紛糾が生じることが少なかった事実が指摘される。

第二章「寺院墓地と所有」は、まず、明治四年の社寺上地に触れ、境内が寺院のものとして残されたこと、「寺院墓地は、その多くが社寺上地をまぬがれた境内地にあっ」（五〇六頁）たことから、地租改正では、その境内と墓地との明確な区別がなされたこと、改租の結果、これらの寺院墓地は私的所有地となり、無税地となったこと等々を検証している。

第四部は四章構成であり、第一章「地券制度と林野所有」では、林野改租の特殊性を指摘しつつ、私有林野の認定と村持地・入会地の公有地への組み入れが進められたこと、第二章「地租改正と私有林野」では、私有林野認定の規準が、事実上の売買の確証があるか、その確認がなくとも公的機関が先祖伝来私有してきたことを証拠づけることができる土地であることにおかれており、その帰属をめぐっての紛糾はあまり生じてはいなかったこと、その理由は、林野の多くが「村持ないし村支配地・入会地であったことにもよる」（五四三頁）、との結論を示している。

第三章「林野官民有区別と国有地入会」は、昭和四八年三月一三日の最高裁判所判決を素材としつつ、国有地における入会の問題を山梨県の事例を援用しながら、地租改正期に実施された林野官民有区別が、あくまでも「地盤の帰属についてのみ行なわれたものであって」（五六八頁）、「入会権の認定に関する事項は入っていなかった」（五五三頁）ことを明らかにしたものである。したがって、官有地入会は、官民有地区別後も権利として存続したのであって、その後の入会存否をめぐる紛争は、国家権力と「入会人民との力関係」（五五五頁）によって決定されたものであり、「入会を一方的に消滅させるべきなんらの法律も存在しなかった」ために、「国家は、行政というかたちでの実力によって官有地における入会を排除しようとした」（五七〇頁）ことから生じたものであることを、論証した。入会地収奪を、地租改正―官民有区別の結果から直接的に導き出す通説的見解は、この分析結果によって、その根拠を失うこととなった。

第四章「山林原野入会と土地所有」では、村持地と入会との区別――自村持地における入会類似行為は「入会」とは呼ばれていないこと、「入会とは、多くの場合、他村持の林野での使用・収益についてよばれるか、他村との共同での使用・収益について使われる」(五七三頁)――を指摘し、林野所有の帰属については、田畑・宅地の所有論理をそこに適用したことによって、それとは異なる林野「支配の態様と強度」「地域差(慣習)」(五九一頁)等々の特殊性を考慮しなかったこと、入会の処理が的確に行なわれなかったこと、等々の問題点が指摘される。

第五部は、第一章「村持地と所有」のみからなる。ここでは、旧幕期以来「実質的に、村=村民が自分達のものとして確固たる支配を確立しており、日常生活的に当然のこととして自分達の共同利用に供しているもの」(五九七頁)を、村持地=村所有と呼び、この村持地が、地租改正によって私的所有の論理を適用され、所有の存在が認められたことを立証している。

(2)

ここまでで既に与えられた紙幅を超過してしまった。急ぎ感想を述べることにする。本書が依拠した史料は、地租改正研究の基本史料であり、『明治初年地租改正基礎資料』(有斐閣)と題してまとめられた租税寮改正局・地租改正事務局への各府県からの伺とそれに対する両局からの指令が中心である。したがって、幾つかの新しい史料の提示はみられるものの、利用されている多くの史料は、これまでの地租改正研究者には比較的よく知られているものである。著者は、これらの史料を丹念に検討することで、地券制度=地租改正における入会地・水路・池沼・墓地・林野等々の土地所有の問題を分析している。

本書で明らかにされた基本的な論点は、(1)地券制度=地租改正によって、領有制が「事実上においても解体し、はじめて近代的な所有権制度への移行が開始された」(四二頁)こと、(2)その地券制度=地租改正による「所有認定の実態は、きわめて現実的・実際的な規準によって、旧幕府期封建領主制下における私的所有を把握し」(九二頁)たことの二点にある。つまり、著者は、地租改正によって領有制が解体し、近代的な土地所有が体制的に確立したことを、地租改正の一般的性格として主張しているのである。「土地所有権を『地券』によって確証する、という法体系の確立によって近代的所有権の基礎があたえられ、全国の土地にたいする所有権の確認が行なわれた」（三一七頁）、「近代的（明治的）所有権制度確立の法制的根拠は地券制度にはじまる」（二八五頁）、地券制度によって、「所有権の近代的側面である観念的性格が確立された」（二八四頁）等々の文言が、本書にしばしばみられるのは、その証左でもある。

こうした地租改正に対する評価には、評者も賛成である。また、地租改正期における「中央政府の方針は官有地の絶対的維持と、その拡大に向かうような政策はとっていない。そこに官有地の払下げという政策が生まれ、払下げによる直接的な収益と、その後における生産の向上による税収の増大に期待をかけたし、無償払下げの場合には、投下資本は民間において行ない、その結果として生産が恒常的に行なわれるようになれば政府は税収の拡大につながるとみた」（三五〇頁）との指摘も、首肯しうるものである。著者の地租改正に対する評価は、総じてかつての通説的見解とは異なるものがある。明治維新政府の絶対主義的性格を強調し、地租改正によって確立したのは「半封建的土地所有」であるとの「講座派」的見解は、明示的にではないが明確に退けられていることが了解される。

(3)

本書の成果は、地券制度＝地租改正が、民有地を認定するにあたっての規準として、「田・畑・宅地において行なわれたものが、すべての土地にたいして基本的な規準となり原則となる。それはきびしい内容であって、今日における所有認定の規準からみても曖昧さはない」（二七三頁）ことを、田・畑・宅地以外の土地において論証したことである。だからこそ、本来であれば、田・畑・宅地の分析の章を立ててその検討を加えておれば、著者の結論は一層納得的なものになったのではないかと思われる。だがこの問題は、著者によれば、続刊を予定しているとのことであり、今後に期待する外ない。コメントを附すことができないままに与えられた紙幅の二倍近くもを費やしてしまった。著者にご海容を乞いたい。

2　書評・黒田展之著『天皇制国家形成の史的構造――地租改正・地価修正の政治過程――』（法律文化社、一九九三年）

本書は、明治前半期の地租改正と地価修正に視点を据えつつ、近代天皇制国家の形成過程を論じたものである。著者によれば、かかる形成期天皇制国家の主要課題の一つに地租問題が横たわっているという。本書が地租改正・地価修正を素材としつつ、天皇制国家の形成過程を論じようとするのも、このような著者の立場によるものである。本書の原形となった論文は、二十数年間にわたって著者が関西学院大学『法と政治』を中心に、発表したものである。これらの論稿を、近代天皇制＝啓蒙絶対主義という視角から再構成したものが、本書である。以下、各章毎に内容・論点を紹介し、その問題点を摘出してゆくが、最初に本書の全体像を目次から抽出しておくことが、後論の便となろう。

序　章　近代天皇制と絶対主義国家論
第一編　近代天皇制成立の基礎過程
――地租改正と地価修正――
第一章「近代国家」と租税制度
第二章　地租改正法の成立
第三章　地租・地価制度

第四章　地価修正
第五章　地価修正論の系譜
第六章　天皇制における土地・山林蓄積
第二編　天皇制と帝国議会
――地価修正の政治過程――
第一章　帝国議会と地租問題
第二章　議会開設期における地価修正運動
第三章　初期議会における地価修正運動
第四章　日清戦後の地価修正運動
終　章　天皇制・支配体制の確立
補　章　天皇制の確立と地主制論争
［資料］　初期（帝国）議会の嘆願書

⑴

上の構成からも明らかなように、著者の立論の基礎となる「序章」の理論的―研究史的整理の部分を除けば、本書は、明治初年から二〇年代初頭にかけての地租改正・地価修正の歴史過程を、天皇制形成期と設定して分析した第一編、明治二〇年代の帝国議会を地価修正の政治過程として検討しつつ、それを天皇制の確立期として総括した第二編とに、分かたれる。

序章では、著者の理論的立場（近代天皇制＝啓蒙絶対主義）を導出すべく、戦前の「資本主義論争」から一九八〇年代までに至る、およそ半世紀余にわたる絶対主義論が検討の対象とされる。ここでは、成瀬治(『絶対主義国家と身分制社会』山川出版社、一九八八年)、鈴木正幸(『近代天皇制の支配秩序』校倉書房、八六年)の両者に倣いつつ、一八・一九世紀に成立したプロイセン・ロシア・日本等の後進絶対主義を、啓蒙絶対主義なる範疇で統括する。それが、啓蒙絶対主義と呼ばれる所以は、「後進絶対主義国においては、この世界資本主義の進攻(外圧)にたいして、遅れて資本主義を達成すべき歴史的課題」(七二頁)が突きつけられており、啓蒙絶対主義はそれに対して、「絶対主義(国家)が官僚を養成し、官僚は上からの強力な指導・育成によって、これらの歴史的課題を達成する。そこに『啓蒙』(=官僚)の歴史的意味がある」(七三頁)とされる。この「啓蒙絶対主義の身分制的社会構造の法的表現」(六五頁)は、「一般臣民制」にあるとされ、その日本における成立を「解放令」による賤民制の廃止による平準化に求め、かつ、華族制の創出による新しい身分制の再編成に対して、「政治的に作為された政治的特権身分」との岩井忠熊の規定(「成立期近代天皇制と身分制」『日本史研究』二二一号、八〇年)を援用し、「一般臣民制」のもう一方の極に定置する。

第一編第一章では、地租改正という税制改革を分析する前提作業としてシュムペーター(『租税国家の危機』)によって提示され、林健久(『日本における租税国家の成立』東京大学出版会、一九六五年)によって日本へと適用された「租税国家」範疇を、近代税制の形成を論じる基軸概念として設定する。

第二章では、地租改正法の立法過程が分析される。著者によれば、明治政権の主要財源たる地租は、資本主義化における担税者(地主・豪農)と受益層(政商資本)との「矛盾の結節点」(九四頁)であって、明治前期政治史の「最大の政争課題のひとつ」であるとされる。かかる視点に立ちつつ、これまでの地租改正研究に対して、「運動と体制の交錯を政治過程としてみる視点」(九一頁)の欠如を指摘するが、本章では、もっぱら地租改正法の立法過程のみが取り上げられ、その政治過程論的分析には立ち入ってはいない。ここでは、神田孝平と陸奥宗光の地租改正論の地租改正法成立へ与えた影響の多大さが導き出され、その理念とする二つの地価観念の相違が、法定地価と売買地価の乖離という現実を生み出していったことが考察され、その矛盾が後の地価修正を必然化するとして、次々章（第四章）への架橋とする。

第三章が検討の対象とするのは、地租改正によって創出された地租・地価制度を、地券→土地登記の制度史的な展開の側面から概述しつつ、そこにおける土地所有の近代化過程を展望することである。本章は地券制度に関する記述にやや重複が目立つが、論点を整理すれば以下のようである。著者は、戦後の民法学、法社会学、法史学等の分野で提示された近代的所有権の理論に依拠しつつ、甲斐道太郎の提唱した「近代化プロセス論」に着目し、渡辺洋三の次のような議論を引用しつつ、自らの立脚点とする。云わく、「法律学の立場から、土地所有制度の近代化過程を問題にするなら、それは、交換価値支配権としての自由な絶対的土地所有権（私的所有権——評者）の法的確認をもって始まり、土地用益権の土地所有権にたいする優位の原則の法的確認をもって完了する一連の過程である」（二〇五頁）。かかる観点から地租改正の地券制度による土地所有権の確認を、日本における「私的所有権」の成立と捉える。つまり、地租改正は、「近代化」の起点としての私的土地所有権の成立（二一三頁）と見做され、その後の登記法（明治一九年〔一八八六〕）—地券廃止法（同二二年）を頂点とする明治二〇年代初頭を、寄生地主制の成立期であり、「土地所有権近代化の一応の到達点であるとともに、新たな土地法制確立への過渡期」（二三四頁）として位置づける。

第四章では、地租改正によって生じた地価の矛盾の是正を目的とした地価修正が取り上げられる。ここでは、明治二二年に実施された地価修正を、同一三、二〇年のそれと対比しつつ、次のようにその特質を論じる。①二二年の修正は、修正の範囲、規模において前二回のそれをはるかに凌ぐものであったこと、②前二回の修正では、改租当時における手続上のミスや不均衡の是正が中心であったが、二二年修正では、地租改正後の「新しい条件の変化（運輸の開通、その他）」（二八四頁）が修正の主要因とされた、③二二年修正の方法は、収穫修正に加えて米価修正が採用された。この二二年地価修正の意味を、著者は、以下のように捉える。すなわち、二〇年地価修正を契機とした全国的な地価修正運動の展開や、国会開設へと高まりつつある運動に対して、「政費節減による減租（地租軽減・地価修正）」（二九二頁）を実施することで、「人心ヲ収攬シ」「輿望ヲ継続」（同上）するところに、政府の真意があったと。

第五章では、明治一〇年代と二〇年代の様々な地租改正論（地租軽減論・地価修正論）が分析対象とされるが、中心テーマは二〇年代の地価修正論である。著者によれば、これらの地価修正論には、産業資本主義成立期という時期に照応して地主的要素とブルジョア的要素との二つの傾向が看取されるが、その「ニュアンスのちがいをこえて一つの方向、すなわち地主のブルジョアへの推転の要求」（三四七頁）が、基底にあるという。そして、この二〇年代の地価修正論は、一〇年代の地租軽減論から三〇年代に支配的となる地租増徴論への過渡期に特徴的な論理であると同時に、「地主からブルジョアへの推転の過渡性」（同上）を表現したイデオロギーであったとされ、「富国強兵（至上命令）と低い生産力段階との矛盾の特殊的表われであり、この時期におけるひとつの帰結であった」（同上）と位置づけた。

第六章は、天皇制の物質的基礎をめぐって、戸田慎太郎『天皇制の経済的基礎分析』（三一書房、一九四七年）、黒田久太『天皇家の財産』（三一書房、六六年）の先行研究二著を援用しつつ、その物質的基礎の形成、確立、拡大の過程が描かれる。また、かかる天皇制の階級的基礎については、山崎隆三『近代日本経済史の基本問題』（ミネルヴァ書房、八九年）に拠りつつ、「大正、昭和期を通じて高度に発達した資本主義（独占ブルジョアジー）を『階級的基礎』とする天皇制（国家）の階級的性格の問題、いわゆる『天皇制＝絶対主義論のアポリア』、即ち『上部構造と下部構造との埋めがたい割れ目』の問題」（四〇三頁）を指摘するが、そのことに対する著者の回答は示されてはいない。

第二編が対象とするのは、明治二〇年代における地価修正の政治過程であり、第一章では、その分析のための枠組が設定される。ここでは、初期議会の最大の政争課題として地租問題があったこと、それが地租軽減派と地価修正派とに分裂したこと、それらの初期議会における審議過程が、啓蒙絶対主義による議会統御の具体的現れであったこと等々が、指摘される。

第二編で分析対象として取り上げられた地価修正運動は、著者によれば、明治一七年から三一年にかけて生成、展開、終焉の過程を経た階級闘争であるとされる。第二章では、その生成期（第Ⅰ期）が検討される。この時期は、地租改正反対運動から地価修正運動への分化、変容が現実化してゆく過程であり、その運動の進展状況とそれに対する政府の対応の仕方等によって、以下のような三つの小段階が設定される。

(1)明治二〇年「特別地価修正」の段階（明治一七〜二〇年九月）

(2)明治二二年「田畑地価特別修正」の段階（明治二〇〜二二年八月）

(3)帝国議会開設の段階（明治二二年九月〜二四年二月）

地価修正運動の出発点は、地租改正によって決定された法定地価が固定化された「地租条例」（明治一七年三月）にあり、この法定地価を現実の地価に「より近づけようとする」（四五七頁）のが地価修正運動である、というのが著者の視点である。かかる地価修正の要求は、「批判の対象を『地租』から『地価』へ変えることによって」「もはや単なる地租改正実施の不完備を補うものとしての要求にとどまらず支配体制の修正、変革なしには実現されない要求として、体制批判の論理を内包する」（同上）ものとなるというのが、著者の地価修正運動に対する評価である。著者が、当該運動を階級闘争として捉えたのは、かかる認識に基づいてのことであろう。生成期におけるこの地価修正運動の段階的特質は、第一段階での米価更定請願による地価修正、第二段階での割高地価の引下げという要求からの地価修正、第三段階での租税均一化要求からする地価修正へと修正要求が展開していくところにみられる。著者は、この修正要求の変容を通じて、地価修正が限定された地方的問題から全国的問題へと拡大してゆく過程を展望する。

第三章では、帝国議会の開設によって、「一地方の問題にすぎなかった地価修正の問題が、……議会の審議に付され、全国的規模での院外活動の昂揚と結びあって、その実現を推進しようとする」（四七六頁）修正運動の第Ⅱ期が取り上げられる。この直接的契機となったのが、林有造「地価地租特別修正法案」の発表であり、それに反対する東北地方、山口県の非地価修正運動であったとされる。著者は、I期同様にこの時期についても、以下のような三段階を設定する。

(1)地価修正請願同盟の結成から地価修正期成同盟への改組に至る段階(明治二四年二月〜二五年七月)

(2)地価修正期成同盟への改組から日本農民協会の成立、発足の段階(明治二五年八月〜二七年末)

(3)日清戦後から地価修正の実現に至る段階(明治二八〜三一年)

著者はここで、議会内外における地価修正運動の展開を追いつつ、その運動の到達点として政治結社たる日本農民協会の結成を挙げ、その意味するところを次のように論じる。農民協会の結成は、①地価修正運動の発展において院外の請願運動が到達しえた帰結であり、②地価修正要求を「政略的操縦の具」として利用しようとする政府に対する不信であり、同様にそれに同調して否決した「貴族院の排除」を直接の契機とする、③院外における修正運動の盛り上がりに対して、政党としての政治指導を放棄した既成政党に対する不信の結果であり、④従来の議会内の運動の批判を通して、議会内外における運動の統一と徹底化が計られたものであった。以上の事実は、⑤農民協会が、「初期議会に残された豪農的性格の最終的集約点であった」(五一四頁)と、総括される。

第四章では、前章で設定された第三段階たる日清戦後における地価修正運動が分析される。本章冒頭で、「日清戦争は、政治問題を一新した。戦前の議会において主要な政争課題であった地租問題、新しく登場した『戦後経営』の問題に従属する」(五二四頁)と指摘されているように、「戦後経営」の財源確保政策の下で、地価修正派は合同して憲政党を結成したが、旧自由党系と旧進歩党系の足並みは揃わず、地租増徴派(憲政党=旧自由党)とその反対派(憲政本党=旧進歩党)とに分裂し、地価修正運動は「地租増否論争に従属」(五三三頁)し、包摂されていったとされる。こうした運動の分化は、「地租増徴を容認する新たな地価修正派の抬頭」「地租軽減を内容とする地価修正派の凋落」

（五四一頁）を特徴としており、その結果は、地租増徴と抱き合わせで実現された「地価修正は、本来それが意図したものからいちじるしく矮小化され、戯画化されたものと」（五四二頁）なったと評価される。こうして、地価修正運動は終焉を迎えるが、地租増徴が可決された第一三議会（明治三一年）は、地租増否をめぐって地主的利害とブルジョア的利害とに分裂し、「新たな階級的利害の衝突の出発点」（同上）となったと結んだ。

終章は、本書全体の総括部分に当たる。ここでは、地価修正運動が終焉した一九世紀末〜二〇世紀初頭を「天皇制・支配体制の確立」として括り、立憲政友会の成立をその劃期として位置づける。それは、「後れて形成された絶対主義政権としての天皇制が、憲法と議会を支配機構として装備し、さらに、そのなかに政党制を取り込むことによって、支配体制を構築」（五六五頁）、「確立」したものであると論評し、戦後に神山茂夫が提唱した「軍事的封建的帝国主義」概念を、そこに適用する。その際、那須宏によって再提示された「軍・封・帝国主義」の議論を著者の認識代わりに援用する。すなわち、「軍・封・帝国主義」とは、「世界史の帝国主義時代における後進国絶対主義の『上からのブルジョア革命』の挫折・壊滅の形態であり、絶対主義権力のもとにおけ資本主義的帝国主義の存在形態、いいかえるならば、資本主義的帝国主義の権力としての役割を機能的に代行しているところの絶対主義である」（那須宏「農商工高等会議について――日本帝国主義成立史上の一論点」『同朋学報』一一号、一九六六年）、と。

補章では、地主制確立期をめぐる安良城・中村論争に触れ、安良城説の立場から中村説の難点を指摘しつつ、この論争における地価修正運動の意味について言及している。

(2)

以上が、本書の概略である。評者のみるところ、本書の眼目は地価修正運動の分析にある。第二編第二〜四章、およびそれと密接に関連する第一編第五章が当該章に相当し、本書全体の四分の一ほどを占めている。ここでは、地価修正運動の生成、展開、終焉の過程を段階的に考察しつつ、資本主義の興隆とともに運動が地主的利害とブルジョア的利害とに分化し、ついには地租増否論争に包摂され、その歴史的使命を終えてゆく過程が具体的な史料を利用して描かれており、評者もここから多くのものを学んだ。

だが、その修正運動の分析と天皇制国家の形成―確立過程との照応には、必ずしも成功しているようには思えない。著者の天皇制国家論は、著者独自の論理構造に支えられているわけではなく、成瀬前掲書、鈴木前掲書、岩井前掲論文で展開された「啓蒙絶対主義―一般臣民制」論に全面的に依拠しており（序章）、天皇制国家の帝国主義への推転についても、後進絶対主義の「上からのブルジョア革命」の挫折・壊滅形態としての「軍・封・帝国主義」論を主張した那須前掲論文の全面的援用である（終章）。

上の議論は、「講座派―戦後歴史学」に特徴的であった「天皇制絶対主義」論の七〇～八〇年代版（修正説）ともいいうるものであるが、もはやその「絶対主義」論自体が、理論的にも相当の難点を孕んでいることが明らかとされている研究状況の下にあって（この点については、拙稿「明治維新論争の今日的地平」（『日本史研究』三二七号、一九八九年）で詳述しているので、ここでは触れない）、具体的史実―地価修正運動を、その「絶対主義」論の枠組のなかに封じ込めてしまうことは、せっかくの個別分析の意味が見失われてしまうように思える。ともあれ、論争史から学んだ著者自身の新たな、かつ説得的な「絶対主義」論が展開されているのであれば、本書に対する評価は、また別のものとなったろう。しかし、評者にとっては、地租改正―地価修正の歴史過程を「天皇制国家の形成―確立」として直接的に括ることに、そもそもの疑問を感じてはいる。

その外、二、三気づいた点を指摘しておく。一つは、近代的土地所有権に関する著者の理解についてである。著者によれば、「土地所有権が土地用益権に従属する点に、近代的土地所有権の著しい特徴がある」（二〇一～二〇二頁）とされるが、土地所有権が用益権に従属するのは、社会権保障を旨とするすぐれて現代的関係なのではあるまいか。

所有権の絶対性こそ、つまりは用益権の所有権への従属こそ（著者によれば、かかる所有権は「私的所有権」と呼ばれるものであり、「近代的所有権」とは明確に区別すべきであるとされる）、近代的土地所有権の特質として見做すべきではあるまいか（この点は、近代的土地所有権の現代的土地所有権への移行という論法で、評者は旧著『地租改正』において検討を加えているので、ここでは繰り返さない）。

二つは、地券制度が消滅し、寄生地主制の成立期でもある明治二〇年代初頭が、「土地所有権近代化の一応の到達点である」（二三四頁）とされる場合の、「一応」とは、上の土地所有権範疇との関係で如何なる意味を有するのか。この点に関する具体的指摘がみられないことである。つまりは、その「到達点」の内実が不明なのである。

三つは、「租税国家」範疇の日本への適用についてである。この「租税国家」なる範疇は、周知のようにシュムペーターによって提示され、林健久『日本における租税国家の成立』によって明治維新以降の日本に適用されたものである。林前掲書は、地租を近代的租税として捉える視点を明確に打ち出し、かつ、そのことによって明治維新がブルジョア革命であったことを立証したのであるが、そしてさらに、「租税国家」とは、ブルジョア革命後に成立する近代国家であり、「封建制度、絶対王制の場合のような土地領有にもとづく支配から自らを分離」（林、前掲書）した統一国家であると明言もしている。かかる見解は、著者の議論と真っ向から対立するものである。ところが、本書には、こうした問題が一切触れられてはいない。のみならず、本章末尾には、「改正地租を主柱とし、それに他の租税を配したうえで、憲法、会計法など会計制度の整備が進み、国会開設をみて、原蓄期が終るころには租税国家として最小限必要な体制がととのった」（林、前掲書）との林の立論を引いてその結論としている。林説（ブルジョア革命説）とは異なる立場にある著者が主張する「天皇制国家＝啓蒙絶対主義の成立」説を説得的に展開するためには、この点についての言及は避けられなかった筈である。

四つは、第一編第六章「天皇制における土地・山林蓄積——天皇制の物質的基礎——」の論理構成についてである。

この章は、第一編「近代天皇制成立の基礎過程――地租改正と地価修正――」の最終章に当たる。したがって、形成―確立期天皇制の物質的基礎を分析することは、本書の論理的要請に合致するが、天皇制確立期以降（大正、昭和期）にみられる物質的基礎の拡大過程にまで筆を延ばしているのは如何なる理由からであろうか。ましてや、その段階における「天皇制＝絶対主義論」のアポリアに対して、前節でも指摘したように、著者は明快な回答を用意してはいないのである。本章の有様については、評者は全く理解ができなかった。

五つは、地価修正運動の評価に関する問題である。本書には、近年の当該研究、例えば、今西一『近代日本成立期の民衆運動』（柏書房、一九九一年）にみられるような地価修正運動への評価――帝国議会開設前夜の地価修正運動は、「村落の範囲を超えた広域的な『結社の代表』という性格」を有した「租税共議権」闘争であったが、それに続く初期議会下の地価修正運動は、要求の「物取り主義」、組織の「名望家」による「請負い主義」が顕現化し、先の運動がもっていた「遺産」を継承しえていない、との厳しい評価――は、著者の「地価修正運動の全過程＝階級闘争」論と明らかに異なる理解を示している。こうした見解に対する著者の批判的コメントが本書には全く見当たらないが、著者自身の議論をより鮮明にするためにも、積極的な言及がなされるべきであった。

最後に、本書の叙述スタイルについて一言しておきたい。本書は本編五八八頁、資料編を加えれば六二〇頁にもおよぶ大部の著作である。しかし、本書が大部であることは、一つに叙述の重複、二つに先行研究の長文引用という、叙述（思考）の荒っぽさによっているように思える。叙述の重複については、本書が二〇年以上の長期にわたる論文の集大成であることにその理由の一半があるのだろうが、読者からすれば、一考を要していただきたいところである。先行研究の引用についても、その引用がかなりの長文であり、ときには章・節の結論部分までが先行研究の引用で占められていては、ましてや、それに対する著者のコメントも記されていないままでは、著者本来の意図と結論が奈辺にあるのかの判断ができず、戸惑うこと一再ではなかった。かかる贅肉を意識的に削ぎ落とす作業が加えられていれば、そして、先行研究の手際よい援用と、それに対する適切な著者のコメントが記されていれば、相当に紙幅の節約もでき、評者の戸惑いも生じなかったと思われるのである。

本書から多くのものを学びながらも、舌足らずな批評になってしまった。ひとえに評者の力量不足の故である。著者にご海容を乞いたい。

3　明治維新における国際的契機と近代化政策
——丹羽邦男著『地租改正法の起源——開明官僚の形成——』（ミネルヴァ書房、一九九五年）に接して——

本書は、地租改正の研究で知られる丹羽邦男の遺著である。「はしがき」末尾に記されている［付記］によると、著者は本書校正中に急逝されたという。研究者であれば誰しも、自著の刊行を心待ちにして校正作業に打ち込むものであるが、完成間近にして鬼籍に入らざるをえなかったことは、甚だ残念であったに違いない。著者のご冥福を祈るとともに、遺著で著者が何を明らかにしたかったのか、その研究史上における意義と問題点について、二、三検討してみたい

本書の構成は以下のとおりである。

序　章　明治政府と地租改正
第一章　発端——明治二年の悪贋貨問題
第二章　贋貨をめぐる政治動向
第三章　開明官僚の形成

第四章　改正掛の改革理念
第五章　民蔵分離の時期
第六章　廃藩政府の出現と租税改革
終　章　地租改正法の成立

(1)

第一章では、これまでの研究史で不当に軽視されていた維新期の悪贋貨問題が取り上げられる。贋貨流通問題は、明治二年一月に諸外国から抗議を受けたことに始まり、それが新政府自体の正当性に係わることでもあって、まもなく政府首脳もその重大性を認識するに至り、会計官の実権を握った大隈重信が、この問題に取り組んだ。諸外国に対しては贋金と正貨との交換、国内においては贋金と金札との交換を実施し、加えて幣制の混乱を立て直すために、この過程で新たな通貨制度を模索しつつ、同四年五月に至って新貨条例を公布し、統一的な貨幣制度を樹立していった。悪贋貨問題は、ここで最終的に解決された。かかる一連の動向に対して、著者は、新政府がこの問題を「外交上の問題」から「国内問題」へと転化させたことで、新たなその後の政治コースが形成されたと評価し、このコースが廃藩置県とこれにともなう諸改革の実施へと繋がってゆくとの視角を提示する。本書が対象とする維新政治史分析の緒が、悪贋貨問題に設定される所以である。

第二章では、前章で検討した贋貨問題が、版籍奉還前後の政治動向と絡めて再論される。著者によれば、版籍奉還前の政府を支持する社会的基盤は皆無に等しい状況にあったが、版籍奉還（明治二［一八六九］年六月）後は、七月に行なわれた三回にわたる各国公使との会談（高輪談判）を「早期決着」（六一頁）させ、また、贋貨鋳造の中心となっていた薩摩・土佐二藩からは、贋貨私鋳を認める「自訴状」を提出させるまでに至った。こうした事実に対して、著者は、「版籍奉還の成功によって強化された明治政府の権威」（六三頁）の反映であり、「政府の主体的条件が強化したことにもとづくもの」（六一頁）であるとの評価を下す。

第三章は、版籍奉還後の官制改革とその人事（三職体制＝右大臣・大納言・参議）が、国内外の「現実からの強い要請」（八二頁）によって形成されたこと、そして、その後の民部・大蔵両省の合併も、「大隈―大蔵省の行政と、在来の民政とが、人民支配をめぐって政府直轄府県の各地で起こした対立・摩擦を基礎にもっている」（八九頁）として、大蔵実務官僚とそれに支えられた大隈の意向を、合併問題の軸に据えている。

さらに、会計官―大蔵・民部省内に設置された監督司にも触れ、予算制度の存在しない段階にあって、旧幕府勘定吟味方の機能を受け継ぎつつ、「行政実務に長けた個人」（九九頁）を集めた官僚グループであり、これを著者は、当該官省によった大隈・伊藤・井上馨等の開明派が、「集権政治をめざす諸政策の策定、実施をすすめる重要な機関として機能した」（九八頁）と位置づけ、第一、二章で取り上げた贋貨処理の具体的措置も監督司が遂行した業務であることを明らかにして、その存在と活動の意義を高く評価した。著者によれば、この監督司の活動は、「版籍奉還から廃藩置県にいたる間の政情に適合的な、すぐれて過渡的な性格のもの」（九九頁）ということになる。民部省改正掛についても、同様の高評価が与えられる。渋沢栄一の提言によって民部省内に新設されたこの改正掛は、その活動がきわめて多方面にわたり、政府の基本政策についての建議や稟議等を行い、民政改革を含めた数多の改革作業を進め、民部・大蔵省（大隈・伊藤・井上）の頭脳集団として機能した。著者は、このように分析した上で、「『万国並立』のための近代化政策を積極的に推進する部局が、民部省改正掛として誕生した」（一〇八頁）と位置づける。

第四章では、改正掛の調査・立案した幾つかの事項が具体的に検討され、その改革理念が抽出される。まず、明治二年一二月の日付をもつ民部省戸籍編製法が取り上げられ、これには「版籍奉還の精神にもとづく新たな人民支配の樹立が意図されて」（一三六頁）いるとして、次のような特徴を掲げる。これまでの戸籍編成が政府直轄府県を対象としていたのに対し、府藩県全体での施行を前提としていること、族籍別の戸籍編成が示されているが、「藩主―家臣関係のみならず、広く一般の主従関係に及び、天皇の下で華士族平民ともすべて平等であるとする、一種の『四民平等』思想が根底にあること」(一三七頁)、云々。そして、この法案の作成が、「改正掛における身分解放令草案作成の導火線になった」(一三八頁)、と見通す。その解放令草案は、賤民廃止と封建的主従関係の否定を謳っており、両案に共通して「王民としての四民平等思想」(一四三頁)が貫かれていたと指摘する。改正掛のメンバーの多くが身分の低い幕臣であったことがその因であるとし、「改正掛を中心に形成された官僚群は、とくにその初期において、賤称の廃止や大名―家臣の主従関係の否定に強い意欲をしめした」(一四四頁)と結んだ。

さらに、改正掛の主要な立案事項として、度量衡改正・全国土地測量・通信交通制度の改革・宿駅制度の改正等々や、輸出奨励策・宝源局(殖産興業の実施機関)設置構想をもったこの段階の殖産興業政策が検討される。こうした諸政策について著者は、「人民による自発的な技術発展を期待する啓蒙的性格」(一六〇頁)、「民業の自主的発展を助長」(一六三頁)するものであり、ここに改正掛の近代化構想の特徴があったと論じる。ついで、改正掛の租税改革問題に触れ、無租地の廃止とそれへの課税を企図した明治三年四月時点の民部省からする太政官への伺には、「特定の身分の者に対する封建的特権を認めず、貢租負担の不公平をなくし、均一化する、という意図」(一六七頁)があり、それは「貢租の近代的租税への転化を図るもの」(同)であったと評価する。また、同年五月に改正掛によって立案された建議をも引き合いに出し、租税を「邦土人民ヲ統治スル資用」と規定した改正掛の理念についても、同様に評価した。

第五章では、民蔵分離期における中央政局の動向が検討される。版籍奉還後の二年八月に民蔵合併が行なわれるが、この下で成長を続ける官僚群に危惧を抱いた大久保は、その勢力を自己の統御下に置くことを企図して、まずは三年七月に民蔵分離を実現させた。著者はしかし、このことをもって「必ずしも大久保の勝利と考えない」(一七九頁)

として、これまでの通説的評価に異を唱える。大久保の目的とするところは、これまでに民部、大蔵両省によって牛耳られていた政府の実権を、政府首脳（三職）の側に取り戻すことにあるが、租税司の民部省移管も旧幕人（近代化政策の推進者）の追放も実現できず、「民部省を自己の支配下に置くことができただけにとどまった」（一九三頁）と結論を下した。

さらに、同年閏一〇月に工部省が新設されたため、民部省の所管がさらに狭まったことも、その理由として付言する。また、分省後の民部省をも取り上げ、省内の開明官僚たる杉浦譲（駅逓権正・地理権正兼任）の政策立案過程を中心に記述する。ここでは、民部省が、陸上運輸制度の改革や郵便制度の創設事業等の実現に努めながらも、他方、省内にある戸籍法の改正などにみられた民部大蔵省の近代化改革路線の延長上にあるものに対しては、これを「容赦なく抑圧」（二一五頁）していった事実を明らかにし、「全国租法改革にも消極的で」、杉浦の主張する地理司の充実についても、それが「官僚組織の整備を意味」（同）することから、まったく手を触れなかったと指摘する。

第六章では、廃藩政府の成立とその前後における租税改革問題が言及される。著者によれば、民蔵分離をめぐっての政府内対立は、その後の廃藩構想の場へと受け継がれるが、廃藩置県直前・直後の大規模な政府人事と官制改革を、その政争の具体的表現とみる。さらに、ここで大久保と大隈、井上との間に妥協と「一定の協力関係」（二四三頁）が成立し、「民部・大蔵・兵部省の官僚機構を掌握した井上・大隈・大久保が木戸・西郷を擁する形で」（二四五頁）、廃藩直前に新指導部が出来上がったと論じる。著者は、こうした新たな政府人事の創出によって廃藩の早期決行が可能となったと指摘しつつ、早期廃藩断行の内実を木戸、西郷、大久保の発意ではなく、「下からの突き上げ」（二四七頁）によって動かされたのであり、そこにおける井上の役割を強調する。廃藩置県後の政府人事は、こうした妥協の産物であったと結んでいる。

次いで、廃藩置県後の租税改革が取り上げられる。この租税改革は、これまでの大蔵省路線に一本化されるが、そこでは租税負担の公平化を目指して、まずは従来の無税地への課税を実施し、ついで新地税法（地租改正）へと着手するという二段階方式で進められた。この方針に沿って大蔵省は、八月一九日の「御布告案」において、「無税地の各種土地すべてを列挙し、これへの貢租賦課を宣明した」（二七〇頁）が、その無税地は、郷士、百姓、町人等の「由緒地」、三府五開港場の市街地、賤民屋敷地の除地等々、それぞれに性格が異なるため、有税地化するにあたっては、「性格の異なる『無税地』別に、個別に法令を出さねばならないことに」（同右）大蔵省が気づいたとして、上杉聰『明治維新と賤民解放令』（解放出版社、一九九〇年）によりつつ、この「御布告案」が無税地の性格に応じて三つの法令に分解されたと論じた。その一つが賤民廃止令である。ここで著者が強調する点は、従来無税であった賤民屋敷地への地租賦課が、賤民身分の解消と同時に行なわれない限り、権利―義務の公平を達成できない矛盾が生じたことが、四年四月に公布された賤民未解放の戸籍法（穢多非人は「平民ト戸籍ヲ同フセサル」「陋族」と規定）の改正を意味する賤民廃止令の布告となった事実であり、改正掛に結集した開明官僚や民部省地理司の杉浦譲等が、戸籍編成にあたって力説した身分解放や四民平等の論理が、ここに至って実現したことである。「廃藩置県後、四年八月の賤民廃止令公布を端緒として、にわかに租税改革が進行した」（二七三頁）とする著者の認識が、上杉聰より示唆を得た地租改正法と賤民廃止令との相関関係の重視に繋がってゆく。

この後の租税改革構想は地券税法として確立されたが、その端緒は、「民部、大蔵分離時代の神田孝平と渋沢栄一、杉浦譲らの接触にまで遡ることができる」（二七六頁）とし、ここでもまた、開明官僚によって採用が考えられていた近代化政策（神田建議「沽券税法」）が、復活したとの認識を示している。著者によれば、この地券税法は、「人民私的土地所有権の公証」（同右）であり、それは明治六年の地租改正法と基本的性格は同じであるとして、この段階で地租改正の方向が定まったとされる。

終章では、四年八月の賤民廃止令以下の三布告で無税地への地租賦課が確定したことで、「全国的に、土地所有ににおける四民平等が達成され」（二八五頁）、五年二月の土地売買解禁と壬申地券交付によって「土地の商品化が法認され」（同右）、同年七月に大蔵省租税寮内部に改正局が新設されたことで、「租税改革構想の実現が本格化した」（同右）と総括し、地租改正への展望を見据える。ところが、壬申地券段階にあっては、「土地状況の現状認識」（二八六頁）に欠けるために地価決定（売買地価方式）に支障があり、その交付が完了しないままに方式の異なる地租改正法（法定地価方式）が公布された。このような経緯で成立した同法に対して著者は、「欧米租税理論にもとづく近代的地租の決定という意図が強くみられる一方、わが国現実の社会経済状況の認識はきわめて不十分だった」（同右）と評価する。したがって、地租改正の実施過程では、その部分的改訂が重ねられていった事情があり、「地租改正法じたいの法文分析と地租改正事業の分析とは、明確な区別が必要である」（二八七頁）ことを力説し、後者の作業に著者が取り組むことを暗示している。最後に、本書の結論ともいうべき部分を引用して、内容紹介の結びに代えたい。

賤民廃止令、地租改正法などの一連の法令が、その後の実施過程で、形骸化し、あるいは修正されたからといって、これを軽視することはできない……これらの発令なくして日本の近代化はありえなかった。（両法）に示された四民平等＝土地の商品化は、実施過程で否定されたのではなく、わが国特有の形をとって具体化された（二八八頁）

(2)

以上、本書の内容を概述したが、通読してまず感じたことは、そのタイトル「地租改正法の起源」が必ずしも分析内容に合致せず、サブタイトル「開明官僚の形成」こそ、本書に相応しいタイトルではなかったかということである。そして、この点にこそ本書の最大の成果がうかがわれる。なんとなれば、本書が逐一検討している対象は、明治二年から四年末あたりにかけての、「開明官僚」の形成過程だからである。

著者は、監督司や民部省改正掛に結集した開明官僚によって立案された諸法令こそが、維新期における近代化政策の基底を形作ったことを明らかにするとともに、これまで明治実業界での指導者としての側面に焦点があてられることの多かった渋沢栄一に対して、彼の官僚としての思索と行動を詳細に検討したこと、また、従来は前島密の蔭に隠れがちであった杉浦譲を取り上げ、駅制改革や郵便制度の創設に果たした役割のみならず、彼の手になる人民の自主平等をうたった戸籍法原稿の分析とその後の推移（原稿と戸籍法・賤民廃止令との関係）、等々の詳細な考察を行なった。この外にも、開明官僚同士の密な接触を、日記や書簡等を駆使して解明することで、この時期の政策立案過程の特質を描いており、旧来の研究史の間隙を埋めるに十分な成果を示した。

本書のもつ意義として、さらに二、三点挙げたい。一つは地租改正法と賤民廃止令の作成主体が同一であることを立証するなかで、両法の関連が追及されたことである。ここに視点を据えたことで、賤民屋敷地への地租賦課をめぐる問題へと論理が展開し、それがまた、著者の意図する開明官僚の政策理念を検証することにも連なっていく。

二つは著者の維新史分析の方法に関することである。本書では贋貨処理問題を起点として、そこから廃藩置県へと至る国内政治過程を論じるという斬新な手法が用いられている。こうした著者の議論に対しては、維新政治史の研究者からの一面的にすぎるとの批判も予想されるが、著者が指摘している次の点、すなわち悪贋貨問題は、「明治二年一月以降において明治政府が直面した財政問題のなかの一部分であるが、この『一部分』こそが当時の政府のなかで政治問題としてとりあげられた財政問題の中心をなしている」（三九頁）ことを、多くの史料を用いて実証的に解明した点は、評者を十分に納得させてくれたし、また、著者の維新史理解の基底ともいいうる、統一国家達成の論理たる「外交問題」を「国内問題」に転化させるとする視角の具体的産物でもあり、[*1]教えられるところが大きかった。

もう一つは、版籍奉還に対する評価についてである。廃藩置県に先だって、版籍奉還を成功させることで明治政府の権威が強化されたことを強調し、雄藩割拠の「絶対主義的小国家形成」[*2]（六三頁）の可能性が失われたことを指摘した件は、評者もおおいに首肯しうるところである。このことは、しかし、本書に対する疑問にも繋がる。

著者の版籍奉還に関する評価は、「版籍奉還は決してそれを強行しうる条件が熟しておこなわれたのではなく、むしろすぐれて冒険的政策として実行されたもの」であるとの、下山三郎の議論（「近代天皇制研究序説」その七、『東京経大会誌』六七号、一九七〇年）によっているが、そして確かに、「政府の主体的条件の弱さ」（下山）、「政府を支持する社会的基盤」（丹羽）の脆弱さは厳として存在していたが、それにも拘わらず版籍奉還が達成されたのは、その上表文の曖昧さや藩の誤解などに求めるべきではなく、戊辰戦争以来の領主権の急激な衰退現象にこそ、その要因があったと考えられはしまいか。主体的条件の未成熟という状況の下で、冒険的な政策がともかくも達成されたのは、新政府に対抗する個別的領主権が、もはやその存続すら危ぶまれるところまで追い込まれていた結果なのではあるまいか。著者の議論には、概して領主制に対する過大な評価が見受けられる。このことは国際的契機を導入する著者独自の見解のしからしむるところであろうが、領主制のなし崩し的な解体の過程に、もう少し注目すべきであろう。旧著（『明治維新の土地変革』御茶の水書房、一九六二年）もそして本書も、戊辰戦争にはほとんど触れることなく、明治二年以降の中央政局の動向から筆を起こしていることが、こうした評価の因果系列を生み出しているのだろう。

ところで、国際的契機を重視する著者の立場は、近世史と明治維新史との間に抜きがたい断絶を持ち込むことになる。かつての著者は、幕末期に畿内周辺で成立していた地主制に、地租改正法が依拠していたことを主張することで（「地主制創出の政治過程について」、歴史学研究会編『明治維新と地主制』岩波書店、一九五六年）、その連続面の一端を開陳したが、前掲『土地変革』で国際的契機を導入し、国内的条件を基底とした旧説を否定したことは、研究史上においてよく知られているところである。ここで著者は、維新政治史における飛躍を国際的契機の導入によって解決しようとしたため、明治維新の一方の背景となる国内的条件は、正当に顧みられることなく捨象されてしまった。

戊辰戦争の勃発と同時に現出する領主制衰退の傾向に、著者の視点が深く立ち入ることがなかったのは、この点にも起因するのだろう。つまるところ、明治維新を分析する際の国際的契機と国内的条件とを二元論的に設定し、それを二者択一的な論法で切り取るような方法に問題の根源があったといわねばなるまい（拙著『歴史学と現在』文献出版、一九九五年）。この欠点は、旧著同様に本書においても解消されていない。

疑問の第二は、地租改正の評価に関するものである。著者の論理的枠組みに従えば、地租改正法の理念は近代的であるが、そこには「わが国現実の社会経済状況」（二八六頁）が反映されてはおらず、そのため実施過程で同法に対して「数多くの変更が加えられ」（二八七頁）ていったが、そこで「近代的土地所有として把握されたのは、『半封建的土地所有』たる地主的土地所有にほかならなかった」（二八八頁）、という理解となる。「地主的土地所有」は、しかし、それ自体として存立が可能なものではない。その背景には、幕藩体制下における商品経済を媒介とした質地売買（事実上の土地売買）があり、その土地売買の広範な展開は、農民の土地に対する権利の強化（事実上の土地所有権の獲得）が前提となっている事実がある。もちろん、旧幕期にはさまざまな土地慣行があり、あるいは共同体の維持を目的とする質地集積等の存在も無視できないが、少なくとも一方で商品経済的原理に基づく土地集積も進展していたのであって、地租改正の実施過程で著者のいう「地主的土地所有」のみにその論拠が求められたとは思われない。したがって、「旧幕期に展開した地主小作関係、地主的土地所有は、そのままの姿では私的契約関係、近代的土地所有にはなりえなかった」（二八八頁）との著者の理解には、強い疑問を覚える。著者が「地主的土地所有」を「半封建的土地所有」と評価する所以であるが、こうした「講座派」的議論の誤りに対しては、既に評者は批判ずみであるので（拙著『日本資本主義と明治維新』文献出版、一九八八年）、ここでは繰り返さない。

疑問の第三は、明治五年以降の壬申地券の交付過程で発生した諸問題への対処方法は、六年地租改正法へと結実した部分が相当にあると思われるが、これらの事実を著者のいう同法の「起源」と見做すのか否か、という問題である。

つまり、壬申地券の交付段階が、「地租改正法じたいの法文分析と地租改正事業の分析とは、明確な区別が必要である」（二八七頁）と著者が峻別した研究階梯のいずれに相当するのかが、評者には今一つ読みとれなかった。著者が「地租改正法の起源」をあくまで一般的・観念的な近代性として位置づけるというのであれば、壬申地券段階は「地租改正事業の分析」作業の一環に含まれることになるが、他方、壬申地券の交付過程での現実への対処方法が地租改正法の内容の一部として取り入れられている事実を注視すれば、この作業は「地租改正じたいの法文分析」として検討されることになる。こうした不鮮明さが生じた所以は、著者が「日本の現実」と「理念的な近代」とをあまりに機械的に対比した結果ではあるまいか。その基底にあるものは、頑なに日本の現実における近代の成長を認めない著者の立場ではあるまいか。

総じて本書は、明治政府の政策の近代性と現実の社会の非近代性とを極限において対比するという手法から成り立っているように思える。著者が、ここに国際的契機を導入する根拠は、右のような著者の独自な立場から必然化されたものなのであろう。政策理念と現実との乖離はいつの時代でも存在するし、特に明治維新においてそれは顕著であったことは、評者も十分承知してはいる。しかし、著者が記したような大きな乖離があったのならば、その後の日本社会の展開は、歴史の現実とは相当に異なったものとなったのではあるまいか。

（3）

著者は「終章」において、「地租改正法じたいの法文分析と地租改正事業の分析とは、明確な区別が必要である」（二八七頁）として、後者の分析を今後の課題として掲げている。その地租改正事業の具体的分析に関しては、『岐阜県史』（通史編・近代中、一九七〇年）で著者が詳細に展開しているところである。そこでは大量の地方史料が利用されており、これらの厖大なデータを基に、著者はこの本書で提示した視点に基づいて、新たに地租改正事業の実施過程をまとめる心算であったに違いない。この課題を果たすことなく鬼籍に入られたことは、どれほど心残りであったことか。われわれ明治維新の研究者にとっても、その成果をみることが不可能となったことは甚だ残念なことである。丹羽が残した課題は、歴史学界に対する宿題として受け止めてゆかねばならない。

註

＊1　前掲『明治維新の土地変革』では、明治維新史研究の視点として「国際的契機」の重要性が指摘されていたが、その具体的在り方については、今一つ説得性に欠けるうらみがあった。本書でようやくその課題の一半が果たされたと評価しうる。

＊2　著者も含めて、かつての明治維新史研究においては、この「絶対主義」なる概念がキーワードであると同時に、枕詞的にも多用されていたが、本書ではほとんど後景に退いている。この間の研究動向のなかで、「講座派」的発想が衰滅した事態が、ここによく表れている。

4　書評・奥田晴樹著『日本の近代的土地所有』（弘文堂、二〇〇一年）

本書は、『地租改正と地方制度』（山川出版社、一九九三年）に続く奥田晴樹の論著であり、日本における近代的土地所有の形成過程を、維新期における土地税制の改革であった地租改正と、そこで創出された地租との関係を通して、その歴史的性格を考察したものである。その構成は、以下の八章からなる。

第一章　近世の土地制度とその解消
第二章　神田孝平の地租改正定義
第三章　地租改正
第四章　関東の地租改正

第五章　近代的土地所有の確定
第六章　石川県の割地慣行
第七章　神田孝平の土地所有・地租論
第八章　近代的土地所有をめぐる法意識状況

（1）

第一章では、近代的土地所有が成立する前提としての、近世土地制度の特質とその解消問題を、最近の近世史研究にも言及しつつ、たいへん格調高い筆致で論点整理を行なっている。

第二章では、地租改正の提議者として知られる神田孝平を取り上げ、その提議内容を詳細に検討し、そこにみられる矛盾を丹念に指摘しながらも、それにも拘わらず彼の提議が、同時期の他の論者を圧倒するほどの内容を有していたことを強調する。さらに、これまでの研究が、神田にみられる「市場経済志向のブルジョア的徹底性」（四七頁）の究明にのみ関心が払われ、「税率や地価の決定に際しての、土地所有権に対する国家による制限を、合理化しうる法的根拠を開示できないというアポリアを抱え込んでおり、しかもそれは地租改正法にも継承されている」（同）点に、注意をはらってこなかったと総括する。

第三章では、近年の新しい地租改正研究を概観しつつ、地租改正がいかなる歴史的前提の下に成立し、その事業がどのような展開を示したか、そしてその過程でいかなる問題を惹起させたかについて検討する。ここでは、近年に至って豊富化された明治初期の政局史や政策史の展開と改租事業の動向とを連結させつつ、動態的に政府の改租意図と事業の推移を分析する。その結果、地租改正が旧貢租と比較して減租となったことを強調し、その減租分が「どのような形で社会の中に吸収され、さらにどう転形されていったかを探ることは」（七五頁）、日本近代史研究の避けて通ることのできない課題であると指摘する。

第四章では、関東の地租改正をめぐる論点について言及する。当該地方の改租は、地租改正事務局による強力な「指導」の下で実施されたことが、福島正夫の研究（『地租改正の研究』有斐閣、一九六二年）以来、つとに知られているが、著者はこの点について、関東改租の特殊事情、地租改正事務局の方針、等級調査、反収調整といった側面から検討し、かつ関東諸府県の改租結果をも吟味することで、改租過程における他府県との差異を見出し、その「指導」性を確認している。また、改租結果についても、関東諸府県の「減租率は、全国の方を明治一〇年減租以前の租率で算出したとしても、全国のそれよりも下回っている。問題は、全国の中でそうした位相にある関東の改租結果が、地租改正法の頒布に際しての上諭が改租目的として掲げる寛苛軽重の是正、公平画一の実現の範囲内、つまり寛苛な旧貢租を他地方と公平な水準の改正地租に是正したという程度にとどまるものなのか」（一〇九〜一一〇頁）との問題提示をしている。

第五章では、まず、地租改正から帝国憲法の制定へと至る過程で生じた土地私有権の可否をめぐる論争を概観し、ついで地券制度の見直しがはじまり、それが登記制度と土地台帳制度へと分解してゆくプロセスを取り上げる。これらを検討するなかで、地租と明治国家との関係を、「地租は、明治国家とその基礎をなす社会が大きく変貌していくのに伴って、明治国家の『中央—地方』統治機構を財政的、政治的に支える地位から滑り落ち、明治国家の潰滅とともに終焉を迎えた」（一三四頁）と結論する。

第六〜八章では、石川県の割地慣行、神田孝平の土地所有・地租論、質地慣行と地券発行に端を発した真土事件や、強固に存在する王土論などを取り上げ、そこにみられる当時の土地所有に関する法意識状況を検討し、「地租改正と、その所産（と——引用者）する土地所有や地租の法的性格を、近代的なものと単純に断じてすますわけにはいかない」（一八四頁）、との結論を下している。

以上が概要である。本書最大の成果は、日本における近代的土地所有の形成を論ずるにあたって地租改正の分析結果に加えて、その前提となる近世の土地制度の検討に始まって、改租〜帝国憲法期の土地法意識状況を取り上げるなどの手法を用いて、さまざまな視点からその特質を論じた点にある。アプローチの仕方も視野が広く、関連分野からの言及には教えられることが多かった。近年の研究状況にも目配りが行き届いており、脚注での参考文献の提示などにその博捜ぶりがうかがえる。

(2)

以下、本書に対する感想を幾つか記す。

一つは、地租改正が旧貢租と比較して減租になったという事実の確認から、本書が出発していることである。手前味噌になるが、評者はかねてより改租結果において旧貢租と新地租とを比較する際に、これまでの研究史が用いた地価三パーセントの数値ではなく、同二・五パーセントの数値を利用することの意味を強く訴えてきたが、著者はこの発言を正当なものとして取り上げられ、地租改正が減租となったことの意味を日本近代史研究の中に位置づけることを提言している。著者はその減租分が「どのような形で社会の中に吸収され、さらにどう転形されていったかを探ること」(七五頁)の必要性を強調することで、近代日本の農民経営の新たな分析基軸を提示し、その多様な在りようの可能性を示した。新地租を旧貢租同様の重い負担と見做す「講座派」以来の伝統的な理解の誤謬が、ようやくここに確認されたといってよい。もっとも、減租は全国一律にもたらされたわけではなく、地域によって改租結果はずいぶんと多様であるという事実に対する著者の認識が薄い点は、やや気になるところである。改租結果は、旧貢租の在り方によって大きく異なり、そこに寛苛軽重を是正し、公平画一の地租を確定するための理念が改租事業に課せられており、その結果が重租地域は減租、軽租地域は増租、また、稲作地帯は減租、畑作地帯は増租という傾向を示している。こうした地域別視点――県単位での比較のみならず、県内部へ立ち入っての地域的対比も含めて――を導入するならば、著者の論理はより一貫するものとなろう。

二つは、著者が第四章で関東改租の共通性を指摘していることについてである。旧水戸藩を擁する茨城県では、他の関東諸府県との関東畑永の処理方法の違いから、改租結果にもその影響が表れている（拙稿「鉾田地域の地租改正」『鉾田町史研究　七瀬』4号、一九九四年、後に『日本史学年次別論文集―近現代1　一九九四年版―』朋文出版に再録）。著者の指摘する関東改租の共通性といった性格は、基本的な方向では評者も同感であるが、事態はそれほど単純ではなく、地租改正事務局はそれぞれの地域の特殊事情をすべて切り捨てて一律に改租を進めたわけではなく、茨城県改租にみられるように、その結果にははっきりとした違いが表れている。このことは、関東ブロック内における地租負担の公平を企図したものとして注目すべき事柄であろう。

三つは、奥田の土地所有の法意識が世直し一揆や松方デフレ期に頻発した民衆騒擾などにみられる質地取り戻し要求などの民衆意識―慣行をも念頭においたものであり、近年の民衆史に通ずることについてである。評者も、こうした研究状況を否定するものではないが、そこには、地主や自作農の土地所有意識にまったく言及していないという共通の欠陥がみられるが、気にかかるところである。土地に対する――「所有」という――観念が、いわゆる「民衆」レベルにおけるそれと、土地集積を進める地主との間で、あるいは自作農との間で、大きく異なることは容易に推測されうることである。評者はこの意識の相異ズレを明治維新という時代状況のなかに、いかに取り込んで説明するのかということが、困難な問題であると同時に、緊要な課題であると考えている。奥田や民衆史研究の到達した地平からは、この点に対する回答が鮮明化されていないという印象を受けた。このことは、近代的土地所有に関する著者と評者との間に抜きがたい理解の相違があることに繋がるが、それを除けば多くの点において著者の描く地租改正イメージには強い賛同を覚えた。

いささか評者の関心にひきつけすぎて論評してしまったが、評者の狭い関心を嘲笑うかのように本書の視野は広い。大部の研究書ではないが、長い研究史の蓄積を十分に踏まえつつ、地租改正―近代的土地所有についての個々の論点を浮き彫りにし、その課題設定をも積極的に提示した本書は、凝縮された記述内容とともに、当該テーマを取り上げた書物としては、久方ぶりに読み応えがあり、評者は大いなる刺激を受けた。

5　書評・田嶋悟著『地租改正と殖産興業』（御茶の水書房、二〇〇三年）

表題にみられる「地租改正と殖産興業」というテーマは、「戦後歴史学」のなかで強く意識されたものであった。その内実は、明治新政府による政策史的分析であったが、それに対して本書は、山梨県を事例とした地域における当該テーマを取り上げたものであって、この間の地域史研究の進展をその背景としており、当時の研究状況と照らし合わせてみると隔世の感がある。以下、本書の概要を紹介する。

(1)

第一章「明治の変革と推進・抵抗」の第一節「地方行政機構の確立」では、慶応四年から筆を起こし廃藩置県による山梨県の設置、大区小区制の施行を経て、地租改正が竣功する明治九年末までのおよそ一〇年間にわたる地域編成のプロセスと、地方行政機構の確立過程を検討しているが、大小切騒動が決着した後の明治六年二月に着任した藤村紫朗山梨県令によって進められた県政に、その分析の重点がおかれている。

本書によると藤村県政のポイントは、旧幕府時代の郡中惣代・名主・長百姓らが、大区小区制下における区戸長に選出され、維新の改革が進められたと云う点にある。こうした事実は、これまでの研究史においても繰り返し指摘されてきたことであるが、著者はこの時期に頻出する村の合併問題を取り上げながら、地元の有力者（旧郡中惣代・名主等）が「区長、戸長、伍長として序列化」（四〇頁）され、そのシステムを県令藤村が「統括」（七頁）することで、改革がスムースに進展したと結論する。つまり、県令によって登用された区戸長層が政治に参加することで地方行政の序列化が促進されたというわけである。

第二節「山梨県の地租改正」では、地租改正の進行過程を区戸長層の活動に焦点をあてながら検討している。これには、理由がある。一つは本質的な問題で、区戸長層の「立場と役割を検討しない限り地方行政と産業の展開の道筋が明らかにならないと考える」（五一頁）著者独自の立場であり、二つは技術的な問題で、改租関係の史料が乏しいため、地租改正事業の中心的担い手となった「地元の区長・戸長より県へ差し出された『願伺』と、これに対する県の『指令』を中心に検討」（二七九頁）せざるをえなかったことである。

著者は山梨県では地租改正に先立つ壬申地券の段階で、他県ではあまり例をみない実地丈量に取り組んだことを明らかにし、ついで本格的な改租事業の検討へと筆を進めている。山梨県の改租事業は明治八年に着手され同九年九月には竣功するが、この事実から本書では、「着手と完了いずれをとっても早期であるところから改租は順調に進行した」（五二頁）、と総括する。評者によれば、壬申地券期における実地丈量の経験が、改租事業の期間を節約し迅速に進めることができた最大の要因であったと思われる。

改租が短期間で完了したとはいえ、県が提示した地価額は区戸長層の予想を大幅に超える内容であったから、それなりの紆余曲折があったことは、本書が明らかにしているところである。区戸長層は、しかし、次第に体制内部に取り込まれ、「建前」「大義名分」（八八頁）が形成されることで著者の云う「序列化」が促され、事業は進捗してゆくことになる。この「序列化」を妨げる行動に対しては、改租不服への処分という意味合いも含めて太政官布告第六八号を適用し、厳しい処分を行なったと指摘している。こうして、「上意下達」（二七九頁）の論理にしたがって行政が展開してゆく事実を検証する。

第二章「地方勧業の展開と結末」では、これまでの山梨県殖産興業政策の典型として取り上げられていた蚕糸業とは異なる部門にスポットが充てられる。その一つは綿織物業であり、県の後盾と第十国立銀行の資金援助を得、地域の有力者によって設立された農産社とその関連企業の動向が分析されている。詳細は割愛し結論のみを述べれば、原料綿糸の確保や販売活動の停滞など、地域的基盤に欠ける農産社は、設立当初から苦しい経営が続き、短時日のうちに破綻する。著者はこの事実を、新政府の方針に忠実な藤村県令が「新任早々の明治六年四月県下に宣言した『物産富植の告諭』が辿り着いた一面であった」(一三〇頁)と総括する。

もう一つは、山梨県特産品の一つである三椏(和紙の原料)を取り扱った殖産社の足跡が検討されている。当社は地元の安価な三椏を集荷してこれを大蔵省紙幣局に収納する、「いわば生産と流通を一手に掌握する共同結社」(一三七頁)として、明治一〇年に開業した。開業後まもなく資金面での混乱に陥るが、「三椏生産には追風」(一三九頁)が吹いており急速に発展してゆく。さらに、明治一五年に入ると製紙の海外輸出が増加し、順調に経営を伸ばしてゆくが、同二二年、殖産社は解散する。産業基盤が蚕糸業に移行する時代が到来したのである。その後、三椏生産は衰退してゆくが、「その意味で三椏生産を当地からみた場合、殖産社が解散した明治二二年は画期であり、同時に地域産業を担う人々の世代交代でもあった」(一四八頁)、と著者は指摘する。詳言すれば、「人々は海外の生糸市場の動向に否応なく対応せざるを得ない状況に身を置くことになる。三椏生産の盛衰はこうした環境の下に位置づけられる」(一四九頁)。

第三章「慣行と規範」では、山がちな地形から生ずるさまざまな慣行や山林利用の実態が取り上げられる。第一節「山野慣行と改変」で、旧幕以来の慣行である「背負取慣行」が明治以降においても、地元住民の意向に沿うかたちで「官林背負取料」を収めることにより、その存続が認められたこと、第二節「官民有区分と訴訟」で、官民有区分とその後の所有権帰属をめぐる訴訟と請願が検討され、一つは地元住民の要望である民有地化が否定され官有地と決定されたこと、別の一件は住民の意向がほぼ受け入れられ入会公有地とされたことを立証した。第三節「農林業と蚕糸業」では、山林原野利用の有様を北巨摩郡と南巨摩郡とを対象として分析し、明治以降における地域の変容を具体的に映し出している。

(2)

以上が本書の概要であるが、地租改正事業の担い手である地元有力者が、次第に地域社会の「序列化」のなかに包摂されながら、県の殖産興業政策にも呼応してゆく動きを、明示的に立証した点が、本書最大の眼目であると云ってよい。この点については、著者自らも以下のように語っている。「地租改正と殖産興業の視点から地元の有力者・藤村紫朗県令・政府や金融機関がおこなう資金供給、これら三者の結びつきを統一的に把握できたことにある」(一一頁)。そして、著者はこのことこそが「地租改正」と「殖産興業」を、「と」で結びつけた本書のタイトルの意味でもあったと指摘している。たしかに、著者の自負通りに、この分析は大いに成功したと評価しうる。ただし、このように云い切ってしまうと、第三章「慣行と規範」の位置づけが、はなはだ曖昧になってしまうように思われてならない。このことに対する気遣いがあれば、さらにまとまりのよい一書となったのではあるまいか。

紙幅も尽きてきたので、とりあえず二点ほど、第一章に関する疑問点のみ指摘しておきたい。著者は山梨県改租の特徴の一つとして、その着手と完了が「早期」であったことを指摘しているが(五二頁)、改租事業の内実を子細に検討すれば、ことに地価算定方式や等級制度の変遷に注目すれば、明治九年九月に竣功した山梨県の特質は、評者のいう「中期改租県」に分類されるものである(拙著『日本資本主義と明治維新』文献出版)。山梨県改租では、地価算定方式が自作地方式を適用しているにも拘わらず、地価決定の際に「小作約定書」の提出を求め、小作料を参考として利用しているなどの事実は、「中期改租県」によくみられる事例である。等級方式については、本書での具体的な言及がないので定かではないが、明治八年後半に入ると、次第に中央―県の規制が強まって全国一律化してゆく趨勢にあり、同県も同様であったと推測される。これに対して「初期改租県」の特質は、県の自主的判断によって改租が進められてゆく傾向にあり、そのタイプを異にするものである。著者の云われる「早期改租県」が、評者が設定した「初期改租県」と同列であるのかは定かでないが、とりあえず、この点は指摘しておきたい。

さらに、地租改正関係の残存史料が極めて少ないという事情があるとはいえ、地租改正によって決定された新地租額が、旧貢租額と比してどのくらいの割合で増減となったのかの分析がなされていないため、具体的なイメージが伝わってこない。郡や村段階における新旧税額の比較は、史料の残存状況によって検討が不可能な場合もあろうが、少なくとも山梨県レベルでの比較、検討は、『明治初年地租改正基礎資料』（中巻）に「山梨県管内甲斐国新旧税額差引調」が収載されており、これを利用しての分析は可能なはずである。

以上のことはともかくも、本書の刊行によってこれまでの山梨県近代史研究において等閑に附されていた地域や産業の実態が解明されたことで、あらたな研究段階への突破口がつくられたことは、大いに評価されるべきである。末尾ながら、評者も本書からは数多の貴重な知見を得ることができたことに感謝したい。

6　書評・滝島功著『都市と地租改正』（吉川弘文館、二〇〇三年）

本書は、著者が中央大学に提出した博士学位申請論文「都市における地租改正の研究」を基礎として、その一部を割愛し新たに書き下ろした論考を加えたものである。この学位論文審査の末席に評者が加わった経緯もあり、書評をお引き受けした次第である。

(1)

地租改正研究は、昭和初年の「日本資本主義論争」の時代から、「戦後歴史学」へと至る過程において、国家論、戦略論、日本資本主義論等からの帰結といいうる明治維新論の解釈に強く影響されて展開した。その後、一九六〇年代に入ると、福島正夫、丹羽邦男による緻密な実証研究が蓄積され、それに続いて近藤哲生、有元正雄、関順也等の研究が生まれるなかで、多くの成果をもたらした。

七〇年代以降は、一時研究の停滞を余儀なくされた時期を経験しつつも、「資本主義論争」や「戦後歴史学」の呪縛から解放された世代による新しい研究が進みつつある。ただし、その着地点については、いまだ模索の途中であると云ってよい。本書はこのような時代状況のなかから生まれたもので、これまでの研究では本格的に取り上げられることの少なかった都市における地租改正を対象としたものである。

まず、本書の構成を以下に示そう。

第一章　明治維新期三井組の土地所有と地租改正
第二章　「地価」の誕生
第四部　地租改正と都市空間の土地処分
第一章　河岸地と地租改正
第二章　明治初年の社寺地処分と地租改正
終　章　都市における地租改正研究の小括

第一部第一章では、明治新政府の成立後から廃藩置県に至る過程における、急進的な近代化政策を推進した民部・大蔵両省の活動が、租税改革を中心に解明され、ついで廃藩置県後に展開する大蔵省租税寮による土地・租税改革が検討される、著者はこのプロセスの「政治史的な裏づけを明確にしようとしたもの」（三二三頁）として本章を位置づけているが、その後にはじまる地租改正事業の前提、端緒を検討している部分でもあり、その意味では、本書の導入部といえる位置にある。ここでの著者は、丹羽邦男が『地租改正法の起源』（ミネルヴァ書房、一九九五年）で明らかにした開明官僚の役割に着目し、なかでも渋沢栄一については、新政府のなかでもっとも早くから租税改革に関する着手、順序を立案した人物であったとの高い評価を与えている。

第二章では、全国一般に先駆けて実施された東京における市街地券の発行過程を検討しつつ、これが次に続く市街地の地租改正に対して「全国の模範」となるべき意図が託されていたことを強調しつつも、なおかつ政府の認識上にある「旧税法」の枠内にあるものとの評価を確認している。また、この地券に賦与される地租税率は地価の一パーセントであり、土地所有者と認定された府内の地主にとって、「地租の負担自体は、量的には、さほど重いものではない」（八七頁）と、著者は断言している。

第二部では市街地の地租税率が郡村耕宅地と同様に三パーセントへと改定され、いわゆる地租改正法に準拠して調査が実施された市街地改租の実態を、東京（第一章）と仙台（第二章）を対象として検討している。先に見た東京府の市街地券の発行にあっては、「全国の模範となるべく、迅速かつ円滑な地券発行事務の推進を期待されたために、地券掛がとった拙速主義の調査の結果である実地測量の欠如や、便宜的に決定した旧武家地の地価など」（一〇一頁）の矛盾が孕まれており、本格的な改租の必要性が政府内外で指摘されていた。ここでは、明治八年における市街地租三パーセントへの改定と、翌九年三月に布達された「市街地租改正調査法細目」を契機に改租事業が本格化し、地位等級制度の導入に基づいて進められた作業を入念に分析している。市街地改租結果は地租の大幅な増加となったが、地租税率の改定にその要因を認めつつも、「金融の都合上、高い水準に地価を維持していた多くの商人地主にとって、地租改正とは、なんらの不利益も、もたらすものではなかった」（一三三頁）と結論し、その理由として、借地・借家人への地代・店賃の負担転嫁を挙げている。

第二章で仙台を取り上げる際に、著者は、「戊辰戦争の敗戦による仙台藩の封地削減と、禄制改革の影響を受けた士族層の窮乏を反映して、市街の衰微がはなはだしく、この点、市街地券の発行を目前にした当時の東京と近似した条件にあり、市街の基本構造なども、比較の都合上、適切な対象と考えたからである」（一四一頁）とその理由を述べているが、比較対象としての適切さを論じるのであれば、近似的なものよりも性格の異なるものを対象とする方が、より分析の広がりが得られるはずである。史料の残存という現実的な問題から仙台を取り上げたと云うことを、率直に指摘しておけば足りることであろう。それはともかく、この章では東京府の分析と同様の手法を用いつつ、改租事業の展開過程を追求し、決定された改正地価は「市街の実勢から乖離した高い水準」（一六〇頁）となり、新旧地租の総額差六・四二倍にも達したとしている。仙台では東京の地主層にみられた増租の他者転嫁の条件に恵まれず、「地租負担の面では、必ずしも、満足な結果ではなかった」（一六六頁）と指摘している。ところで、仙台の地租改正に対する評価を定めるには、「明治維新期に仙台を見舞った社会混乱の影響による衰微の状況から復興し、以後の情勢の変化、とくに、資本主義の成長過程における仙台市街の経済的地位の向上と、それにともなう地主の地租負担の変化の推移と総合して判断する必要がある」（一六八頁）と著者は附言しているが、ここまで地租改正の評価を引っ張ることには、大いに疑問が残る。この方法に従えば、その後の問題はすべて地租改正が直接的な起因となる。地租改正がその起点にあることは間違いないとしても、それは地租改正の評価を定める作業と云うよりは、それを超えた新たな研究テーマと云うべきであろう。地租改正に対する過大評価と云うほかない。

第三部第一章では、市中最多の土地資産を誇った三井組を例にとり、地租改正が個別経営に与えた影響について、「都市における市街地券の売買地価主義の盲点をつくことによって三井による東京の所有地は、官金抵当増額令による明治維新期最大の経営危機の克服に役立っただけでなく、財閥としての成長を支えることになる三井銀行の創立時の資本金としても活用したことなど、三井特有の経営の発展に不可欠な要素として機能した」（三二八頁）ことを実証するとともに、都市における土地を媒介とした経済と金融のシステムについても、「地租改正を端緒とする土地改革を経て、近代社会と資本主義の発展の基礎となった『近代的土地所有』が確立されて以来、現代までも一貫して、機能し続けてきた」（一九八頁）と論じる。

第二章では改正地価によってもたらされた諸現象について言及し、市街地券の紊乱を是正したこと、土地売買の実勢価格に近い水準に設定されたこと、固定地租制となり「地租の課税標準としての地価と売買価格との乖離、つまり、土地価格の二元化」（二二二頁）現象が発生したことを指摘する。この乖離の結果、売買地価と法定地価との格差はますます広がり、「地租改正当時の低廉な地価を据え置くことによって、実質的に地租負担の軽減となる優遇措置が施されて、資本制生産の発展の基盤となる都市経済の発展を促した」（三二九頁）ことを指摘する。

第四部第一章では河岸地の地租改正が取り上げられる。この河岸地改正の分析は、著者をもって嚆矢とする貴重な成果である。著者によれば、河岸地とは都市における生産・流通・消費という枢要な機能を担った水辺の都市空間であり、河岸地改正は河岸地の利用をめぐる近世的な権利と負担の関係を改革し、「河岸付本地の地主による河岸地地面の占有権を解消し、『町』と河岸地との分離が促され」（二八五〜二八六頁）、日本全国の土地分類である「地所名称区別」の体系の下に位置づけられたとされる。また、河岸地の「『水際に蔵が並ぶ』という画一的な景観」（二九〇頁）は、この改正による建築制限の強制によって出現したと、指摘する。

第二章では社寺地処分について検討が加えられている。ここでの著者は、「社寺地処分を地租改正による全国土地・租税改革の一過程」（三一七頁）であるとの認識を示しつつ、社寺地処分の実施により「すべての社寺境内を宗教空間として純化し」（二六頁）、河岸地改正と同様に、全国的に画一的な景観を出現させた空間構造の転換としての意味をも有していることを強調している。

終章では著者自らが本書を総括しつつ、以下のようにまとめている。「東京における地租改正の研究を通して、近世江戸の都市支配と、都市社会の基本構造は、地租改正の実施とともに最終的に解消され、近代東京の新たなそれらが構築されていく契機となったことを証明できたと思う。都市の地租改正は、近現代社会を通したあらゆる都市政策の前提であり、都市社会の形成の原点となった施策である」（三三二頁）、と。

（2）

以下、本書によって得られた成果について一言しておく。

本書は、これまでの地租改正研究では利用されることの少なかった「公文録」を中心とした国立公文書館所蔵の関係史料に着目し、それらを丹念に検討することで、研究史的に蓄積の薄い当該テーマの研究水準を実証的に大きく引き上げた。なかでも、河岸地を対象とした地租改正は、著者によって初めて本格的に取り上げられ、その内容が明らかにされたものであり、注目に値する。

また、三井家の経営史料を上手く使用しながら、都市商人地主における土地経営の諸問題についての詳細な事例が提供されていることも、貴重な成果として指摘しておきたい。

さらに、地租改正を都市史研究の一環として展開し、近世史研究の成果を有効に活用しつつ、近世都市が地租改正を契機として解体してゆく様を丹念に検証していった点も興味深い。

あらためて云うまでもないことだが、首都東京府の市街地改租が、全国的モデルとしての意味を有していたことを政策史的に立証したことも、本書の成果として挙げておきたい。

（3）

評者が気にかかった点については、紙幅も限られているので、根源的な問題にのみ限定して以下に言及しておく。本書の最大の成果は、先に指摘したように、研究の乏しい市街地の地租改正を取り上げ、それが近世都市の構造を転換させてゆく契機となったことを、詳細に分析、立証したことにある。しかし、この特質が本書の問題点ともなっている。

本書序章では、これまでの厖大な地租改正研究の研究史的整理が、市街地改租―都市改租という狭隘な視点からのみ総括されているにすぎず、そのため、地租改正の全体像に対する著者の評価、理解がはなはだ曖昧なものとなってしまっている。さらに、このことは本書のテーマである都市の地租改正が、総体としての地租改正のなかに有効に位置づけられていないという弱点にも繋がることになる。

市街地の地租改正が研究史の上で蓄積が図られなかったのは、それなりの理由があったからである。著者もそのことについて言及しているが、市街地改租についての身贔屓が昂じすぎてか、本来の研究史の在り方をみる眼が曇ってしまったように見受けられる。研究者が自己の取り上げたテーマの重要性を指摘することは、多分によくあることではある。その理由も分からなくはない。しかし、研究テーマへの思い入れが昂じて、そのテーマを過大評価してしまうことは、自らの研究の意義を見失うことにも繫がることを忘れてはならない。

とは云え、都市史研究の一環として地租改正を位置づけている点は、著者の今後に大いなる期待を抱かせる。この地租改正を近世史の終焉を象徴する新政府の典型的な施策として実証した成果がそれである。つまり、近世都市から近代都市への転換が、地租改正を最大の契機として進展したことを明らかにしたことである。しかしながら、明治維新以降の近代都市史との関係が直接的、抽象的にすぎ、地租改正のそこにおける意味が明解に位置づけられているとは云いがたい。例えば、その後に展開した都市の土地問題と地租改正との関係を、直接的に繫げて論じている視点がそれを典型的に示している。本書からうかがえる著者の慎重な実証的姿勢からは、およそかけ離れた飛躍的論理が展開されている。地租改正による近代都市への転換は、あくまでもその起点として位置づけるべきであり、その後の都市形成史、日本資本主義史との関係を踏まえてこそ、正しく論じられるものである。

論旨の不明瞭性ということであれば、地租改正研究を進める上で無視することのできない近代的土地所有論への著者の理解についても、同様のことが指摘しうる。このことは、本書の元となった著者の博士学位申請論文と本書との間にみられる微妙な言い回しの違いのなかに、象徴的に表れている。その次第は、以下のごとくである。

三井組→三井財閥の経営史料の存在により、地租改正を機に、成立した都市における近代的土地所有の意義を知ることが可能な唯一の都市でもある（学位論文、二〇頁、傍点は引用者。以下同様）。

三井組→三井財閥の経営史料を活用することによって、地租改正の結果と意義を知ることが可能な数少ない都市なのである（本書、一五頁）。

ここでは、傍点が施された部分「近代的土地所有の意義」が、「地租改正の結果と意義」という言い回しに書き替えられている。もう一つ、例を挙げよう。

形成途上の近代社会に適合する新たな土地制度の構築を意図して、地券制度を基礎とした全国一律の「地所名称区別」の土地体系に、国内全土を位置づけた近代的土地所有を確立した施策……（学位論文、二三一頁）。

形成途上の近代社会に適合する新たな土地制度の構築を意図して、地券制度を基礎にした「地所名称区別」の土地種類の体系に……（本書、二一三頁）。

この箇所では、「近代的土地所有」という語句がさり気なく削除されている。また、これとは異なる幾つかの場面では、近代的土地所有という語に対して新たに「　」を附している例がみられる。その一つは、「明治維新期における地租改正を端緒とした土地改革の実施によって、以後の近代社会と資本主義の展開の基礎をなす、近代的土地所有が法的に確立されてから……」（二一四頁）という学位論文の記述が、本書では以下のように「　」附とされている。

地租改正を端緒とする土地改革を経て、近代社会と資本主義の発展の基礎となった「近代的土地所有」が法的に確立されて以来……（本書、一九八頁）

同様に、本書への書き下ろし論考では、以下のように記されている。

地租改正による封建的領有制の最終的な解消と、「近代的土地所有」を基礎にした近代土地・租税制度の形成過程……（本書、三一七頁）

学位論文で用いられていた近代的土地所有という概念が、本書で消失している理由は、論文審査の折に評者がこの概念を使用するのであれば、その研究史的位置づけについての説明は研究者の避けて通れない課題であると指摘したことによっていると推察される。評者としては、この概念を積極的に使用されることを期待しての発言であったが、本書ではそれがさり気なく削除されてしまったのである。残念と云うほかない。

評者がこの概念にこだわるのは、かつての「資本主義論争」や「戦後歴史学」において、地租改正によって創出されたのは近代的土地所有ではなく、半封建的土地所有であるとの見解が通説となり、近代的土地所有論は少数派として切り捨てられた経緯があるからである。今日では、半封建的土地所有などと主張する研究者はほとんどおらず、近代的土地所有論が定着した感がある。だからこそ、地租改正研究に携わる研究者には、このことの意味を十分に指摘してほしかったのである。

この点についての言及を回避し「　」附けで用いる方法は、根源的なところでの議論を避け、研究史の展開を曖昧にする方策以外の何物でもない。「　」を施すことによって微妙な意味づけを附与しようとするのであれば、そのことを丹念に説明することが要請されるが、その説明は本書には見当たらない。著者のこの点に関する理解は、したがって、曖昧なままに放置されてしまっていると云わざるをえない。

以上、無い物ねだりも含めて論評したが、本書の出現によって、近代都市史研究の前提ともなるべき事実が明らかにされ、その基礎的部分が鞏固にされたこと、また、これまでの地租改正研究のなかで軽視され続けてきた市街地における地租改正の実態が明らかになったことは、十分に評価されねばならない。つまりは、「都市」と「地租改正」の両分野において、今後の研究の出発点となりうる礎石が築かれた貴重な成果との位置づけを与えうるものである。

終章 近年の研究動向と残された課題

(1) 近年の研究動向

第四編第一一章では、一九九〇年代以降における地租改正研究の動向を書評などを利用して検討したが、この間これらの外にも幾つかの優れた業績が発表されている。ここに簡単に紹介しておきたい。

九〇年代における研究成果の一つに奥田晴樹『地租改正と地方制度』[*1]がある。当該書は地租改正、地方制度、地租と明治国家の三編から構成されており、第一編では和歌山県における地租改正事業とその過程で惹起した那賀郡騒擾とが取り上げられ、「廃藩置県後における『中央—地方』統治構造が地租改正事業にともなって如何なる矛盾をかかえ、改租事業の強行的展開がその構造をどう編成替させ、そして明治九年の那賀郡騒擾をどう準備していったか、という視角」[*2]から具体的に検討が加えられている。

第二編では、明治憲法体制下の町村制へと至る地方制度の変遷を、「前期的府県制」「初期府県制」なる概念を用いて分析し、第三編では、地租改正終了後に展開される土地・租税制度に関わる幾つかの論議を追跡し、それが明治憲法制定によって「一応の決着」をみることの意味を問うことで、旧来不十分であった立法史的考察の欠を補っている。いずれの編も、研究史を丹念に踏まえてその議論を展開している。

当該書で印象深かったのは、「地租改正事業が終了するまで、村請制が存続している以上、町村は、大区小区制下においても、税法上、法認されていた」[*3]との指摘であり、旧体制下の村請制と地租改正、大区小区制との関係に研究上の関心を求めたことである。この事実は研究者にとって既知のことではあるが、壬申地券と地租改正との根本的相違や、地租改正の方向性を考える際のポイントであることがあらためてクローズアップされ、地租改正研究の進展に寄与したものと思われる。

また、奥田の近作『地租改正と割地慣行』[*4]は、地租改正をめぐる近代的土地所有に関する理論的究明と、割地慣行についての実証的研究との二編構成でまとめられている。ここでの主たる関心は、地租改正と北陸地方などに存続した割地慣行の歴史的連関を、所有の法制と用益の社会的実態との両面から照射しようとすることにある。

この書の眼目は、地租改正によって私的土地所有が法制化されたにもかかわらず、それとは本質的に異なる割地慣行が存続し、その背景には共同体的な規制が存在することを指摘しつつ、地租改正の成果＝私的土地所有の成立を骨抜きにしている事実を剔抉したことであろう。これを承けて著者は、この割地慣行とそれを存続せしめる土地法意識をも含めたものが、日本における「近代的土地所有」の特質であると論じている。著者にとって、地租改正以後にも存続する割地という慣行の歴史的定在が、本書を貫く所有と用益という問題構成の原点となっていることは明白である。

著者のこうした問題意識に応えるには、なによりもまず地租改正という明治維新期の土地―税制改革が何であったのかが問われることになる。その地租改正時においては全国にさまざまな土地慣行があり、改租に先行する壬申地券の交付もままならなかったことはよく知られているところである。[*5]当該書で取り上げられた割地慣行も、その一つと云ってよい。

こうした状況の下で、新政府は国民国家体制に照応した土地―租税改革として地租改正を実施すべくその統一を企図したが、そこでモデルとされたのは、領主制下における土地の領有―占有（著者の云う用益）関係が経済的先進地域を中心として事実上の土地所有権へと一元化してきた歴史的趨勢である。しかし、地域の発展は均等ではなく、そこには大小さまざまな較差がある。したがって、そこで成立した近代的土地所有の法制には、著者が指摘しているように、その法制と実態との間で乖離が存在した地域のあったことは想像に難くない。しかし、その法制化の内実が浸透してゆくなかで次第に平準化が進み、所有権の絶対性を旨とする地租改正の理念が達成されることになる。評者は、以上のような展望をふまえて、地租改正を近代的土地所有という枠組みのなかに位置づけた。

これを別の観点からみれば、法制的整備が進んでも地方的偏差や法意識のズレは残存しており、割地慣行を例にとればその平準化の完成には思った以上の時間がかかったと云うことであろう。その割地慣行に代表される社会的実態がいかなる歴史的条件の下で存続したかという問題に著者は果敢に取り組み、その実態を究明し、そこから法制と実態のずれを具体的に見出したのである。本書の最大の成果は、ここにあると云ってよい。ちなみに、割地慣行の背景に存在する共同体的な規制も、次第に資本主義的諸関係の下に包摂され変質を余儀なくされてゆくのであろう。

この事実に着目し、著者は所有と用益との重畳的関係について言及し、「生存権」保障が問題となる状況下で、用益権の保障が本格的に顕現化すると指摘し、現代における課題として用益権問題の重要性を論じている。この件に関しては、評者にも異論はない。ただし、その歴史的経緯について若干の附言をすれば、著者も指摘している通り、ここに云う土地用益権の強固な保障が生じてくるのは農地改革をその主要な契機としてであり、地租改正後の近代社会においては、私有財産の保障、経済活動の自由等の「自由権」保障がもっぱらであって、所有権保障が最優先されたことは銘記されねばならない。

著者が問題とする用益権保障なかんずく小作権等の保障が本格化してくるのは、二〇世紀に入って社会主義国が出現しそれが資本主義国家の危機を反映させる事態が生じるにいたって、防共と福祉（生存権）の観点から課題とされたのであった。このような時代の土地所有関係を、大内力等は現代的土地所有権と命名し、近代的土地所有権とは明確に峻別している研究史をふまえておくべきであろう。[6][7]

この外に地租改正研究を一書にまとめたものとして温娟『明治前期地租関連事業推進過程に関する基礎的研究』[8]がある。この書の構成は以下の通りである。

序　章　明治初期地租関連事業の梗概

第1章　明治初期地租関連事業研究の沿革

第2章　越前七郡地租改正における中央政府と地方政府

第3章　越前七郡における地価修正運動

第4章　「杉田家文書」「竹部家文書」と越前七郡地租関連事業

終　章

序章で当該書のテーマである地租改正と地価修正事業とを概観した後、第1章において戦前・戦後の研究史に言及し、戦前論争にみられる「歴史研究の限界——歴史的過程の具体的分析、あるいは実証的研究の限界——」[9]を指摘し、また、戦後研究における実証的研究の進展を評価しつつも、「戦前講座派の理論の枠組みから逸脱することができなかった。したがって、……理論的水準から観れば、戦前講座派を超えることができなかった」[10]と論断する。

さらに、一九七〇年代以降の研究にも触れ、佐々木寛司『日本資本主義と明治維新』、奥田晴樹『地租改正と地方制度』、北條浩『明治初年地租改正の研究』、丹羽邦男『地租改正法の起源』[11]を取り上げつつ、「近年の地租改正研究は、いずれも、資本主義論争から離れ、地租改正が行われた明治維新後の時代背景との関連を追跡し、その中での地租改正の本来的意義を考察する研究である」[12]との評価を下している。

以上の研究史的反省を踏まえつつ、第2～4章において、著者は次のような方法的アプローチを用いて越前七郡の地租改正と地価修正事業の検討を試みる。すなわち、「事業の推進過程における中央政府・地方政府・農民三者の動向に注目し、……そこから、明治初期における中央政府と地方政府の総体的力関係・コンフリクトが、地租関連事業に与えた影響、各政策が打ち出された原因を究明し[*13]」、以下のような論点を提示している。

㈠地租関連事業推進全過程において、中央政府と地方政府の間のコンフクリフトが随所にみられるが、それは中央政府の中央集権傾向に対する地方政府の反発である。

㈡「押付反米」は中央政府の一方的圧力であるというのが定説だが、地方政府―県令の対抗、不服村民の反対によって、中央政府は妥協を余儀なくされた。

㈢地租改正反対運動と地価修正運動とでは、不服村民の要求に本質的な違いがある。前者は収穫反米見据額―改正地価の高額性、あるいは実地不適当性を不服としてその引き下げを求めたの対し、後者の場合は地価の特別修正の要求のなかに改正地価の固定化への反対という要素が含まれていた。

㈣地租改正反対運動が自由民権運動と密接に関連しているとの認識は早計であり、民権運動家のノウハウを収穫反米見据額の引き下げに利用しようとしたことが本筋である。

㈤運動を通観すると、そこには不服村民が政府の政策の法理的弱点を感知し、異議申し立てを行なっており、不服村民の強かな性格が読み取れる。

当該書は膨大な研究史を擁する地租改正研究の問題点、課題点を洗い出し、独自の視点から定説の矛盾点を暴きつつ、越前七郡の地租改正―反対運動・地価修正運動の内実を解明した近年の研究成果の一つであると云えよう。

ここ数年来の個別論文についても少しく触れておきたい。総体的な本数はさほど多くはないが新しい視点からの注目すべき成果が出はじめており、今後の地租改正研究にとって有益な議論が展開されている。

その一つとして都市の地租改正研究にもっぱら従事してきた滝島功の発言が注目される。「近代的土地所有の起源[*14]」では、一八六九年（明治二）に東京府において実施された沽券状改正を近代的土地所有権形成の起源であるとして、その劃期性が強調される。著者によれば、これによって「前近代的土地所有の基礎であった身分制社会秩序と、共同体的所有形態が一斉に解消に向かう」「幕藩制社会の歩みを通して形成されてきた土地所有関係を単純に追認することで成立したのではなく、あくまでも、維新変革の遂行上必要な権力支配の確立を目的として、政策的に創出されたものであった」[*15]と結論づけた。著者はこの論攷で、沽券状改正が地租改正—近代的土地所有にもたらした意味を究明し、かつ地租改正後の近代的土地所有の在り方を都市と農村の「複合的構成」「二元構造」[*16]として捉えるべきと提言した。これらの点がさらに具体化されてゆけば、今後の地租改正研究ひいては近代的土地所有研究に対して、有効な方法的視点を提供することになろう。[*17]

地租改正—近代的土地所有の起源として東京の沽券状改正に着目したのは著者の功績と云いうるが、地租改正後の土地所有を都市と農村の「二元構造」として把捉している視角を、地租改正へと至る歴史過程の分析にも意識的に適用すれば、さらに効果的であったと考えられる。著者によれば、「幕藩制社会の歩みを通して形成されてきた土地所有関係を単純に追認することで成立したのではなく」との発言があり、いわば「都市の論理」のみでこの問題の解明を図っているように読み取れる。[*18]このため、沽券状改正に対する過大評価が生まれたのであろう。

当時の主要産業たる農業内部の実態変化、その生産手段たる農地における権利関係が質地金融を媒介として次第に変質し、農民の土地占有権が事実上の所有権化することを通しての農村—農民の自立的傾向——領有権の後退——や地主、高利貸的蓄積などの進展にみられる分厚い近代化の蓄積が背景になければ、[*19]いかな権力たりとも所有権保障の強権は発動不可能である。地租改正へと至る改革の背景には、町地の突出した私有権に加えて幕藩体制下における農地の事実上の所有権化という歴史的趨勢が二大要素としてあったのだろう。ましてや、地租改正の歴史的性格を近代的土地所有のみならず、国家活動の財源確保とそのための新しい租税制度とがセットで創出されたところにみるとすれば、なおさらのことである。

滝島のこのようなアプローチとは別に、近年、地租の実質的な負担率を村あるいは個人レベルで追求した興味深い研究も現れている。その一つである中山富弘「地租改正における地価決定と収穫高――広島県恵蘇郡奥門田村を事例として――」[*20]は広島県恵蘇郡奥門田村を例にとり、地租負担率が実収高の一〇パーセント程度であったことを立証し、「幕末期に成立していた剰余を十分保証する地租の水準であった」[*21]と指摘し、かつて中村哲が主張した「改租直前の旧貢租額は幕末開港前よりもかなり減少していたとみられるから、幕末期と比べればさらに減租額は大きいであろう」[*22]とする認識を裏付け、地租が高率、重税であったとするかつての通説を退けた。

二つ目はこの中山論文から刺激を受けたと思われる矢野健太郎「地租改正は『近代的制度』として成立したのか――福岡県の地価算出をめぐって――」[*23]である。矢野は「地租改正において旧貢租額の維持を図ったという方針は、福岡県では貫徹しえなかった」[*24]ことを確認した後、改租事業下の収穫量調査の内実を個人の土地所有者レベルで検討し、「すべての耕地において収穫米と貢米の数値には明確な関係性がみられる。貢米は収穫米の三四%として設定されている。つまり、これは地租を支払うに当たりどれだけの『貢米』が必要となるかを示したものである」[*25]と指摘し、地租負担者にとって地租とは収穫米の三四パーセントの貢米で支払うものであって、「地租改正で設定された地価は、土地の価格ではなく石高に変わる新たな課税負担の基準高として映ったのではないだろうか」[*26]との仮説を提示している。

こうして矢野は、以下のような推論を展開する。

課税基準となった地価にしても、土地の収益性を結局は収穫高に求めざるを得ず、それは形骸化した石高と耕地の生産状況を再整理して把握しなおす過程であった。そうやって算出された地価および地租は、地租負担者にとって石高制を大きく変革したものとは認識されなかった。結果として、地租改正はその法的理念を貫徹させることができず、石高制の影響をその根底部分に残していくこととなった[*27]

地租改正のなかにその改革対象であった石高制の特質をみる矢野の見解は斬新であり、改租事業を進める上で地租負担者がこのような思考方法で地租改正を捉えたということは十分あり得そうに思われる。新しい改革の方向を旧い観念で読み替えることで、トラブルを回避し穏便に改革を進める上では好都合だったのではあるまいか。しかしながら、ここに云う「収穫高」が設定されるにあたっては等級制度が媒介となり、その等級編成においてはさまざまな土地諸条件が斟酌項目に掲げられていることからもうかがえるに、単純な「収穫高」とは異質な面も多分にあり、石高制と直接的に連結できるかどうかは一概に決めつけることはできない。また、それが改租事業が竣功した後も、長く地租負担者の観念として定着していたかどうかも疑問なしとしない。

最後に松沢裕作の近業を取り上げる。まず、「地租改正と制度的主体」[*28]は、埼玉県の地租改正を対象として、その事業担当者の分析を試みたものであり、地租改正という村請制村秩序の解体政策を遂行するにあたって、「地租改正にかかわる制度的諸主体の乱立」[*29]状況が生じ、「そうした『変革主体性』は旧制度内の制度的主体では処理しきれず、さまざまな制度的主体へと迂回され、最終的には旧制度内主体（区長・代理人）による県庁への委任という形に帰着した」[*30]と論じ、このことに関して近代的土地所有の形成という歴史的視点から、次のような見解を示した。

主体の相互承認が、抽象的な「市民社会」一般においておこなわれるのではなく、「村」（農業集落）が具体的な主体の相互承認の場として、近代市民社会を構造化しながら存続する初発的条件をなし、「相互の〈耕作する事実〉を保証する場」（沼田誠『家と村の歴史的位相』日本経済評論社、二〇〇一年）として機能してゆくことの前提となっているとも考えられる[*31]

同「壬申地券と村請制」[*32]では、入間県における壬申地券発行作業の問題を取り上げている。その際、壬申地券が村請制の下で進められたことを前提として、以下のような分析結果を示した。ここでは、実地丈量が行なわれ「個々の耕地片の面積および各人の所持反別は変化させたが、村総反別は一定であ」[*33]り、村請制下の貢租額にも変動がなかったこと、それにともなって個々の土地所持反別は地券発行によって変動し納租額も村請制下のなかで調整される。こうして、「村内土地所有者の総体的な比率を以前より正確に表示するものとして機能することになる」[*34]。ここには、壬申地券段階特有の処理方法が明らかにされている。

壬申地券の交付作業にあたっては、松沢が分析した入間県のように新たに測量作業を実施することなく、申告制を採用したり旧来の帳簿類を利用して反別を確認する作業のみで終わらせている場合が多いため、この事例を直ちに一般化できるわけではないが、壬申地券段階における調査の仕方とそれに対する村方の対処方法についての、貴重なサンプルと云えるだろう。

以上のように、この二〇～三〇年ほどの間に、地租改正研究は著しい拡がりをみせた。これまではもっぱら農地を対象とする研究が中心であったが、市街地や社寺地処分（滝島功[*35]）、墓地・林野・水利関係・村持地（北條浩[*36]）等、さまざまな地種・地目に研究のテーマが設定され、多くの成果を得た。農地に限っても和歌山県、越中国・加賀・能登国（奥田晴樹[*37]）、茨城・栃木県（佐々木寛司[*38]）等の調査が進み、研究内容を豊富化させている。加えて地租負担の問題を村・個人段階にまでさかのぼって分析した事例（中山富弘[*39]・矢野健太郎[*40]）も現れている。さらに、地租改正の租税史的視点からの総括（佐々木[*41]）、近代的土地所有論に関する論議（奥田[*42]・滝島[*43]）なども活発化している。その外、地積調査に関わる研究（塚田利和[*44]・佐藤甚次郎[*45]）なども蓄積されるようになった。地租改正研究は、こうして、新たな地平を開拓しつつある。

(2) 総括と展望

第四編第一一章ならびに前節において一九九〇年代以降の地租改正研究を概観したが、その研究史的地平を総括すれば、おおよそ次のようにまとめられるであろう。

明治維新期に実施された土地税制改革である地租改正は、石高制的な旧領主制社会の基底を構成する村請制の解体を完遂することで、政策理念としての「公平画一」な税制の施行を企図したものである。その実施にあたっては、明治維新という過渡期社会特有の現象がそこかしこに派生し、新旧織り交ぜた思考と行動が展開されることになる。したがって、その位置づけに関しても、研究者の視点によって「新」の部分が強調されたり、あるいは「旧」の部分を本質とみるなど、見解の相違が発生することになる。かつての地租改正研究においてもイデオロギー主導の側面が強かったが、その論争も過渡期社会に現象する「新」「旧」のいずれの事実に視点を置くかによって、位置づけの仕方が異なっていたわけである。

今日の研究にあっても、この事情は変わっていない。ただし、ア・プリオリなイデオロギー性が脱色され、実証研究に忠実な姿勢が定着してきたことで、新たな史実の発掘と解釈の拡がりを生むようになり、かつてに比べて研究の量は大幅に減少したがその質的側面は著しく前進したと評価しうる。

個別の府県や郡村を対象とした地租改正事業の実施過程については、戦後に開始された地方史研究以来、多くの研究が蓄積され、豊富な事例が発掘されてきた。今後は、対象地域において改租に先行する時代の経済的特質や旧慣の在り方などにも目を向けながら、各地域における改租への独自の対応等をも明らかにしてゆく必要があるだろう。また、その対応のなかには、過渡期の特質と相俟って新旧が織り交ぜる複雑な動向に対して双方に目配りしつつ、その特質を究明することが要求されることになろう。

松沢裕作は、「旧制度と新制度の間に剰余として発生する志向性こそが、『変革主体性』といわれるものに他ならない。制度と主体との動的な関係によって、制度と主体のあり方は相互規定的に歴史的変化を遂げていく」[*46]との貴重な指摘を残しているが、日本資本主義のように農村共同体と併存しつつ、資本主義自体の変化に応じてたえずその共同体的諸関係に変質を促し刷新を求めるような社会構成にあっては、特に留意しておくべき事柄である。

地租改正によって農民の土地所有権が保障された。しかし、それは農民の解放を意味するものではない。確かに、農民は土地所有権を国家から保障され、基本的人権の一部である自由権を国民の権利として得た。問題なのは、そのことが近代的競争のなかにさらされ、新たな枠組みのなかで経済的困窮をかこつ可能性を附与されたということでもある。

地租改正は、府県単位でみればほとんどが減租という結果を示してはいるが、一歩県内に立ち入って新旧地租額の増減をみれば、関東地方の山間地域や畑勝ちな地域などは増租となった場合も多く、改租後まもなく困窮化する農家が生じたであろうことは想像に難くない。ましてや、一八八〇年代中葉の松方デフレの時代には、定額地租の影響から多くの中小農民が窮乏し土地を喪失していったことは、すでによく知られているところである。

ところで、地租改正の結果が「若干の地域的偏差はあるものの、全体として減租」[*47]となっていることに着目した奥田晴樹は、その減租分の活用をめぐっての研究の重要性について、旧著『日本の近代的土地所有』で論じているが、[*48]最近の論文においても、ほぼ同様の文章で重ねてその必要性を説いている。

この減租分がどのように（ママ）形で社会の中に吸収され、さらにどう転形されていったかを探ることは……、わが国の近代化の歴史的な推進メカニズムを解読する上で、避けて通ることのできない研究課題ではなかろうか[*49]

奥田がこの課題をたびたび引き合いに出すのは、日本の近代化を究明してゆく上でのこのテーマの有意性を深く意識しているからであろう。[*50]筆者も今後の重要な研究課題の一つであろうと認識しているが、改租結果を府県単位で論じているところに明らかなように、地域格差について奥田が比較的無頓着なことは指摘しておかねばならない。[*51]

改租結果の増減租とその数量値の大小はそれぞれの地域によって較差があり、したがって地域農業への影響も一概に決めつけることは困難である。前項でみた中山、矢野[*52]による村や個人を単位とした地租負担の個別的分析は、その意味でこれからの研究の先駆けとなる業績と評価しうる。こうした基礎的データの蒐集、分析によって、改租後の農業やその他の産業への影響も、地域的な差異などをも含めて具体的に検討されることとなろう。政治的な動きについても同様であるが、その際、経済的な利害がその後の農民の行動にいかに反映するのかを論究するにあたっては、かつての公式主義的な唯物史観（土台―上部構造論の機械的適用）に惑わされることなく、慎重に検討することが望まれる。

地租改正後の土地所有がいかなる性格を有するものであるのかについても、いささか触れておきたい。前項でも取り上げたように、奥田は「割地慣行」が地租改正においても実質的に廃絶されず、その後も存続している事実を重くみて括弧つきの「近代的土地所有」という表現を用いているが、[*53] 問題なのは、この「割地慣行」が当時の日本の土地制度の一般的形態であったわけではないことである。このことには、つとに留意せねばなるまい。

地租改正を契機として、そこに体現された論理、つまりは近代的土地所有の論理が日本全国に浸透してゆくなかで、土地制度の平準化が進み、かつてのさまざまな土地慣行は衰滅してゆくことになる。これと並行して土地所有意識も変質を余儀なくされ、近代的法意識も浸透してゆくことになると想定しうる。[*54] この変化は、しかし、地租改正によって一気呵成に急行したわけではなく、多少の時間が必要とされた。筆者は、かつて明治維新の時期区分を論じた際に、一八八〇年代を明治維新の後史として位置づけ、七〇年代に実施された近代化政策が次第に整備されてゆく段階であるとしたが、[*55] 地租改正という個別的政策についても、事は同様である。このあたりの認識上の違いが、奥田と筆者との見解の相違となって現れたのであろう。

その他、地租改正の租税史的、財政史的位置づけや、地租改正一揆の性格、地租改正と明治維新との関係等々については、本書の各章で総括的に論じているのでここでは繰り返さない。

註

＊1　奥田晴樹『地租改正と地方制度』（山川出版社、一九九三年）。
＊2　同右、八二〜八三頁。
＊3　同右、二一七頁。
＊4　奥田春樹『地租改正と割地慣行』（岩田書院、二〇一二年）。
＊5　拙著『地租改正』（中公新書、一九八九年）四九頁以下。
＊6　拙稿「地租改正と農地改革」（田中彰編『近代日本の内と外』吉川弘文館、一九九九年）。
＊7　この書の概要解説に関しては、拙稿「書評・奥田春樹著『地租改正と割地慣行』」（『社会経済史学』八二―一、二〇一六年）を参照されたい。なお、本書と書評掲載誌の刊行が時期的に重なったこともあって、本書第四編第一一章への全文収載は控え、この書評から一部を援用するにとどめた。なお、次項末尾も参照されたい。
＊8　温娟『明治前期地租関連事業推進過程に関する基礎的研究』（せせらぎ出版、二〇〇四年）。
＊9　同右、四七頁。
＊10　同右、四八頁。
＊11　奥田、北條、丹羽の業績については、本書第四編第一一章を参照されたい。
＊12　温、前掲書、四四頁。もっとも、六〇年代研究に疑問を呈した研究の一つとされている拙著『日本資本主義と明治維新』に対して、「その疑問自身が、地租改正の実証的研究から離れ、戦前の資本主義論争を発端とした地租改正研究を、再び資本主義論争に引き戻した結果、明治維新により創立された明治国家の本質を論じなくては、問題の解決にならないような状況になっていた」（四三頁）との手厳しい批判も加えられている。
＊13　同右、一八三頁。
＊14　「近代的土地所有の起源」（『日本歴史』七二九号、二〇〇九年）。
＊15　同右、六七頁。なお、滝島はここで「前近代的土地所有」という概念を用いて近世の土地関係を論じているが、本書第三編第八章においても指摘しているように、近代以前の社会では一つの土地に幾層もの権利関係が重なっているわけであるから、排他的な所有権そのものは存在しないと云ってよい。「土地所有」という概念は、したがって、歴史貫通的な概念としては適切ではない。滝島の依拠した渡辺尚志・五味文彦編『新体系日本歴史3　土地所有史』（山川出版社、二〇〇二年）がこのような用法を使用してお

り、歴史学界では定着した概念となっているようだが、この点の再検討が必要かと思われる。

＊16　同右、六八頁。

＊17　本書第四編第一一章において滝島『都市の地租改正』を論評した際に、「近代的土地所有」の問題に関する本質的な言及のないことを指摘したが、この論文がその回答なのであろうと推察される。同「明治維新と社寺地処分」（『明治維新史研究』第8号、二〇一二年）も同様の成果である。

＊18　都市はその商品経済的な性格からして、近代的な「純化」は進みやすい。しかし、全国的な市場形成の蓄積などがないままに都市的な近代化の論理を推し進めた場合は、戦後の独立諸国にみられたような近代化の失敗という事態に陥りやすい。滝島の「二元構造」的着想を地租改正前の分析にも適用せよと指摘したのは、この事実を踏まえてのことである。なお、都市の近代的「純化」に対して日本の近代農村における共同体的諸関係の存在とその意味についての分析は、坂根嘉弘『日本伝統社会と経済発展』（農文協、二〇一一年）が秀逸である。

＊19　前近代社会解体期における生産者と生産手段の歴史的分離という事実こそが、近代的土地所有形成の推進力であり、かつ出発点であるということを、あらためて想起すべきである。同様に、イギリス領主の地主化とは異なり、日本では農民の土地所有者化（占有権の所有権化）が現実となったことの意味もあわせて考える必要があろう（拙著『明治維新史論へのアプローチ』有志舎、二〇一五年）。

＊20　『地方史研究』（三三六号、二〇〇八年）。中山はこの論文において、次のような疑問を投げかけている。一つ前の日本史講座の中村哲論文は地租改正の歴史的意義について、①農民的土地所有制度公認、②地価に対する課税という近代的収益税制、③地租の水準は幕末期に成立していた農民的剰余の公認、④徴税主体の維新政府は資本主義化をめざす国家権力、と四点にわたって明確な指摘をされているが、はたしてこれらの諸点がいかなる評価を受けているのか（同二頁）。さらに、「最新の『岩波講座日本歴史』や『日本史講座』には、地租改正についてはほとんどふれらて」おらず、その「歴史的性格については明言されていない」（一頁）とも指摘し、歴史学界のなかにおける地租改正認識の不明瞭性を訴えている。他方、中山は明言していないが、近年の地租改正研究者である奥田晴樹、滝島功、筆者らによって、地租改正の近代性がつとに表明されているというパラドックスが存在している。

＊21　同右、一二頁。

＊22　中村哲「領主制の解体と土地改革」（歴史学研究会・日本史研究会編『講座日本歴史　7――近代1――』東京大学出版会、一九八五年）一六二頁。註＊20に引用した③の論点に対応。

＊23　平川新編『通説を見直す――16～19世紀の日本――』（清文堂、二〇一五年）。
＊24　同右、一一九頁。
＊25　同右、一二三～一二四頁。
＊26　同右、一二六頁。
＊27　同右、一二九頁。
＊28　『日本史研究』（五九五号、二〇一二年）。
＊29　同右、一二四頁。
＊30　同右、一二五頁。
＊31　同右、一二五～一二六頁。
＊32　『社会経済史学』（七八―四、二〇一三年）。
＊33　同右、八四～八五頁。
＊34　同右、八七頁。松沢によるとこの壬申地券発行に至る政策過程は、土地所有権の公認を目指す「開明」路線というよりは、「限られた政策的選択肢のなかでもっとも容易に実現可能であると思われた神田案を採用したいわば強いられた跳躍」（八七頁）であり、村内土地所有者間の相互承認関係の適正化にとどまるものであったと論じている。
＊35　前掲、滝島二論文。ならびに『都市の地租改正』（本書第四編第一章6参照）。
＊36　『明治初年地租改正の研究』（同右1参照）。
＊37　前掲、奥田二書。
＊38　拙稿「鉾田地域の地租改正」（『鉾田町史研究　七瀬』四号、一九九四年、本書第四編第二章に収載）、同「総和地域における地租改正」（『そうわ町史研究』一〇号、二〇〇四年、本書同上に収載）、同「地租改正期の地域社会」（拙編著『国民国家形成期の地域社会』岩田書院、二〇〇四年、本書第二編第五章に収載）、同「地租改正と農民」（拙編著『茨城の明治維新』文眞堂、一九九九年、本書同上に収載）、同「栃木県の地租改正」（『二宮町史研究』四号、二〇〇七年、本書第二編第六章に収載）。
＊39　前掲、中山論文。
＊40　前掲、矢野論文。
＊41　拙著「租税国家と地租」（近代租税史研究会編『近代日本の形成と租税』有志舎、二〇〇八年、本書第三編第八章に収載）、拙共

著「税制改革と秩禄処分」——筆者執筆分——（『講座　明治維新』第8巻、有志舎、二〇一三年、右上に所載）。

＊42　奥田『日本の近代的土地所有』（本書第四編第一章4参照）他。

＊43　滝島「近代的土地所有の起源」（前掲）。

＊44　塚田利和『地租改正と地籍調査の研究』（お茶の水書房、一九八六年）。

＊45　佐藤甚次郎『公図——読図の基礎——』（古今書院、一九九六年）。

＊46　松沢「地租改正と制度的主体」（前掲）、一〇六～一〇七頁。松沢がこの論文で企図したのは、奥村弘の指摘した「村請制にもとづく村の職能的編成の解体」と「租税賦課基準作成単位としての村は利害共有団体的性格を維持する」（「三新法体制の歴史的位置」『日本史研究』二九〇号、一九八六年）という村の二面性が発生するプロセスを、改租過程の試行錯誤にそくして検討することであり（一〇八頁）、かかる視点から筆者の旧著（『日本資本主義と明治維新』文献出版、一九八八年）へも言及し、改租担当の役職に区戸長層が任命されたことをもって旧来の村落秩序を解体させることなく、その掌握を意図した結果との評価に疑問を提示している。この点、筆者にも再考の余地はあるが、「村請制の職能的秩序」は解体しつつも、そして農村の慣習的秩序は変質しつつも存続しているというのが筆者の理解であり、いわば地租改正という新しい制度の実施において、旧い関係が有効に利用されたことを主張したわけである。したがって、本書では旧稿をそのまま利用した（本書一六〇頁註＊109）。

＊47　奥田晴樹「地租改正の歴史的意義」（『立正大学文学部研究紀要』三一号、二〇一五年）一〇二頁。奥田はこの論文において地租改正を構成するさまざまなファクターを取り上げ、それに対する解説を施しているが、そのなかで今後の地租改正研究の課題とでもいったものを幾つか提示している。奥田の問題関心がよく示されているので参照されたい。

＊48　本書、四四三～四四四頁以下参照。

＊49　奥田「地租改正の歴史的意義」（前掲）一〇二頁。

＊50　この問題探求の必要性を説いた奥田は、返す刀で既往の研究の欠点を次のように論じる。いわく、「地租改正の経済史的結果を明治一〇年代後半以降における松方財政のそれと重畳させ、地主への土地集積の促進と、国家主導による『資本の原始的蓄積』（原蓄）の原資確保という面のみに聚斂させて理解する向きへの、一定の反省が求められよう」（「地租改正の歴史的意義」前掲、一〇四頁）と。前半部分の松方財政下の地主的土地集積に研究が過度に傾斜していた点に対する批判は、まさに奥田の指摘通りであるが、後半部分について云うと、減租分の経済的活用と地租の国家原資確保とは地租改正の両面であるがまったくの別問題であって、いずれも主要なテーマの一つでありいわば研究者の役割分担に関することであろう。

＊51　本書、四四五〜四四六頁参照。
＊52　中山、前掲論文、矢野、前掲論文。
＊53　奥田の所有論的認識は、ややもすると「自己の労働に基づく私有」という古典派経済学特有の論理に逆戻りしてしまいそうな危惧がある（この「所有論」の陥穽については、拙著『明治維新試論へのアプローチ』前掲、第一編第一章を参照されたい）。
＊54　土地所有意識の変遷については、農民各階層がそれぞれ土地への関わり方が異なるのであるから、それに応じて検討する方法が要請されよう。
＊55　拙著『明治維新試論へのアプローチ』（前掲）一一七頁。

【初出等一覧】

本書には、旧著『日本資本主義と明治維新』（文献出版、一九八八年）に収載されている地租改正関係の箇所を取り入れているが、その部分の原型となる論文は以下の通り。

(1)「維新期における農民層の分解」（駒澤大学提出卒業論文、一九七一年度）
(2)「地租改正研究序説」（『学習院史学』一〇号、一九七三年）
(3)「地租改正の展開過程――埼玉県地租改正事業を中心として――」（学習院大学提出修士論文、一九七四年度）
(4)「地租改正の等級制度」（『学習院史学』一三号、一九七七年）
(5)「租税金納化の進展と壬申地券の交付――埼玉県地租改正への道程――」（『埼玉地方史』四号、一九七七年）
(6)「比企郡『平村地位等級表』について」（同右、六号、一九七八年）
(7)「埼玉県地租改正の実施過程――後期改租事業の特色――」（『埼玉県史研究』七号、一九八一年）
(8)「書評・田村貞雄著『地租改正と資本主義論争』（『図書新聞』一九八一年四月一一日号）
(9)「地租改正理念の形成過程」（未発表、一九八一年脱稿）
(10)「地租改正理念の展開過程」（同右）
(11)「地租改正と明治維新」（『日本歴史』四〇四号、一九八二年）
(12)「地租改正研究史上の陥穽と今後の研究方向」（『日本歴史』四三九号、一九八四年。明治維新史学会一九八三年度春季例会での報告原稿を、ほぼそのまま活字化したもの）
(13)「地租改正前における農民層分解の実態――一つの推計的接近――」（『明治維新史学会報』一三号、一九八六年）
(14)「地租改正研究史の諸問題」（未発表、一九八七年脱稿）
(15)「明治維新と地租改正」（同右）

以下に記す論文等は、旧著刊行後に発表され本書に収載したものである。

(16)「明治初年の政府紙幣」（『歴史と地理』四一五号、一九九〇年）
(17)「鉾田地域の地租改正」（『鉾田町史研究　七瀬』四号、鉾田町、一九九四年、後に学術文献刊行会編『日本史学年次別論文集――近現代1　一九九四年版――』朋文出版に再録）

(18)「改租不服運動の展開」（共著『茨城県の歴史』山川出版社、一九九七年、佐々木執筆分）
(19)「明治維新と貢租・地租」（『日本歴史』六〇七号、一九九八年）
(20)「茨城県の地租改正」（『地域社会と近代化シンポジウム会報』七号、一九九九年）
(21)「地租改正と農民」（拙編著『茨城の明治維新』文眞堂、一九九九年）
(22)「地租改正と土地所有権――栃木県地租改正の場から――」（拙編著『縉紳録』上――二宮町史叢書Ⅰ――（二宮町、二〇〇二年）
(23)「総和地域における地租改正」（『そうわ町史研究』一〇号、総和町、二〇〇四年）
(24)「地租改正期の地域社会――動揺する地域社会の実相――」（拙編著『国民国家形成期の地域社会――近代茨城地域の諸相――』岩田書院、二〇〇四年）
(25)「栃木県の地租改正――二宮町域を中心にして――」（『二宮町史研究』四号、二宮町、二〇〇七年、後に学術文献刊行会編『日本史学年次別論文集――近現代1　二〇〇七年版――』朋文出版に再録）
(26)「租税国家と地租」（近代租税史研究会編『近代日本の形成と租税』有志舎、二〇〇八年）
(27)共著「税制改革と禄制処分――地租改正と秩禄処分――」のうち、佐々木執筆分（明治維新史学会編『講座・明治維新　明治維新の経済過程』第八巻、有志舎、二〇一三年）

その他、本書に収載した書評等は以下の通り。
(28)「書評・北条浩著『明治初年地租改正の研究』」（『社会経済史学』五八巻六号、一九九三年）
(29)「書評・黒田展之著『天皇制国家形成の史的構造――地租改正・地価修正の政治過程――』」（『歴史学研究』六六三号、一九九四年）
(30)「明治維新における国際的契機と近代化政策――丹羽邦男著『地租改正法の起源』に接して――」（『歴史評論』五七四号、一九九八年）
(31)「書評・奥田晴樹著『日本の近代的土地所有』」（『社会経済史学』六八巻三号、二〇〇二年）
(32)「書評・田嶋悟著『地租改正と殖産興業』」（『社会経済史学』七〇巻三号、二〇〇四年）
(33)「書評・滝島功著『都市と地租改正』」（『日本史研究』五二〇号、二〇〇五年）
以上の旧稿を加筆、修正しつつ、次のように本書各章に取り込んだ。

第一編

序　章　⒃
第一章　（9）
第二章　（4）（1）
第二編
第三章　（3）（5）（6）（7）
第四章　⒄⒇㉓
第五章　⒅⒆㉑㉔
第六章　㉒㉕
第三編
第七章　（1）⑾⒀
第八章　㉖㉗
第九章　⑾⒂
第四編
第一〇章　⑿⒁
第一一章　㉘～㉝
終　章　新稿

その他、幾つかの旧稿は本書の各章に散りばめられて利用されているものもある。なお、本書をまとめるにあたって、旧著『日本資本主義と明治維新』収載の論攷については、できる限り修正等を施さないように努めたが、誤字、誤植、字句統一、明白な誤り等々がある場合には、その限りではない。また、この間の研究の進展に対応して、多少の加筆ならびに註への追加をしたものもある。なお、第三編第九章に関しては、表現上の工夫をこらしてまとめた。第四編第一一章は書評という性格上、修正は施していないが、本書に収載するにあたって画一的に項目番号を附し字句の統一を行なった。また、敬称はすべて割愛した。

あとがき

還暦を迎えたあたりからやり残した仕事を取りまとめようと考え、幾つかのプランを軸に仕事を進めはじめたが、公務の関係もあり容易にはまとまらなかった。定年退職を機にようやく、昨年四月に別著『明治維新史論へのアプローチ――史学史・歴史理論の視点から――』（有志舎）を刊行することができ、本書はその二冊目ということになる。

本書は筆者がこれまでに公表した地租改正関係の論文等をほぼすべて網羅したものであり、既に旧著『日本資本主義と明治維新』（文献出版、一九八八年）*において収載された論文も、ここに取り込まれている。当初は旧著所載の論文を活用する予定はなく、これとは別の構成を考えていたが、より体系的な一書にすべきであるとの有志舎主永滝稔氏のご意見にしたがったものであり、そのご厚意にはこの場を借りて深く感謝申し上げたい。また、読者諸氏においても、この旨を諒とされたい（なお、中公新書版の拙著『地租改正』は、本書に収載していない）。

＊　旧著は後進国における本源的蓄積の歴史的特質を解明するにあたっての類型的分析と、さらにその具体化を進める上で金融と租税の問題に着目したものである。その方法的視点にはそれなりの自負があり、かつ、筆者の最初の著書であり学位論文でもあって、今でも愛着を持っているが、テーマ別に一書をものすことへの誘惑もあって、本書や別著に分別した次第である。

本書ならびに別著を取りまとめている間に、思い起こすことが幾つかあった。それは、以下のようなことである。一九七〇～八〇年代あたりから「絶対主義」説の旗色が悪くなり、「ブルジョア革命」説に共鳴する研究者の声が大きくなるにおよんで、旧著『日本資本主義と明治維新』を刊行したあたりから、我意を得たりとの感を強くしたが、その後ソ連邦の崩壊やマルクス主義の凋落などが重なるなかで、「ブルジョア革命」説も説得力を欠くようになった。考えてみれば、「絶対主義」説と「ブルジョア革命」説とは裏と表の関係であり、「絶対主義」説の終焉は「ブルジョア革命」説の終わりを告げることでもあった。当時はこのような認識に到達するまでには至らず、筆者もこの二者択一的な発想から完全には解放されてはいなかったのである。自らの反省もふまえて、ここに記しておく。

こうして、「ブルジョア革命」という概念で明治維新を論じることは困難となったが、その変革的性格や「革命」性までをも否定するのは早計であるとの認識があった。そこで、この「革命」性をいかに表現するかの手探りをはじめたわけであるが、十数年前から明治維新を「近代化の第二段階」と位置づけることで、「連続」と「断絶」の側面からその「革命」性をも担保できるのではないかと思うに至り、今日におよんでいる。この点については、別著『明治維新史論へのアプローチ』（有志舎、二〇一五年）第二編第六章を参照いただきたい。

なお、本書の検討対象が耕地を中心としているのは、地租改正の財政史─租税史的位置を確認することを課題の一つとしていることによる。そして、この点が究明されれば日本における土地所有の歴史的特質も、その本質的部分において検証できると考えたからである。これらのことによって、地租改正と明治維新との相関的関係が明らかになるとの思惑からである。

以上のことはさておき、本書ができあがるまでには長い年月があり、多くの方々のご協力を仰いだ。なかでも、本書で利用した地方史料の多くは、筆者が参加した自治体史を通して出会ったものである。埼玉県史、茨城県鉾田町史、同総和町史、栃木県二宮町史での地道な史料調査等々があったからこそ、筆者の地租改正研究も明治維新史との関わりのみならず、多少なりとも地域史の一環としてもまとめられ得たと思っている。地域住民の方々の編さん事業への深い理解、当時の編さん室の職員、調査に従事した専門委員や調査委員の方々のご協力なくして本書は生まれ得なかった。この場を借りてお礼申し上げたい。

また、学会発足直後から所属した明治維新史学会の会員諸氏、かつて勤務していた茨城大学関係者から頂戴した学問的な刺激やご配慮、そして学生時代から今日まで暖かく見守ってくださった丸山雍成先生に対しても、深くお礼申し上げたい。

最後に私事になるが、世間一般からみればなんとも不規則、不摂生な生活を営んできた筆者を四〇年以上にわたって支えてくれた妻幸子に感謝したい。

佐々木寛司

二〇一六年三月

附図　本書で取り上げた地域（水戸市は除く）

索　　引

〈事項名〉

あ　行

か　行

さ　行

た　行

な　行

は　行

ま　行

や　行

ら　行

わ　行

〈人名・書名等〉

あ　行

か　行

さ　行

ま　行

や　行

ら　行

わ　行

佐々木　寛司（ささき　ひろし）
1949年生まれ，学習院大学大学院人文科学研究科博士課程単位取得満期退学，文学博士（九州大学），現在，茨城大学名誉教授
主要著書：『日本資本主義と明治維新』（文献出版，1988年）
『地租改正』（中公新書，1989年）
『歴史学と現在』（文献出版，1995年）
『近代日本経済の歩み』（吉川弘文館，1995年）
『茨城の明治維新』（編著，文眞堂，1999年）
『国民国家形成期の地域社会』（編著，岩田書院，2004年）
『講座　明治維新』第8巻（共編著，有志舍，2013年）
『明治維新史論へのアプローチ』（有志舍，2015年）

地租改正と明治維新

2016年7月10日　第1刷発行

著　者　佐々木寛司
発行者　永滝　稔
発行所　有限会社　有　志　舎
〒101-0051　東京都千代田区神田神保町3丁目10番、宝栄ビル403
電話　03(3511)6085　FAX　03(3511)8484
http://yushisha.sakura.ne.jp
振替口座　00110-2-666491
DTP　言海書房
装　幀　伊勢功治
印　刷　中央精版印刷株式会社
製　本　中央精版印刷株式会社

ISBN978-4-908672-03-3